U0546331

生成式AI
融入教育的理論、策略
與研究設計

黃國禎、涂芸芳 主編

Ainosco Press

推薦序（一）

郭伯臣 [1]

[1] 臺中教育大學 校長

非常榮幸能夠為這本書撰寫序言，我很開心能見證這本書的出版。智慧教育是臺中教育大學主要的教育的特色及目標；臺中教育大學不只成立了智慧教育中心，與多個國際知名 AI 教育機構及企業合作，更於 2024 年推動臺灣智慧教育師資培育聯盟，集合臺灣的師資培育大學及教育機構，並同為提升中小學教師的 AI 素養付出一份心力。

本書的主編之一為本校的副校長黃國禎講座教授。黃副校長不僅在學術領域中享有盛名，還曾多次榮獲傑出研究獎、師鐸獎等多項殊榮；他在國際上具有很高的學術地位，被國際教育機構評為全球前 40 名翻轉學習教師、全球前 2% 頂尖科學家以及全球前 100 名社會科學領域學者。這些成就無疑顯示了黃教授在教育與科技領域的傑出貢獻。

在這本書中，黃教授強調了在教育中合理應用生成式 AI 的重要性。過度依賴 AI 可能會削弱學生的自主學習能力，甚至於減少他們思考和解決問題的動力。因此，書中詳細介紹了如何透過創新教學策略和精心設計的學習活動，幫助學生在生成式 AI 的協助下，真正提升自己的學習能力。

更難得的是，黃教授在本書中展示了生成式 AI 教育應用的創新研究設計模式；因此，這本書不僅為教育工作者提供了教學實踐的參考，也為未來教育科技研究的發展指明了方向及方法。我相信，這本書將成為推動生成式 AI 與教學融合的重要資源，並對全球的教育研究產生深遠影響。

期待讀者們能從本書中汲取靈感，將生成式 AI 更好地應用於教育中，造福更多學生，並共同推動全球教育的進步。

推薦序（二）

陳德懷 [1,2]
[1] 中央大學傑出講座教授
[2] 全球華人計算機教育應用學會創辦人

　　黃國禎教授是一位我十分敬佩的數位學習學者。他不只期刊論文發表多產、成果豐碩，在教育實踐上、數位學習學術社群的服務工作上，以及大學行政工作上等都表現格外傑出。

　　我第一次看到他（很年輕的他，應該還是研究生的身分），是三十年前在臺北一個由我負責承辦的國際會議。後來大概知道他那時候的研究，是與採用 AI 輔助教學有關。隨著網路、行動計算等的數位科技快速發展，黃教授的研究也越為廣闊。

　　AI 在教育（AI in Education）這個領域，也是我的博士論文領域。1980 年代中期，我在美國念計算機科學博士的時候，提出「智慧學習同伴」這個觀念，主要是希望採用機器學習的技術模擬一位虛擬學習同伴，與真人學生討論，進行合作學習，甚至相互論辯。那時候使用專屬發展 AI 系統的電腦（一臺 5 萬美金），製作一個學習同伴原型系統，可是那時候機器學習的技術還不成熟，最後只能採用當時常用、以規則為基礎的知識表徵方法設計。1989 年在中央大學任教，與研究生進行一系列學術同伴研究，但由於那時候 AI 已經進入「嚴冬」，我們比較低調進行。同時注意到網路將快速發展，我的第一個國科會計畫便是發展網路學習系統。

　　1980 年中期到現在，數位科技以難以想像的速度發展。2022 年，ChatGPT 橫空出世，生成式 AI 舉世矚目。香港學者在教育與社會的國際會議（International Conference on Metaverse and Artificial Companions in Education and Society, MetaACES）提議成立一個元宇宙及 AI 同伴，

因為黃教授早年就是進行 AI 方面的研究，我就請他一同討論規劃（那時候 ChatGPT 還沒有發表）。前年我參加在香港舉辦的 MetaACES 2022 的時候，在一個討論 ChatGPT 應用的論壇上，作為聽眾，我對論壇的講者說：「你們現在很興奮地談 ChatGPT 對教育的應用，然而，對我來說，『AI 學習同伴』已經出現，就在那裡！」我指的，就是 ChatGPT。

由於網際網路的出現與發展，我們思考如何採用網路科技輔助或改變「如何學」、「學什麼」、「在哪裡學」、「與誰學」等學習面向。生成式 AI 出現，表示我們的世界已經進入一個無縫連結與充滿 AI 的世界（Seamless AI World），我們過往所做過的研究或發展過的系統，都得重新設計。

AI 對教育的應用，可以根據與使用者互動的複雜度，粗略分為三大類：AI 作為工具（Tool）、AI 作為助理（Assistant），以及 AI 作為人工同伴（Companion）。可以說，從農耕時代走到今天，人類能夠快速發展，是因為我們可以發明及使用工具。AI 作為工具以輔助學習，仍然為最主要的方式；AI 作為助理，也就是學習者交付 AI 任務，AI 能完成任務，就輔助了學生的學習；AI 作為同伴，就像人類同伴，與學習者透過複雜的互動來輔助學習。這本書主要把 AI 看為工具或助理輔助學生，這也是生成式 AI 現在能夠對學習產生最廣闊影響的方式。

黃教授本著他勤奮多產的本色，在研究者急需摸索如何發揮 AI 輔助教育這個「再新興」的領域的時候，整理相關理論、策略與研究設計，再加上已經進行過的一些相關研究，適時推出這本對數位學習研究極有幫助的書籍，十分難得。

書中有十多章。前面四章，從比較高的層面討論：AI 對教育方面的應用趨勢、理論與研究設計模式，以及教學策略等。接著介紹針對不同主題的研究，例如：活動設計、知識觀、問題式學習、編程設計、STEAM、藝術教育、生涯規劃等。另外，也應用在不同對象的培訓，例如：教師、職前教師、臨床教師等。

本書內容豐富、多元、實用，我極力推薦所有數位學習研究者（包括我的研究生），把這本書放在研究桌上，作為必看及隨時參考的書籍。

主編序

黃國禎 [1,2]　涂芸芳 [3]

[1] 臺中教育大學教育資訊與測驗統計研究所 講座教授兼任副校長
[2] 臺灣科技大學數位學習與教育研究所 講座教授
[3] 臺灣科技大學／中原大學通識中心 助理教授

每一個新興的研究領域，都會引發學術界的研究人員探索的興趣；同時，也讓很多開始嘗試進行研究的學者感到挫折。生成式 AI 在教育的應用，就是這樣一個令人感到興趣，又令人容易沮喪的研究主題。由於生成式 AI 強大的自然語言能力，很快吸引人們的使用興趣；它有問必答，讓人在與之互動的過程充滿期待，甚至於獲得很大的成就感。生成式 AI 知識豐富，應對、分析，甚至於創作的能力都相當優秀；這些立即可用的功能解決了許多學者過去要使用 AI 技術來進行教育應用研究的困擾，即開發需要的 AI 系統所造成的研究門檻。因此，很多教育科技的學者，在用過生成式 AI 之後，對於進行相關的研究都躍躍欲試。然而，在將研究成果投稿到學術期刊時，他們會發現，審查的結果往往不如預期；尤其是在學術創新方面，通常是被退稿的主要原因之一。因此，許多學者都會有一個疑問：明明生成式 AI 是一個正在流行的新興教育議題，為什麼做出來的研究那麼不討好？

撰寫本書的主要目的，就是為了引導對於生成式 AI 有興趣的學者，順利地設計出有價值的研究。為了達到這個目的，我們集合了兩岸三地對於生成式 AI 在教育應用有成功研究經驗的學者，分別由研究趨勢、教育理論、研究主題設計及學習策略應用的角度來說明展現研究價值的元素與方法。同時，為了更清楚地表達研究設計的技術，在書中分別針對不同性質的研究設計及分析模式，以實例進行解說，例如實證研究、調查研究等；同時也介紹了不同的分析方法，包括統計分析、質性分析，繪圖分析及認知網路分析。

這些研究設計與分析方法，分別透過不同學科（例如語言、程式設計、藝術、STEAM、護理）的實際研究範例，幫助讀者瞭解設計及進行一個有學術價值的研究所要考慮的因素，以及展示研究成果的方式。基於這些考量，這本書規劃的架構如下：

本書的第一部分（第一至四章）闡述了生成式 AI 在教育領域的應用現狀與研究趨勢、核心教育理論、學習策略，以及研究設計模式。這部分都是研究人員必備的基本素養，也是多數從事教育技術的研究人員所欠缺的。本書的第二部分（第五至八章）介紹了與生成式 AI 相關的的特殊議題；例如探討 AI 繪圖作為調查工具在分析職前教師對科技支持教學的概念中的應用方式、教師的生成式 AI 素養對自我效能及 AI 應用的感受、臺灣實施的生成式 AI 融入四學（自學、共學、互學、導學）教師培訓模式與成果，以及小學生的知識觀如何影響其在生成式 AI 輔助教學中的學習效果。最後，第九至十六章展現了生成式 AI 在不同教育情境中的實證研究設計與成果，包括不同對象（例如小學生、國中生、高中生、大學生、職前教師、教師、醫院臨床教師）、教育目標及活動設計模式（例如個性化問題導向學習、英語閱讀、古詩教學、藝術教育、遊戲程式設計、STEAM 教育、護理教育、協同論證與職場專業認同發展）。

這本書能夠順利出版，要感謝很多人。首先要感謝所有參與本書撰寫的作者群，他們都是很優秀且對學術研究充滿熱情的學者。另外要感謝協助整理資料的呂一淳老師。最後要謝謝這次協助審查的委員們，他們提供了很多寶貴的修改意見，對於提升這本書的品質有很大的幫助。

我們期待透過這本書的上市，能夠幫助到兩岸三地的學者及研究生，未來在進行生成式 AI 在教育的應用研究能更為順利。

黃國禎

陳德懷

目　次

推薦序（一）..郭伯臣　　i
推薦序（二）..陳德懷　　iii
主編序..黃國禎、涂芸芳　　v

理論篇

第一章　生成式 AI 在教育的應用趨勢
　　　　Trends of Generative AI Applications in
　　　　Educational Settings
　　　　..涂芸芳、呂一淳　　1

第二章　生成式 AI 的教育理論
　　　　Pedagogical Theories for Supporting Generative
　　　　AI Research
　　　　..賴秋琳、涂芸芳、黃國禎　　25

第三章　生成式 AI 的學習策略
　　　　Learning Strategies for Using Generative AI Applications
　　　　in Educational Settings
　　　　..黃國禎　　47

第四章　生成式 AI 在教育應用的研究設計模式
　　　　Research Designs of Generative AI-Supported Education
　　　　..黃國禎　　73

應用篇

第五章 生成式 AI 繪圖為調查工具：分析職前教師對科技輔助教學的概念

Image-Based Generative AI as an Investigation Tool for Analyzing Pre-Service Teachers' Conceptions of Technology-Supported Teaching

....涂芸芳、陈禹辰、黃歆涵　93

第六章 影響教師應用生成式 AI 於教學之因素：生成式 AI 素養與自我效能的角色

Factors Influencing Teachers' Perceptions of Generative AI in Teaching: The Roles of Generative AI Literacy and Self-Efficacy

....陈禹辰　119

第七章 生成式 AI 應用於四學活動設計的教師培訓模式與實施成效分析

Modes and Effectiveness of Professional Development for In-Service Teachers to Apply Generative AI in Designing Four-Learning Activities

....賴秋琳　141

第八章 生成式 AI 輔助學習對不同知識觀學生之深層動機及深層策略之影響

Influences of Generative AI-Assisted Learning on Deep Motivation and Deep Strategies of Students With Different Epistemologies

....陳志鴻　159

第九章 生成式 AI 應用於個性化問題式學習對大學生英語閱讀成就及感受之影響

Effects of Applying Generative AI to Personalized Problem-Based Learning on College Students' English Reading Achievement and Perceptions

....黃昌勤、钟益华、王希哲　177

第十章　生成式 AI 繪圖應用於古詩文學課程對高中生學習表現之影響
Effects of Generative AI Drawing on High School Students' Learning Performance in an Ancient Poetry Course
....朱蕙君、許佳穎、王俊傑　203

第十一章　生成式 AI 輔助模式對大學生遊戲程式設計表現之影響
Effects of Generative AI-Assisted Learning on College Students' Performance in Game Programming
....張韶宸　229

第十二章　結合心智圖之 ChatGPT 輔助學習模式對大學生藝術課程數位說故事表現之影響
Effects of a ChatGPT-Supported Learning Model Combined With Mind Mapping on the Digital Storytelling Performance of College Students in an Art Appreciation Course
....邱敏棋　251

第十三章　基於生成式 AI 的教學代理對國中生 STEAM 學習表現與問題解決傾向之影響
Effects of Generative AI Pedagogical Agents on Middle School Students' STEAM Performance and Problem-Solving Tendency
....方建文、郭曉戈　281

第十四章　整合生成式對話代理的協同論證：不同代理定制策略的作用效果
Incorporating Generative Conversational Agents Into Collaborative Argumentation: Effects of Different Agent Customization Strategies
....马志强、崔鑫　305

第十五章 基於 ChatGPT 的專業培訓模式對臨床教師學習成就、
　　　　 自我價值和自信心之影響
　　　　 Effects of ChatGPT-Supported Professional Training
　　　　 on Clinical Teachers' Achievement, Self-Worth, and
　　　　 Self-Confidence
　　　　 ....張純純　331
第十六章 生成式 AI 應用於醫學生職涯規劃的質性研究設計
　　　　 A Qualitative Research Design of Applying Generative
　　　　 AI to Medical Students' Career Planning
　　　　 ....黃馨　353

第一章
生成式 AI 在教育的應用趨勢
Trends of Generative AI Applications in Educational Settings

涂芸芳[1]　呂一淳[2]

[1] 臺灣科技大學／中原大學通識中心 助理教授
[2] 臺灣科技大學數位學習與教育研究所 博士研究生

摘要

　　隨著生成式人工智慧（Generative Artificial Intelligence，簡稱生成式 AI）的發展與普及，全球的教育機構及領域學者都開始探討生成式 AI 對教育可能的貢獻及應用方式。為了深入瞭解生成式 AI 在教育研究中的應用趨勢，本章針對 Web of Science Core Collection（WoS）引文索引資料庫進行文獻的主要研究目的分析，以及透過關鍵字共詞分析揭示相關研究的主題結構和關聯性。本章旨在探討生成式 AI 應用於教育研究的主要研究方向及常用關鍵字，以瞭解當前生成式 AI 在教育研究中的發展趨勢。結果表明，目前生成式 AI 在教育領域的研究主要集中於「使用生成式 AI 的學習感受」，以及「生成式 AI 在教育應用研究的文獻回顧」。隨著時間推移，有關「生成式 AI 學習成效評估」的研究逐漸增加，但針對「生成式 AI 作為教學支持工具的測試與開發」，以及對「生成式 AI 作為評估與反饋工具的應用」仍較少，尤其是「使用生成式 AI 過程之學習者認知或行為特徵分析」較為缺乏。最後，本章根據分析結果，針對各研究分類提供未來研究的建議。

關鍵字：生成式人工智慧、研究趨勢、文獻回顧、書目分析

Abstract

With the development and popularity of generative artificial intelligence (AI), educational institutions and scholars around the world have started to explore the potential contributions and applications of using generative AI in educational settings. To gain an in-depth understanding of the research trends of generative AI applications in education, this study presents the findings by analyzing the main research topics of the publications included in the Web of Science Core Collection (WoS); moreover, the thematic structure and relevance of the related studies through keyword co-occurrence analysis are presented as well. The aim of this study was to explore the main research directions and frequently adopted keywords of generative AI in education research, which are important dimensions for revealing the up-to-date trends of generative AI in education research. The analysis results showed that the research on generative AI in education mainly focuses on "learners' perceptions of using generative AI" and "literature reviews of generative AI in education research." Over time, the number of studies on the "evaluation of the learning effectiveness of generative AI" has gradually increased. However, there are still fewer studies on the "testing and development of generative AI as a teaching support tool" and the "application of generative AI as an evaluation and feedback tool," and in particular, research conducting "analysis of the cognitive and behavioral characteristics of learners during the learning process of generative AI" is relatively lacking. Finally, based on the results of the analysis, this study provides recommendations for future research for each research category.

Keywords: generative artificial intelligence, research trends, literature review, bibliometric analysis

壹、前言

　　生成式人工智慧（Generative Artificial Intelligence，簡稱生成式AI）是一種結合深度學習和自然語言處理技術，能夠在理解人類的自然語言的內容後，同樣以自然語言做出回應，並具有生成或創造內容（例如文本、影像、視訊和音樂）的人工智慧系統（Farrokhnia et al., 2023; Jeon & Lee, 2023）。生成式AI正逐步改變傳統學習方式，並促進教育領域的革新（Farrokhnia et al., 2023; Jeon & Lee, 2023）。Hwang與Chen（2023）指出，生成式AI在教育領域扮演多種角色，其包括教師（Teacher/Tutor）、學生（Student/Tutee）、同儕／學伴（Learning Peer/Partner）、領域專家（Domain Expert）、管理者（Administrator），以及學習工具（Learning Tool）。其作為教師，它能為學習者提供額外的教材，以及綜合知識內容，並提供教學示範等；其作為學生，它能模擬學習過程，執行使用者指定的任務；其作為同儕，它能擔任協作學習的學伴；其作為領域專家，它能針對專業問題提供指導；其作為管理者，它能彙整學習資訊，為學生的學習決策提供支持；其作為學習工具，它能收集與分析資料，減輕學習負擔，幫助學習者聚焦在關鍵的學習目標。

　　鑒於生成式AI在教育領域的多樣化應用和潛在影響，針對其在現有研究中的焦點與目的，以及未來的趨勢發展，進行探討分析極為重要。因此，本研究在Web of Science Core Collection（WoS）引文索引資料庫搜尋生成式AI應用於教育領域的文獻，並對這些文獻的研究目的進行分類。透過關鍵字共詞分析（Co-occurrence Analysis），揭示該領域研究的主題結構（Boyack & Klavans, 2010; González-Zamar et al., 2020），以探討生成式AI應用於教育領域的研究趨勢。綜合上述，本研究將探究生成式AI在教育研究的主要研究方向和最常採用的關鍵字，從而瞭解研究的主要領域，並進一步探討生成式AI在提升教育質量和促進學習體驗方面的潛力。

貳、方法

一、資料來源

於 2024 年 7 月 31 日，使用 WoS 對生成式 AI 在教育應用的研究進行 Social Sciences Citation Index（SSCI）文獻檢索。首先，在文獻的主題、摘要及關鍵字中，搜索包含「生成式 AI」相關詞彙（如「Generative Artificial Intelligence」、「Generative AI」、「AI Generated Content」、「AIGC」、「GAI」、「GenAI」或「ChatGPT」）的文獻。接著，進一步篩選與教育相關的學術領域（如 Education & Educational Research、Education Scientific Disciplines 和 Psychology Educational），獲得 345 篇相關文獻。經過人工審查文獻的標題、摘要與關鍵字後，排除 11 篇與此次主題無關的文獻，以及 21 篇 Editorial Material（社論）、Letter（信函）和 Correction（修訂）的文獻。最終納入分析的文獻總數為 313 篇。

二、分析方法

本研究對最終納入分析的文獻進行閱讀，並參考 Wu 等（2012）的研究，將生成式 AI 教育研究的主要目的分為：(a) 使用生成式 AI 的學習感受、(b) 生成式 AI 在教育應用研究的文獻回顧、(c) 生成式 AI 學習成效評估、(d) 生成式 AI 作為教學支持工具的測試與開發、(e) 生成式 AI 作為評估與反饋工具的應用、(f) 使用生成式 AI 過程之學習者認知或行為特徵分析。考慮到文獻的線上出版與正式出版日期之間的差異，本文作者以 WoS 記錄的出版年分為基準進行分析。結果顯示，2022 年的出版數量為 1 篇，2023 年為 68 篇，2024 年 1 月至 7 月底的出版數量為 244 篇。

此外，本研究採用關鍵字共詞分析以揭示生成式 AI 在教育領域研究的主題結構（Boyack & Klavans, 2010; González-Zamar et al., 2020）。透過 VOSviewer 軟體可以將生成式 AI 教育研究中的關鍵字關聯和視覺化，並根據關聯強度以不同顏色分群（van Eck & Waltman, 2010）。兩位研究人員共同執行文獻編碼，並達到 0.86 的 Kappa 值，對於編碼不一致的部分，研究人員透過討論達成一致意見。

三、生成式 AI 在教育研究中的主要研究方向

圖 1-1 顯示 2022 年至 2024 年 7 月底的生成式 AI 教育研究之發表數量分布。納入分析的文獻中，一篇較早的生成式 AI 教育研究由 Choi 等（2023）進行，該研究主要評估了 ChatGPT 在明尼蘇達大學法學院（University of Minnesota Law School）四門課程期末考試中的表現。結果顯示，ChatGPT 的平均成績為 C^+，這表明 AI 在某些情況下，具備透過考試的能力，但其表現仍顯著低於優秀學生的水準。

2022 年至 2024 年 7 月底，有關生成式 AI 在教育領域的文獻，主要集中在以下幾個方面的探討。首先，大多數研究聚焦於使用生成式 AI 的學習感受（$n = 109$ 篇），其次是生成式 AI 在教育應用研究的文獻回顧（$n = 89$ 篇），這些研究通常探討學習者或教學者使用生成式 AI 的學習感受和影響因素，以及生成式 AI 在教育中的潛力與威脅。此外，生成式 AI 學習成效的評估（$n = 51$ 篇）、作為教學支持工具的測試與開發（$n = 28$ 篇），以及作為評估與反饋工具的應用（$n = 27$ 篇），這些也是常見的研究主題。相比之下，探討使用生成式 AI 過程之學習者認知或行為特徵分析的研究相對較少（$n = 9$ 篇），但一些研究者強調，這是生成式 AI 在特定教育領域應用中的重要議題，值得

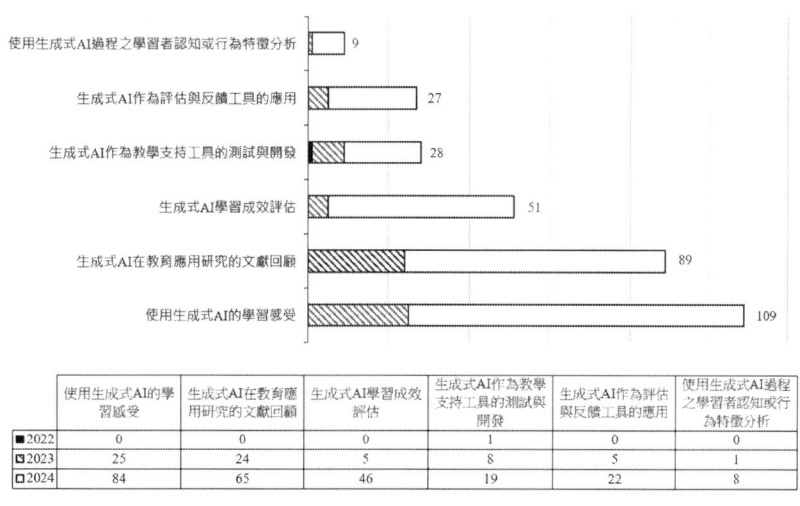

圖 1-1　2022 年至 2024 年 7 月底生成式 AI 在教育研究中的主要研究方向分布

進一步深入探討（Hui, 2024; Sun et al., 2024; Tu & Hwang, 2023）。

參、生成式 AI 教育研究的趨勢

圖 1-2 顯示 VOSViewer 對 2022 年至 2024 年 7 月底期間生成式 AI 教育研究關鍵字進行聚類分析的結果。分析發現，這 313 篇生成式 AI 教育研究共包含 858 個關鍵字，其中 46 個關鍵字共同出現 4 次或以上。此外，生成式 AI 教育研究領域的五大常見主題為：使用生成式 AI 的學習感受、生成式 AI 在教育應用研究的文獻回顧、生成式 AI 學習成效及學習者認知或行為特徵分析（包含生成式 AI 學習成效的評估，以及使用生成式 AI 過程之學習者認知或行為特徵分析）、生成式 AI 作為教學支持工具的測試與開發，以及生成式 AI 作為評估與反饋工具的應用。

圖 1-2 顯示 ChatGPT 為生成式 AI 教育研究的主要核心之一，並且在此研究領域中與生成式 AI、AI 和大型語言模型同樣具有重要影響力。

表 1-1 列出生成式 AI 教育研究中出現次數達 8 次或以上的關鍵字。結

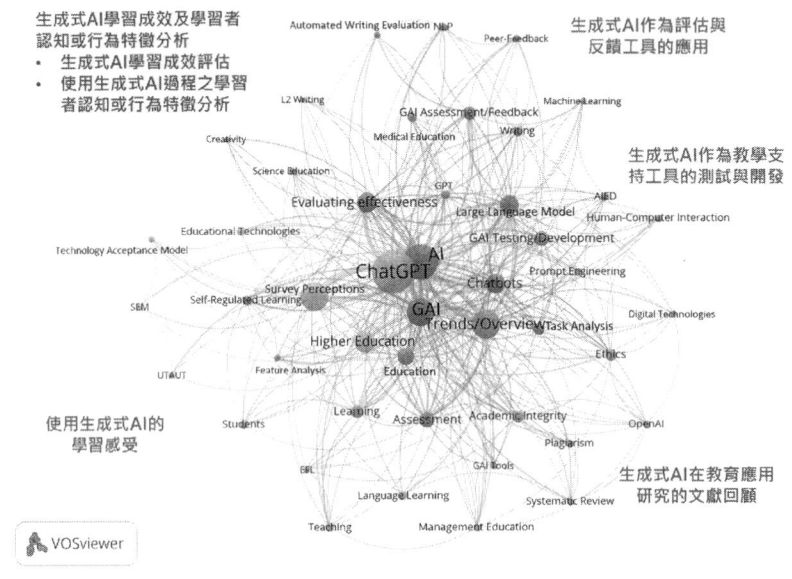

圖 1-2　2022 年至 2024 年 7 月底生成式 AI 教育研究之關鍵字分群

果顯示，出現次數最多的關鍵字是 ChatGPT，其次依序為 AI、情感調查和趨勢／概述。其中，「使用生成式 AI 的學習感受」群組的關鍵字出現頻率最高（如 ChatGPT、情感調查、高等教育），顯示出研究者對使用生成式 AI 的學習感受方面的高度關注（Barrett & Pack, 2023; Chan, 2023; Strzelecki & ElArabawy, 2024）。

表 1-1　2022 年至 2024 年 7 月底生成式 AI 教育研究的前 21 名關鍵字（出現次數 ≥ 8）

關鍵字	群組	出現次數
ChatGPT	(a)	185
AI	(d)	115
情感調查（Affective Survey）	(a)	109
趨勢／概述（Trends/Overview）	(e)	89
GAI	(b)	75
成效評估（Effectiveness Evaluation）	(b)	51
高等教育（Higher Education）	(a)	40
大型語言模型（Large Language Model）	(d)	31
GAI 測試／開發（GAI Testing/Development）	(c)	28
聊天機器人（Chatbots）	(b)	28
GAI 評估/回饋（GAI Assessment/Feedback）	(d)	27
教育（Education）	(c)	22
評估（Assessment）	(b)	21
學習（Learning）	(c)	11
學術誠信（Academic Integrity）	(e)	10
倫理（Ethics）	(e)	9
特徵分析（Feature Analysis）	(b)	9
寫作（Writing）	(d)	9
任務分析（Task Analysis）	(b)	8
AI 在教育應用（AIED）	(c)	8
醫學教育（Medical Education）	(c)	8

註：斜體字表示本次所採用的初始搜索詞；(a) 代表使用生成式 AI 的學習感受，(b) 代表生成式 AI 學習成效及學習者認知或行為特徵分析，(c) 代表生成式 AI 作為教學支持工具的測試與開發，(d) 代表生成式 AI 作為評估與反饋工具的應用，(e) 代表生成式 AI 在教育應用研究的文獻回顧；GAI: Generative Artificial Intelligence; AIED: Artificial Intelligence in Education。

「生成式 AI 在教育應用研究的文獻回顧」群組中的關鍵字（如趨勢／概述、學術誠信、倫理）反映研究者對生成式 AI 技術在教育領域發展趨勢及相關倫理問題的探索（Abbas et al., 2024; Hwang & Chen, 2023; Lo et al., 2024）。

「生成式 AI 學習成效及學習者認知或行為特徵分析」群組中的關鍵字多次出現（如 GAI、成效評估、特徵分析），表明學習成效評估以及學習者在生成式 AI 學習過程的認知或行為特徵分析也是重要的研究方向（Hui, 2024; Sun et al., 2024; Tu & Hwang, 2023; Yusuf et al., 2024）。

此外，「生成式 AI 作為教學支持工具的測試與開發」和「生成式 AI 作為評估與反饋工具的應用」這兩個群組的關鍵字也占據了一定比例，顯示出生成式 AI 在教學支持工具開發及評估應用方面的重要性（Escalante et al., 2023; Jiang et al., 2024; Lan & Chen; 2024; Nam & Bai, 2023; Yavuz et al., 2024）。

一、使用生成式 AI 的學習感受

圖 1-3 呈現以探討「使用生成式 AI 的學習感受」為主要目的關鍵字共現網絡，能透過各個節點顯示此主題的相關重要議題和其關聯性。其揭示使用生成式 AI 的學習感受的相關議題，包含 ChatGPT、情感調查（Affective Survey）、高等教育（Higher Education）、教育科技（Educational Technologies）、科技接受模型（Technology Acceptance Model）、結構方程模型（Structural Equation Model, SEM）和整合型科技接受模式（Unified Theory of Acceptance and Use of Technology, UTAUT）。該群體的關鍵字集中在高等教育和技術接受度，特別是與生成式 AI（如 ChatGPT）和教育科技的應用。例如 Shen 等（2024）結合科技接受模型和自我決定論，探討藝術設計大學生對生成式 AI 的接受度，結果表明，工作替代焦慮和知覺控制感，對行為意圖有負面影響，而感知有用性有正向影響；感知能力和感知關聯性，透過感知易用性和感知有用性，間接影響行為意圖。Tu（2024）探討不同成長心態的學生與 ChatGPT 的互動技能和問題類型。其結果指出，高成長型思維的學生傾向於將 ChatGPT 視為學習導師，並使用更具體和專業的互

第一章　生成式 AI 在教育的應用趨勢　　9

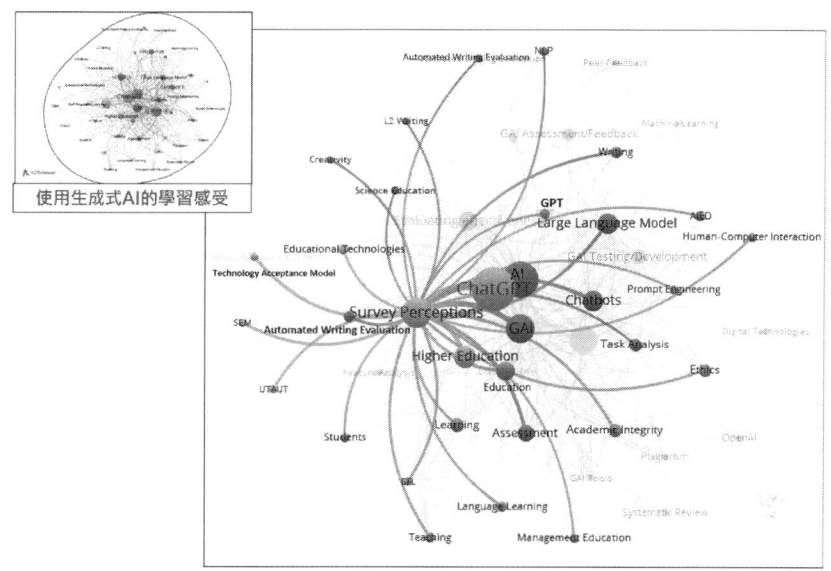

圖 1-3　「使用生成式 AI 的學習感受」群組之關鍵字共現網絡

動方式，如要求 ChatGPT 扮演指定角色或按特定格式回應，以獲得更準確的內容。相反，低成長型思維的學生主要將 ChatGPT 視為工具，並用於回答知識型問題。

　　從圖 1-3 得知，其他群組的關鍵字如自動寫作評估（Automated Writing Evaluation）、同儕回饋（Peer Feedback）、科學教育（Science Education）和創造力（Creativity）等，可能代表了使用生成式 AI 的學習感受之潛在研究方向，顯示出這些議題在該群組中的研究價值（Kartal, 2024; Shin & Lee, 2024; Okulu & Muslu, 2024）。與技術相關的關鍵字如提示工程（Prompt Engineering）和人機互動（Human-computer Interaction），展示生成式 AI 如何提升教育過程和學習體驗的潛力（Stojanov, 2023; Woo et al., 2024）。

　　圖中也包含一些與教育應用相關的關鍵字，如高等教育（Higher Education）、自我調節學習（Self-regulated Learning）、評估（Assessment）、學術誠信（Academic Integrity）、倫理（Ethics）和語言學習（Language Learning），這些是此群組關注的核心議題（Chan, 2023; Li & Kim, 2024; Holland & Ciachir, 2024）。一些研究者採用調查模型，如科技接受模型

（Technology Acceptance Model）和整合型科技接受模式（UTAUT），探討生成式 AI 技術在教育應用中的接受度與影響（Arthur et al., 2024; Shen et al., 2024）。

二、生成式 AI 在教育應用研究的文獻回顧

圖 1-4 揭示生成式 AI 在教育應用研究的文獻回顧之研究議題，包括學術誠信（Academic Integrity）、倫理（Ethics）、提示工程（Prompt Engineering）、生成式預訓練轉換器模型（Generative Pre-trained Transformers, GPT）、語言學習（Language Learning）、抄襲（Plagiarism）、系統性綜述（Systematic Review）、教學（Teaching）、數位科技（Digital Technologies）、英語作為外語（English as a Foreign Language, EFL）、管理教育（Management Education）和 OpenAI，特別強調學術誠信和倫理議題的探討。這反映生成式 AI 在教育應用中存在的挑戰，特別是圍繞技術的學術誠信與倫理議題。例如隨著生成式 AI（如 GPT 模型）在學術寫作中的廣泛應用，如何防止抄襲、維護學術誠信成為研究者關注的重點（Dawson et al., 2024; Fisk, 2024; Lim et al., 2023）。

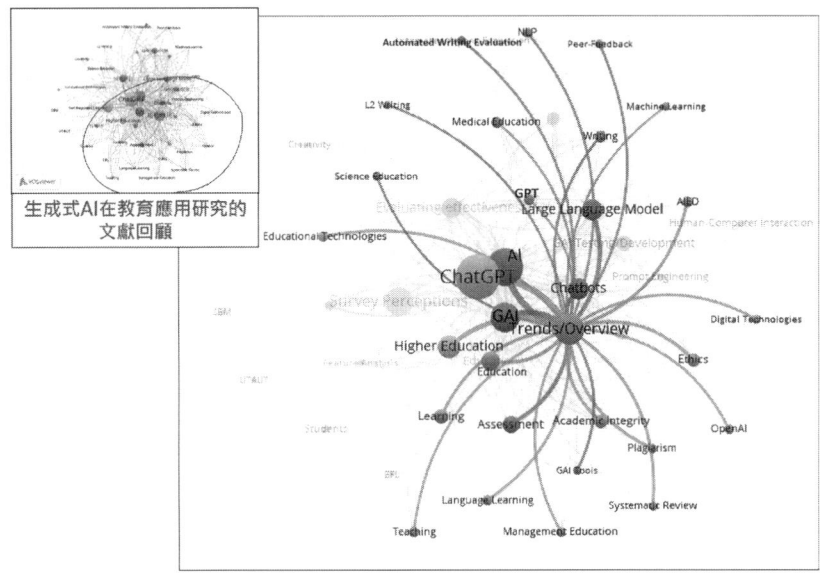

圖 1-4 「生成式 AI 在教育應用研究的文獻回顧」群組之關鍵字共現網絡

與其他群組的連接，關鍵字包括 AI、大型語言模型（Large Language Model）、寫作（Writing）、自動寫作評估（Automated Writing Evaluation）、自然語言處理（Natural Language Processing, NLP）、同儕回饋（Peer Feedback）、聊天機器人（Chatbots）、評估（Assessment）、第二語言寫作（Second Language Writing, L2 Writing）和學習管理系統（Learning Management Systems, LLMS）。圖 1-4 中也有一些與教育領域相關的關鍵字，例如高等教育（Higher Education）、語言學習（Language Learning）、醫學教育（Medical Education）、科學教育（Science Education）、寫作（Writing）和自動寫作評估（Automated Writing Evaluation）。這些關鍵字顯示了生成式 AI 在教育領域的應用研究，尤其是在高等教育、學術寫作和學科教學等領域，生成式 AI 技術正被廣泛探討（Jeon et al., 2023; Tang, 2024; Xia et al., 2024）。

三、生成式 AI 學習成效及學習者認知或行為特徵分析

此群組包含兩個不同研究特徵的子群，分別為「生成式 AI 學習成效評估」和「使用生成式 AI 過程之學習者認知或行為特徵分析」。其關鍵字包含聊天機器人（Chatbots）、評估（Assessment）、特徵分析（Feature Analysis）、任務分析（Task Analysis）、自我調節學習（Self-regulated Learning）、創造力（Creativity）、第二語言寫作（L2 Writing）、學習管理系統（LLMS）與科學教育（Science Education）。

（一）子群：生成式 AI 學習成效評估

圖 1-5 揭示生成式 AI 學習成效的評估的研究議題，涵蓋多個領域，包括成效評估（Effectiveness Evaluation）、科學教育（Science education）、創造力（Creativity）、第二語言寫作（L2 Writing）、自我調節學習（Self-regulated Learning）、評估（Assessment）、聊天機器人（Chatbots）和任務分析（Task Analysis）等。

與其他群組的連接，關鍵字如寫作（Writing）、自然語言處理（NLP）、自動寫作評估（Automated Writing Evaluation）和同儕回饋（Peer Feedback）表明生成式 AI 在寫作評估中的應用為此群組的重要研究方向。研究者們利用

AI 技術對學生的寫作進行自動化評估，並提供回饋，以提升學生的寫作技能（Lu et al., 2024; Tam, 2024）。此外，生成式 AI 技術，如大型語言模型和 AI 驅動的工具，還被用於支持寫作評估、回饋、自我調節學習以及創造力的培養（Lee et al., 2024; Ng et al., 2024; Urban et al., 2024）。

與教育領域相關的關鍵字，如高等教育（Higher Education）、科學教育（Science Education）和醫學教育（Medical Education），表明生成式 AI 技術在這些學科中用於評估學習成效（Houssaini et al., 2024; Ng et al., 2024）。特別是自我調節學習（Self-regulated Learning）方面，生成式 AI 能夠支持學生自主調節學習，幫助他們更好地控制學習進程，提升學習效果（Lee et al., 2024; Ng et al., 2024）。此外，生成式 AI 不僅用於評估知識掌握情況，還在培養學生的創造力（Creativity）方面發揮了重要作用。也有研究者正在探索如何利用 AI 來支持和評估學生的創造性思維和作品（de Vicente-Yagüe-Jara et al., 2024; Niloy et al., 2024）。

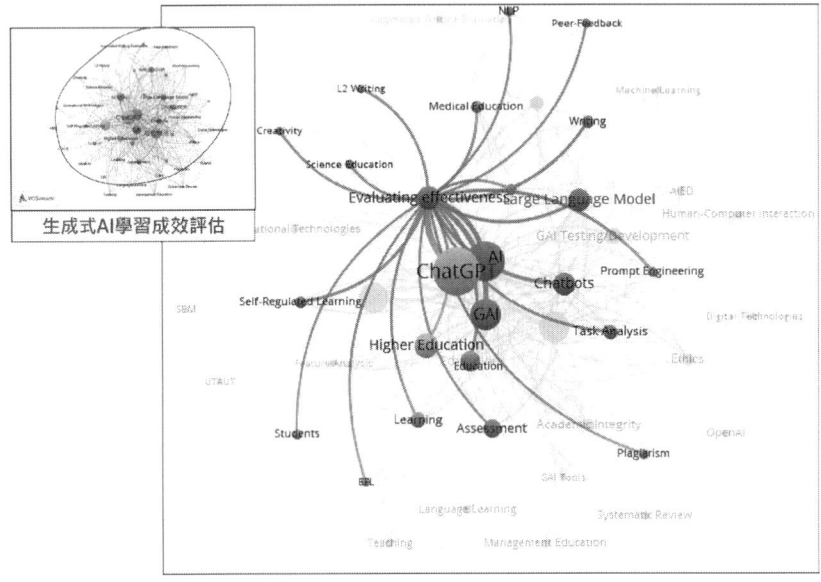

圖 1-5　子群組「生成式 AI 學習成效評估」之關鍵字共現網絡

（二）子群：使用生成式 AI 過程之學習者認知或行為特徵分析

圖1-6揭示學習者在使用生成式AI學習過程之認知或行為特徵分析的研究議題，包括自我調節學習（Self-regulated Learning）、特徵分析（Feature Analysis）、任務分析（Task Analysis）與生成式 AI（GAI）。此群組主要探究學習者如何在生成式 AI 的環境中促進自己的學習過程，並透過任務分析來瞭解他們的認知或行為特徵（Hui, 2024; Sun et al., 2024; Tu & Hwang, 2023; Wu et al., 2024）。例如 Wu 等（2024）開發一個自助學習的智能教程生成系統（Self-GT），結合認知計算和生成學習，用以記錄學習者的動態偏好，並透過強化學習（Reinforcement Learning）模型，和多模態知識圖譜（Knowledge Graph）來生成個性化教程。其結果顯示，Self-GT 在教程生成的精確性和應用性方面表現良好。Hui（2024）探討如何在生成式 AI 支持的學習環境中，應用布魯姆分類法（Bloom's Taxonomy），促進學生的高階思維能力。其結果顯示，當學生在高複雜度的任務中與生成式 AI 互動，並需要運用基礎知識進行分析和反思時，他們更傾向於運用高階思維能力。

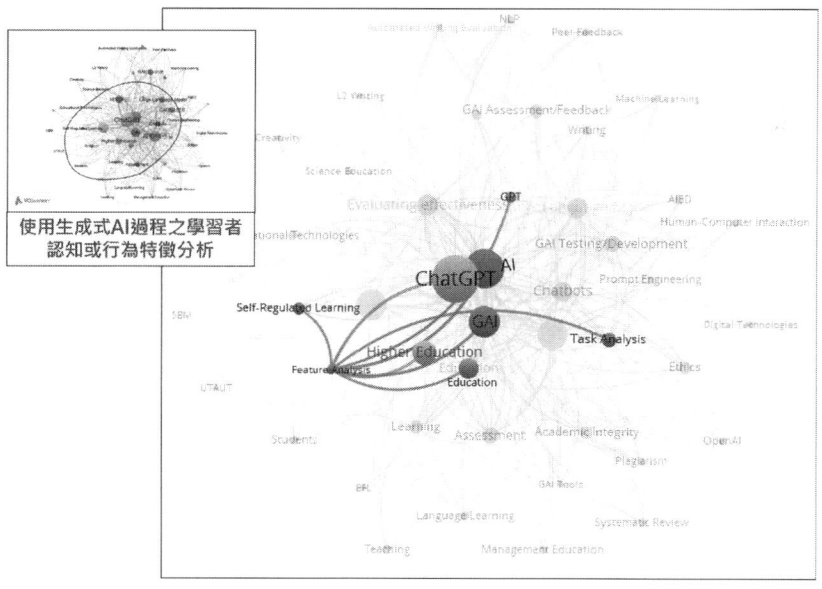

圖1-6　子群組「使用生成式 AI 過程之學習者認知或行為特徵分析」之關鍵字共現網絡

與其他群組的連接，關鍵字如高等教育（Higher Education）、生成式預訓練轉換器模型（GPT）與教育（Education）顯示該群的生成式 AI 教育研究試圖在複雜的學習環境中，瞭解不同學習者對採用生成式 AI 如何提升學習的行為。例如 Sun 等（2024）探討以 ChatGPT 輔助的程式設計模式，對大學生程式設計行為、表現與認知的影響。研究中，一組學生使用 ChatGPT 輔助程式設計（ChatGPT-facilitated Programming, CFP），另一組學生則是自主程式設計（Self-directed Programming, SDP），兩組進行比較。研究結果顯示，採用 CFP 模式的學生，會更頻繁地進行偵錯和使用 ChatGPT 提供的反饋，且其程式設計成績有提高。Yang 等（2024）則分析學生繳交的反思日誌及與 GPT 的對話內容，將學生的學習經驗分為四類：抵抗型、接受型、足智多謀型和反思型的學習方法。研究發現，學生的自主性是關鍵因素，能最佳化使用生成式 AI，並有助於培養終身學習的能力。

值得注意的是，該子群的研究執行過程比其他群組更耗時，且需要深入探索，分析過程也更為複雜，因此該群組的研究規模相對較小。然而，這類研究對於理解生成式 AI 在教育中的實際效果，以及學習者如何適應和應對新興技術的挑戰，具有重要意義。透過深入分析學習者的認知或行為特徵，教育者可以制定更具針對性和有效的教育策略與學習活動，提升生成式 AI 技術在教學中的應用效果（Hui, 2024; Sun et al., 2024; Tu & Hwang, 2023; Wu et al., 2024）。

四、生成式 AI 作為教學支持工具的測試與開發

圖 1-7 揭示生成式 AI 作為教學支持工具的測試與開發的研究議題，包括生成式 AI 測試／開發（GAI Testing/Development）、教育（Education）、學習（Learning）、人工智慧教育（AIED）、醫學教育（Medical Education）、人機互動（Human-computer Interaction）、機器學習（Machine Learning）、學生（Students）。這代表此群組的研究，從對生成式 AI 技術測試到實際應用，涵蓋了從基礎教育到專業領域（如醫學教育）。這些關鍵字表明，研究者關注從技術測試到實際應用的過程，以探索生成式 AI 技術如何在教育領域中作為有效的支持工具（Friederichs et al., 2023; Jiang et al., 2024;

Keiper et al., 2023; Quan & Chen, 2024）。例如 Quan 與 Chen（2024）探討 ChatGPT 在語言互動中的應用，發現它能根據提問的禮貌程度，來調整回答的語用策略。針對不禮貌的提問，回應會較短且不積極，類似人類反應。此結果顯示人機語用學具有研究潛力，且研究建議語言學習者模仿人類互動方式，以提升生成式 AI 作為教學支持工具的效果。Lan 與 Chen（2024）探討生成式 AI 在教育中的問題，並提出透過設計教育 AI 代理，來解決這些問題的潛在方案。並從教師和學生的角度分析問題，介紹了設計教育 AI 代理的主要概念、設計考量、功能、步驟及應用範例，提供生成式 AI 作為教學支持工具的參考。

此外，與其他群組的連接，顯示生成式 AI 技術與更多教育技術議題的交織。關鍵字如大型語言模型（Large Language Model）和提示工程（Prompt Engineering）揭示 AI 模型如何透過生成式技術在教育領域中提供的學習支持（Jia et al., 2024; Lee et al., 2023）。同時，聊天機器人（Chatbots）和任務分析（Task Analysis）則反映 AI 技術在學習互動和任務設計中的應用，幫助學生和教師進行有效的互動和任務分解（Santhi & Srinivasan, 2024; Tupper

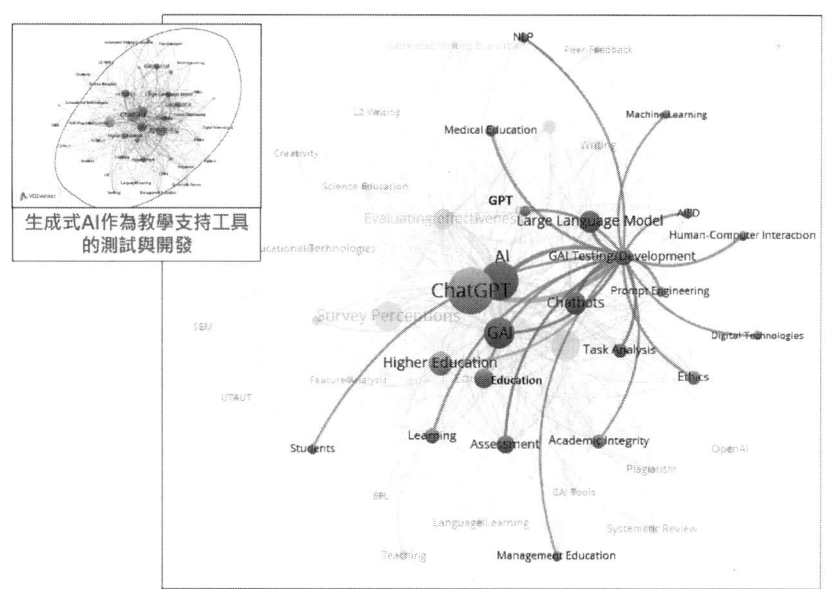

圖 1-7　「生成式 AI 作為教學支持工具的測試與開發」群組之關鍵字共現網絡

et al., 2024）。

數位科技（Digital Technologies）和倫理學（Ethics）的連接，強調了生成式 AI 技術在教育應用中引發的倫理和社會問題。生成式 AI 在教育領域的應用日益廣泛，學術誠信（Academic Integrity）和倫理挑戰也成為研究者重點關注的議題，特別是在管理教育（Management Education）和高等教育（Higher Education）領域，如何平衡技術的使用與倫理考量是重要的議題（Keiper et al., 2023; Nam & Bai, 2023）。

五、生成式 AI 作為評估與反饋工具的應用

圖 1-8 揭示生成式 AI 作為評估與反饋工具的應用之研究議題，關鍵字包含人工智慧（AI）、大型語言模型（Large Language Model）、生成式 AI 評估與回饋（GAI Assessment/Feedback）、寫作（Writing）、自動寫作評估（Automated Writing Evaluation）、自然語言處理（NLP）和同儕回饋（Peer Feedback）。該群組主要聚焦於如何透過生成式 AI 來改善語言生成、寫作評估和回饋機制，尤其是在寫作領域的應用。例如 Guo 與 Wang（2024）探討

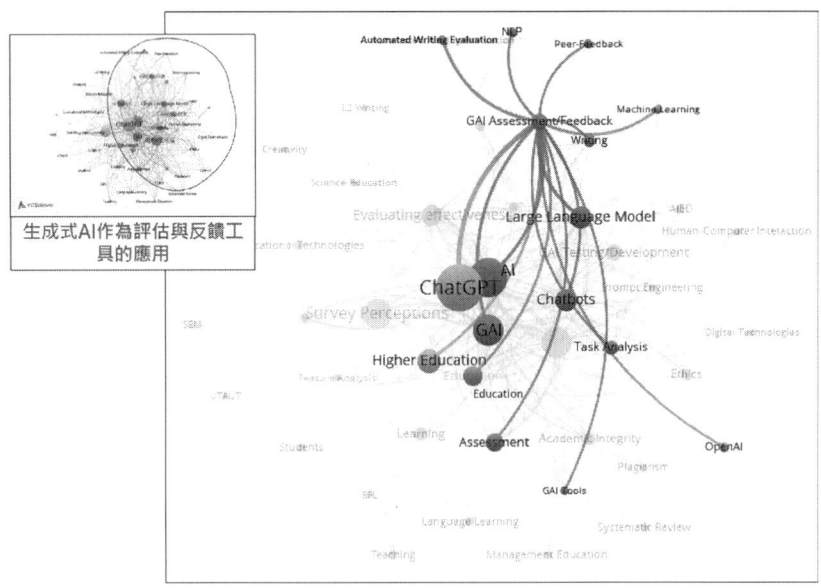

圖 1-8 「生成式 AI 作為評估與反饋工具的應用」群組之關鍵字共現網絡

ChatGPT在學生進行英語為外語（EFL）的寫作時，提供反饋的潛力。其結果顯示，ChatGPT提供的反饋量多於教師，並且在內容、組織和語言方面的反饋更為平均，而教師反饋主要集中於內容和語言問題。Escalante等（2023）比較學生接受ChatGPT與人類導師反饋後的寫作學習效果，發現兩者之間無顯著差異，且學生對AI和人類反饋的偏好接近均分。研究建議結合AI和人類反饋的方式進行寫作評估，以發揮雙方的優勢。Bui與Barrot（2024）分析ChatGPT與人類評分員間，對於寫作評分的一致性，以及ChatGPT在多次評分中的穩定性。針對200篇不同水準的議論文（Argumentative Essay）進行分析，結果顯示ChatGPT的評分與人類評分員的一致性不高，且在兩次評分中缺乏穩定性。這可能與ChatGPT的評分演算法、訓練數據、模型更新及其內在隨機性有關。

此外，與其他群組的連接，關鍵字如聊天機器人（Chatbots）表明AI技術在教育互動中的作用，透過與學生的對話提供即時回饋和說明（Song et al., 2024）；任務分析（Task Analysis）反映AI在教育活動中的任務分解和評估中的應用（Song et al., 2024）；機器學習（Machine Learning）為生成式AI系統提供有效的學習和預測功能（Song et al., 2024; Urrutia & Araya, 204）；評估（Assessment）和高等教育（Higher Education）的出現則說明，生成式AI不僅在寫作領域具有應用潛力，且目前大多聚焦於其高等教育領域（Banihashem et al., 2024; Yavuz et al., 2024）。

肆、未來研究建議

本研究對生成式AI在教育領域中的主要研究目的進行分類，並透過關鍵字共詞分析揭示相關研究的主題結構及關鍵字之間的關聯。根據研究結果，提出以下未來研究建議：

一、現有研究調查使用生成式AI的學習感受，已結合科技接受模型、自我決定論進行探討。未來研究可考量從不同理論角度探討，例如：成就動機理論（Achievement Motivation Theory）、期待價值理論（Expectancy-value Theory）等，探討使用生成式AI的學習過程，以及相關情感因素對學習動機和行為的影響。

二、現有生成式 AI 學習成效評估的研究，已證實其能結合教學策略來支持自我調節的學習。未來研究可進一步探討生成式 AI 如何促進學生與同儕之間的共同調節（Co-regulation），以及與小組群體之間的社會共享調節（Socially-shared Regulation）。

三、目前關於學習者在生成式 AI 學習過程之認知或行為特徵分析較缺乏，未來可加強這一面向的探索。此外，未來研究可結合不同教學策略，例如圖形組織器（Graphic Organizers）、基於雙層測驗的引導機制（Two-tier Test-based Guiding Mechanism）等，以及使用不同學習分析方法，如行為序列分析（Behaviour Sequential Analysis）、認知網絡分析法（Epistemic Network Analysis, ENA），來探討生成式 AI 在不同教學策略中的應用，並分析學習者的認知或行為特徵。

四、未來研究可以考量開發或結合教育 AI 代理進行探究學習者的學習成效和學習行為，特別是針對不同學習需求或學習風格的學生，進行個性化的設計。例如：開發適應性的反饋機制、設計結構化的引導鷹架等，以促進學習過程的互動和參與度。此外，未來研究可以考慮開發或結合生成式 AI 與人類教師反饋的混合評估模型，探討如何有效利用 AI 提供的即時反饋與教師的專業指導，以提升學生的學習效果。未來研究還可以探究生成式 AI 在不同學科（如語言學習、寫作、科學教育）中的評估準確性，並探索改進評分算法和增強模型穩定性的技術方法。

參考文獻

Abbas, M., Jam, F. A., & Khan, T. I. (2024). Is it harmful or helpful? Examining the causes and consequences of generative AI usage among university students. *International Journal of Educational Technology in Higher Education, 21*(1), Article 10. https://doi.org/10.1186/s41239-024-00444-7

Arthur, F., Salifu, I., & Abam Nortey, S. (2024). Predictors of higher education students' behavioural intention and usage of ChatGPT: The moderating roles of age, gender and experience. *Interactive Learning Environments*. https://doi.org/10.1080/10494820.2024.2362805

Banihashem, S. K., Kerman, N. T., Noroozi, O., Moon, J., & Drachsler, H. (2024). Feedback sources in essay writing: Peer-generated or AI-generated feedback? *International Journal of Educational Technology in Higher Education*, *21*(1), Article 23. https://doi.org/10.1186/s41239-024-00455-4

Barrett, A., & Pack, A. (2023). Not quite eye to AI: Student and teacher perspectives on the use of generative artificial intelligence in the writing process. *International Journal of Educational Technology in Higher Education*, *20*(1), Article 59. https://doi.org/10.1186/s41239-023-00427-0

Boyack, K. W., & Klavans, R. (2010). Co-citation analysis, bibliographic coupling, and direct citation: Which citation approach represents the research front most accurately? *Journal of the American Society for Information Science and Technology*, *61*(12), 2389-2404. https://doi.org/10.1002/asi.21419

Bui, N. M., & Barrot, J. S. (2024). ChatGPT as an automated essay scoring tool in the writing classrooms: How it compares with human scoring. *Education and Information Technologies*. https://doi.org/10.1007/s10639-024-12891-w

Chan, C. K. Y. (2023). A comprehensive AI policy education framework for university teaching and learning. *International Journal of Educational Technology in Higher Education*, *20*(1), Article 38. https://doi.org/10.1186/s41239-023-00408-3

Choi, J. H., Hickman, K. E., Monahan, A. B., & Schwarcz, D. (2023). ChatGPT goes to law school. *Journal of Legal Education*, *71*(3), 387-400.

Dawson, P., Nicola-Richmond, K., & Partridge, H. (2024). Beyond open book versus closed book: A taxonomy of restrictions in online examinations. *Assessment & Evaluation in Higher Education*, *49*(2), 262-274. https://doi.org/10.1080/02602938.2023.2209298

de Vicente-Yagüe-Jara, M. I., López-Martínez, O., Navarro-Navarro, V., & Cuéllar-Santiago, F. (2023). Writing, creativity, and artificial intelligence: ChatGPT in the university context. *Comunicar: Media Education Research Journal*, *31*(77), 45-54. https://doi.org/10.3916/c77-2023-04

Escalante, J., Pack, A., & Barrett, A. (2023). AI-generated feedback on writing: Insights into efficacy and ENL student preference. *International Journal of Educational Technology in Higher Education*, *20*(1), Article 57. https://doi.org/10.1186/s41239-023-00425-2

Farrokhnia, M., Banihashem, S. K., Noroozi, O., & Wals, A. (2023). A SWOT analysis of ChatGPT: Implications for educational practice and research. *Innovations in Education and Teaching International*. https://doi.org/10.1080/14703297.2023.2195846

Fisk, G. D. (2024). AI or human? Finding and responding to artificial intelligence in student work. *Teaching of Psychology.* https://doi.org/10.1177/00986283241251855

Friederichs, H., Friederichs, W. J., & März, M. (2023). ChatGPT in medical school: How successful is AI in progress testing? *Medical Education Online, 28*(1), Article 2220920. https://doi.org/10.1080/10872981.2023.2220920

González-Zamar, M. D., Ortiz Jiménez, L., Sánchez Ayala, A., & Abad-Segura, E. (2020). The impact of the university classroom on managing the socio-educational well-being: A global study. *International Journal of Environmental Research and Public Health, 17*(3), Article 931. https://doi.org/10.3390/ijerph17030931

Guo, K., & Wang, D. (2024). To resist it or to embrace it? Examining ChatGPT's potential to support teacher feedback in EFL writing. *Education and Information Technologies, 29*(7), 8435-8463. https://doi.org/10.1007/s10639-023-12146-0

Holland, A., & Ciachir, C. (2024). A qualitative study of students' lived experience and perceptions of using ChatGPT: Immediacy, equity and integrity. *Interactive Learning Environments.* https://doi.org/10.1080/10494820.2024.2350655

Houssaini, M. S., Aboutajeddine, A., Toughrai, I., & Ibrahimi, A. (2024). Development of a design course for medical curriculum: Using design thinking as an instructional design method empowered by constructive alignment and generative AI. *Thinking Skills and Creativity, 52*, Article 101491. https://doi.org/10.1016/j.tsc.2024.101491

Hui, E. S. Y. E. (2024). Incorporating Bloom's taxonomy into promoting cognitive thinking mechanism in artificial intelligence-supported learning environments. *Interactive Learning Environments.* https://doi.org/10.1080/10494820.2024.2364237

Hwang, G. J., & Chen, N. S. (2023). Editorial position paper: Exploring the potential of generative artificial intelligence in education: Applications, challenges, and future research directions. *Educational Technology & Society, 26*(2), i-xviii. https://doi.org/10.30191/ETS.202304_26(2).0014

Jeon, J., & Lee, S. (2023). Large language models in education: A focus on the complementary relationship between human teachers and ChatGPT. *Education and Information Technologies, 28*(12), 15873-15892. https://doi.org/10.1007/s10639-023-11834-1

Jeon, J., Lee, S., & Choe, H. (2023). Beyond ChatGPT: A conceptual framework and systematic review of speech-recognition chatbots for language learning. *Computers & Education*, Article 104898. https://doi.org/10.1016/j.compedu.2023.104898

Jia, J., Wang, T., Zhang, Y., & Wang, G. (2024). The comparison of general tips for mathematical problem solving generated by generative AI with those generated by human teachers. *Asia Pacific Journal of Education*, *44*(1), 8-28. https://doi.org/10.1080/02188791.2023.2286920

Jiang, Y., Hao, J., Fauss, M., & Li, C. (2024). Detecting ChatGPT-generated essays in a large-scale writing assessment: Is there a bias against non-native English speakers? *Computers & Education*, *217*, Article 105070. https://doi.org/10.1016/j.compedu.2024.105070

Kartal, G. (2024). The influence of ChatGPT on thinking skills and creativity of EFL student teachers: A narrative inquiry. *Journal of Education for Teaching*, *50*(4), 627-642. https://doi.org/10.1080/02607476.2024.2326502

Keiper, M. C., Fried, G., Lupinek, J., & Nordstrom, H. (2023). Artificial intelligence in sport management education: Playing the AI game with ChatGPT. *Journal of Hospitality, Leisure, Sport & Tourism Education*, *33*, Article 100456. https://doi.org/10.1016/j.jhlste.2023.100456

Lan, Y. J., & Chen, N. S. (2024). Teachers' agency in the era of LLM and generative AI: Designing pedagogical AI agents. *Educational Technology & Society*, *27*(1), I-XVIII. https://doi.org/10.30191/ETS.202401_27(1).PP01

Lee, H. Y., Chen, P. H., Wang, W. S., Huang, Y. M., & Wu, T. T. (2024). Empowering ChatGPT with guidance mechanism in blended learning: Effect of self-regulated learning, higher-order thinking skills, and knowledge construction. *International Journal of Educational Technology in Higher Education*, *21*(1), Article 16. https://doi.org/10.1186/s41239-024-00447-4

Lee, U., Jung, H., Jeon, Y., Sohn, Y., Hwang, W., Moon, J., & Kim, H. (2023). Few-shot is enough: Exploring ChatGPT prompt engineering method for automatic question generation in English education. *Education and Information Technologies*, *29*(9), 11483-11515. https://doi.org/10.1007/s10639-023-12249-8

Li, L., & Kim, M. (2024). It is like a friend to me: Critical usage of automated feedback systems by self-regulating English learners in higher education. *Australasian Journal of Educational Technology*, *40*(1), 1-18. https://doi.org/10.14742/ajet.8821

Lim, W. M., Gunasekara, A., Pallant, J. L., Pallant, J. I., & Pechenkina, E. (2023). Generative AI and the future of education: Ragnarök or reformation? A paradoxical perspective from management educators. *The International Journal* of *Management Education*, *21*(2), Article 100790. https://doi.org/10.1016/j.ijme.2023.100790

Lo, C. K., Hew, K. F., & Jong, M. S. Y. (2024). The influence of ChatGPT on student engagement: A systematic review and future research agenda. *Computers & Education*. https://doi.org/10.1016/j.compedu.2024.105100

Lu, Q., Yao, Y., Xiao, L., Yuan, M., Wang, J., & Zhu, X. (2024). Can ChatGPT effectively complement teacher assessment of undergraduate students' academic writing? *Assessment & Evaluation in Higher Education*, *49*(5), 616-633. . https://doi.org/10.1080/02602938.2024.2301722

Nam, B. H., & Bai, Q. (2023). ChatGPT and its ethical implications for STEM research and higher education: A media discourse analysis. *International Journal of STEM Education*, *10*(1), Article 66. https://doi.org/10.1186/s40594-023-00452-5

Ng, D. T. K., Tan, C. W., & Leung, J. K. L. (2024). Empowering student self-regulated learning and science education through ChatGPT: A pioneering pilot study. *British Journal of Educational Technology*, *55*(4), 1328-1353. https://doi.org/10.1111/bjet.13454

Niloy, A. C., Akter, S., Sultana, N., Sultana, J., & Rahman, S. I. U. (2024). Is Chatgpt a menace for creative writing ability? An experiment. *Journal of Computer Assisted Learning*, *40*(2), 919-930. https://doi.org/10.1111/jcal.12929

Okulu, H. Z., & Muslu, N. (2024). Designing a course for pre-service science teachers using ChatGPT: What ChatGPT brings to the table. *Interactive Learning Environments*. https://doi.org/10.1080/10494820.2024.2322462

Quan, Z., & Chen, Z. (2024). Human–computer pragmatics trialled: Some (im)polite interactions with ChatGPT 4.0 and the ensuing implications. *Interactive Learning Environments*. https://doi.org/10.1080/10494820.2024.2362829

Santhi, T. M., & Srinivasan, K. (2024). ChatGPT-based learning platform for creation of different attack model signatures and development of defense algorithm for cyberattack detection. *IEEE Transactions on Learning Technologies*, *17*, 1869-1882. https://doi.org/10.1109/tlt.2024.3417252

Shen, X., Mo, X., & Xia, T. (2024). Exploring the attitude and use of GenAI-image among art and design college students based on TAM and SDT. *Interactive Learning Environments*. https://doi.org/10.1080/10494820.2024.2365959

Shin, D., & Lee, J. H. (2024). Exploratory study on the potential of ChatGPT as a rater of second language writing. *Education and Information Technologies*. https://doi.org/10.1007/s10639-024-12817-6

Song, Y., Zhu, Q., Wang, H., & Zheng, Q. (2024). Automated essay scoring and revising based on open-source large language models. *IEEE Transactions on Learning Technologies*, *17*, 1920-1930. https://doi.org/10.1109/tlt.2024.3396873

Stojanov, A. (2023). Learning with ChatGPT 3.5 as a more knowledgeable other: An autoethnographic study. *International Journal of Educational Technology in Higher Education*, *20*(1), Article 35. https://doi.org/10.1186/s41239-023-00404-7

Strzelecki, A., & ElArabawy, S. (2024). Investigation of the moderation effect of gender and study level on the acceptance and use of generative AI by higher education students: Comparative evidence from Poland and Egypt. *British Journal of Educational Technology*, *55*(3), 1209-1230. https://doi.org/10.1111/bjet.13425

Sun, D., Boudouaia, A., Zhu, C., & Li, Y. (2024). Would ChatGPT-facilitated programming mode impact college students' programming behaviors, performances, and perceptions? An empirical study. *International Journal of Educational Technology in Higher Education*, *21*(1), Article 14. https://doi.org/10.1186/s41239-024-00446-5

Tam, A. C. F. (2024). Interacting with ChatGPT for internal feedback and factors affecting feedback quality. *Assessment & Evaluation in Higher Education*. https://doi.org/10.1080/02602938.2024.2374485

Tang, K. (2024). Informing research on generative artificial intelligence from a language and literacy perspective: A meta-synthesis of studies in science education. *Science Education*, *108*(5), 1329-1355. https://doi.org/10.1002/sce.21875

Tu, Y. F. (2024). Roles and functionalities of ChatGPT for students with different growth mindsets: Findings of drawing analysis. *Educational Technology & Society*, *27*(1), 198-214. https://doi.org/10.30191/ETS.202401_27(1).TP01

Tu, Y. F., & Hwang, G. J. (2023). University students' conceptions of ChatGPT-supported learning: A drawing and epistemic network analysis. *Interactive Learning Environments*. https://doi.org/10.1080/10494820.2023.2286370

Tupper, M., Hendy, I. W., & Shipway, J. R. (2024). Field courses for dummies: To what extent can ChatGPT design a higher education field course? *Innovations in Education and Teaching International*. https://doi.org/10.1080/14703297.2024.2316716

Urban, M., Děchtěrenko, F., Lukavský, J., Hrabalová, V., Svacha, F., Brom, C., & Urban, K. (2024). ChatGPT improves creative problem-solving performance in university students: An experimental study. *Computers & Education*, *215*,

Article 105031. https://doi.org/10.1016/j.compedu.2024.105031

Urrutia, F., & Araya, R. (2024). Who's the best detective? Large language models vs. traditional machine learning in detecting incoherent fourth grade math answers. *Journal of Educational Computing Research*, *61*(8), 187-218. https://doi.org/10.1177/07356331231191174

van Eck, N., & Waltman, L. (2010). Software survey: VOSviewer, a computer program for bibliometric mapping. *Scientometrics*, *84*(2), 523-538. https://doi.org/10.1007/s11192-009-0146-3

Woo, D. J., Guo, K., & Susanto, H. (2024). Exploring EFL students' prompt engineering in human–AI story writing: An activity theory perspective. *Interactive Learning Environments*. https://doi.org/10.1080/10494820.2024.2361381

Wu, W. H., Wu, Y. C. J., Chen, C. Y., Kao, H. Y., Lin, C. H., & Huang, S. H. (2012). Review of trends from mobile learning studies: A meta-analysis. *Computers & Education*, *59*(2), 817-827. https://doi.org/10.1016/j.compedu.2012.03.016

Wu, X., Wang, H., Zhang, Y., Zou, B., & Hong, H. (2024). A tutorial-generating method for autonomous online learning. *IEEE Transactions on Learning Technologies*, *17*, 1558-1567. https://doi.org/10.1109/tlt.2024.3390593

Xia, Q., Weng, X., Ouyang, F., Lin, T. J., & Chiu, T. K. (2024). A scoping review on how generative artificial intelligence transforms assessment in higher education. *International Journal of Educational Technology in Higher Education*, *21*(1), Article 40. https://doi.org/10.1186/s41239-024-00468-z

Yang, Y., Luo, J., Yang, M., Yang, R., & Chen, J. (2024). From surface to deep learning approaches with Generative AI in higher education: An analytical framework of student agency. *Studies in Higher Education*, *49*(5), 817-830. https://doi.org/10.1080/03075079.2024.2327003

Yavuz, F., Çelik, Ö., & Yavaş Çelik, G. (2024). Utilizing large language models for EFL essay grading: An examination of reliability and validity in rubric-based assessments. *British Journal of Educational Technology*. https://doi.org/10.1111/bjet.13494

Yusuf, A., Pervin, N., & Román-González, M. (2024). Generative AI and the future of higher education: A threat to academic integrity or reformation? Evidence from multicultural perspectives. *International Journal of Educational Technology in Higher Education*, *21*(1), Article 21. https://doi.org/10.1186/s41239-024-00453-6

第二章
生成式 AI 的教育理論
Pedagogical Theories for Supporting Generative AI Research

賴秋琳[1]　涂芸芳[2]　黃國禎[3,4]
[1] 臺北教育大學教育學系 副教授
[2] 臺灣科技大學／中原大學通識中心 助理教授
[3] 臺中教育大學教育資訊與測驗統計研究所 講座教授兼任副校長
[4] 臺灣科技大學數位學習與教育研究所 講座教授

摘要

　　在科技輔助教育的研究過程中，有教育理論的支持是必要的。透過教育理論，可以說明在特定的學習情境或期待的教育目標考量下，所採用的教學策略或工具是否合適。由這個角度來看，生成式人工智慧（Generative Artificial Intelligence，簡稱生成式 AI）在教學現場的應用，是一個新的嘗試；因此，在設計這類的研究過程，有教育理論的支持是必要的。為了幫助對這個研究方向有興趣的學者在構思研究的過程中能夠選擇合適的教育理論，本章介紹了幾個與生成式 AI 教育應用相關的理論，作為支持研究構思及假設的依據。為了讓這些理論的應用方式更容易理解，在介紹每個理論時，會搭配研究實例來說明如何運用教育理論來解釋採用生成式 AI 的動機及詮釋實驗的結果。對於想要跨入這個研究領域的學者，瞭解這些理論及其應用方式是必要且有相當助益的。

關鍵字：教育理論、行為主義、認知主義、建構主義、社會建構主義

Abstract

When designing technology-enhanced learning research, it is necessary to have support from pedagogical theories, which can be used to illustrate the appropriateness of the adopted teaching strategies or tools used in the specified learning situations or consideration of the expected educational objectives. From this perspective, the use of generative artificial intelligence (AI) in educational settings is a new attempt; therefore, it is necessary to have support from pedagogical theories in designing relevant research. In order to help scholars who are interested in this research field to select appropriate pedagogical theories to support their research ideas and hypotheses, this chapter introduces several theories related to generative AI in education research. Moreover, in order to make the application of these theories easier to understand, each theory is introduced along with research examples to illustrate how pedagogical theories can be used to illustrate the motivation of using generative AI in educational research, as well as to interpret the results of experiments. An understanding of these theories and how they are applied is necessary and useful for scholars who intend to enter this field of research.

Keywords: educational theory, behaviorism, cognitivism, constructivism, social constructivism

壹、前言

　　生成式人工智慧（Generative Artificial Intelligence，簡稱生成式 AI）的快速發展不只帶來科技應用的熱潮，在教育界亦帶來很大的震撼。各國的教育機構紛紛開始探討生成式 AI 對教學現場可能造成的影響，發表在國際學術期刊及會議中的論文數量也快速成長。由現階段各國教育機構及學術論文所提出的觀點來看，教育界對於生成式 AI 大多抱持正向的態度；同時，也提出一些在教學現場使用生成式 AI 需要注意的事項。整體而言，學者們對於生成式 AI 在教育的應用有幾個方面的期待：

一、促進學習成效：生成式 AI 能夠在學習過程中，隨時依據學生提出的問題，提供解答或建議。雖然生成式 AI 提供的答案不一定都是正確的，但是由目前學者的研究成果可以大致瞭解，只要能夠提醒學生要透過文獻或是多方資料的搜尋，來進行比對及驗證，生成式 AI 對於學生在學習過程中的幫助是很明顯的（Chang & Hwang, 2024）。另外，生成式 AI 也可以依據與個別學生的互動過程獲得的訊息，例如學習表現、能力和偏好來協助學生訂定個人的學習計畫或提供所需要的練習。

二、促進批判思考及創意：生成式 AI 可以提供不同角度的觀點，促進學生的批判思考及創意。例如在專題導向學習活動中提供創意，也可以在議題討論的活動中提供不同角度的意見，來促進學生的批判思考（Guo & Lee, 2023）。

三、完善知識體系：生成式 AI 整合大量的知識來源，可以依據學生想要探討的主題，提供結構化的補充內容；同時，也可以依據學生的要求，由不同的角度來提供資料。學生可以透過不斷追問，由生成式 AI 獲得更深入且完整的主題內容。藉由不斷地互動，學生的知識體系得以加深、加廣，直到完善。

四、促進語言能力及對不同文化的理解：生成式 AI 的自然語言處理及多語言能力，可以提供學生多方面的支持及更多的練習機會；同時，也可以幫助學生探索不同的文化。

五、提高學習動機和自我效能：生成式 AI 提供的個人化互動特性，可以增加學生對於學習活動的投入及完成學習任務的信心，進而反映在其學習動機及自我效能。

另一方面，上述的這些期待，都需要透過各種研究來證實。因此，如何有效地應用生成式 AI 於教學現場，來達到這些期待，是接下來重要的研究議題。而在設計研究的過程中，由教育理論來支持研究構思是很重要的。如果沒有辦法由教育理論來說明研究假設的依據，很可能所採用的學習策略或是所要測量的項目是不正確的。欠缺教育理論支持的研究設計，輕則浪費研究人員及受測者的時間，重則對於受測者造成不良的影響。因此，瞭解與生成式 AI 應用相關的教育理論，是所有研究人員必備的基本能力。以下特別介紹幾個與生成式 AI 在教育應用相關的理論，包括行為主義、認知主義、建構主義與社會建構主義。

貳、行為主義、認知主義、建構主義與社會建構主義的定義與關係

學習科學的重要性在於它連結了學習研究與教育實踐，幫助研究者與教學實踐者理解學習是一個複雜的過程，不能簡單地用單一事件或變因來推論。學者們認為，探討學習的本質應採取綜合的方式，從多個層面來分析（Aylward & Cronjé, 2022; Jonassen, 1991; Rieber, 1992）。根據過去的討論，學習可以從四個關鍵因子來探討：內容／策略、學生、教師以及社會（如圖 2-1）。

首先，內容與策略指的是教學設計中所使用的材料與方法。選擇適合的內容和教學策略至關重要，因為它們直接影響學生的認知負荷和理解程度。根據學習任務的不同，所需的認知層級也會有所不同，對學生的學習表現也會有影響。因此，教師應該要參考教育理論來設計最佳的學習方案；同樣地，學者在進行相關研究或提出創新的教學模式時，亦應該思考是否有教育理論的支持。

在設計教育研究時，不僅要考慮學生的能力與背景，還要關注他們在學習過程中的主動性與自我調節能力；這些因素對於學習的持續與能力的改變

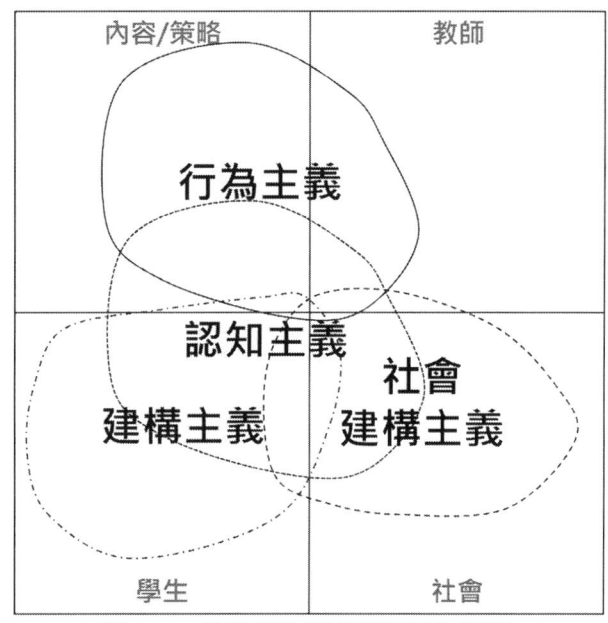

圖 2-1　教育理論與關鍵因子的關係

至關重要。另一方面，每個學生的知識架構和組織知識的方式都會影響他們對新知識的理解狀況。瞭解學生如何組織與應用知識，不僅有助於教學策略的設計，還能依據學生的需求提供輔導，提升其學習成效。

在學生的學習過程中，教師扮演引導學習的關鍵角色；他們的教學方式及與學生的互動品質，往往會直接影響學生的學習結果。因此，教師需要瞭解教育理論，並根據學生的需求靈活應用，選擇最合適的教學策略來促進學生的學習成效。

除了教師以外，學習過程的社會因子，包括環境、同儕、學習平臺等，亦扮演關鍵的角色。例如教室內的環境布置與學習的關係，對學生的學習態度具一定的影響性。同時，同儕的互助關係、選用的學習平臺或工具，以及校園特定節日或考試季節的氛圍，都會影響學生的學習行為。

不同的教育理論，對於這些關鍵因子關注的重點不同；例如行為主義、認知主義、建構主義以及社會建構主義是教育心理學中的四大學習理論，各有其獨特的焦點和應用方式：

一、行為主義主要強調內容與策略；此理論的核心在於學生對外部刺激的反應和行為的改變，因此重點放在教學策略和課程內容如何影響學生的行為。這意味著教師在進行教學設計時，需要根據明確的教學增強策略（如：正向鼓勵，或獎勵）來引導學生學習，亦即教師主要扮演知識傳遞的角色。
二、認知主義則將焦點置於學生如何處理和應用資訊；此理論的重點在於關注學生的內在思維過程。與行為主義相比，認知主義不僅關注教學內容，還強調學生在學習過程中的資訊處理方式，以及教師如何幫助學生有效地組織和應用知識。
三、建構主義重視學生的主動參與，認為學習是一個學生自主建構知識的過程，而知識是透過學生自己的經驗與思維進行內化的。因此，此理論強調在獲得知識過程學生的個人參與和學習歷程，而非完全依賴教師教導的內容。
四、社會建構主義進一步擴展了建構主義的理念，強調學習是發生於社會互動中，而知識是在社會情境下透過協作與討論建構出來的。此理論強調社會環境和同儕互動對學習的影響，認為學習不僅是個人過程，還是一個與他人合作、共創知識的過程。

另一方面，這幾個教育理論也有一些共通點：

一、對於學習過程的重視：這幾個理論都強調學習過程的重要性，認為學習是一種持續的、動態的過程。它們都試圖解釋如何透過不同的機制和條件來促進學習。
二、對於教師角色的認定：在這些理論中，教師都被認為是學習過程的關鍵促進者。無論是透過設計環境、提供反饋、引導思考，還是創建合作學習的機會，教師的角色都是支持和引導學生學習的重要因素。
三、對於學習環境的重視：這些理論都認為學習環境對學習有重要影響。無論是行為主義的強化條件、認知主義的訊息處理環境、建構主義的探索和實踐環境，還是社會建構主義的文化和社會互動環境，環境都被視為促進或限制學習的關鍵因素。

四、強調學生的主動性：儘管行為主義相對較少強調學生的主動性，但在認知主義、建構主義和社會建構主義中，學生的主動參與被認為是學習過程中不可或缺的。這些理論強調學生需要積極地處理訊息、建構知識、與他人互動，以達到有效學習。

五、強調學習目標的達成：所有這些理論都著眼於幫助學生達到特定的學習目標。不論是透過行為改變、知識理解、意義建構，還是社會互動，最終目的都是讓學生能夠更好地理解世界並有效地應用所學知識。

參、行為主義

一、行為主義的定義

行為主義（Behaviorism）可分為兩大類型：方法論行為主義（Methodological Behaviorism）與激進行為主義（Radical Behaviorism）。這兩種類型雖然都集中在研究人類和動物的行為，但在某些核心要素、策略和立場上則存在差異（Herrnstein, 1977; Moore, 2011）。

方法論行為主義，又稱為 Watson 行為主義，是由 John B. Watson 提出。此理論主張應只研究可觀察到的行為，即排除了對心理過程的關注；同時，強調運用科學方法來理解行為（Watson, 2017）。方法論行為主義認為，行為只是對外界刺激的反應，因此強烈依賴客觀觀察和實驗，並常使用如古典制約和操作制約等條件反射技術來解釋行為。然而，這一理論受到多位學者的批評，因為它過於簡化人類行為，忽視了內在的心理過程（Day, 1983; Moore, 2011）。

Skinner（1989）延伸 Watson 的行為主義理論，將操作制約（Operant Conditioning）的概念加入。根據 Skinner 的激進行為理論，行為的發生是透過增強（如獎勵）來發展或被某些條件限制的（如：懲罰）。採用「激進」一詞，是因為 Skinner 打破了當時傳統行為主義過度簡化人類行為的觀點，將內在過程納入科學分析範疇；這在當時被視為一種「激進」的革新。Skinner 將「操作行為」定義為任何對環境產生影響並導致結果的行為。與反射性行為不同的是，操作行為是人們可以控制的，而反射性行為是不可控制的（例

如膝躍反射）。在 Skinner 的理論中，增強可以分為正增強與負增強。正增強是指經由提供某種刺激來強化某一反應的行為。例如老師在學生完成作業後，給予表揚或好成績，這種正面的回饋強化了學生完成作業的行為，讓他們更有動力在未來繼續保持這種行為。反之，負增強則是指透過避免一個不愉快的結果來強化某一行為。例如學生為了避免老師點名批評，提前準備好課堂報告或作業。透過移除這種可能遭遇的負面結果，學生的學習行為得到了強化。

兩種行為主義的主要差異在於其對行為的解釋範圍（如表 2-1）。方法論行為主義僅關注可觀察的行為，完全排除了心理過程；激進行為主義則同時考慮了外在行為和內在心理過程。儘管激進行為主義因過於強調行為本身而受到批評，但它比方法論行為主義更加全面地解釋了行為的複雜性；因此，在教育研究中，若提及行為主義，學者通常指的是激進行為主義。

表 2-1　兩種行為主義之比較

項目	方法論行為主義	激進行為主義
專注於可觀察的行為	○	○
考慮內在的行為（態度、情緒）	×	○
考慮個人主觀經驗（文化背景、主觀經驗）	×	×
考慮生理影響因子（遺傳、神經學等）	×	×

二、行為主義與生成式 AI

生成式 AI 的最大優勢在於它能夠快速且有效地為學生提供個人化的學習路徑。不同於傳統教學，生成式 AI 能同時考量學生的多重學習表現結果，並針對每位學生的需求，生成不同的學習建議或路徑。透過大規模的運算與推理，生成式 AI 能為學生找到最適合的正增強或負增強方式，這有助於增強學習成效。

例如 Codish 與 Ravid（2015）的研究運用生成式 AI 來追蹤學生的學習歷程，並根據學生學習特徵動態調整給予學生的學習回饋，從而提升學生的學習投入度與學習動機。Torio 等（2020）同樣運用生成式 AI 來分析學生的

行為數據，提供個人化的學習體驗內容；在生成式 AI 的協助下，學生能獲得更符合個人學習狀況及需求的內容，進而提升學習動機與成效。El Gammal 等（2020）的研究則運用生成式 AI 能不斷學習與調整運算邏輯的特性，依據學生每個時期不同的學習表現給予個人化的回饋，以促進其學習成效。這幾個研究發現都展示了生成式 AI 快速運算與支持個人化學習的優勢。

另外，這些研究展現了生成式 AI 在學習中扮演的角色，亦即提供內容或回饋；這個特色滿足行為主義（如激進行為主義或方法論行為主義）依據學生的學習狀態給予回應的條件。無論是 Codish 與 Ravid（2015）研究中提到的學習回饋或 Torio 等（2020）提及的適性化內容都是依據學生在學習過程中外顯的表徵（如行為、成績與文字等）來生成對應的內容。這項優勢，不僅解決了過去教學者面對龐大的學生學習資訊的困境（Knutas et al., 2016），更將行為主義於教學中的應用發揮到另一個層次。

肆、認知主義

一、認知主義的定義

認知理論強調學生內在的思考過程，將心智重新納入學習的方程式中，與行為主義僅關注可觀察的行為不同。這一理論的由來可以追溯到行為主義，認知理論的發展建立在行為學習理論的基礎上，但更加重視學生的內在心理活動。根據不同的研究重點（Suzanne & Peterson, 2006），認知理論可以進一步分為社會認知理論和認知行為理論（如圖 2-2）。

社會認知理論最初由 Bandura（1977）提出，強調學習是在社會情境中發生的，學生透過觀察他人來獲取社會行為。社會認知理論的核心在於三元學習理論，即個人、行為和環境三者之間的相互影響。這意味著學生的學習過程是這三個因素的相互作用，學習不僅受到學習環境中外在增強的影響，也受到學生自身的思維和信念的影響。此外，社會認知理論還強調學習可以發生在行為改變之前，也就是說，學習和行為的表現是兩個不同的過程。

另一方面，認知行為理論則更強調思維在決定學生行為模式中的作用。Salkovskis（1985）解釋說，學生的內在想法是認知刺激，而非行為的直接影

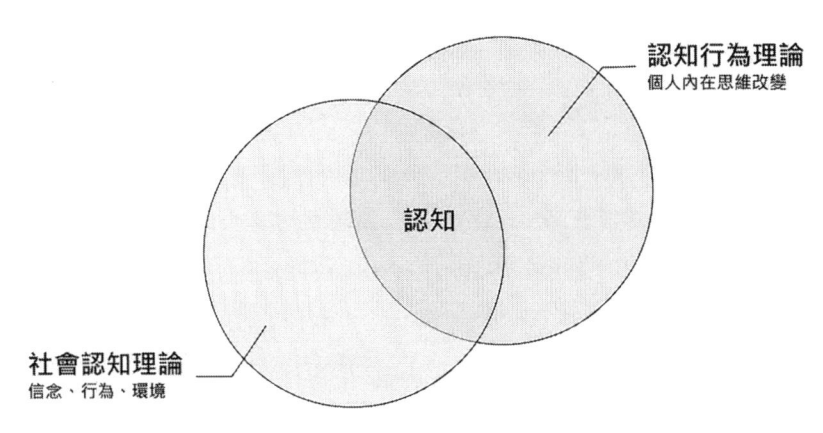

圖 2-2　社會認知理論與認知行為理論的異同

響。這一理論認為，學生會形成自我概念，這些概念會影響他們對外界的行為表現，並且學生的環境也會對這些自我概念產生深遠影響。因此，學習不僅僅是行為的改變，更是知識的轉變和在長期記憶中的存儲。

社會認知理論與認知行為理論的相同之處在於，它們都認為認知是影響行為的核心因素，並強調應該關注如何透過改變學生的思維來促進行為的改變或學習的發生。然而，這兩者在焦點上有所不同。社會認知理論更加重視比較外顯的因素，如動機、環境和行為之間的相互作用；強調學生在社會情境中的學習與調節能力，並認為這些外部因素對學習過程有著決定性的影響。認知行為理論則更關注個體內在的變化，尤其是學生某些信念或學習概念上的改變；認為改變這些認知結構是改變行為的關鍵。因此，儘管兩者都認同認知的重要性，但社會認知理論著眼於外部環境與行為的互動，而認知行為理論則更強調個體內在認知的轉變。

二、認知主義與生成式 AI

認知主義對於生成式 AI 扮演的角色與行為主義的觀點有很大的不同。認知主義將學習視為知識獲取的過程，學生被看作是資訊處理者，而非僅僅是對刺激做出反應的個體。因此，在這個理論框架下，應強調學生如何理解並使用生成式 AI 提供的資訊。

例如 Xu 等（2021）使用 AI 生成具有不同難度的數學問題，並透過自然

語言處理技術提供具體的情境與解釋;由認知主義的角度,這樣的生成式 AI 系統能夠根據個別學生的認知程度調整題目難度,以幫助他們逐步提升問題解決能力。Jin 等(2023)則討論學生對於 AI 輔助自律學習的看法。學生認為,AI 對於支援不同的自律學習表現是有用的,包含後設認知、認知與行為等;反之,對於調節動機的幫助是有限的。而這也呼應在認知主義的定義中,學習者在學習中的角色與學習者主動性的重要性。另一方面,Hui(2024)則探討學生與聊天機器人對話與解決問題的過程,涉及之 Bloom 認知層次的表現。不同於 Xu 等(2021)主動提供回饋或鷹架的 AI,Hui(2024)探討學生主動向 AI 尋求認知協助的層次。由認知主義角度發現,當學生要解決的問題較複雜時,學生更依賴 AI 提供的記憶與理解型的內容,以鞏固他們對於概念的理解。此項結果也呼應本章圖 2-1 中,認知主義覆蓋在內容／策略以及學生範圍較大的現象。

在認知主義的框架下,生成式 AI 的優勢體現在它能夠更全面診斷學生的思維、表現和信念,從而為學生提供更適合的學習內容或後續學習的建議。其核心目標是利用生成式 AI 來幫助學生克服學習中的困難或挑戰,包括減輕學生的心智負荷(Mental Load)。同時,生成式 AI 還能解決學生在心智努力(Mental Effort)方面的問題,例如透過歸納及整體重點的能力,減少學生在處理大量資訊的負擔,讓他們能夠更專注於學習本身。

伍、建構主義

一、建構主義的定義

建構主義學習理論(Constructivism Learning Theory)是一種以學生為中心的理論,闡述知識的本質,並認為學生透過自身的經驗來建構知識和意義(Review of *The construction of reality in the child*, 1955; Ültanir, 2012)。建構主義關注學生如何透過主動處理和解釋資訊來構建知識;學生根據他們在特定學習環境中的互動,透過整合新資訊與已有知識,創建個人的解釋和心智模型,而非單純被動地接受教師傳遞的資訊(Bada & Olusegun, 2015)。在這過程中使學生能夠主動參與學習,並在真實情境中應用所學

內容來進行意義建構。隨著生成式 AI 在教育中的廣泛應用，Kim 與 Adlof（2024）建議，ChatGPT 可以用作幫助學生構建知識的工具（即 ChatGPT as a Constructivist Learning Tool），因為它具有自我提升或自我學習的能力。具體來說，ChatGPT 可以被視為一種支持學生的互動工具，學生與教師可以將其用於課堂中的互動練習，幫助學生在與 AI 的對話中共同構建知識。

二、建構主義與生成式 AI

過去已有多位研究者採用建構主義（Constructivist）的觀點探討生成式 AI 對學生與教學者的助益。例如 Kim 與 Adlof（2024）從建構主義學習的角度提出了將 ChatGPT 整合到教育環境中的策略；其研究關注四個學習的面向：有意義的學習環境、合作活動、對話互動和知識構建。

Robertson 等（2024）將建構主義學習理論應用於提示工程（Prompt Engineering），提出一個透過生成式 AI 與學生共同構建知識的框架。他們透過這個框架引導學生設計提示詞來運用生成式 AI，使其學習過程符合知識建構的主動性、先備知識、情境化、協作性、反思性和問題解決等特質。他們提出幾個原則，來指導學生設計提示詞及進行有意義的學習參與：

（一）學習是一個主動的過程：提示詞應設計為開放式的，讓學生主動思考並提出問題，而不是僅僅接受生成式 AI 的回應。這樣的提示詞促進學生與生成式 AI 之間的互動，激發他們主動參與知識構建過程。

（二）先備知識影響學習：在生成式 AI 提示工程的情境中，學生的先備知識對輸出產生了極大的影響。先備知識決定了學生如何解讀提示詞並進行互動，從而影響生成式 AI 所生成的回應質量與精確度。此外，生成式 AI 系統可以根據過去的交互紀錄來開發具備情境感知的提示詞系統，這些系統能夠動態調整提示詞內容，根據學生的知識背景和推斷需求，提供更具針對性和相關性的回應，進一步提升學生的學習與互動體驗。

（三）學習是情境化的：提示詞設計應與學生的個人背景和學習情境緊密結合。例如提示詞可以根據學生的過去經歷或學習需求進行調整，讓生成式 AI 的回應更加貼合學生的現實情境，從而增強學習的相關性和效果。

（四）學習是協作的：學生與生成式 AI 之間的互動應是一個協作的過程，提示詞設計應鼓勵學生與生成式 AI 共同解決問題，而不是單方面接受答案。這種協作性提示詞能夠促進雙方在知識創造中的互動，深化學生的理解。

（五）反思促進學習：提示詞應鼓勵學生對生成式 AI 的回應進行批判性反思。學生應能評估生成式 AI 回應的質量和相關性，並根據自己的需求進行調整，從而促進自我反思和學習的深入發展。

（六）學習涉及問題解決：提示詞應設計為挑戰學生解決具體的問題或任務。生成式 AI 可以透過階段性提示詞，引導學生一步步解決問題，這樣不僅增強了學生的參與度，還促進他們的主動學習和批判性思維的發展。

此外，Yeh（2024）基於探究的學習（Inquiry-based Learning）方法，將生成式 AI 工具整合到英語作為外語（English as a Foreign Language, EFL）教學中；這個研究旨在創建一個既具互動性又有吸引力的學習環境，同時促進在職教師的專業成長和教學創新。同樣地，Lan 等（2024）設計一個探究式學習活動，讓華語文職前教師學習並使用生成式 AI 輔助繪圖工具，探索圖像式生成 AI 在華語文教學中的應用。在這個研究設計的學習活動中，透過生成式 AI 的輔助，華語文職前教師能將自己相信的生成式 AI 輔助華語文教學的樣貌進行繪製。課程中，授課教師會採用多種引導，讓職前教師思考教學環境中的人、事、物與地點的安排。由於，生成式 AI 能將教學情境具象化；並在結合授課教師的引導下，職前教師能主動探索生成式 AI 融入教學的可能性；此外，他們亦能參照自身經驗，反思自己的教學規劃是否縝密，進而逐步建構自己對科技、內容與教學策略的知識。

Bai 等（2024）探討 ChatGPT 在編寫情境式學習（Scenario-based Learning, SBL）場景中的應用。研究開發一個 WCV 提示工程流程，包括編寫提示詞（Write）、管理輸出（Curate）和驗證輸出（Verify）。教師首先編寫初始提示詞，然後管理和篩選生成式 AI 生成的場景內容，最後對輸出結果進行驗證。研究發現，使用這些生成式 AI 支持的學習場景後，學生的內在學習動機顯著提升，學習表現也有所提高，且學生對 AI 支持的場景持積極態

度，認為其有助於提升學習體驗。在這項研究中，生成式 AI 作為學習工具，促使學生主動參與知識創建的過程。學生可以透過撰寫提示詞、策劃 AI 生成的內容並驗證其準確性來進行學習和創作。此外，生成式 AI 支持的情境式學習更鼓勵學生進行與學習內容相關的反思，甚至於在過程中，引導學生進行運算思維的反思。這樣的反思過程是建構主義學習的核心，因為它促使學生檢視並改進自己的學習方式。透過 WCV 流程，學生能不斷調整生成式 AI 的輸出，從而增強他們在學習過程中的深度參與，並促進反思性的知識建構。

Woo 等（2024）報告香港中學生使用生成式 AI 工具進行短篇小說寫作過。研究結果發現，教師在教學活動中扮演重要的角色；教師須告知學生理解使用生成式 AI 工具的具體目的，並從旁提供更有針對性的教學指導。在這項學習活動中，學生除了使用生成式 AI 工具進行短篇故事寫作外，更需進行書面反思，探討生成提示詞的條件和目的。這些反思活動能促使學生檢視自己的學習歷程，並進一步瞭解生成式 AI 工具的限制。這項研究強調學生的主動參與、反思以及與工具和社會情境的互動，透過個性化學習體驗來構建知識，這與建構主義的基本理念一致。而活動理論框架的應用則展現了知識建構過程中的動態和多層次的互動性。

陸、社會建構主義

一、社會建構主義的定義

社會建構主義（Social Constructivism）主張知識是在個體與社會情境及文化脈絡互動中建構出來的，並強調在真實情境中的學習與協作（Vygotsky, 1978）。例如 Fathi 與 Rahimi（2024）遵循 Vygotskian 社會建構主義學習理論，探索 AI（如 ChatGPT）增強寫作中介對英語作為外語（EFL）學生學術寫作技能的影響。研究結果得知，學生透過與 ChatGPT 的互動寫作活動發展學術寫作技巧，可以達到寫作的近側發展區／潛在發展區水準（Zone of Proximal Development, ZPD）。Holland 與 Ciachir（2024）的研究從社會建構主義的角度出發，旨在理解學生如何看待他們的「世界」，並探索學生在學習中對 ChatGPT 的看法和實際經驗，具體包括學生如何創造和分享意義，以及他們如何看待自身和周圍發生的事情。

二、社會建構主義與生成式 AI

一些研究者基於社會認知理論（Social Cognitive Theory）探討影響學生行為和態度的關鍵因素，例如 Lee 與 Tseng（2024）從雙重學習過程的角度解釋了學生如何獲得管理知識；其實證結果顯示，環境因素（如 ChatGPT 輔助學習和教師支援）以及個人因素（如自我效能感）能顯著增強學生在對偶學習過程中的體驗。Shahzad 等（2024）則調查生成式 AI 技術（如 ChatGPT 和聊天機器人）對高等教育學生學習表現的影響；其分析結果顯示，融入生成式 AI 技術於學習活動中，能提升學生們的自我效能、公平與道德感及創造力，並且學生們對生成式 AI 的信任在這些因素與學習表現之間扮演了調節作用。這些研究共同強調，在科技日益融入教學的背景下，社會認知理論框架有助於全面理解並優化學生的學習體驗和結果。

Xie 等（2024）基於社會存在理論（Social Presence Theory）和探究社群模型（Community of Inquiry Model）調查了與聊天機器人的交互頻率對學生學習自主性的影響，並考慮了兩種不同的交互偏好：虛擬陪伴和知識獲取。研究結果顯示，將聊天機器人作為虛擬伴侶進行互動的學生，其互動頻率、社會存在感與學習自主性之間存在正相關。相比之下，對於主要利用聊天機器人來獲取知識的學生，互動頻率的增加與學習自主性和社會存在感呈負相關。在這項研究中，社會建構主義與生成式 AI 的關係體現在生成式 AI 作為學習者與技術媒介互動的工具，促進學習者的社會存在感和學習自主性。根據社會建構主義，知識是透過社會互動共同建構的，而生成式 AI 不僅是知識的提供者，還透過人機互動提供情感支持，營造虛擬陪伴的學習環境。在這樣的環境中，生成式 AI 透過提升學習者的社會存在感，進而促進其學習自主性與參與感。當生成式 AI 作為虛擬陪伴工具時，能顯著提升學習者的社會存在感，而這種社會存在感進一步促進學習自主性的發展，這與社會建構主義強調的協作學習和情境化學習呼應。

柒、結論

在設計研究時，由教育理論來支撐研究構想是非常重要的。透過適當的教育理論來支持研究假設，能夠確保所採用的學習策略和測量項目更加精準有效。教育理論的應用不僅能夠提升研究的可靠性與有效性，還有助於提供受測者良好的學習體驗，並最大化研究對教學實踐的正面影響。值得注意的是，本章提及的教育理論是屬於基礎的理論；在每個基礎理論底下，可能包含其他子理論。例如由認知主義衍生出來的有認知負荷理論、雙碼理論與自我調節理論等。在探討生成式 AI 對學生有那些面向的助益時，若能夠精確地引用接近應用情境的理論會更有說服力。

以本書第八至十六章設計的研究為例，除了原來採用的策略及理論模式，亦可以運用本章介紹的教育理論來支持：

一、認知主義：第八章〈生成式 AI 輔助學習對不同知識觀學生之深層動機及深層策略之影響〉可以藉由認知主義中的認知行為理論來加強其研究背景及討論的深度，因為這個研究聚焦在討論學生個人思維（知識觀）對學生學習行為模式（深層動機與策略）的改變。另外，第九章〈生成式 AI 應用於個性化問題式學習對大學生英語閱讀成就及感受之影響〉則是以生成式 AI 提供學生個性化的學習指引，透過生成式 AI 評估學生目前的認知水準，再對照教師的學習目標並提供適當難度的任務內容。而為了有效評估學生的認知水準，該章節採用了雙層次測驗引導機制，首先透過基本閱讀問題幫助學生掌握教材，再透過生成式 AI 的診斷結果提供個性化閱讀問題。這兩篇研究，採用了認知主義的定義，則是基於學生的認知狀況，來提供對應的學習支持。

二、行為主義和建構主義：以第十一章〈生成式 AI 輔助模式對大學生遊戲程式設計表現之影響〉為例，在該研究中以設計遊戲作為外在誘因，引導學生運用生成式 AI 進行遊戲程式開發；這呼應 Skinner（1989）建議的激進行為理論，即運用設計遊戲作為增強，來鼓勵學生學習。此外，此章也呼應建構主義的期望，鼓勵學生使用生成式 AI 進行主動學習，開發遊戲程式。

三、建構主義：第十二章〈結合心智圖之 ChatGPT 輔助學習模式對大學生藝術課程數位說故事表現之影響〉的研究中運用了多種建構主義下的教學策略，包含 CIDI 學習方法以及心智圖。CIDI 學習方法包含：「澄清」（Clarify）、「構思」（Ideate）、「開發」（Develop）和「實施」（Implement），以此引導學生思考並進行創作。另一方面，心智圖則是用以幫助理解藝術作品的背景內容，包含藝術家的色彩運用、風格轉變、代表作品等。這篇研究詮釋了在建構主義為基礎下，活用多種教學策略來達到不同的教學成效。

四、社會建構主義：第十三章〈基於生成式 AI 的教學代理對國中生 STEAM 學習表現與問題解決傾向之影響〉的研究嘗試透過教學代理人引導學生進行 STEAM 學習任務（包含：「科學」〔Science〕、「科技」〔Technology〕、「工程」〔Engineering〕、「藝術」〔Arts〕和「數學」〔Mathematics〕）；這樣的活動設計呼應了社會建構主義中強調知識的建構來自於個人與社會情境的互動。另外，第十四章〈整合生成式對話代理的協同論證：不同代理定制策略的作用效果〉的研究中更進一步探討不同目標策略的教學代理人（修辭性論證定制策略、辯證性論證定制策略以及混合兩策略）對學生進行合作論證的成效差異。在過去，社會建構主義的探討，多討論同儕之間建構知識的歷程；而第十三章及第十四章所展示的兩個研究中，透過具有自然語言能力與專業知識的生成式 AI 加入，讓社會互動更為豐富。

五、建構主義和社會建構主義：第十章〈生成式 AI 繪圖應用於古詩文學課程對高中生學習表現之影響〉、第十五章〈基於 ChatGPT 的專業培訓模式對臨床教師學習成就、自我價值和自信心之影響〉和十六章〈生成式 AI 應用於醫學生職涯規劃的質性研究設計〉都可以透過這兩個理論來支持。第十章以繪圖式 AI 融入高中學生古詩文學課程中，教師要求學生用繪圖式 AI 生成符合課文內容的圖片，並透過 Homido Player 與 Google Cardboard 來體驗 AI 生成的古詩文情境。這個研究符合建構主義的理念，強調學生的個人參與；同時，該研究將 Google Cardboard 呈現的古詩文情境作為社會建構主義中的一種社會互動因子——情境。讓學生透

過觀察自己生成的 AI 圖片，或者賞析他人繪製的 AI 圖片，進行學習。第十五章將生成式 AI 應用於護理臨床教師的專業能力發展；受訓臨床教師可以對生成式 AI 提出臨床案例情境問題，透過解決生成式 AI 回應的內容與臨床情境對照，來達到有效學習；這個研究以生成式 AI 陪伴護理臨床教師共同解決問題，因此符合社會解構主義的精神。另外，第十六章則同樣運用社會建構主義的活動，幫助醫學生進行職涯規劃。該研究運用了多種認知引導策略，包含數位說故事策略、家庭圖譜以及同理心地圖等，提供學生適當的鷹架來對生成式 AI 進行提問，並透過這些引導來幫助學生組織知識；因此，該研究同樣可視為建構主義與社會建構主義的實踐。

　　本研究主要介紹支持生成式 AI 在教育應用的相關理論；由另一個角度來看，應用生成式 AI 在教學現場的分析結果，亦有可能作為驗證這些理論的依據。在研究設計與論文發表過程中，二者的相互呼應能使整個研究更具說服力。因此，運用教育理論來引導研究設計，是提升研究價值與影響力的關鍵所在。

參考文獻

Aylward, R. C., & Cronjé, J. C. (2022). Paradigms extended: How to integrate behaviorism, constructivism, knowledge domain, and learner mastery in instructional design. *Educational Technology Research and Development*, *70*(2), 503-529. https://doi.org/10.1007/s11423-022-10089-w

Bada, S. O., & Olusegun, S. (2015). Constructivism learning theory: A paradigm for teaching and learning. J*ournal of Research & Method in Education*, *5*(6), 66-70. https://doi.org/10.9790/7388-05616670

Bai, S., Gonda, D. E., & Hew, K. F. (2024). Write-Curate-Verify: A case study of leveraging generative AI for scenario writing in scenario-based learning. *IEEE Transactions on Learning Technologies*, *17*, 1313-1324. https://doi.org/10.1109/TLT.2024.3378306

Bandura, A. (1977). Self-efficacy: Toward a unifying theory of behavioral change. *Psychological Review*, *84*(2), 191-215. https://doi.org/10.1037/0033-295X.84.2.191

Chang, C. C., & Hwang, G. J. (2024). ChatGPT-facilitated professional development: Evidence from professional teachers' learning achievements, self-worth, and self-confidence. *Interactive Learning Environments.* https://doi.org/10.1080/10494820.2024.2362798

Codish, D., & Ravid, G. (2015). Detecting playfulness in educational gamification through behavior patterns. *IBM Journal of Research and Development*, *59*(6), 6:1-6:14. https://doi.org/10.1147/jrd.2015.2459651

Day, W. (1983). On the difference between radical and methodological behaviorism. *Behaviorism*, *11*(1), 89-102.

El Gammal, W., Sherief, N., & Abdelmoez, W. (2020). User-based adaptive software development for gamified systems. In *Proceedings of the 2020 3rd International Conference on Geoinformatics and Data Analysis* (pp. 115-122). Association for Computing Machinery. https://doi.org/10.1145/3397056.3397088

Fathi, J., & Rahimi, M. (2024). Utilising artificial intelligence-enhanced writing mediation to develop academic writing skills in EFL learners: A qualitative study. *Computer Assisted Language Learning.* https://doi.org/10.1080/09588221.2024.2374772

Guo, Y., & Lee, D. (2023). Leveraging ChatGPT for enhancing critical thinking skills. *Journal of Chemical Education*, 100(12), 4876-4883. https://doi.org/10.1021/acs.jchemed.3c00505

Herrnstein, R. J. (1977). The evolution of behaviorism. *American Psychologist*, *32*(8), 593-603. https://doi.org/10.1037/0003-066X.32.8.593

Holland, A., & Ciachir, C. (2024). A qualitative study of students' lived experience and perceptions of using ChatGPT: Immediacy, equity and integrity. *Interactive Learning Environments.* https://doi.org/10.1080/10494820.2024.2350655

Hui, E. (2024). Incorporating Bloom's taxonomy into promoting cognitive thinking mechanism in artificial intelligence-supported learning environments. *Interactive Learning Environments.* https://doi.org/10.1080/10494820.2024.2364237

Jin, S. H., Im, K., Yoo, M., Roll, I., & Seo, K. (2023). Supporting students' self-regulated learning in online learning using artificial intelligence applications. *International Journal of Educational Technology in Higher Education*, *20*(1), Article 37. https://doi.org/10.1186/s41239-023-00406-5

Jonassen, D. H. (1991). Objectivism versus constructivism: Do we need a new philosophical paradigm? *Educational Technology Research and Development*, *39*(3), 5-14.

Kim, M., & Adlof, L. (2024). Adapting to the future: ChatGPT as a means for supporting constructivist learning environments. *TechTrends*, *68*(1), 37-46. https://doi.org/10.1007/s11528-023-00899-x

Knutas, A., Ikonen, J., Maggiorini, D., Ripamonti, L., & Porras, J. (2016). Creating student interaction profiles for adaptive collaboration gamification design. *International Journal of Human Capital and Information Technology Professionals*, *7*(3), 47-62. https://doi.org/10.4018/ijhcitp.2016070104

Lan, Y. J., Chen, Y. H., & Tu, Y. F. (2024). Pre-service CFL teachers' conceptions of and attitudes toward ICT and image-GAI in Chinese teaching: A drawing perspective. *Educational Technology & Society*, *27*(4), 431-453. https://doi.org/10.30191/ETS.202410_27(4).TP01

Lee, K. W., & Tseng, Y. F. (2024). Driving the dual learning process of management knowledge: A social cognitive theory perspective. The *International Journal of Management Education*, *22*(1), Article 100940. https://doi.org/10.1016/j.ijme.2024.100940

Moore, J. (2011). Behaviorism. *The Psychological Record*, *61*(3), 449-463. https://doi.org/10.1007/BF03395771

Review of *The construction of reality in the child* (1955). [Review of the book *The construction of reality in the child*, by J. Piaget]. *Journal of Consulting Psychology*, *19*(1), 77. https://doi.org/10.1037/h0038817

Rieber, L. P. (1992). Computer-based microworlds: A bridge between constructivism and direct instruction. *Educational Technology Research and Development*, *40*(1), 93-106. https://doi.org/10.1007/bf02296709

Robertson, J., Ferreira, C., Botha, E., & Oosthuizen, K. (2024). Game changers: A generative AI prompt protocol to enhance human-AI knowledge co-construction. *Business Horizons*, *67*(5), 499-510. https://doi.org/10.1016/j.bushor.2024.04.008

Salkovskis, P. M. (1985). Obsessional-compulsive problems: A cognitive-behavioural analysis. *Behaviour Research and Therapy*, *23*(5), 571-583.

Shahzad, M. F., Xu, S., & Zahid, H. (2024). Exploring the impact of generative AI-based technologies on learning performance through self-efficacy, fairness & ethics, creativity, and trust in higher education. *Education and Information Technologies*. https://doi.org/10.1007/s10639-024-12949-9

Skinner, B. F. (1989). The origins of cognitive thought. *American Psychologist*, *44*(1), 13-18. https://doi.org/10.1037/0003-066X.44.1.13

Suzanne, W. M., & Peterson, P. L. (2006). *Theories of learning and teaching:*

What do they mean to educators? National Education Association.

Torio, J. O., Bigueras, R. T., Maligat, D. E., Arispe, M. A., & Cruz, J. D. (2020). LogIO: An adaptive gamification learning approach on digital logic gates. *IOP Conference Series: Materials Science and Engineering, 803*, Article 012008.

Ültanir, E. (2012). An epistemological glance at the constructivist approach: Constructivist learning in Dewey, Piaget, and Montessori. *International Journal of Instruction, 5*(2), 195-212

Vygotsky, L. S. (1978). *Mind and society: The development of higher psychological processes.* Harvard University Press.

Watson, J. B. (2017). *Behaviorism.* Routledge.

Woo, D. J., Guo, K., & Susanto, H. (2024). Exploring EFL students' prompt engineering in human–AI story writing: An activity theory perspective. *Interactive Learning Environments.* https://doi.org/10.1080/10494820.2024.2361381

Xie, Z., Wu, X., & Xie, Y. (2024). Can interaction with generative artificial intelligence enhance learning autonomy? A longitudinal study from comparative perspectives of virtual companionship and knowledge acquisition preferences. *Journal of Computer Assisted Learning, 40*(5), 2369-2384. https://doi.org/10.1111/jcal.13032

Xu, Y., Smeets, R., & Bidarra, R. (2021). Procedural generation of problems for elementary math education. *International Journal of Serious Games, 8*(2), 49-66. https://doi.org/10.17083/ijsg.v8i2.396

Yeh, H. C. (2024). The synergy of generative AI and inquiry-based learning: transforming the landscape of English teaching and learning. *Interactive Learning Environments.* https://doi.org/10.1080/10494820.2024.2335491

第三章
生成式 AI 的學習策略
Learning Strategies for Using Generative AI Applications in Educational Settings

黃國禎 [1,2]

[1] 臺中教育大學教育資訊與測驗統計研究所 講座教授兼任副校長
[2] 臺灣科技大學數位學習與教育研究所 講座教授

摘要

對多數人而言，生成式人工智慧（Generative Artificial Intelligence，簡稱生成式 AI）系統的介面通常是簡單易用的；然而，在教學現場要能夠透過生成式 AI 的協助，來提升學生各方面的學習表現，是一個很大的挑戰。由過去的相關文獻可以發現，學生在使用生成式 AI 的過程，似乎學習的表現（作業、報告、作品）有所提升。然而學者指出，經由不同面向的分析往往會發現，多數學生的學習表現提升，可能是生成式 AI 代工完成的，而非學生的能力真正獲得提升；甚至於在使用生成式 AI 之後，學生變成過度依賴，不再思考。這樣的現象，在教學現場越來越常見到。因此，如何由生成式 AI 促成的學習表現（Generative AI-empowered Performance），進展到學生個人能力真正的進步，是教師及教育研究者需要努力的空間。針對這個問題，本章將由生成式 AI 在教學應用的學習單設計開始，引導讀者瞭解讓生成式 AI 發揮教育功效的基本原則；接著，再介紹六種常用的學習設計策略，搭配生成式 AI 的應用，來達到更高層次的教育目標。

關鍵字：批判思考、學習設計、學習策略、問題解決

Abstract

The interface of generative artificial intelligence (AI) systems is usually simple and easy to use for most people; however, it is a great challenge to improve students' performance in various aspects of learning through the assistance of generative AI in educational settings. From the literature, it was found that students' learning performance (assignments, reports, and works) seems to be improved when using generative AI; however, scholars have indicated that, by analyzing students' performance from diverse angles, it is usually found that most of the students' improvements could be empowered by the generative AI rather than by their own ability. Moreover, students could even become overly reliant on generative AI, and no longer try to solve problems on their own. This phenomenon is becoming increasingly common in educational settings. Therefore, how to progress from generative AI-empowered performance to real progress in students' individual abilities is a task that teachers and educational researchers need to work on. To address this issue, this chapter starts with the design of learning sheets to guide students to use generative AI in school settings. This can help readers understand the basic principles of generative AI-empowered performance. Following that, several effective learning design strategies that can be used with generative AI applications to achieve higher-order educational objectives are introduced.

Keywords: critical thinking, learning design, learning strategies, problem-solving

壹、前言

　　生成式人工智慧（Generative Artificial Intelligence，簡稱生成式AI）的普及，為教學帶來了新的氣象。各國教育科技的學者對於生成式AI的應用抱持相當積極的態度，並且透過在不同學科的應用獲得了一些初步的成果。在科學方面，生成式AI可用於模擬科學實驗和現象，提供虛擬實驗室環境；例如在化學課程中，生成不同的分子結構並模擬其反應，幫助學生理解化學反應的過程。在語言課程中，生成式AI可以作為個別學生對話練習的夥伴，提供互動式的語言學習體驗；更能夠透過即時回饋，來糾正學生語法或語音的錯誤。學者指出，這樣的個人化支持，對於提升學生的語言表達能力和自信心有很大的幫助。在數學課程方面，生成式AI可以生成各種數學練習題，幫助學生針對個人的弱點進行練習；同時，AI可以自動生成解題步驟和詳解，在學生的練習過程中提供必要的指導。這種個人化的引導及回饋，正是過去教學現場所欠缺的。如果能夠善用生成式AI，對於改善個別學生（特別是中低成就學生）的學習狀況，是值得期待的。

　　另一方面，各國政府及教育領域的學者也針對生成式AI的應用表示擔憂。除了各國政府擔心的資訊安全問題，教育領域的學者更擔心學生能力下降的問題。首先，學生可能過度依賴AI工具，從而減少了批判性思考和創新能力的培養。其次，生成式AI提供的資料未必都是正確的；學生如果在使用過程中沒有獲得良好的指導，有可能被錯誤的資料誤導。

　　針對這兩個問題，教師必須瞭解將生成式AI導入教學現場的過程中，好的教學設計是很重要的。生成式AI就好像是一個學生個人的學習夥伴，而且是具有相當能力及熱忱的夥伴。在有這樣的夥伴共同學習的環境下，教師的期待是學生會更有信心、更願意學習，且獲得更好的學習成就。然而有些教師很快就發現事情並非與他們原先的預期相同。教師可能會發現，學生的作業進步了，但是那是來自生成式AI的幫助；如果沒有了生成式AI，學生的表現可能比以前更差。換句話說，學生在生成式AI的支持下，良好的學習表現可能只是一種假象；他們可能直接透過生成式AI完成作業，而他們自己根本沒有思考及練習。因此，學生的作業進步了，但是能力變差了，因為他們只是習慣依賴生成式AI的幫助，而不是從生成式AI那邊學到新的知識或技

能。為了解決這個問題，以下將由學習單的設計及學習策略的應用，來說明如何引導學生善用生成式 AI 來增進個人的知識與能力。

貳、學習單的設計

在引導學生使用生成式 AI 進行學習任務的過程中，有幾個必要的步驟：闡述給予生成式 AI 的提示詞（Prompt）、呈現生成式 AI 的建議、驗證生成式 AI 的建議、比較個人的想法與生成式 AI 的異同、呈現最後的結果或解答。這些步驟不僅有利於學習，亦可提供後續歷程研究分析所需的重要參考資料。因此，歷程反思學習單（Process-based Reflection Sheet）的設計在使用生成式 AI 的學習活動中是很重要的；由於包含了上述的五個步驟，不僅能夠引導學生習慣思考如何與生成式 AI 應對，更能夠鼓勵他們設法自行解決問題，並且把生成式 AI 提供的訊息作為反思的工具；同時，在引導學生決定採用哪些生成式 AI 提供的內容過程，能夠培養他們的批判思考及問題解決能力。

圖 3-1 為歷程反思學習單的範例；在這個例子中，除了上述的五個步驟，也會在每個步驟中有相關的提示，來引導學生達到每個步驟所要的目標。

參、學習策略

在數位學習的領域，採用有效的學習策略或工具來搭配科技的應用是一種廣受學者推崇的方式；由過去的許多文獻顯示，好的學習策略能夠讓科技在教育應用發揮更大的效果。使用學習策略有幾個不同的目的，例如幫助學生組織所學的知識、診斷學生的學習狀態、引導學生進行深層思考、促進批判思考及反思，以及提升學習興趣。在眾多的學習策略中，本章特別介紹幾個過去被證實能夠達到上述教學目的，且具有學術研究潛力的策略。

一、圖形組織器（Graphic Organizers）

圖形組織器是指利用視覺和空間表現來幫助學習者理解學習內容的工具（Chang & Hwang, 2022）。通常使用圖形物件，如帶有文字資料的圖形、

活動階段	說明	內容
闡述給予生成式 AI 的提示詞	請提供你對於 ChatGPT 下達的提示詞或指令。 與 ChatGPT 互動，持續追問是很重要的。因此，請把你每一次下達的提示詞或指令分開呈現。	第一次： 第二次： 第三次：
呈現生成式 AI 的建議	請展現你每一次下達提示詞或指令後，ChatGPT 的回應內容。	第一次： 第二次： 第三次：
驗證生成式 AI 的建議	請注意：生成式 AI 的解答不一定正確；因此，針對 ChatGPT 每次的回應內容，請說明你做了什麼驗證的行動（例如用 Google 搜尋相關資訊）；若覺得不需要驗證，則寫「無」。	第一次： 第二次： 第三次：
比較個人的想法與生成式 AI 的異同	針對這次的任務，你自己有什麼想法或是答案？ 比較你的想法與 ChatGPT 提供資訊的相同或不同點；你會堅持自己的想法，還是採用 ChatGPT 的建議？	寫下你原來的想法： 寫下與 ChatGPT 提供的資訊的比較：
呈現最後的結果或解答	根據上述的互動、驗證及比較過程，寫下你執行本任務最後的結果或解答。	結果或解答：

圖 3-1　歷程反思學習單

線條和箭頭，來表示內容的結構和概念關係（Bromley et al., 1995）。Egan（1999）指出，圖形組織器以結構化的方式呈現知識，是展示心智思維過程的一種方式；透過圖形組織器，學習者能夠展示所要表達概念結構。圖形組織器為學習者提供了一個有意義的框架，使他們能夠將所學的知識與相關資訊聯繫起來，並以視覺化的方式呈現知識和資訊的關係及層次（Davies, 2011）。

圖形組織器有多種形式，如心智圖（Mind Maps）、概念圖（Concept Maps）、樹狀圖（Tree Diagrams）、序列圖（Tree Diagrams）、文氏圖（Venn Diagrams）和魚骨圖（Fishbone Diagrams）（Mede, 2010）。在這些多樣的圖形組織器中，心智圖和概念圖在教育環境中非常受歡迎。心智圖是一種以核心概念為中心，進行相關元素的聯結，來組織圍繞核心概念資訊的一種方式；在心智圖中，除了連接到核心概念的子概念，也可以從子概念再分支出額外的想法或相關元素（Edwards & Cooper, 2010）。另一方面，概念圖是展示概念之間有意義聯繫的一種視覺化工具；各種概念之間的聯結可以透過命名來呈現其具有方向性的關係（即命題）（Novak & Gowin, 1984）；也就是說，概念圖旨在組織概念之間有意義的聯繫或命題，而心智圖則側重於核心概念的相關元素，並不強調概念間的命題關係（Davies, 2011）。

多位研究人員報告了使用心智圖和概念圖幫助學習者在試圖組織他們對某一概念的學習內容時，識別缺失的細節或錯誤內容的有效性（Davies, 2011）。例如透過使用心智圖澄清錯誤內容或缺失的細節，學習者能夠對目標概念有深入和完整的理解（Liu et al., 2014），並據此進行反思（Jenkins, 2005）；這提高他們的學習動機並減少他們的學習焦慮（Tee et al., 2014）。Astriani 等（2020）進一步指出，心智圖可以是一種提高學習者後設認知（Meta-cognition）技能的有效工具。另一方面，透過使用概念圖澄清錯誤的概念或概念之間的關係，學習者能夠建立新的知識結構（Tseng & Lin, 2019; Wang et al., 2017），並提高組織知識和理解概念之間命題關係的能力（Chen & Yeh, 2019; Lin et al., 2008）。

從專業訓練的角度來看，心智圖和概念圖都可以在幫助學習者組織學習內容方面發揮重要作用，因為他們需要充分理解與核心概念相關的想法或知識點以及概念之間的命題關係（Georgieva & Todorova, 2018）。在心智圖方面，Rosciano（2015）報告了在護理學校的學生培訓項目中使用心智圖作為一種主動學習策略的有效性；Gargouri 與 Naatus（2017）報告了在大學商業培訓中使用心智圖的有效性。其他學者也報告了使用心智圖幫助受訓者識別和組織培訓細節，從而使他們能夠做出適當的臨床判斷（Kotcherlakota et al., 2013; Wu & Wu, 2020）。在概念圖方面，Fang 等（2023）針對七年

級學生的 STEM（「科學」〔Science〕、「科技」〔Technology〕、「工程」〔Engineering〕和「數學」〔Mathematics〕）課程活動進行研究；其實驗結果發現，結合概念圖的自律學習（Self-regulated Learning）模式相較於一般自律學習模式更能夠增強七年級學生的自我效能及自律表現，從而幫助學生有效地學習 STEM 技能。從這些文獻可知，心智圖和概念圖在專業培訓中的有效性已得到廣泛認可。

另一方面，學者們指出，在傳統的培訓方法中，受訓者主要處於注重記憶和理解的學習環境中，缺乏透過解釋和分析病人的測試和實驗室數據來進行深入思考的機會。這可能導致面對實際問題的困難（Akinsanya & Williams, 2004; Chiou, 2008）。Kokotovich（2008）進一步指出了在面對複雜問題時使用圖形組織器（例如心智圖）的潛在缺點；他強調需要在基於圖形組織器的學習活動中加入額外的支持或指導。因此，圖形組織器與生成式 AI 有兩種可能的合作模式：（一）運用圖形組織圖來幫助學生整理與生成式 AI 互動過程中獲得的訊息，以促進對於這些訊息的理解及應用效果；（二）運用生成式 AI 來協助學生解決在學習過程中運用圖形組織器的困難，例如幫忙發掘部分的概念關係，或是找出某個核心概念可能的相關元素。

二、基於雙層測驗的引導機制（Two-tier Test-based Guiding Mechanism）

在傳統測試中，很難確定學生是通過瞭解答案還是僅僅猜測來獲得分數。為了解決這個問題，研究人員提出了包含兩輪多選題的雙層次測驗，以評估學生的迷思概念或替代概念（Treagust, 1988）。這種方法被許多學者普遍認為是一種有效的診斷學生學習狀況的方法和一種有效的教育工具（Tsai, 2003; Yang, Chen et al., 2015）。在雙層次測驗中，學生對現象的描述性或事實性知識在第一層測驗中得到修正。然後，在第二層測驗中進行擴展調查，以評估選擇第一層測驗答案的原因。換句話說，雙層次測驗深入檢查學生所獲得的知識，以瞭解他們是否存在迷思概念，以及造成迷思概念的可能原因（Yang, Hwang et al., 2015）。例如有學者嘗試在數位遊戲中結合雙層次測驗，來瞭解學生在遊戲過程的學習狀況，並提供引導及回饋；由實驗結果發現，這樣的方式能夠提高遊戲式學習的效果（Li et al., 2021）。

近年來，幾項研究顯示雙層次測驗對於迷思概念提供了有效的回饋；例如 Yang 等（2017）採用基於雙層次測驗的數學學習系統來引導大學生學習微積分，成功地提高了學生的學習成就並建立了他們的信心；Lai 與 Chen（2010）開發了一個基於雙層次測驗的線上補救學習管理系統，用於小學生的科學課程中，解決了學生的學習迷思。總之，基於雙層次測驗的數位遊戲式學習在各個學科中得到了廣泛應用，並取得了積極的教學成果。圖 3-2 為雙層次互動回饋模組，其結合了「雙層次測驗」及「學習引導回饋」機制的執行步驟如下：

步驟 1：引導學生觀看自學影片與補充教材及觀察／蒐集生活中的相關學習目標。

步驟 2：依據學生觀看的影片內容及學習目標，進行第一層問題的提問。

步驟 3：假如學生給予錯誤的答案：

（一）呈現相關的第二層問題，以確認導致錯誤的可能原因。

（二）引導學生再次觀看影片的相關片段或觀察學習目標，並重新回答問題；若學生仍然回答錯誤，則提供補充教材及答題說明。

（三）執行步驟 5。

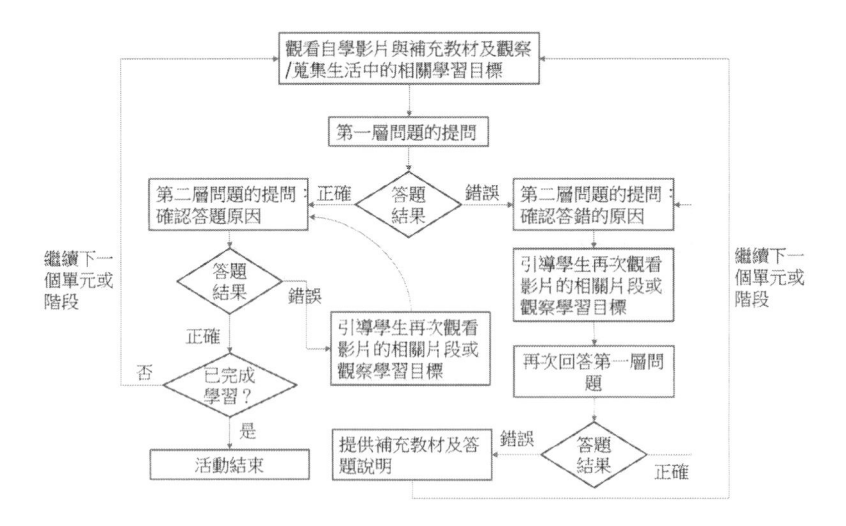

圖 3-2　雙層次互動回饋模組

步驟 4：假如學生給予正確的答案：
> （一）呈現第二層的相關問題，確認學生對於第一層問題的回答是否有正確的理解。
> （二）若學生回答正確，執行步驟 5。
> （三）若學生未能正確回答第二層問題，引導學生再次觀看影片的相關片段或學習目標；並再次回答第二層問題。
> （四）若學生仍然回答錯誤，則提供補充教材及答題說明。

步驟 5：重複步驟 2-4，直到學生看完影片，並完成學習單（觀察所有學習目標）。

雙層次測驗可作為運用生成式 AI 完成學習任務過程的檢核機制；例如在學生運用生成式 AI 完成報告或是練習的過程中，以雙層次測驗的模式來確認其理解狀態，以避免學生過度依賴而不思考。

三、漸進式提示策略（Progressive Prompting）

提示（Promoting）被認為是一種有效的教學手段，能夠通過讓學生反思其學習進程以及幫助他們在每個學習任務部分保持正軌來提供學習支持（Schworm & Gruber, 2012）。在過去幾十年中，提示機制已被用於不同情境下的學習活動。例如，Wilson 等（2011）在學習齒輪運動科學概念的活動中應用了提示機制，發現提示能可靠地引發學生的反思。

由於電腦和網絡技術的進步，研究人員開發了基於電腦或網絡的學習系統，用於進行互動學習活動。在這些技術增強的學習環境中，學生通常處於可以自由瀏覽學習內容並與同伴互動的學習情境中。在這種學習環境中，教師可能會假定學生有能力適當判斷自己的學習需求並在學習任務中逐步發展；然而，真實狀況往往並非如此。因此，多位研究人員嘗試開發基於提示的系統，以幫助學習者在學習過程中獲得提示，進而解決學習過程中遭遇的問題（Fiorella et al., 2012）。例如，Manlove 等（2007）為自然科學課程開發了基於提示的系統；其研究成果顯示，這種方法能夠促進學生克服學習活動中的困難，從而提升學習成就。Wilson 等（2011）進一步強調，良好的提

示與好的學習成效之間有緊密的關聯。

另一方面，學者也指出，給予學生的提示，如果能夠考慮個別學生程度的差異，會有更好的效果。換言之，太多的提示，可能會剝奪學生練習解決問題的機會；太少的提示，可能對學生改善學習是沒有幫助的（Chen et al., 2023）。為了解決這個問題，Chen 等（2014）提出了漸進式提示的概念，以在真實情境的探究活動中引導學生完成任務。最初，學生被引導觀察學習目標並回答一系列與目標特徵相關的問題。如果他們無法正確識別特徵，學習系統會在不同階段提供不同的提示以引導他們找到正確答案。他們失敗的次數越多，系統提供的提示就越具體。通常在漸進式提示的機制中，會有三個層次的提示，如圖 3-3 所示。

以臺灣小學四年級自然科學課程的「認識校園植物」活動為例；當學生第一次無法正確識別當前學習目標（即學生正在觀察的植物）的特徵時，學習系統會提供第一階段提示。在這個階段，學生可能被引導觀察一個比較目標（即學生選擇的具有錯誤特徵的植物），並比較這兩種植物的特徵。例如假設學生在第一階段為描述「金腰箭」（*Synedrella nodiflora*）給出了一個錯誤答案「管狀花」（Tubular Flowers），學習系統會引導他們找到具有「管

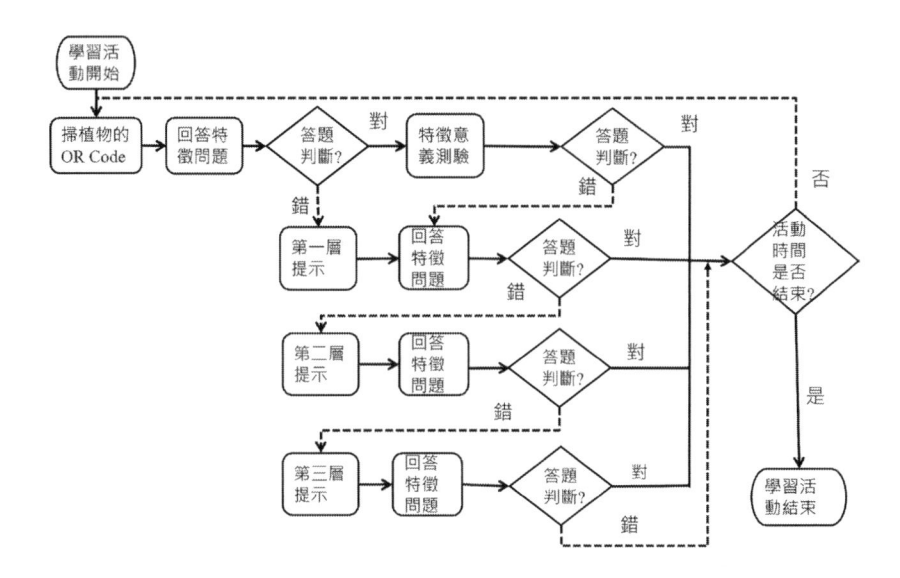

圖 3-3　基於漸進式提示的學習引導機制

狀花」的比較植物「一串紅」（Saluia splendens），並要求他們比較這兩種植物的花形。

如果學生第二次無法正確識別學習目標的相同特徵，系統會向他們提供學習目標的文字描述作為第二階段提示。希望學生能經由理解這些描述來找到正確的特徵。假設學生第三次仍未能正確識別特徵，系統則會向他們提供包含文字描述和視覺化資訊（如圖片、動畫或視頻）的完整補充材料。另一方面，如果學生正確識別出一個特徵，學習系統會引導他們觀察同一學習目標的另一個特徵。如果學生已經正確識別了所有特徵，學習系統會引導他們找到並觀察下一個學習目標。

漸進式提示與生成式 AI 的關係是非常值得思考的。教師可以考慮以漸進式提示作為引導學生使用生成式 AI 完成任務的介入策略；亦即當學生在使用生成式 AI 的活動中，給予由淺到深的提示，幫助學生由生成式 AI 獲得越來越完整的資訊。另一方面，也可以將生成式 AI 作為輔助漸進式提示任務的工具；亦即學生在接受漸進式提示而嘗試自己解決問題的過程中，由生成式 AI 扮演顧問的角色，提供一些可能的問題解決方向。

四、擬題策略（Question Posing）

「擬題」是協助學生重新建構知識及深入思考問題的一種活動設計方式；相對於傳統接受測驗的方式，更能提升學生的學習興趣（Brown & Walter, 2005; Silver & Cai, 2005）。在擬題過程中，學生扮演批判及統整知識的重要角色；除了依據既有的知識及過去的學習經驗，藉由面對問題的過程中擬出新的問題，更需要找出解決方案，並建構出有意義的問題，進而培養解決問題的技能（Kontorovich et al., 2012; So, 2013）。學者認為，擬題可以視為另一種評量模式；教師可透過學生的擬題狀況瞭解其學習狀態（Cammarota, 2014）。另外，學生可經由擬題的過程，學習主動思考，並透過小組合作與討論，培養分析及問題解決能力（Abramovich & Cho, 2006; Mason, 2000）。

在近年來擬題策略在教學的應用已受到相當程度的關注。例如 Whitin（2004）應用擬題策略於小學數學課程的周長和面積。Van Harpen 與

Presmeg（2013）也嘗試以高中生為對象，分析在數學課程中擬題與解題表現的關係；其結果發現，擬題的深度與解題表現有明顯的正相關，顯示擬題學習活動有助於提升學生的學習成就。Unal 與 Arikan（2015）將擬題的方式運用在中學生的數學課中；其研究結果發現，使用數學擬題策略能幫助學生以具體的圖形及生活化的例子來理解抽象的概念。

學者建議要鼓勵學生擬出需要深入思考的題目，而非背誦型的題目，以促進學生的高層次思考（Chang et al., 2012; Skinner, 1991）。例如 Kilic（2013）指出，擬題活動的重要目的，是讓學生學會如何思考及歸納分析。Sung 等（2016）指出，學生所擬的題目必須有一定的深度，例如需要經由高層次思考才能夠解答，否則無法達到擬題策略在教學上的效果。學者也指出，教師在擬題活動中應該提供必要的引導，以協助學生擬出有深度的問題，讓他們藉由修改題目的過程中獲得更完整的知識（Brown & Walter, 2014）。因此，如何將擬題學習策略有效地運用在各個領域當中，讓學生在面對任何問題的過程中能夠正確地分析事件並提出解決辦法，將是一個很重要的課題（Voica & Singer, 2013）。多位學者更進一步指出，結合科技與擬題策略，將有助促進學生的擬題能力、解題能力及獲得較佳的學習成果（Chang et al., 2012）。以臺灣小學四年級自然科學課程的「太陽與影子」活動為例，學生經由觀賞影片建立學習「太陽與影子的關聯」的基礎後，獲得「太陽位置變化」、「方位辨認」及「陽光、物體與影子的位置變化」概念知識，如圖 3-4 所示。接著，學習系統透過「由答案想問題」的方式，給予學生擬題提示，例如關鍵概念或關係（如：影子、東邊），讓學生從 (A) 至 (C) 中選出最符合這些答案的題目：

(A) 上午時，外面大樹的影子在哪裡？

(B) 成語「日正當中」代表影子會在那邊？

(C) 下午時，小明要往哪邊看，才能發現自己的影子？

學生依據系統的引導（如表 3-1）進行歸納、分析關鍵提示與擬題關係後，提出正確的答案。例如針對題目 C 的擬題內容：「下午時，小明要往哪邊看，才能發現自己的影子？」，學生可從所學的知識與擬題提示歸納出，當下午太陽在「西邊」時，此時太陽的「影子」將落在主體的「東邊」，其內容符合正確的擬題結果。因此，透過引導式擬題，學生除了可以學習課程

中重要知識，更可以學習到擬題的技巧與意義，為課中的合作擬題討論做好準備。

生成式 AI 與擬題策略的關係很密切，因為它是擬題的高手，也是評量題目品質的高手。因此，生成式 AI 與擬題策略可能有幾種結合方式：（一）生成式 AI 可以作為擬題夥伴，針對指定的主題，產生不同難度的題目，提供學生在擬題過程中的參考；（二）生成式 AI 可以作為評量者，依照教師的評分規準，分析學生所擬訂的題目的品質，並且給予回饋；（三）生成式 AI 可以作為擬題顧問，回答學生在擬題過程中遇到的問題，例如解說不同概念之間的關係。

圖 3-4　擬題引導範例
註：圖由生成式 AI 生成。

表 3-1　「引導式擬題」建構範例

題號	題目	5W1H 時間	主體	太陽位置—方位	影子
A	上午時，外面大樹的影子在哪裡？	上午	大樹	?	?
B	成語「日正當中」代表影子會在那邊？	中午	×	?	?
C	下午時，小明要往哪邊看，才能發現自己的影子？	下午	小明	?	?

註：5W1H：何人（Who）、何時（When）、何事（What）、何地（Where）、為何（Why）及如何（How）。

五、同儕互評（Peer Assessment）

同儕互評是指引導相似背景與能力的學生，在學習活動中擔任評分／評論者和接受評分／評論的角色（Hwang & Chang, 2021; Misiejuk & Wasson, 2021; Topping, 1998; Topping & Ehly, 2001）。Stein 與 Ambrose（1998）指出，情境學習有四個主要的元素，包含內容、環境、社交與參與；換句話說，學習者在真實情境的學習環境中，他們需要透過參與學習任務、同儕互動和藉由與情境脈絡及環境的互動獲得知識。在同儕互評活動中，學生透過擔任評分／評論者的角色，依據教師提供的評分規準提供個人的意見給同學；同時，他們也擔任接受評分／評論的角色，並判斷是否接受來自同學的建議（Chien et al., 2020）。

從社會建構理論的角度來看，情境學習中不僅是學習者與環境的互動，也包含了人與人之間的互動行為。在真實情境學習活動中，可以增加學習者與環境互動和人際互動的機會，提高學生獨立思考與反思的能力（Yi et al., 2018）。由這個觀點來看，同儕互評活動促進了學生間的交流是一種培養學生高層次能力及促進其反思的機會（Chang et al., 2020）；同時，在這個過程中，學生經由理解及運用教師提供的評分規準，可以學習由教師的角度來分析同學及自己的作品（Patchan et al., 2018; Topping, 1998）。

學者普遍認為，參與同儕互評活動有助於促進學生反思，發現自己的問題，並將知識內化，進而改善學習成效（Ion et al., 2019）。例如 Hsu 與 Hsu（2016）進行了基於凱利方格分類法（Kelly's Repertory Grid Technique）的同儕互評活動，來改善大學生的電腦技能及學習成績；Tenório 等（2016）則透過同儕互評來提高學生的學習參與度。Hsia 與 Hwang（2021）則開發了一個基於社會建構主義的同儕互評系統，用於大學通識教育舞蹈課程；其研究結果表明，這樣的互評模式可以顯著提高舞蹈動作和編舞創新能力、溝通能力及內在動機。此外，多數的研究也都指出，學生的同儕互評分數與專家的評分有顯著相關，顯示同儕互評可以幫助學生更深入地理解教師的評分規準，並進行客觀的評量（Double et al., 2020）。

促進反思是同儕互評的重要目的之一。學生在閱讀教師提供的評分規準時，通常會思考自己的作品達到什麼程度；同時，在觀看同學作品，或是接

受來自同學的建議時，會看到不同的思維或創作形式。這種新舊知識的差異產生的認知衝突，會促使學生嘗試不同的思維，並重新聯結原有的知識（Ion et al., 2019; To & Panadero, 2019）。在同儕互評的過程中，透過學習活動的規劃，維持評分與評論的品質是相當重要的（Patchan et al., 2018）；因此，如何引導學生提出準確且高品質的評分及評論，是在設計同儕互評活動時所需要關注的議題（Lai, 2016; Li et al., 2020; Misiejuk & Wasson, 2021）。

生成式 AI 與同儕互評的關係匪淺，有多種可能的搭配方式：

（一）運用生成式 AI 來生成評分規準。這個方式可以增加教師規劃評分規準的效率。另一方面，學生也可以透過與生成式 AI 互動，參與制定評分規準的流程；過去有研究顯示，與生參與評分規準的制定，對於促進他們的學習成就是有幫助的（Lai & Hwang, 2015）。

（二）將評分規準提供給生成式 AI，再由生成式 AI 依照評分規準對學生的作品或文章進行評分及評論。

（三）提供評分規準給學生，作為評量同儕作品的依據，並且比較自己給予同儕的評分及評論與生成式 AI 給予的有什麼異同；這樣的作法可以讓學生看到不同角度或是深度的評量結果，對於提升他們的批判思考能力是有幫助的。

（四）讓學生提供評分規準給生成式 AI，並且透過生成式 AI 對自己的作品進行評量；這樣的作法對於促進學生的自我反思是有幫助的。

六、遊戲化（Gamification）

學者將遊戲元素融入非遊戲環境的概念定義為遊戲化（Deterding et al., 2011; Ding et al., 2018; Zimmerling et al., 2019）。遊戲是一種互動式的活動，在遊戲過程中會不斷地向玩家提出挑戰以及目標，讓玩家能夠參與掌控遊戲機制以及主動學習的過程（Akcaoglu, 2016）。Malone 與 Lepper（1987）將遊戲元素歸為四大類：挑戰、好奇心、幻想及控制。學者發現玩家會在遊戲中體驗到掌控、享受、沉浸、心流等不同的心理狀態（Dias, 2017; Huotari & Hamari, 2017; Ryan et al., 2006; Sailer et al., 2017）。影響玩家心理狀態的遊戲元素很多，例如積分、排名、獎勵等（Barata et al., 2017），

這也是在進行遊戲化學習時的重要元素。

　　Kim 與 Lee（2015）將遊戲元素與教育遊戲統整，說明挑戰可能來自學習活動的任務難度、時間壓力、與他人競爭等因素；好奇心則是學習者對於獎勵或是下一階段挑戰的興趣；幻想則是來自於挑戰的獎勵與回饋，最後的控制則是遊戲元素在教學中的操作應用。例如 Groening 與 Binnewies（2019）引導學生透過學習系統（進行控制）完成學習任務（接受挑戰）；在完成任務的過程中，學生須透過達成特定條件獲得隱藏的成就訊息（激發好奇心）以及獲得數位勳章（滿足幻想及成就感）；其研究結果發現，遊戲化融入教學過程中，透過成就訊息及勳章獎勵，對於學生的學習成就及學習動機有正向的影響。

　　近年來，如何在教育領域中應用遊戲化的概念引起眾多學者的注意（Seaborn & Fels, 2015）。多個研究都發現，在參與遊戲化的學習活動過程，學生能夠提高學習成就、學習動機及學習參與，學習滿意度；例如 Ahmad 等（2020）研究的結果顯示，將遊戲化策略應用於大學計算機科學專業的課程中；其研究結果發現，與未使用遊戲化的學習策略相比，使用遊戲化策略的學習者在學習成就、學習滿意度皆顯著有更佳的表現；Zainuddin（2018）在高中科學課程中將遊戲化元素融入翻轉教學；其研究發現，與傳統翻轉教學相比，遊戲化翻轉教學的學生在學習成就以及學習參與度都有正面的影響。dos Reis Lívero 等（2021）透過 11 種遊戲化的方式，應用於大學藥理學的課程中；幾乎所有學生對於遊戲化的教學都具有正面的評價，有利於學習參與及動機。圖 3-5 為遊戲化的例子，包括分數、排名、徽章等常用來激勵學生的方式。

　　遊戲化與生成式 AI 的結合是很單純的，可以把它視為一種促進生成式 AI 使用品質的策略；亦即透過遊戲化的策略，來鼓勵學生把生成式 AI 運用得更有效果。另一方面，教師也可以運用生成式 AI，來設計遊戲化的活動。

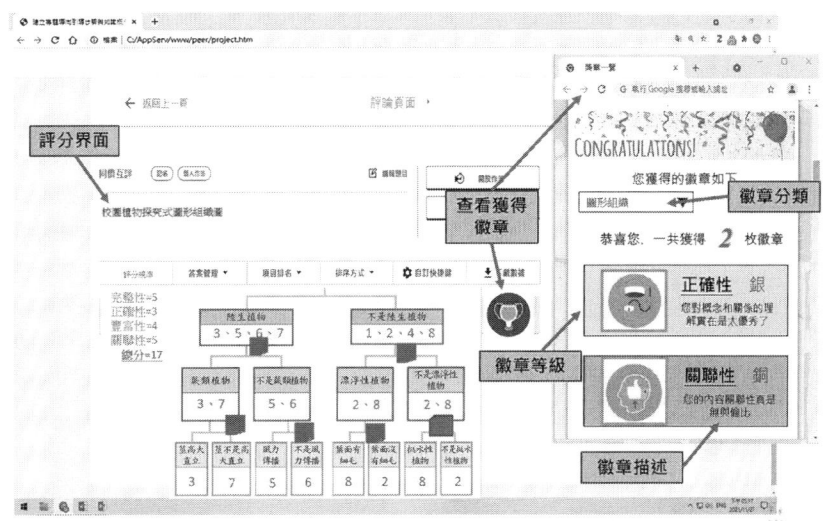

圖 3-5　遊戲化計分及獎勵界面範例

肆、結論

　　生成式 AI 對教育現場帶來的改變是值得持續關注的。能夠善用生成式 AI 的教師與學生，不只能在教與學方面有更佳的表現，也能夠在知識與能力方面有所增長；而其關鍵在於瞭解生成式 AI 的使用技巧，以及正確的使用觀念。學者對於生成式 AI 的使用者提出一個警告，千萬不要因為生成式 AI 的使用而養成後設認知的懶惰（Meta-cognition Laziness）的習慣；亦即變成不加思考及判斷，而只是依賴生成式 AI 的能力（Yan et al., 2024）。因此，未來如何讓生成式 AI 在教育現場發揮最大的效果，還有待更多教育工作者及研究人員的投入。基於上述所提出的學習單設計及學習策略，建議未來進行生成式 AI 教育應用的相關研究可以考慮以下幾個方向：

一、比較結合歷程反思學習單的生成式 AI 學習模式，相較於一般生成式 AI 學習模式，是否更能夠增進學生的學習成就及反思表現。

二、探討結合圖形組織器的生成式 AI 學習模式，是否更能夠促進學生的學習成就及自我效能。

三、嘗試運用生成式 AI 來展現雙層次測驗及回饋模式；同時，探討這樣的模

式與一般生成式 AI 提供的測驗與回饋比較，是否更能夠正確地瞭解學生的學習狀態，並增進學習成就。

四、在小組合作擬題活動中，以生成式 AI 作為學生的合作夥伴，並分析學生的學習成就與擬題品質。

五、在同儕互評活動中，以生成式 AI 作為學生的反思工具；讓學生比較自己與生成式 AI 的評分與評論，以促進其反思及學習成就。

六、在上述的活動中，加入遊戲化策略，以促進學生的學習動機與活動的參與度；例如比較導入遊戲化圖形組織器的生成式 AI 學習模式與一般結合圖形組織器的生成式 AI 學習模式，對學生在各方面表現的影響。

參考文獻

Abramovich, S., & Cho, E. K. (2006). Technology as a medium for elementary preteachers' problem-posing experience in mathematics. *Journal of Computers in Mathematics and Science Teaching, 25*(4), 309-323.

Ahmad, A., Zeshan, F., Khan, M. S., Marriam, R., Ali, A., & Samreen, A. (2020). The impact of gamification on learning outcomes of computer science majors. *ACM Transactions on Computing Education (TOCE), 20*(2), Article 16. https://doi.org/10.1145/3383456

Akcaoglu, M. (2016). Design and implementation of the game-design and learning program. *TechTrends, 60*(2), 114-123. https://doi.org/10.1007/s11528-016-0022-y

Akinsanya, C., & Williams, M. (2004). Concept mapping for meaningful learning. *Nurse Education Today, 24*(1), 41-46. https://doi.org/10.1016/S0260-6917(03)00120-5

Astriani, D., Susilo, H., Suwono, H., Lukiati, B., & Purnomo, A. R. (2020). Mind mapping in learning models: A tool to improve student metacognitive skills. *International Journal of Emerging Technologies in Learning, 15*(6), 4-17. https://doi.org/10.3991/ijet.v15i06.12657

Barata, G., Gama, S., Jorge, J., & Gonçalves, D. (2017). Studying student differentiation in gamified education: A long-term study. *Computers in Human Behavior, 71*, 550-585. https://doi.org/10.1016/j.chb.2016.08.049

Bromley, K. D., Irwin-DeVitis, L., & Modlo, M. (1995). *Graphic organizers:*

Visual strategies for active learning. Scholastic Teaching Resources.

Brown, S. I., & Walter, M. I. (2005). *The art of problem posing.* Psychology Press.

Brown, S. I., & Walter, M. I. (2014). *Problem posing: Reflections and applications.* Psychology Press.

Cammarota, J. (2014). The social justice education project. In J. Cammarota & A. Romero (Eds.), *Raza Studies: The public option for educational revolution* (pp. 107-121). University of Arizona Press.

Chang, C. C., & Hwang, G. J. (2022). A structured reflection-based graphic organizer approach for professional training: A technology-supported AQSR approach. *Computers & Education, 183,* Article 104502. https://doi.org/10.1016/j.compedu.2022.104502

Chang, C. S., Chung, C. H., & Chang, J. A. (2020). Influence of problem-based learning games on effective computer programming learning in higher education. *Educational Technology Research and Development, 68*(5), 2615-2634. https://doi.org/10.1007/s11423-020-09784-3

Chang, K. E., Wu, L. J., Weng, S. E., & Sung, Y. T. (2012). Embedding game-based problem-solving phase into problem-posing system for mathematics learning. *Computers & Education, 58*(2), 775-786. https://doi.org/10.1016/j.compedu.2011.10.002

Chen, C. H., & Yeh, H. C. (2019). Effects of integrating a questioning strategy with game-based learning on students' language learning performances in flipped classrooms. *Technology, Pedagogy and Education, 28*(3), 347-361. https://doi.org/10.1080/1475939X.2019.1618901

Chen, C. H., Hwang, G. J., & Tsai, C. H. (2014). A progressive prompting approach to conducting context-aware learning activities for natural science courses. *Interacting with Computers, 26*(4), 348-359. https://doi.org/10.1093/iwc/iwu004

Chen, C. Y., Chang, S. C., Hwang, G. J., & Zou, D. (2023). Facilitating EFL learners' active behaviors in speaking: A progressive question prompt-based peer-tutoring approach with VR contexts. *Interactive Learning Environments, 31*(4), 2268-2287. https://doi.org/10.1080/10494820.2021.1878232

Chien, S. Y., Hwang, G. J., & Jong, M. S. Y. (2020). Effects of peer assessment within the context of spherical video-based virtual reality on EFL students' English-Speaking performance and learning perceptions. *Computers & Education, 146,* Article 103751. https://doi.org/10.1016/j.compedu.2019.103751

Chiou, C. (2008). The effect of concept mapping on students' learning achievements and interests. *Innovations in Education and Teaching International, 45*(4), 375-387. https://doi.org/10.1080/14703290802377240

Davies, M. (2011). Concept mapping, mind mapping and argument mapping: What are the differences and do they matter? *Higher Education, 62*(3), 279-301. https://doi.org/10.1007/s10734-010-9387-6

Deterding, S., Sicart, M., Nacke, L., O'Hara, K., & Dixon, D. (2011). Gamification. Using game-design elements in non-gaming contexts. In *CHI '11 Extended Abstracts on Human Factors in Computing Systems* (pp. 2425-2428). Association for Computing Machinery. https://doi.org/10.1145/1979742.1979575

Dias, J. (2017). Teaching operations research to undergraduate management students: The role of gamification. *The International Journal of Management Education, 15*(1), 98-111. https://doi.org/10.1016/j.ijme.2017.01.002

Ding, L., Er, E., & Orey, M. (2018). An exploratory study of student engagement in gamified online discussions. *Computers & Education, 120*, 213-226. https://doi.org/10.1016/j.compedu.2018.02.007

dos Reis Lívero, F. A., da Silva, G. R., Amaral, E. C., de Souza, A. N. V., Baretta, I. P., Diegues, M. E. M., Arpini, E., & Lovato, E. C. W. (2021). Playfulness in the classroom: Gamification favor the learning of pharmacology. *Education and Information Technologies, 26*(2), 2125-2141. https://doi.org/10.1007/s10639-020-10350-w

Double, K. S., McGrane, J. A., & Hopfenbeck, T. N. (2020). The impact of peer assessment on academic performance: A meta-analysis of control group studies. *Educational Psychology Review, 32*, 481-509. https://doi.org/10.1007/s10648-019-09510-3

Edwards, S., & Cooper, N. (2010). Mind mapping as a teaching resource. *The Clinical Teacher, 7*(4), 236-239. https://doi.org/10.1111/j.1743-498X.2010.00395.x

Egan, M. (1999). Reflection on effective use of graphic organizers. *Journal of Adolescent and Adult Literacy, 42*(8) 641-645. https://www.jstor.org/stable/40016815

Fang, J. W., He, L. Y., Hwang, G. J., Zhu, X. W., Bian, C. N., & Fu, Q. K. (2023). A concept mapping-based self-regulated learning approach to promoting students' learning achievement and self-regulation in STEM activities. *Interactive Learning Environments, 31*(10), 7159-7181.

Fiorella, L., Vogel-Walcutt, J. J., & Fiore, S. (2012). Differential impact of two types of metacognitive prompting provided during simulation-based training. *Computers in Human Behavior, 28*(2), 696-702. https://doi.org/10.1016/

j.chb.2011.11.017

Gargouri, C., & Naatus, M. K. (2017). An experiment in mind-mapping and argument-mapping: Tools for assessing outcomes in the business curriculum. *E-Journal of Business Education and Scholarship of Teaching, 11*(2), 39-78.

Georgieva, D., & Todorova, T. (2018). Efficient methods of teaching-implementation of mind map and concept map in health care training. *Knowledge International Journal, 23*(4), 1029-1035.

Groening, C., & Binnewies, C. (2019)."Achievement unlocked!"—The impact of digital achievements as a gamification element on motivation and performance. *Computers in Human Behavior, 97,* 151-166. https://doi.org/10.1016/j.chb.2019.02.026

Hsia, L. H., & Hwang, G. J. (2021). Enhancing students' choreography and reflection in university dance courses: A mobile technology-assisted peer assessment approach. *British Journal of Educational Technology, 52*(1), 266-287. https://doi.org/10.1111/bjet.12986

Hsu, T. C., & Hsu, A. C. K. (2016). Effects of a peer assessment system based on a grid-based knowledge classification approach on computer skills training. *Journal of Educational Technology & Society, 19*(4), 100-111.

Huotari, K., & Hamari, J. (2017). A definition for gamification: Anchoring gamification in the service marketing literature. *Electronic Markets, 27*(1), 21-31. https://doi.org/10.1007/s12525-015-0212-z

Hwang, G. J., & Chang, S. C. (2021). Facilitating knowledge construction in mobile learning contexts: A bi-directional peer-assessment approach. *British Journal of Educational Technology, 52*(1), 337-357. https://doi.org/10.1111/bjet.13001

Ion, G., Sánchez Martí, A., & Agud Morell, I. (2019). Giving or receiving feedback: Which is more beneficial to students' learning? *Assessment & Evaluation in Higher Education, 44*(1), 124-138. https://doi.org/10.1080/02602938.2018.1484881

Jenkins, A. (2005). Mind mapping: Reflection can help you review your nursing practice as well as your personal life. *Nursing Standard, 20*(7), 85-86.

Kilic, C. (2013). Turkish primary school teachers' opinions about problem posing applications: Students, the mathematics curriculum and mathematics textbooks. *Australian Journal of Teacher Education (Online), 38*(5), 144-155. https://doi.org/10.14221/ajte.2013v38n5.10

Kim, J. T., & Lee, W. H. (2015). Dynamical model for gamification of learning

(DMGL). *Multimedia Tools and Applications*, *74*(19), 8483-8493. https://doi.org/10.1007/s11042-013-1612-8

Kokotovich, V. (2008). Problem analysis and thinking tools: An empirical study of non-hierarchical mind mapping. *Design Studies*, *29*(1), 49-69. https://doi.org/10.1016/j.destud.2007.09.001

Kontorovich, I., Koichu, B., Leikin, R., & Berman, A. (2012). An exploratory framework for handling the complexity of mathematical problem posing in small groups. *The Journal of Mathematical Behavior*, *31*(1), 149-161. https://doi.org/10.1016/j.jmathb.2011.11.002

Kotcherlakota, S., Zimmerman, L., & Berger, A. M. (2013). Developing scholarly thinking using mind maps in graduate nursing education. *Nurse Educator*, *38*(6), 252-255. https://doi.org/10.1097/01.NNE.0000435264.15495.51

Lai, A. F., & Chen, D. J. (2010). Web-based two-tier diagnostic test and remedial learning experiment. *International Journal of Distance Education Technologies*, *8*(1), 31-53. https://doi.org/10.4018/jdet.2010010103

Lai, C. L., & Hwang, G. J. (2015). An interactive peer-assessment criteria development approach to improving students' art design performance using handheld devices. *Computers & Education*, *85*, 149-159. https://doi.org/10.1016/j.compedu.2015.02.011

Lai, C. Y. (2016). Training nursing students' communication skills with online video peer assessment. *Computers & Education*, *97*, 21-30. https://doi.org/10.1016/j.compedu.2016.02.017

Li, F. Y., Hwang, G. J., Chen, P. Y., & Lin, Y. J. (2021). Effects of a concept mapping-based two-tier test strategy on students' digital game-based learning performances and behavioral patterns. *Computers & Education*, *173*, Article 104293. https://doi.org/10.1016/j.compedu.2021.104293

Li, H., Xiong, Y., Hunter, C. V., Guo, X., & Tywoniw, R. (2020). Does peer assessment promote student learning? A meta-analysis. *Assessment & Evaluation in Higher Education*, *45*(2), 193-211. https://doi.org/10.1080/02602938.2019.1620679

Lin, S., Chen, I. J., Wang, T.F., & Lu, C. H. (2008). Using a concept map in clinical nursing teaching: A pilot study. *Tzu Chi Nursing Journal*, *7*(5), 65-73.

Liu, Y., Zhao, G., Ma, G., & Bo, Y. (2014). The effect of mind mapping on teaching and learning: A meta-analysis. *Standard Journal of Education and Essay*, *2*(1), 17-31.

Malone, T. W., & Lepper, M. R. (1987). Making learning fun: A taxonomy of intrinsic motivations for learning. In R. E. Snow & M. J. Farr (Eds.), *Aptitude, learning, and instruction. Cognitive and affective process analyses* (Vol. 3, pp. 223-253). Lawrence Erlbaum.

Manlove, S., Lazonder, A. W., & de Jong, T. (2007). Software scaffolds to promote regulation during scientific inquiry learning. *Metacognition and Learning*, *2*(2-3), 141-155. https://doi.org/10.1007/s11409-007-9012-y

Mason, J. (2000). Asking mathematical questions mathematically. *International Journal of Mathematical Education in Science and Technology*, *31*(1), 97-111. https://doi.org/10.1080/002073900287426

Mede, E. (2010). The effects of instruction of graphic organizers in terms of students' attitudes towards reading in English. *Procedia-Social and Behavioral Sciences*, *2*(2), 322-325. https://doi.org/10.1016/j.sbspro.2010.03.018

Misiejuk, K., & Wasson, B. (2021). Backward evaluation in peer assessment: A scoping review. *Computers & Education*, *175*, Article 104319. https://doi.org/10.1016/j.compedu.2021.104319

Novak, J. D., & Gowin, D. B. (1984). *Learning how to learn*. Cambridge University Press.

Patchan, M. M., Schunn, C. D., & Clark, R. J. (2018). Accountability in peer assessment: Examining the effects of reviewing grades on peer ratings and peer feedback. *Studies in Higher Education*, *43*(12), 2263-2278. https://doi.org/10.1080/03075079.2017.1320374

Rosciano, A. (2015). The effectiveness of mind mapping as an active learning strategy among associate degree nursing students. *Teaching and Learning in Nursing*, *10*(2), 93-99. https://doi.org/10.1016/j.teln.2015.01.003

Ryan, R. M., Rigby, C. S., & Przybylski, A. (2006). The motivational pull of video games: A self-determination theory approach. *Motivation and Emotion*, *30*(4), 344-360. https://doi.org/10.1007/s11031-006-9051-8

Sailer, M., Hense, J. U., Mayr, S. K., & Mandl, H. (2017). How gamification motivates: An experimental study of the effects of specific game design elements on psychological need satisfaction. *Computers in Human Behavior*, *69*, 371-380. https://doi.org/10.1016/j.chb.2016.12.033

Schworm, S., & Gruber, H. (2012). e-Learning in universities: Supporting help-seeking processes by instructional prompts. *British Journal of Educational Technology*, *43*(2), 272-281. https://doi.org/10.1111/j.1467-8535.2011.01176.x

Seaborn, K., & Fels, D. I. (2015). Gamification in theory and action: A survey.

International Journal of Human-Computer Studies, *74*, 14-31. https://doi.org/10.1016/j.ijhcs.2014.09.006

Silver, E. A., & Cai, J. (2005). Assessing students' mathematical problem posing. *Teaching Children Mathematics*, *12*(3), 129-135. https://doi.org/10.5951/TCM.12.3.0129

Skinner, P. (1991). *What's your problem: Posing and solving mathematical problems, K-2*. Heinemann Educational Books.

So, K. (2013). Knowledge construction among teachers within a community based on inquiry as stance. *Teaching and Teacher Education*, *29*, 188-196. https://doi.org/10.1016/j.tate.2012.10.005

Stein, E. D., & Ambrose, R. F. (1998). A rapid impact assessment method for use in a regulatory context. *Wetlands*, *18*(3), 379-392. https://doi.org/10.1007/bf03161532

Sung, H. Y., Hwang, G. J., & Chang, Y. C. (2016). Development of a mobile learning system based on a collaborative problem-posing strategy. *Interactive Learning Environments*, *24*(3), 456-471. https://doi.org/10.1080/10494820.2013.867889

Tee, T. K., Azman, M. N. A., Mohamed, S., Mohamad, M. M., Yunos, J. M., Yee, M. H., & Othman, W. (2014). Buzan mind mapping: An efficient technique for note-taking. *International Journal of Psychological and Behavioral Sciences*, *8*(1), 28-31.

Tenório, T., Bittencourt, I. I., Isotani, S., Pedro, A., & Ospina, P. (2016). A gamified peer assessment model for on-line learning environments in a competitive context. *Computers in Human Behavior*, *64*, 247-263. https://doi.org/10.1016/j.chb.2016.06.049

To, J., & Panadero, E. (2019). Peer assessment effects on the self-assessment process of first-year undergraduates. *Assessment & Evaluation in Higher Education*, *44*(6), 920-932. https://doi.org/10.1080/02602938.2018.1548559

Topping, K. (1998). Peer assessment between students in colleges and universities. *Review of Educational Research*, *68*(3), 249-276. https://doi.org/10.3102/00346543068003249

Topping, K. J., & Ehly, S. W. (2001). Peer assisted learning: A framework for consultation. *Journal of Educational and Psychological Consultation*, *12*(2), 113-132. https://doi.org/10.1207/s1532768xjepc1202_03

Treagust, D. F. (1988). Development and use of diagnostic tests to evaluate students' misconceptions in science. *International Journal of Science Education*,

10(2), 159-169. https://doi.org/10.1080/0950069880100204

Tsai, C. C. (2003). Using a conflict map as an instructional tool to change student alternative conceptions in simple series electric-circuits. *International Journal of Science Education*, *25*(3), 307-327. https://doi.org/10.1080/09500690210145756

Tseng, S. S., & Lin, Y. C. (2019). Relationships between concept maps and critical thinking skills. *Research of Educational Communications and Technology*, *121*, 1-18. https://doi.org/10.6137/RECT.201912_(121).0001

Unal, H., & Arikan, E. E. (2015). An investigation of eighth grade students' problem posing skills (Turkey sample). *International Journal of Research in Education and Science*, *1*(1), 23-30.

Van Harpen, X. Y., & Presmeg, N. C. (2013). An investigation of relationships between students' mathematical problem-posing abilities and their mathematical content knowledge. *Educational Studies in Mathematics*, *83*(1), 117-132. https://doi.org/10.1007/s10649-012-9456-0

Voica, C., & Singer, F. M. (2013). Problem modification as a tool for detecting cognitive flexibility in school children. *ZDM*, *45*(2), 267-279. https://doi.org/10.1007/s11858-013-0492-8

Wang, M., Cheng, B., Chen, J., Mercer, N., & Kirschner, P. A. (2017). The use of web-based collaborative concept mapping to support group learning and interaction in an online environment. *The Internet and Higher Education*, *34*, 28-40. https://doi.org/10.1016/j.iheduc.2017.04.003

Whitin, P. (2004). Promoting problem-posing explorations. *Teaching Children Mathematics*, *11*(4), 180-186. https://doi.org/10.5951/tcm.11.4.0180

Wilson, T., Perry, M., Anderson, C. J., & Grosshandler, D. (2011). Engaging young students in scientific investigations: Prompting for meaningful reflection. *Instructional Science*, *40*(1), 19-46. https://doi.org/10.1007/s11251-011-9168-3

Wu, H. Z., & Wu, Q. T. (2020). Impact of mind mapping on the critical thinking ability of clinical nursing students and teaching application. *Journal of International Medical Research*, *48*(3), Article 0300060519893225. https://doi.org/10.1177/0300060519893225

Yan, W., Nakajima, T., & Sawada, R. (2024). Benefits and challenges of collaboration between students and conversational generative artificial intelligence in programming learning: An empirical case study. *Education Sciences*, *14*(4), Article 433. https://doi.org/10.3390/educsci14040433

Yang, T. C., Chen, S. Y., & Hwang, G. J. (2015). The influences of a two-tier test strategy on student learning: A lag sequential analysis approach. *Computers & Education*, *82*, 366-377. https://doi.org/10.1016/j.compedu.2014.11.021

Yang, T. C., Fu, H. T., Hwang, G. J., & Yang, S. J. (2017). Development of an interactive mathematics learning system based on a two-tier test diagnostic and guiding strategy. *Australasian Journal of Educational Technology*, *33*(1). https://doi.org/10.14742/ajet.2154

Yang, T. C., Hwang, G. J., Yang, S. J., & Hwang, G. H. (2015). A two-tier test-based approach to improving students' computer-programming skills in a web-based learning environment. *Journal of Educational Technology & Society*, *18*(1), 198-210. https://www.jstor.org/stable/jeductechsoci.18.1.198

Yi, M., Xu, X., Zeng, Y., & Jung, S. (2018). Deep imitation reinforcement learning with expert demonstration data. *The Journal of Engineering*, *2018* (16), 1567-1573. https://doi.org/10.1049/joe.2018.8314

Zainuddin, Z. (2018). Students' learning performance and perceived motivation in gamified flipped-class instruction. *Computers & Education*, *126*, 75-88. https://doi.org/10.1016/j.compedu.2018.07.003

Zimmerling, E., Höllig, C. E., Sandner, P. G., & Welpe, I. M. (2019). Exploring the influence of common game elements on ideation output and motivation. *Journal of Business Research*, *94*, 302-312. https://doi.org/10.1016/j.jbusres.2018.02.030

第四章
生成式 AI 在教育應用的研究設計模式
Research Designs of Generative AI-Supported Education

黃國禎 [1,2]

[1] 臺中教育大學教育資訊與測驗統計研究所 講座教授兼任副校長
[2] 臺灣科技大學數位學習與教育研究所 講座教授

摘要

　　生成式人工智慧（Generative Artificial Intelligence，簡稱生成式 AI）廣泛地受到重視，所衍生的現象不只反映在各種相關演講及工作坊的熱度，更造就了教學應用研究的風潮。在短短兩年間，人工智慧在教育應用的文獻中，有一大半是在討論生成式 AI。另一方面，學者們可能也發現，使用生成式 AI 來進行一個教育研究，似乎在頂級期刊的發表不如想像中的順利。本章將以教育技術研究的創新元素為出發點，來分析生成式 AI 在教育應用研究的學術價值，並提出幾個增加研究創新性的設計模式。這些研究設計模式也會反映在後續章節所展現的研究設計範例中。

關鍵字：分析技術、創新元素、學習策略、研究設計、研究議題

Abstract

The widespread interest in generative artificial intelligence (AI) is not only reflected in the popularity of relevant lectures and workshops, but has also created a groundswell of research on its applications in educational settings. In just two years, a large portion of AI in education research has been related to generative AI. On the other hand, scholars could have faced challenges when publishing generative AI-related educational research in top journals. In this chapter, the academic value of generative AI in education research is analyzed using the innovation elements of educational technology research as a starting point; following that, several research design strategies for increasing research innovativeness are proposed. Moreover, several examples are presented in the subsequent chapters to demonstrate how the research design strategies can be implemented.

Keywords: analytic techniques, innovation elements, learning strategies, research design, research issues

壹、前言

在開始設計一個研究時，必須先理解教育科技期刊的評審標準。首先，學術價值和創新性是關鍵，要確保所設計的研究主題是有意義且具有創新性。同時，研究設計的嚴謹性、科技應用的水準，以及分析與討論的深度都是評審的重要考量。接下來才是論文的寫作品質、理論基礎的正確性、文章的組織結構、題目的適當性，以及格式的正確性及語言的流暢度。

許多論文在初次審查時就被拒絕，甚至於根本沒有送審就直接被主編退稿，其主要原因包括：研究的重要性和價值不明顯，即研究背景和動機不清晰；缺乏學術創新性，沒有提出新的方法、問題、策略或發現；研究設計的嚴謹性不足，缺乏支持研究的實驗設計和統計分析；以及學理根據不正確。另外，論文不符合期刊的主旨、文章長度不恰當，也是直接被退稿的可能原因。總之，在設計研究及撰寫論文時，研究者必須確保在這些方面均能滿足期刊的要求。

因此，創新是成功研究的核心要素之一。創新並非一定是發明新的技術或方法，更重要的是在現有技術或方法的基礎上進行思考，找到改進或不同的應用方式。在開始設計一個教育科技研究時，研究者應當思考創新的定義，並在研究中找到適合創新的方向。這可能涉及新的研究問題、研究方法，或應用策略的發展。關鍵在於突破現有的教學模式，提出能夠引起學術界和實務界興趣的研究課題。選擇沒有創新價值的研究主題往往導致事倍功半的研究結果；而會選擇這類沒有研究價值議題的主要原因之一，就是對於最新文獻的接觸不夠，因此不瞭解最近的研究趨勢及議題。

要選擇一個優良的研究主題，研究者可以從最近發表在優良學術期刊的文獻尋找靈感；同時，近幾年通過的研究計畫主題及各類研討會的 Keynote Speaker 演講主題也是重要的靈感來源。在閱讀文獻或是聆聽演講時，要注意幾個教育科技研究潛在的創新元素（如圖 4-1 所示）：

一、導入新興科技或在新的情境中使用現有的科技：例如虛擬實境（Virtual Reality）、擴增實境（Augmented Reality）及元宇宙（Metaverse）；而生成式人工智慧（Generative Artificial Intelligence，簡稱生成式 AI）在教育的應用也是屬於科技面向的創新。由於本書的重點在於生

成式 AI 在教育應用的研究設計，這個主題的創新價值會隨著生成式 AI 的普及而降低；因此，後續的研究會越來越倚重其他幾個創新元素，來維持研究的學術價值。有些研究人員可能會發現，在 2022–2023 年期間，單純使用 ChatGPT 進行教育應用的論文會比較順利發表，但是到了 2024 年以後，挑戰就越來越高；這代表 ChatGPT 已經普及了，也代表要由其他的元素來增加研究的創新性。

二、提出新的學習策略或現有學習策略的創新應用：例如將數位遊戲、概念圖與生成式 AI 結合。百分之九十的創新都是現有元素的重新組合，只要這個組合是有意義的。例如 ChatGPT 在教學現場的使用可能不是新鮮事了，概念圖也是老舊的學習工具；但是結合概念圖的 ChatGPT 輔助學習模式可能是一個新的嘗試。

三、應用到特別的對象：如特殊學生族群、幼兒、長者、職場人員、顧客或病患。一般的研究，大多是以在校學生為受測者；因此，生成式 AI 在特殊族群的效用，會是一個有趣的議題。然而，在選擇特殊對象時，也要注意不要太特殊，以避免研究結果只能推論到很小的群體。例如長者及幼兒都是很好的對象，因為與一般研究的對象有很大的不同，但是又都代表一個大的群體；第一次生產的婦女雖然身份特殊，但是群體可能太特別，反而會影響結果的推論或外在效度。

四、應用到特殊學科或教育目標：如程式設計、藝術、護理或醫學。有些學科或是學習單元由於一些因素（例如挑戰比較高），可能比較少被探討。例如在英文課程中，閱讀及聽力是最常被探討的議題，因為只需要透過選擇題就可以進行測量；相對的，寫作及口說就比較少被探討，因為在教學與評量的挑戰都比較高。然而，要增加研究的價值，探討生成式 AI 對於寫作及口說的影響，會比探討閱讀及聽力更有其學術創新價值。

五、探討有價值的議題：例如歷程分析、推理能力、道德倫理、情緒、創造力等。這些議題都很重要，但是因為不易在課堂活動中實踐，也不易測量，因此較少被探討。相對地，在生成式 AI 的教育應用研究中探討這些議題，會突顯研究的價值。值得注意的是，在增加議題的探討價值過

程中，除了議題本身的新穎，採用的分析方法式研究方法亦可能在這個面向幫研究加分；例如透過編碼及質性分析、繪圖分析（Draw-a-picture Analysis）、認知網路分析（Epistemic Network Analysis, ENA）等方法，來搭配量化分析，都可能創造學術創新價值。在本書的「應用篇」章節中，會呈現這方面的例子。

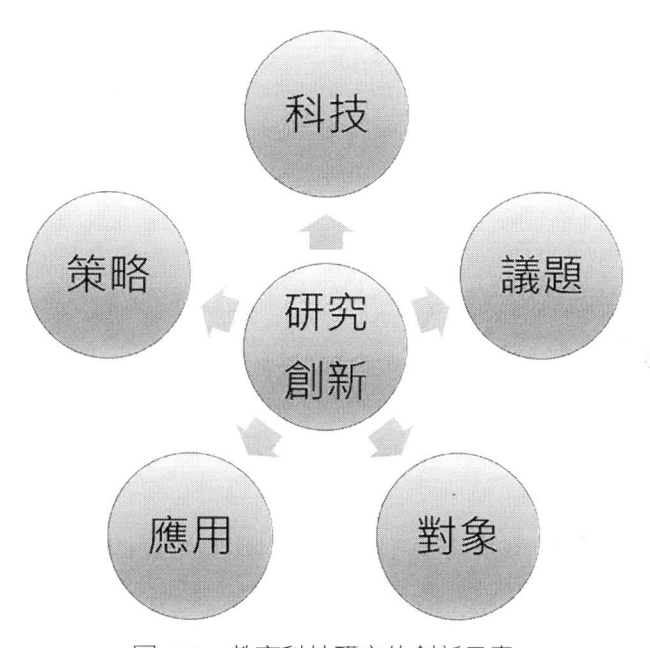

圖 4-1　教育科技研究的創新元素

貳、生成式 AI 的教育研究議題

生成式 AI 在教育中的不同角色，包括教師、學生、學習工具、領域專家、學習同儕，以及管理者等。生成式 AI 可以提供補充教材或示例，幫助學習者理解學習內容；同時，也能在學習過程中，提供學生個人化的指導及回饋。在專題活動（Project-based Learning）或探究活動（Inquiry-based Learning）中，生成式 AI 可以提供多角度的建議，幫助學生發想。對於教師來說，生成式 AI 可以協助教學設計、評量及數據分析，以減輕教師的工作負擔，使他們能專注於重要的教學目標。

從研究者的角度來看，這些角色的多樣性顯示了生成式 AI 在教育中潛在的研究價值。透過應用生成式 AI 在教與學的過程，有許多可以探討的議題。在進行研究設計時，有一些基本的注意事項，特別是在探索學生或教師對於在教育情境中採用生成式 AI 的學習成就、態度或意圖時，要確定參與者必須具備充足的使用經驗。

以下是在生成式 AI 應用於教育的研究中，推薦探討的議題：

一、對於學習成就的影響：無論是什麼學科的教學，建議要測量學生的學習成就（在這裡指的是知識測驗的成績）；由於幫助學生記憶及理解學習內容是各學科基本的教學目標，所以透過測驗來瞭解學生的學習狀況，是很基本的要求

二、對於學習感受的影響：例如自我效能、學習參與、學習動機等；這些面向透過有效的問卷即可測量出來。在這邊特別要提醒，最好是採用在期刊已經被發表的問卷，才會有說服力。

三、對於個案處理或問題解決表現的影響：在許多學科中，學生實際上處理個案的表現是很重要的；例如在護理教育中，學生評量病人生理狀況的能力是很基本的要求。這種評量通常是以處理個案的方式進行，就是透過個案的描述及相關數據的提供，要求學生進行資料蒐集、分析及判斷。學生在處理個案的過程會被記錄下來，最後至少兩名評分者會依據學生處理個案的過程，以及最後判斷的結果，來給予評分。為了確保評分的品質，事先會由專家設計評分規準（如表 4-1），當兩名評分者的分數達到一定程度的一致性，該分數即被認可。

四、對於專題活動表現的影響：無論是個人或小組的專題活動，最後的產出可能是一個作品或是一份報告；針對專題成果的評分，需要兩名評分者依據評分規準來進行。除了評量學生的作品或報告，在這類活動中，可以考慮測量創新思維、批判思考傾向、問題解決傾向；如果是小組合作的活動，也可以測量其合作傾向及溝通傾向。

五、對於討論活動表現的影響：這類活動的產出通常是一份報告；需要兩名評分者依據評分規準來進行。除了評量報告，可以考慮測量學生的批判思考傾向、問題解決傾向及溝通傾向。另外，如果有記錄討論的內容，

表 4-1　護理教育中身體評估個案的評分規準

面向	分數 1	分數 2	分數 3	分數 4
病史收集	遺漏大部分重要的病史內容。	病史收集內容完整度不夠，超過4–5項以上重要資料欠缺。	1–3個小錯誤，病史收集內容仍算正確完整。	正確完整執行病史收集，資料完整且正確。
身體檢查	身體檢查大多數執行錯誤，或者大部分檢查項目未完成。	身體檢查多數執行錯誤，或者完整度不足，有4–5項遺漏或不正確。	身體檢查多數能正確執行，且檢查項目大致完整執行，但有1–3項遺漏或不正確。	完全正確且完整執行所有身體檢查（視、聽、扣、觸）。
鑑別診斷與推理過程	診斷錯誤，或是推理過程有許多遺漏的內容。	未能完全正確說出可能診斷，推理過程有4–5項遺漏但尚稱完整。	正確說出可能診斷，推理過程雖有1–3項遺漏，但大致完整。	正確且完整說出可能診斷與推理過程。
溝通技巧	與標準病人溝通過程有多次停頓、不易瞭解，或是未留意病人隱私之狀況。	溝通過程4–5次停頓、語意不清或是忽略病人隱私。	溝通過程1–3次停頓、語意不清或是忽略病人隱私。	整體表現專業，與標準病人溝通流暢、且有注意病人隱私與感受。
時間掌控	超過4個（含）以上的項目未在時間內完成。	1–3個項目未在時間內完成。	所有項目在時間內完成，但是還有剩餘超過3分鐘未充分運用。	時間控制準確，所有項目在時間內完成。

資料來源：整理自 Lin, H. C., & Hwang, G. J. (2019). Research trends of flipped classroom studies for medical courses: A review of journal publications from 2008 to 2017 based on the technology-enhanced learning model. *Interactive Learning Environments*, *27*(8), 1011-1027. https://doi.org/10.1080/10494820.2018.1467462

也可以使用互動內容的編碼及分析，來瞭解學生的互動樣式，並與其他的測量結果（例如學習成就、動機）進行交互比對及分析。

六、對於學生與生成式 AI 互動的過程進行編碼及分析：分析學生的學習歷程一直是科技化教育研究的重要議題。瞭解學生在學習過程中的學習行為或是互動模式，不只可以用來說明為何介入的學習策略或工具可以幫助學生，更可以藉由瞭解高成就學生的成功學習行為樣式來作為引導低成就學生的參考。為了達到這個目的，記錄學生的學習歷程是基本的條件，這剛好也是多數生成式 AI 提供的功能。接著就是要定義編碼表：表 4-2 是一個編碼表的例子，可以用在將學生與生成式 AI 互動過程的每一個 Prompt 及回饋歸類。歸類的過程通常需要兩名研究人

員依據規劃的編碼表來進行；若是兩人的編碼有不一致的情形，則需要討論，並釐清編碼表的規劃是否需要調整。完成編碼並確認無誤後，即可以針對每個編碼發生的頻率及編碼之間的關係進行分析。

七、負面的影響：多數教育科技的研究是以促進學生的學習表現為目的；然而，對於生成式 AI 的使用而言，如果沒有適當的引導，可能會造成學生過度依賴，進而形成負面的學習效果。這一點在未來是一個值得探討的議題。類似這種負面議題的探討，可以參考 Chu（2014）以及 Hung 等（2023）的文章。

八、其他方面的分析：例如透過訪談，搭配其他測量的面向，可以進行三角驗證，更深入地瞭解生成式 AI 對於教學現場產生的影響。例如 Tu 與 Hwang（2023）採用繪圖分析法及認知網路分析來瞭解大學生對於採用 ChatGPT 進行學習的概念為何。Huang 與 Lin（2024）則是透過訪談及質性分析，來瞭解 ChatGPT 如何幫助醫學院的學生進行職涯規劃。

表 4-2　互動行為編碼表

Code	階層	定義	舉例
P1	提出問題	提出新的討論議題或問題。	我有了新的想法。
P2	解釋問題	解釋或說明一個議題或問題。	老師在課堂上有討論到幾點。
P3	提出看法	針對議題或問題提出看法。	我認為這部紀錄片，不僅具有科學知識……
P4	贊成	贊成組員的解答或意見。	我贊成其他同學的說法。
P5	反對	反對組員的解答或意見。	我覺得應該多參考其他人的意見。
P6	比較	比較組員的解答或意見。	這是我們小組成員推薦的紀錄片，我覺得挺有意思的。
P7	整合	歸納並提出結論。	觀看完影片後，我感覺到很大的震撼……
P8	其它	與主題無關的討論。	作業已整合，各位成員請勿再提交，謝謝！

資料來源：整理自 Cheng, S. C., Hwang, G. J., & Lai, C. L. (2020). Effects of the group leadership promotion approach on students' higher order thinking awareness and online interactive behavioral patterns in a blended learning environment. *Interactive Learning Environments*, *28*(2), 246-263. https://doi.org/10.1080/10494820.2019.1636075

在問卷的部分，最好採用已經發表在期刊的問卷題目；以下是幾個常用的問卷，提供參考。

一、運算思維傾向（Computational Thinking Tendency）（Hwang et al., 2020）

（一）處理複雜問題時，我知道如何將其分解為幾個小問題並解決每個問題。

（二）我經常可以建立一個有步驟的程序來解決複雜的問題。

（三）我很願意處理複雜的問題。

（四）我很擅長建立用來解決複雜問題的計畫。

（五）我通常使用系統性或步驟明確的方法來比較和決定我的選擇。

（六）在處理複雜的問題時，我可以輕易地分析每個步驟之間的關係及順序。

二、合作傾向、溝通傾向、解決問題傾向、後設認知察覺傾向、創造性思考傾向（Lai & Hwang, 2014）

（一）合作傾向

1. 在小組活動中，我相信所有隊員都會盡最大的力來完成任務。
2. 在小組活動中，我相信我們小組會成功地合作來完成任務。
3. 當我的同伴們提出想法，我不會質疑他們的動機。
4. 當和同伴們合作時，我通常會和他們有良好的溝通。
5. 當和同伴們合作時，我們通常會將任務正確地分配給每個團隊成員。

（二）溝通傾向

1. 和別人說話時，我會試著讓他們有愉悅的心情。
2. 我會試圖讓他人感受到他們很重要。
3. 我會試著用熱情的語調與別人溝通。
4. 和別人說話時，我會考慮到他們的感受。

5. 我會用話語和行動支持他人。

6. 我能理解別人告訴我的事情的隱私。

7. 我待他人的誠意會如他人待我一般。

（三）問題解決傾向

1. 我相信我有能力解決我所遇到的問題。

2. 我相信我可以靠自己解決問題。

3. 我經歷過解決我所遇到的問題。

4. 當遇到問題時，我願意面對並處理。

5. 我不會逃避我所遇到的問題。

6. 我總會盡我最大的能力來解決所遇到的問題。

（四）後設認知察覺傾向

1. 我會定時檢視自己是否有達到我的目標。

2. 我會定時檢視，幫助自己瞭解重要的相關事務。

3. 我自己會定期檢視我的認知。

4. 當我完成一個任務時，我會檢視自己達到預訂目標的程度。

5. 一旦我完成一個任務，我會詢問自己學到的是否足夠。

（五）創造性思考傾向

1. 我喜歡問一些別人沒想到的問題。

2. 我喜歡想像那些我想做，或我想知道的事。

3. 我喜歡想像那些從未發生在我身上的事。

4. 我喜歡做一些沒人做過的事情。

5. 我常想像自己是在故事、小說或電視節目的角色。

6. 喜歡提出新想法，無論它們是否有用。

三、學習態度（學習前後）（5 點量表：5 為非常同意，1 為非常不同意）（Hwang et al., 2013）

（一）我覺得學習這個課程是有趣而且有價值的。

（二）我想要學習更多且觀察更多有關這個課程的內容。

（三）我覺得學習跟這個課程有關的事物是值得的。

（四）我覺得學好這個課程對我來說很重要。

（五）我覺得瞭解這個課程與生活環境之間的關係是重要的。

（六）我會主動搜尋更多資訊來學習這個課程。

（七）我覺得學習這個課程對每個人來說都是重要的。

四、學習模式的滿意度（學習後）（5 點量表：5 為非常同意，1 為非常不同意）（Chu et al., 2010）

（一）這次的學習任務，讓我更理解學習內容。

（二）這次的學習任務中，我有努力學習觀察事物的差異。

（三）這次的學習任務雖然不簡單，但這個學習方式卻不難理解。

（四）使用這個方式學習，我覺得比以前的學習方法更具有挑戰性和趣味性。

（五）使用這個方式學習，我可以獲得一些新發現或新知識。

（六）使用這個方式學習，能讓我用新的方法或是思考模式來學習。

（七）使用這個方式學習，有助於我學習分辨事物的特性。

（八）使用這個方式學習，有助於我觀察事物的差異。

（九）使用這個方式學習，有助於我運用新的角度觀察事物。

參、生成式 AI 教育應用的研究設計模式

對於學生來說，生成式 AI 則是一個強大的學習夥伴。AI 可以根據學生的要求完成指定任務，例如寫作業、畫圖等，這不僅能幫助學生節省時間，還能提高他們的學習興趣。此外，生成式 AI 還可以輔助學生進行資料收集

和分析；學生透過與生成式 AI 協同工作，可減學習負擔，使其能夠聚焦於關鍵目標，並減少學習焦慮。另外，生成式 AI 可以扮演學習工具和領域專家的角色，針對特定的議題或問題提供建議或答案。例如 AI 可以幫助學生解決數學難題，或者提供歷史事件的詳細背景資料，這對於學生的學習和研究都是極大的幫助。生成式 AI 也可以成為學生在合作學習任務中的團隊成員，幫助學生進行合作學習。在本節以 ChatGPT 應用於學科教學為例子，來說明生成式 AI 的研究設計模式。

一、基本模式：比較在一般課堂採用及未採用 ChatGPT 對學生學習成就及感受的影響

圖 4-2 是一個比較一般課堂與使用生成式 AI 課堂對學生學習成就及感受的影響的研究。這種研究設計可以幫助瞭解生成式 AI 在課堂教學中的應用效果。具體方法是對學生進行前測和後測，並比較兩組學生在學習成就、學習動機、自我效能和學習焦慮等方面的差異。如前一節提及，必要時可以加入訪談及互動內容分析，來進一步解釋影響學生在各方面表現的因素。

這類的研究設計可以參考 Chang 與 Hwang（2024a）以及 Chang 與 Hwang（2024b）。其中特別需要注意的，是研究者應鼓勵學員在使用 ChatGPT 生成的資料時，進行批判性思考，檢查資料的準確性，並通過文獻進行交叉驗證，以確保內容的可信度。如果學員只是依賴 ChatGPT 提供的答案，而不加思索的採用，對於他們的學習成就可能沒有幫助，因而導致實驗失敗。因此，在這類的研究設計中，正確引導學員使用 ChatGPT 是很

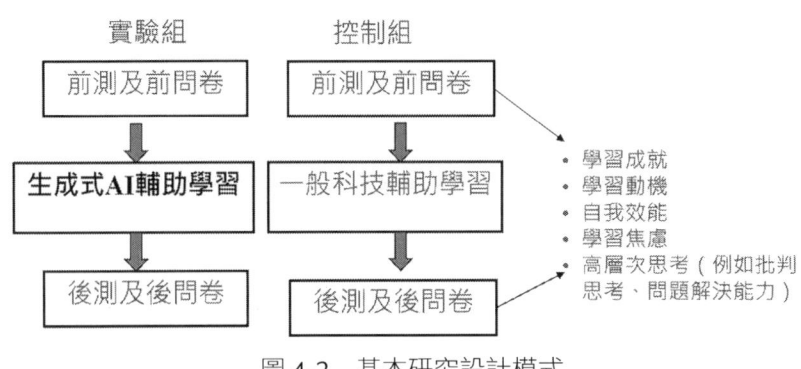

圖 4-2　基本研究設計模式

重要的。細節可以參考第三章關於學習單設計的部分。

這樣的設計方式的好處是簡單明瞭；缺點是有時候會遇到創新性不足的問題。例如聊天機器人或 ChatGPT 如果已經有英文課程的教學現場被廣泛採用，只是讓實驗組使用聊天機器人或 ChatGPT 來作練習，可能學術創新高的部分沒有很大的說服力。相對的，在護理課程中，如果幾乎沒有在使用 ChatGPT，則以 ChatGPT 作為研究的主要介入方式是可行的。因此，在進行這類設計時，還是要先讀一下文獻，瞭解該領域的應用狀況，如果確實有困難，建議採取後面兩種研究設計模式。

二、擴增的基本模式：探討在特別的學習模式中採用生成式 AI 對學生學習成就及感受的影響

圖 4-3 是一個探討在進階教學模式（例如翻轉學習、遊戲式學習、探究式學習、問題導向學習）中使用生成式 AI 對學生學習成就及感受的影響的研究。在這類研究中，同樣必須對學生進行前測和後測，並比較兩組學生在各方面的表現。這個模式由於是應用在比較高層次的活動中，所以在研究的創新價值方面會比第一種模式高。

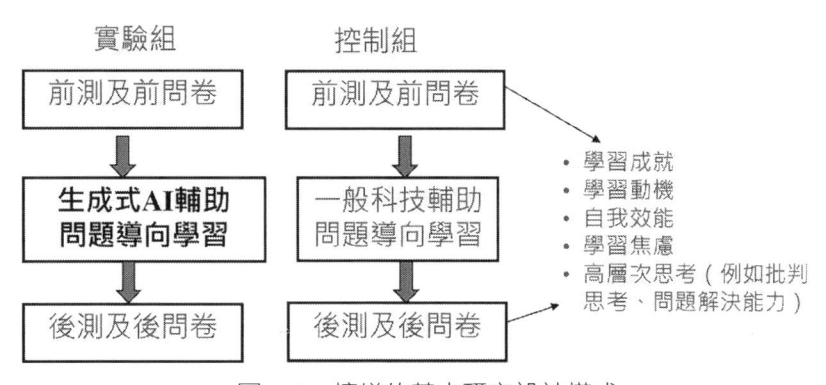

圖 4-3　擴增的基本研究設計模式

三、進階模式：導入學習策略／工具來促進生成式 AI 的應用成效

圖 4-4 的研究設計重點在於導入一個學習策略或工具，來搭配生成式 AI。因此，在這個設計模式中，一般生成式 AI 的使用成為了控制組。這個

研究設計模式相較於前面兩種設計，更具有學術創新價值。以 ChatGPT 的教育為例，如果 ChatGPT 已經廣泛在教學現場被採用，實在有必要探討是否有更好的使用方式；而最佳的嘗試之一，就是將 ChatGPT 與其他的學習策略或工具結合。例如當在學生透過與 ChatGPT 互動來獲得資訊的過程中，引導他們把獲得的內容整理成概念圖，以便對整體知識結構有更完整的瞭解；在這種情況下，可以假設對於學生分析及判斷學習內容會有助益。關於更多學習策略或工具的特性及應用，可以參考本書第三章。

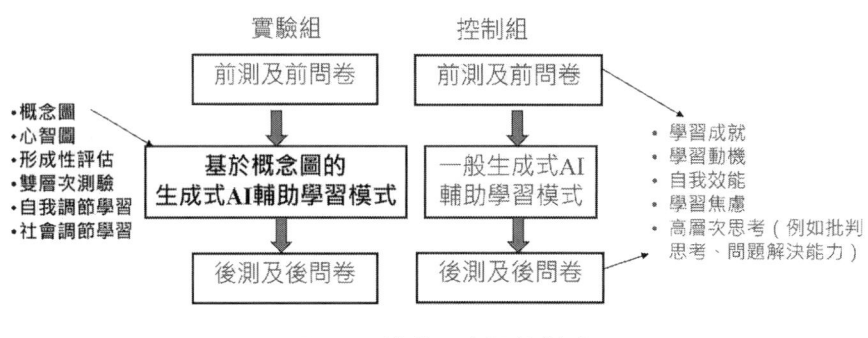

圖 4-4　進階研究設計模式

肆、其他研究設計的注意事項

研究設計是研究進行過程中最關鍵的階段；一旦開始進行實驗，或是已經要撰寫論文時，才發現研究設計有問題，則一切努力都白費了。因此，在設計生成式 AI 在教育應用的研究時，可以思考一下以下幾個檢核項目。

一、本研究的創新價值為何？

在開始進行實驗前，要先思考這個最基本的問題：是提出了新的生成式 AI 輔助學習模式、把生成式 AI 應用在比較特別的學科內容、探討了生成式 AI 對教學現場影響的特別議題，還是運用生成式 AI 解決了特殊對象學習方面的問題？創新價值只需要來自其中 1–2 項即足夠。

二、實驗設計是否控制住可能影響結果的變因？

無論從研究的題目，或是實驗流程的設計，都要確定主要的介入方法為何；亦即實驗組與控制組的學習模式有何不同？如果有超過一個以上的不同點，可能導致無法解釋影響最後學習成果的因素。例如實驗組是遊戲化的生成式 AI，而控制組是一般學習模式（沒有遊戲化，也沒有生成式 AI），則未來將無法解釋實驗結果是來自遊戲化，還是生成式 AI。

三、要測量哪些面向或探討哪些議題？

這個項目與未來論文要呈現的研究問題直接相關。在這裡特別提醒，所規劃的測量內容應該要與主要的介入有關，這樣才能夠合理解釋為什麼要測量或探討這些議題。例如主要介入是遊戲化的生成式 AI（控制組是沒有遊戲化的一般生成式 AI），則可以合理探討學生的學習動機及學習參與，因為那是遊戲化的特性。

另外，針對所要探討的議題，要確認所有的測量工具都是可靠的。如果是測驗卷或是專題任務設計，以及評分規準的設計，都可以採用專家效度來解釋；例如本測驗卷是經由兩位超過 10 年教學經驗的教師共同設計。如果是問卷，則最好是採用已經有期刊發表的問卷題目，並引用來源的文獻；這樣會讓測量的結果更有說服力。

四、有沒有合理的教育理論支持？

在進行教育科技研究時，除了創新之外，構思的合理性及完整性亦是重要的考量。為了支持研究設計的合理性，理論框架的選擇具有重要意義，也對於後續研究結果的解釋有很大的幫助。在這裡以社會建構主義（Social Constructivism）（Agius, 2013; MacBlain, 2018）及雙循環學習理論（Double Loop Learning Theory）（Greenwood, 1998; Hwang & Wang, 2016）為例，來說明如何支持進行生成式 AI 相關研究的動機。更多關於教育理論的細節，可以參考第二章的說明。

首先，社會建構主義強調知識是透過社會互動建構的。這一理論認為，學習是個體與環境、他人互動的結果。生成式 AI 可以透過與學生的互動，

幫助他們構建新的知識。例如在使用 ChatGPT 進行學習時，學生可以與 AI 進行對話、提出問題、獲取答案，這一過程中，學生不僅在被動接受知識，還在主動構建自己的理解。這種互動性使得生成式 AI 成為一個強大的學習工具，能夠有效促進學生的知識建構。

其次，雙循環學習理論強調在解決問題前，個體應該獲取額外的知識或建議，進行反思和調整，再來面對問題。這一理論認為，學習不僅僅是簡單的單循環模式（即以現有的知識及能力嘗試解決同樣的問題），而是應該透過雙循環模式，在重新面對問題前進行深度反思，並獲取更多的資訊，從而再次面對原來無法解決的問題。生成式 AI 在這方面也有很大的應用潛力。例如在使用 ChatGPT 進行問題解決時，學生可以先提出自己的解決方案，然後獲取 AI 的建議，進行反思和調整；這一過程中，學生不僅在學習解決問題的技能，更在過程中增進自己的知識與能力。

伍、生成式 AI 的論文寫作注意事項

雖然本章的重點是研究設計，最後還是要提醒大家在撰寫生成式 AI 的論文時要注意幾件事，以避免因為寫作細節的疏忽被退稿。以下透過 ChatGPT 在教育應用的研究為例子，來說明這些注意事項。

一、使用正確術語

避免使用 Keywords 或 Search 這類詞彙，建議使用 Prompts 及 Generate 或 Provide 來描述學生或教師與 ChatGPT 的互動過程。要強調的是 ChatGPT 的生成特性，而非傳統的搜尋功能。這樣的區分有助於使用者理解 ChatGPT 的實際作用，並避免將其誤認為傳統搜尋引擎。事實上，有些論文的審查者非常在意用詞；當他們覺得作者連基本 ChatGPT 的使用觀念都沒有，甚至於把 ChatGPT 當作是搜尋引擎，很可能就會直接建議拒絕接受。

二、強調有培養學生正確使用生成式 AI 的態度

ChatGPT 等生成式 AI 在教育應用的重點是提供資料來刺激學員的多元思考,而非直接代替他們的思考或提供現成的答案。在論文中提到這一點,可以讓審查委員放心,確認這樣的論文不會誤導讀者。

因此設計 ChatGPT 相關學習活動時,要鼓勵學生與 ChatGPT 協同合作,進行批判性思考和嘗試解決問題;同時,要求他們進行資料的驗證。這些都是重要的環節;當學生在 ChatGPT 的輔助下,能夠從多個角度來審視所面對的問題,自然就會有反思及批判,對於提升他們的問題解決能力會有很大的幫助。

三、提供詳細的活動過程資訊

在說明實驗的流程時,要把學生與 ChatGPT 互動的過程完整地交待;如果能夠展現學習單,以及活動過程中重要的互動內容(例如系統畫面及活動照片),會更有說服力。有些研究只是要探討學生或教師對於生成式 AI 的使用感受或是使用意圖,而非應用成效;即使是這樣,也是需要交待受測對象是經過什麼樣的培訓,才具備回答問卷的知識及經驗。總之,如果一個研究的結論是來自一群不瞭解生成式 AI 的人,其可信度是會被高度質疑的。

四、強調研究構思及發現有來自教育理論的支持

如第三章及前一節所述,教育理論的支持,無論是在論文的 Introduction 或是 Discussion Section 都是有其必要的。例如在應用 ChatGPT 時,採用社會建構主義可以由認知衝突的產生及反思行為的促進,來說明正確使用 ChatGPT 有利於幫助學生建構知識。這樣的表達及討論方式最具有說服力。

陸、結論

本章旨在提出 ChatGPT 相關論文寫作的注意事項,尤其是在投稿到教育科技的期刊時。研究人員應謹慎定位 ChatGPT 的角色,避免只是將生成式 AI 作為簡單的搜尋工具,而應強調其在促進深度思考和學習中的潛在作

用。這些策略不僅能增強學習者的思維能力，還能提升教育和研究的品質。另外，在呈現研究成果的時候，交待重要的活動細節是必要的。永遠不要期待審查委員在不瞭解實施活動內容的前提下會考慮推薦接受一篇論文。

在本章結束前，再一次提醒大家，對於前四章提供的理論及方法要非常熟悉。在接下來的幾章，會展現一些生成式 AI 在教育應用研究的成功案例；透過這些案例，配合前四章，對於後續研究能夠順利進行，以及論文能夠順利發表會有很大的幫助。

參考文獻

Agius, C. (2013). Social constructivism. In A. Collins (Ed.), *Contemporary security studies* (3rd ed., pp. 87-103). Oxford University Press.

Chang, C. C., & Hwang, G. H. (2024a). Promoting professional trainers' teaching and feedback competences with ChatGPT. *Educational Technology & Society, 27*(2), 405-421. https://doi.org/10.30191/ETS.202404_27(2).TP06

Chang, C. C., & Hwang, G. J. (2024b). ChatGPT-Facilitated professional development: Evidence from professional trainers' learning achievements, self-worth, and self-confidence. *Interactive Learning Environments*. Advance online publication. https://doi.org/10.1080/10494820.2024.2362798

Cheng, S. C., Hwang, G. J., & Lai, C. L. (2020). Effects of the group leadership promotion approach on students' higher order thinking awareness and online interactive behavioral patterns in a blended learning environment. *Interactive Learning Environments, 28*(2), 246-263. https://doi.org/10.1080/10494820.2019.1636075

Chu, H. C. (2014). Potential negative effects of mobile learning on students' learning achievement and cognitive load—A format assessment perspective. *Educational Technology & Society, 17*(1), 332-344.

Chu, H. C., Hwang, G. J., Tsai, C. C., & Tseng, J. C. R. (2010). A two-tier test approach to developing location-aware mobile learning systems for natural science courses. *Computers & Education, 55*(4), 1618-1627. https://doi.org/10.1016/j.compedu.2010.07.004

Greenwood, J. (1998). The role of reflection in single and double loop learning. *Journal of Advanced Nursing, 27*(5), 1048-1053. https://doi.org/10.1046/j.1365-2648.1998.t01-1-00579.x

Huang, H., & Lin, H. C. (2024). ChatGPT as a life coach for professional identity formation in medical education: A self-regulated learning perspective. *Educational Technology & Society*, *27*(3), 374-389. https://doi.org/10.30191/ETS.202407_27(3).TP03

Hung, S. T. A., Chen, W. J., & Chien, S. Y. (2023). Virtual reality is not always a cure-all: Evidences from a quasi-experiment of EFL business speaking courses. *Interactive Learning Environments*, *32*(8), 4426-4442. https://doi.org/10.1080/10494820.2023.2200811

Hwang, G. J., Lee, K. C., & Lai, C. L. (2020). Trends and strategies for conducting effective STEM research and applications: A mobile and ubiquitous learning perspective. *International Journal of Mobile Learning and Organisation*. *14*(2), 161-183. https://doi.org/10.1504/IJMLO.2020.106166

Hwang, G. J., & Wang, S. Y. (2016). Single loop or double loop learning: English vocabulary learning performance and behavior of students in situated computer games with different guiding strategies. *Computers & Education*, *102*, 188-201. https://doi.org/10.1016/j.compedu.2016.07.005

Hwang, G. J., Yang, L. H., & Wang, S. Y. (2013). A concept map-embedded educational computer game for improving students' learning performance in natural science courses. *Computers & Education*, *69*, 121-130. https://doi.org/10.1016/j.compedu.2013.07.008

Lai, C. L., & Hwang, G. J. (2014). Effects of mobile learning time on students' conception of collaboration, communication, complex problem-solving, meta-cognitive awareness and creativity. *International Journal of Mobile Learning and Organisation*, *8*(3), 276-291. https://doi.org/10.1504/ijmlo.2014.067029

Lin, H. C., & Hwang, G. J. (2019). Research trends of flipped classroom studies for medical courses: A review of journal publications from 2008 to 2017 based on the technology-enhanced learning model. *Interactive Learning Environments*, *27*(8), 1011-1027. https://doi.org/10.1080/10494820.2018.1467462

MacBlain, S. (2018). *Learning theories for early years practice*. Sage.

Tu, Y. F., & Hwang, G. J. (2023). University students' conceptions of ChatGPT-supported learning: A drawing and epistemic network analysis. *Interactive Learning Environments*. Advance online publication. https://doi.org/10.1080/10494820.2023.2286370

第五章

生成式 AI 繪圖為調查工具：分析職前教師對科技輔助教學的概念

Image-Based Generative AI as an Investigation Tool for Analyzing Pre-Service Teachers' Conceptions of Technology-Supported Teaching

涂芸芳[1]　陈禹辰[2]　黃歆涵[3]

[1] 臺灣科技大學／中原大學通識中心 助理教授
[2] 雪梨大學教育與社會工作學院 博士研究生
[3] 二次元創作者

摘要

　　隨著資訊科技不斷融入教育領域，探討教師對科技支持教學的概念至關重要。相較於問卷調查與訪談，繪圖分析法雖然能夠讓受訪者在圖文並茂的方式下更充分地表達個人想法，但同時受制於受訪者的繪圖能力。在生成式人工智慧（Generative Artificial Intelligence，簡稱生成式 AI）快速發展下，AI 繪圖提供一個解決這個問題的可能方式。本研究透過 AI 繪圖工具調查 67 名職前教師對科技支持教學的概念，並透過繪圖分析和認知網路分析探討不同動機水準的職前教師對科技整合教學的程度及科技支持教學概念的差異。本研究發現：一、在科技整合教學程度上，不論學習動機高低，大多數職前教師傾向將科技作為實現學習轉變的重要手段，特別是利用科技對教學進行重塑，或在傳統教學工具或方法的基礎上進行功能改進；二、總體而言，職前教師認為科技支持教學是在虛擬實境／擴增實境／全息投影的支持下，學習者與同伴積極地參與觀察／體驗等學習者為中心的活動；三、不同

學習動機的職前教師在參與者概念上存在差異。基於上述發現，本研究對科技整合教學提出一些建議，以期對研究者與教育者提供啟示。

關鍵字： 科技支持教學的概念、繪圖分析、AI 繪圖、職前教師、SAMR 模型

Abstract

As information and communications technology continuously integrate into education, exploring teachers' conceptions of technology-supported teaching is an important research issue. Compared with questionnaires and interviews, drawing analysis allows respondents to express their thoughts fully in a graphical manner, but it is also limited by the respondents' drawing ability. With the advancement of generative artificial intelligence (GAI), image-based GAI has emerged as an alternative investigative tool to cope with this problem. This study employed image-based GAI tools to examine 67 pre-service teachers' conceptions of technology-supported teaching. Through drawing analysis and epistemic network analysis, the study explored differences in the extent of technology integration in teaching, and conceptions of technology-supported teaching for pre-service teachers with different levels of learning motivation. Results revealed that: (1) In terms of technology integration in their teaching, regardless of learning motivation, most pre-service teachers tended to use technology to transform learning, especially in redefinition or augmentation. (2) Pre-service teachers generally perceive technology-supported teaching as having the support of virtual reality/augmented reality/holographic projection, and learners as being positively engaged in learner-centered activities such as observing/experiencing with peers. (3) Differences were found in pre-service teachers with different motivation levels in terms of how they perceived the "participants" in technology-supported teaching. Based on the findings, this study provides some suggestions for technology-supported teaching, and has implications for researchers and educators.

Keywords: conceptions of technology-supported teaching, drawing analysis, image-based generative artificial intelligence, pre-service teacher, SAMR model

壹、前言

　　資訊科技的快速發展不僅改變傳統教學的模式，並且為教學提供多元化的支援（Blundell et al., 2022; Yeh et al., 2019）。例如遠端通訊科技可以支援師生遠端學習與互動；人工智慧（Artificial Intelligence, AI）可以提供智慧化教學輔導；虛擬實境（Virtual Reality, VR）科技可以讓學生在沉浸式的環境中更直觀地掌握複雜的概念。然而，教師作為科技融入教學的實踐者，他們不僅需要瞭解如何在教學中運用科技，還必須具備將科技有效整合於教學的能力，以確保他們能夠有效地將科技應用於教學（C. H. Chen & Tsai, 2021）。研究者指出，教師對科技支持教學的概念與他們的教學方法、課堂中教學與科技的整合應用，以及學生的學習體驗與學習表現息息相關（Alt, 2018; Barrett & Pack, 2023; Cheng et al., 2009）。教師透過在教學中有效整合這些科技，有助於提升學生的學習體驗並促進學習成效（Stupurienė et al., 2024）。此外，在科技支持教學領域，先前研究指出，對於教師的動機、態度等情意因素不容忽視。這些因素不僅會影響教師對科技支持教學的理解，還會進一步影響他們在教學中整合科技的成效（Stupurienė et al., 2024; Watson & Rockinson-Szapkiw, 2021）。

　　此外，問卷調查與訪談是教育研究最常使用的調查方法（Chang et al., 2020）。這些方法往往要求個體擁有較高的讀、寫或語言表達能力，因此可能對在這些方面能力較弱的個體來說具有挑戰性，使他們感到不便或困難（Hwang et al., 2023; Zhang et al., 2023）。為此，一些研究者開始嘗試讓參與者透過手繪來表達他們對特定概念的理解（Y. Chen et al., 2024a; Tu, 2024; Zhang et al., 2023）。例如 Tu（2024）利用「畫一張圖」來調查大學生對 ChatGPT 支援學習的概念。Y. Chen 等（2024a）採用繪畫分析來調查幼兒對機器人程式設計學習的概念。然而，這些方法也存在一定的局限性，例如對於繪畫能力較弱的被試者，他們可能會擔憂自己的繪畫水準，並且可能難以透過繪畫充分表達內心的想法（Chang et al., 2020）。

　　AI 繪圖是一種可以根據使用者的提示詞生成個性化圖像的生成式人工智慧（Generative Artificial Intelligence，簡稱生成式 AI）科技（Y. Chen et al., 2024b; Lee et al., 2023）。Y. Chen 等（2024b）指出，透過 AI 繪圖，

學生能夠根據自己的想法輸入提示詞,並由 AI 生成即時且高品質的繪畫。此外,已有研究證實,AI 繪圖可以作為一種有效的調查工具,用來探索個體對特定概念的理解(Cooper & Tang, 2024; Lan et al., 2024)。例如 Lan 等(2024)利用手繪與 AI 繪圖來調查 20 名華語文職前教師對資訊科技支持教學的概念,並證實 AI 繪圖能作為一種有效的調查工具,協助華語文職前教師更清晰地表達他們對資訊科技支持教學概念的理解。然而,現代教育越來越依賴科技工具輔助教學,職前教師作為未來教育的實踐者,他們的觀念將直接影響未來科技在教學中的實際應用。因此,調查職前教師對科技支持教學的理解,不僅有助於掌握他們在這一領域的知識和態度,還能識別他們對科技應用於教育方面的傾向和需求。透過此方式,可以為教師培訓專案提供重要的回饋,從而設計出更具針對性的培訓內容,幫助職前教師掌握將科技有效融入課堂的知識與技能。基於此,本研究旨在使用 AI 繪圖來探討職前教師對科技支持教學的理解。

貳、文獻回顧

一、教師對科技支持教學的概念

教師的教學概念是指教師對教學本質的信念和認知,以及他們對教學經歷和體驗的詮釋(Cheng et al., 2009)。這些概念通常具有領域特殊性,並且會隨著學科、環境等因素的不同而有所差異(Chang & Tsai, 2023)。已有研究調查教師對科學、生物和電腦科學的教學概念。例如 Virtanen 和 Lindblom-Ylänne(2009)透過問卷比較大學教師與學生對生物教學的概念,發現他們的概念間存在顯著差異。隨著資訊科技在教育中的應用日益普及,學者們越發關注教師在教學中整合科技的概念(Alt, 2018; Barrett & Pack, 2023; Cheng et al., 2009)。目前,已有研究調查教師對科技支持教學的概念,比如在教學中使用平板電腦、移動設備等(Alt, 2018; Brown et al., 2016; C. H. Chen & Tsai, 2021)。例如 C. H. Chen 與 Tsai(2021)調查 25 名小學教師對移動學習支持教學的概念,揭示行動科技支持教學的七種角色,並將這些角色歸屬為以教師為中心、以學生為中心、師／生互動的三類教學策略。當前,相關研究多聚焦於討論學生或在職教師對科技支持教學

的概念（Chang & Tsai, 2023; Yau et al., 2022; Yeh et al., 2019），而對職前教師在這方面的概念探究較少。職前教師是未來教育工作者，他們對科技支持教學的概念不僅影響著未來的教學實踐，還可能對教育科技的推廣和應用產生深遠影響（Cheng et al., 2009）。

此外，研究者指出，教師的情感因素（如態度和動機）對其看法與決策具有重要影響（Cheng et al., 2009; Collie & Martin, 2024）。其中，教師的動機水準在科技應用於教學中至關重要，其不僅影響教學方法與品質，還直接關係到學生的學習體驗與表現（Lai et al., 2018; Sørebø et al., 2009）。例如 Sørebø 等（2009）發現，動機直接影響教師對科技應用於教學的滿意度以及繼續使用科技的意願。同時，研究也表明，教師的動機會影響他們對科技支持教學的概念（Hwang et al., 2023; Sadaf et al., 2012）。因此，本研究將探討不同動機水準的職前教師如何感知科技支持教學。

二、AI 繪圖作為調查工具

近年來，繪畫逐漸成為教育領域中新穎且有效的調查工具（Chang et al., 2020）。繪畫能在有限的時間內挖掘目標群體的概念、思想及感受（Haney et al., 2004）。相比傳統基於口頭或文本的調查方式，繪畫還為受試者提供一種無壓力的方式來傳達他們的想法（Y. Chen et al., 2024a; Tu & Hwang, 2023）。一些研究者開始嘗試讓參與者透過手繪來表達他們對概念的理解（Y. Chen et al., 2024a; Zhang et al., 2023）。生成式 AI 的出現與普及，促進教育教學的變革（Hwang & Chen, 2023）。其中，AI 繪圖作為一種可以根據使用者的提示詞生成圖像或繪畫的生成式 AI 工具，它可以透過使用者輸入自己想法的提示詞而即時生成高品質的繪畫（Y. Chen et al., 2024b; Lee et al., 2023）。目前，已有學者在實踐中證明 AI 繪圖可以作為一種有效的工具來調查個體對特定概念的理解（Cooper & Tang, 2024; Lan et al., 2024）。例如 Lan 等（2024）透過手繪和 AI 繪圖調查 20 名華語文職前教師對資訊科技支持教學的概念，並發現 AI 繪圖能作為一種有效的調查工具，使得教師更好地表達對具體概念的想法。可見，AI 繪圖能成為一種調查教師對科技支持教學概念的替代性工具。

參、研究目的

本研究透過 AI 繪圖工具調查職前教師對科技支持教學的概念。基於職前教師的畫作，分析不同學習動機的職前教師對科技在教學的整合程度，探討職前教師對科技支持教學的整體概念，以及不同學習動機的職前教師對科技支持教學的概念的差異。研究問題如下：

一、職前教師對科技整合教學的程度如何？不同學習動機是否會產生差異？

二、職前教師對科技支持教學的概念如何？不同學習動機是否會產生差異？

肆、實驗設計

一、研究對象

在倫理委員會批准和參與者同意的情況下，本研究招募了來自中國東部的 67 名職前教師（年齡為 20-22 歲；男性 21 名和女性 45 名）。他們均參與教育科技培訓專案。最後，本研究共蒐集 67 份有效數據。

二、實驗流程

如圖 5-1 所示，活動開始前，透過問卷星調查參與者的學習動機，並對他們進行 80 分鐘的培訓，其學習活動主要為讓參與者熟悉和學會使用 AI 繪圖工具。然後，參與者參加 12 小時的教育科技培訓活動，其活動內容包括多媒體應用於教育、智慧教室、VR 應用於教育，以及 AI 與生成式 AI 應用於教育。

在培訓活動結束之後，教師邀請參與者利用 AI 繪圖工具畫 2-3 幅畫，表達他們對科技支持教學的理解，整個活動時長為 80 分鐘（附錄一提供一個此活動的學生學習單範例）。此活動中，參考 Haney 等（2004）的研究，為參與者提供的提示詞為：「根據你的理解和經驗，請繪圖來描述科技支持教學。」此外，每完成一幅圖後，參與者需簡要描述其內容，並在完成 AI 繪圖任務後進行反思。最後，參與者被要求從所創作的 2-3 幅圖中選擇一幅，提交他們認為最能表達對科技支持教學理解的概念，並說明選擇的理由。

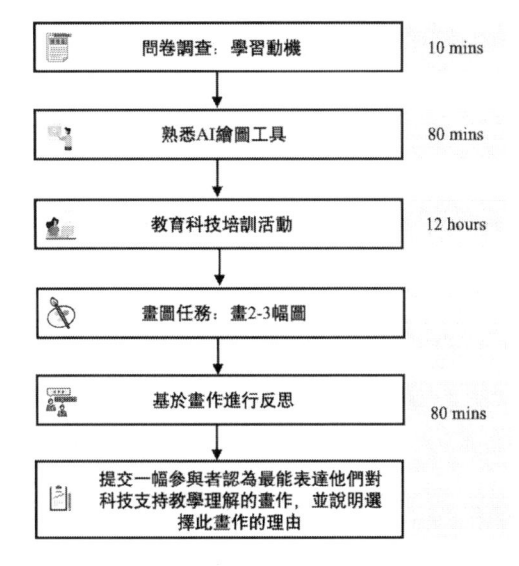

```
┌─────────────────────────────────┐
│  問卷調查：學習動機      10 mins │
└─────────────────────────────────┘
              ↓
┌─────────────────────────────────┐
│  熟悉AI繪圖工具          80 mins │
└─────────────────────────────────┘
              ↓
┌─────────────────────────────────┐
│  教育科技培訓活動       12 hours │
└─────────────────────────────────┘
              ↓
┌─────────────────────────────────┐
│  畫圖任務：畫2-3幅圖             │
└─────────────────────────────────┘
              ↓
┌─────────────────────────────────┐
│  基於畫作進行反思        80 mins │
└─────────────────────────────────┘
              ↓
┌─────────────────────────────────┐
│  提交一幅參與者認為最能表達他們對 │
│  科技支持教學理解的畫作，並說明選 │
│  擇此畫作的理由                   │
└─────────────────────────────────┘
```

圖 5-1　數據收集過程

三、研究工具

（一）學習動機問卷

本研究所使用的學習動機問卷參考 Wang 與 Chen（2010）的研究。問卷共 6 題，本研究採用李克特（Likert）5 點量表（1 為非常不同意，5 為非常同意）。在本研究中，此問卷的 Cronbach's α 值為 .82，表明內部一致性良好。

（二）編碼方案

參考先前文獻（Chang & Tsai, 2023; Jiang et al., 2024; Yeh et al., 2019），本研究開發一個編碼表用來分析職前教師的繪畫。同時，邀請兩名專家商討編碼方案。編碼方案包含兩部分（見圖 5-2）：一是 SAMR（指替代〔Substitution〕、加強〔Augmentation〕、改造〔Modification〕、重塑〔Redefinition〕）的四層次；二是職前教師對科技支持教學的編碼表：1. 參與者；2. 地點；3. 科技；4. 活動；5. 教學模式；6. 情緒與態度。此外，本研究基於 SAMR 模型，分析職前教師對畫作的反思，以瞭解職前教師對科技在教學的整合程度。SAMR 模型是一個指導科技整合教學層次的模型

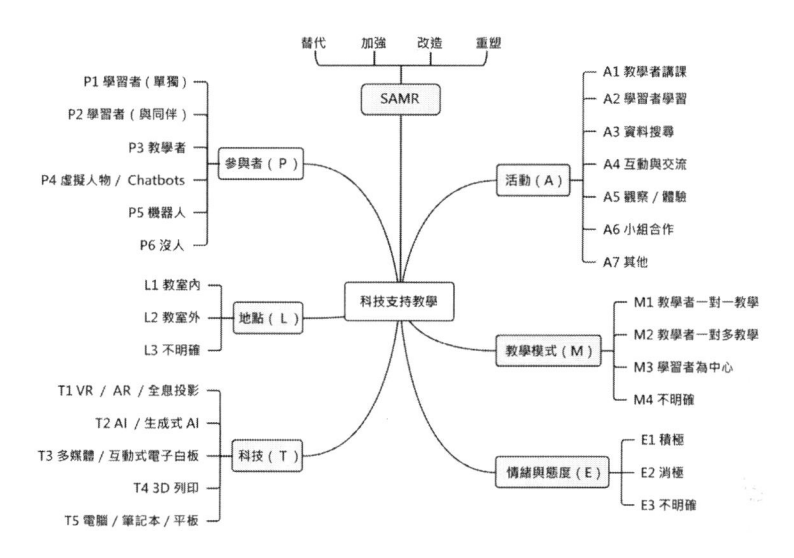

圖 5-2　編碼表

（Puentedura, 2009）。其根據科技在教學中的整合程度，從低到高分為 4 個層次：1. 替代，即科技替代了傳統教學工具或方法，而不對任務產生明顯改變；2. 加強，即在傳統教學工具或方法的基礎上增添一些功能改進，但任務的本質仍未改變；3. 改造，即科技對任務進行明顯改變，允許重新設計教學活動；4. 重塑，即科技徹底重構了學習活動，使之前無法想像的新型活動和學習體驗得以實現。替代和加強層次旨在增強學習，而改造與重塑層次旨在轉變學習。編碼任務由 2 名經驗豐富的編碼員完成，評分者一致性達到 .88，表明一致性較高。編碼過程中的任何疑義均透過討論解決。

　　為了更全面地獲取繪畫中所涵蓋的特徵，本研究對每張圖的編碼不止局限於一個類別，若一張圖涵蓋某類別中的多個子類別，這些子類別均會被記錄；若一張圖中出現了多次相同的子類別則僅被記錄 1 次。圖 5-3 為一個編碼範例，表明學習者與同伴在不明確的地點透過 VR 科技，參加學習者為中心活動，積極地進行觀察／體驗及學習。

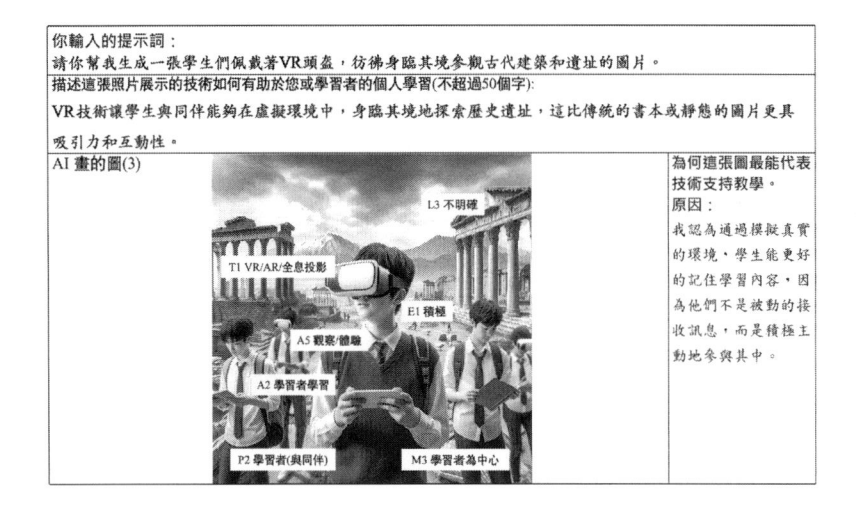

圖 5-3　編碼範例

四、數據分析

本研究採用混合方法。首先，利用 SPSS 軟體對學習動機問卷的資料進行初步分析，以確定分群，最終將樣本分為兩大群組：高學習動機組（平均分為 4.45）和低學習動機組（平均分為 3.40）。針對研究問題（一），本研究對資料進行描述性統計分析。針對研究問題（二），本研究先進行描述性統計分析，再透過卡方檢驗比較兩組在各類別上的差異。此外，本研究運用認知網路分析（Epistemic Network Analysis, ENA）生成含節點與連結的認知網路模型，進而分析兩組職前教師概念間的結構和關聯（Shaffer et al., 2016）。其中，節點的大小代表該代碼的出現次數，而連接線的粗細則代表代碼間的共現關係強度（即線條越粗代表該節點共現的頻率越高）。

伍、結果

一、職前教師對科技整合教學的程度

根據職前教師的反思，本研究基於 SAMR 模型對科技整合教學程度進行編碼。如圖 5-4 所示，高學習動機組中有 83.34% 達到轉變學習目的（改造為 5.56%、重塑為 77.78%），有 16.66% 達到增強學習目的（替代

图 5-4　科技整合教学程度分析

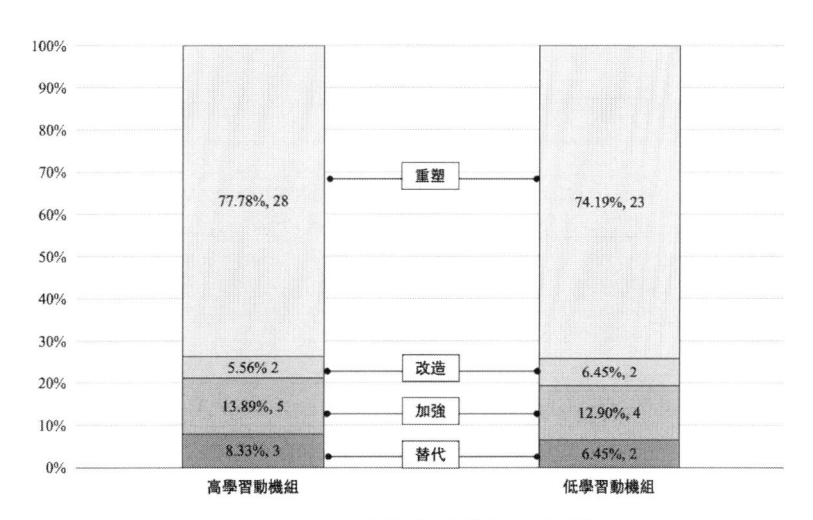

为 8.33%、加强为 13.89%）；低学习动机组中有 80.64% 达到转变学习目的（改造为 6.45%、重塑为 74.19%），有 19.35% 达到增强学习目的（替代为 6.45%、加强为 12.90%）。由此可见，透过 AI 绘画反思任务，不论学习动机的高低，大多数职前教师倾向透过科技达到转变学习目的，特别是利用科技对教学进行重塑，其次是在传统教学工具或方法的基础上进行功能改进。为了进一步揭示差异，本研究将探讨并比较不同学习动机的职前教师对科技支持教学的概念。

二、职前教师对科技支持教学的概念

表 5-1 为依据编码表对职前教师的绘画进行编码的结果，此外，图 5-5 显示不同学习动机的职前教师绘画的总类别占比。总体来说，有关职前教师对科技支持教学概念，类别出现的频次从高到低分别为：活动（占总编码的 24.5%）、参与者（18.8%）、科技（15.3%）、教学模式（13.9%）、地点（13.7%），以及情绪与态度（13.7%）。这意味着，对于大多数职前教师来说，科技支持教学涉及观察／体验、学习者（与同伴）、VR／扩增实境（Augmented Reality, AR）／全息投影（Holography）、学习者为中心、地点不明确，以及积极的情绪与态度。

本研究进一步透过 ENA 将所有职前教师对科技支持教学概念的编码生

表 5-1　職前教師對科技支持教學概念特徵的統計結果

主類別與子類別	高學習動機組 N (% = N / 36)	低學習動機組 N (% = N / 31)	總計 N (% = N / 67)
參與者			
學習者（單獨）	5 (13.89%)	18 (58.06%)[1]	23 (34.33%)[2]
學習者（與同伴）	**20 (55.56%)**[1]	**8 (25.81%)**[2]	**28 (41.79%)**[1]
教學者	**7 (19.44%)**[3]	**6 (19.35%)**[3]	**13 (19.40%)**[3]
虛擬人物／Chatbots	**10 (27.78%)**[2]	2 (6.45%)	12 (17.91%)
機器人	5 (13.89%)	1 (3.23%)	6 (8.96%)
沒人	5 (13.89%)	5 (16.13%)	10 (14.93%)
地點			
教室內	**18 (50.00%)**[1]	**10 (32.26%)**[2]	**28 (41.79%)**[2]
教室外	**3 (8.33%)**[3]	**2 (6.45%)**[3]	**5 (7.46%)**[3]
不明確	**15 (41.67%)**[2]	**19 (61.29%)**[1]	**34 (50.75%)**[1]
科技			
VR／AR／全息投影	**20 (55.56%)**[1]	**23 (74.19%)**[1]	**43 (64.18%)**[1]
AI／生成式AI	**13 (36.11%)**[2]	**6 (19.35%)**[2]	**19 (28.36%)**[2]
多媒體／互動式電子白板	**3 (8.33%)**[3]	**2 (6.45%)**[3]	**5 (7.46%)**[3]
3D列印	**3 (8.33%)**[3]	1 (3.23%)	4 (5.97%)
電腦／筆記本／平板	**3 (8.33%)**[3]	1 (3.23%)	4 (5.97%)
活動			
教學者講課	**11 (30.56%)**[3]	**11 (35.48%)**[3]	**22 (32.84%)**[3]
學習者學習	**24 (66.67%)**[1]	**15 (48.39%)**[2]	**39 (58.21%)**[2]
資料搜尋	3 (8.33%)	0 (0.00%)	3 (4.48%)
互動與交流	7 (19.44%)	3 (9.68%)	10 (14.93%)
觀察／體驗	**22 (61.11%)**[2]	**19 (61.29%)**[1]	**41 (61.19%)**[1]
小組合作	0 (0.00%)	2 (6.45%)	2 (2.99%)
其他	2 (5.56%)	1 (3.23%)	3 (4.48%)
教學模式			
教學者一對一教學	**3 (8.33%)**[3]	2 (6.45%)	5 (7.46%)
教學者一對多教學	**7 (19.44%)**[2]	**6 (19.35%)**[3]	**13 (19.40%)**[3]
學習者為中心	**20 (55.56%)**[1]	**16 (51.61%)**[1]	**36 (53.73%)**[1]
不明確	**7 (19.44%)**[2]	**7 (22.58%)**[2]	**14 (20.90%)**[2]
情緒與態度			
積極	**18 (50.00%)**[1]	**16 (51.61%)**[1]	**34 (50.75%)**[1]
消極	0 (0.00%)	**1 (3.23%)**[3]	**1 (1.49%)**[3]
不明確	**18 (50.00%)**[1]	**14 (45.16%)**[2]	**32 (47.76%)**[2]

註：每個主類別中前三名的子類別以粗體方式呈現，上標表示子類別的排名。

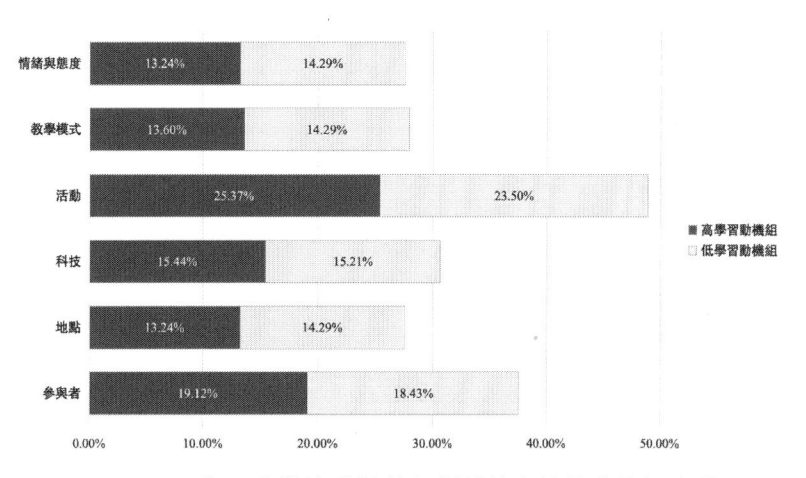

圖 5-5　不同學習動機的職前教師對科技支持教學的概念特徵

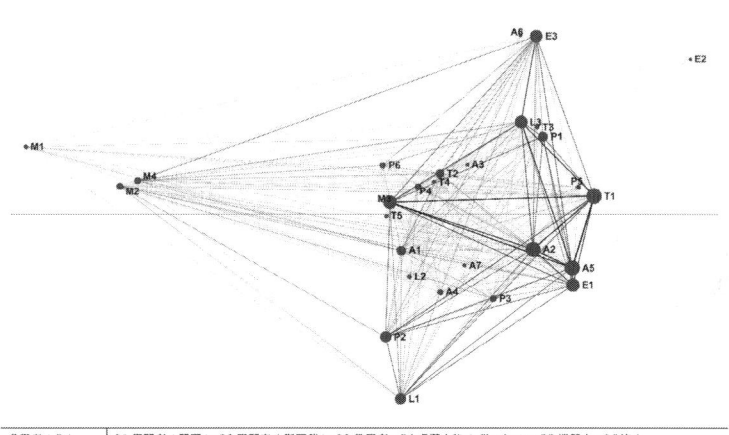

參與者（P）	P1 學習者（單獨）；P2 學習者（與同伴）；P3 教學者；P4 虛擬人物／Chatbots；P5 機器人；P6 沒人
地點（L）	L1 教室內；L2 教室外；L3 不明確
科技（T）	T1 VR／AR／全息投影；T2 AI／生成式 AI；T3 多媒體／互動式電子白板；T4 3D 列印；T5 電腦／筆記本／平板
活動（A）	A1 教學者講課；A2 學習者學習；A3 資訊搜尋；A4 互動與交流；A5 觀察／體驗；A6 小組合作；A7 其他
教學模式（M）	M1 教學者一對一教學；M2 教學者一對多教學；M3 學習者為中心；M4 不明確
情緒與態度（E）	E1 積極；E2 消極；E3 不明確

圖 5-6　職前教師對科技支持教學總體概念的 ENA 模型

成一個整體認知網路模型，見圖 5-6。ENA 結果與表 5-1 的描述性統計結果展現出一致性。ENA 模型中，根據節點的大小得出最常出現的元素是 T1（VR／AR／全息投影），它與 A5（觀察／體驗）、M3（學習者為中心）、A2（學習者學習）與 L3（地點不明確）有著緊密聯繫。同時，T1（VR／AR／全

息投影）與 E1（積極）、P2（學習者〔與同伴〕）有著較強聯繫。從分析結果可知，大部分職前教師的認知網路模型中，都包含使用 VR ／ AR ／全息投影、不同活動（觀察／體驗或學習者學習）、學習者為中心、不受地點限制、積極的情緒與態度，以及學習者與同伴等元素。

三、不同學習動機的職前教師對科技支持教學的概念

研究透過 ENA 將每位職前教師的認知網路模型視覺化在圖中：透過計算每個模型的中心，並利用二維平面的 X 軸和 Y 軸來展示這些中心的位置（Shaffer et al., 2016）。在算出兩組中心的平均位置後，使用點來表示每位元職前教師模型的中心位置：黑色的點表示高學習動機組的中心，而灰色的點則代表低學習動機組的中心（見圖 5-7）。另外，圍繞正方形的框線代表平均中心位置的 95% 信賴區間。

高學習動機的職前教師模型中心主要分布在圖左側，而低學習動機的職前教師模型中心主要分布在圖右側。Mann-Whitney U 檢驗結果顯示，這些中心在水平（X）方向上的平均位置有顯著差異（$U = 962.00, p < .001, r = -.72$），而在垂直（Y）方向上的平均位置無顯著差異（$U = 566.00, p = .92, r = -.01$）。

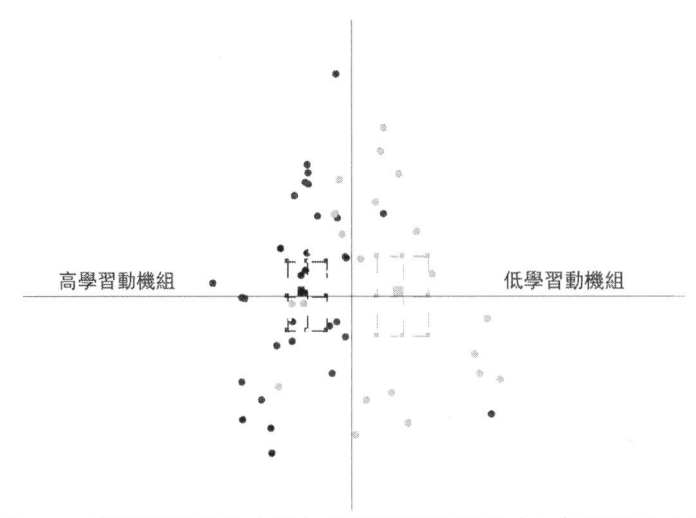

圖 5-7　高學習動機組（黑）和低學習動機組（灰）對科技支持教學概念的個體模型的點圖

圖 5-8 顯示兩組對科技支持教學概念的網路模型重疊圖,而圖 5-9(A) 和 5-9(B) 分別顯示不同學習動機水準組對科技支持教學概念的網路模型。圖 5-9(A) 表明,在高學習動機組的模型中,A5(觀察／體驗)與 A2(學習者學習)似乎是中心節點,與 T1(VR／AR／全息投影)、P2(學習者〔與同伴〕)、M3(學習者為中心)、E1(積極)與 L1(教室內)有更強的聯繫;在高學習動機組的模型中,這些聯繫比在低學習動機組學生的模型中更強,這意味著高學習動機組更傾向於透過 VR／AR／全息投影等科技,學習者與同伴在教室積極地參加觀察／體驗等以學習者為中心的活動。圖 5-9(B) 表明,在低學習動機組的模型中,T1(VR／AR／全息投影)似乎是以 A5(觀察／體驗)、L3(地點不明確)、P1(學習者〔單獨〕)及 M3(學習者為中心)為中心節點。這可能意味著低學習動機組更傾向在 VR／AR／全息投影的支持下,學習者不受地點限制,獨自參與觀察／體驗等以學習者為中心的活動。

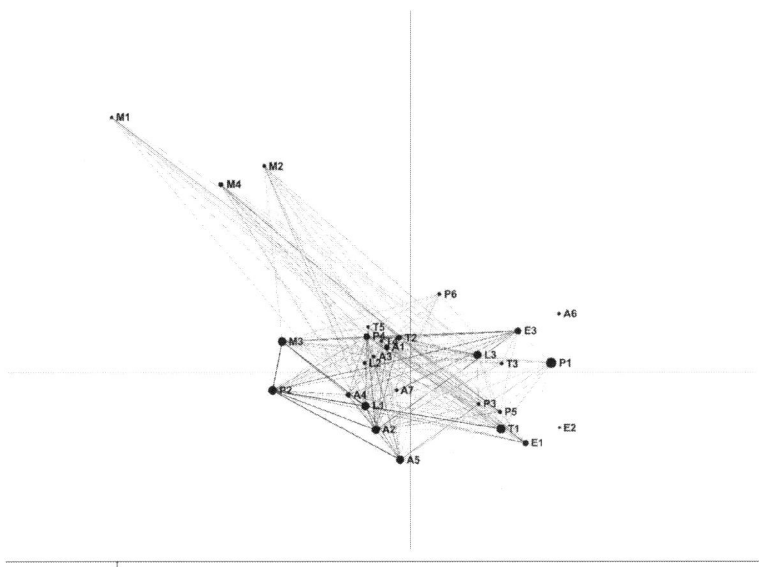

參與者(P)	P1 學習者(單獨);P2 學習者(與同伴);P3 教學者;P4 虛擬人物／Chatbots;P5 機器人;P6 沒人
地點(L)	L1 教室內;L2 教室外;L3 不明確
科技(T)	T1 VR／AR／全息投影;T2 AI／生成式 AI;T3 多媒體／互動式電子白板;T4 3D 列印;T5 電腦／筆記本／平板
活動(A)	A1 教學者講課;A2 學習者學習;A3 資訊搜尋;A4 互動與交流;A5 觀察／體驗;A6 小組合作;A7 其他
教學模式(M)	M1 教學者一對一教學;M2 教學者一對多教學;M3 學習者為中心;M4 不明確
情緒與態度(E)	E1 積極;E2 消極;E3 不明確

圖 5-8　兩組對科技支持教學概念的網路模型重疊圖

圖 5-8 顯示左側（高學習動機組）節點間有更強的聯繫，這與圖 5-7 的點圖模型和 Mann-Whitney *U* Test 結果一致，說明差異主要體現在水平（X）維度。左側節點包括 T2（AI／生成式 AI）、T4（3D 列印）、T5（電腦／筆記本／平板）、P4（虛擬人物／ Chatbots）、M1（教學者一對一教學）、M2（教學者一對多教學）、M4（教學模式不明確）、L1（教室內）、L2（教

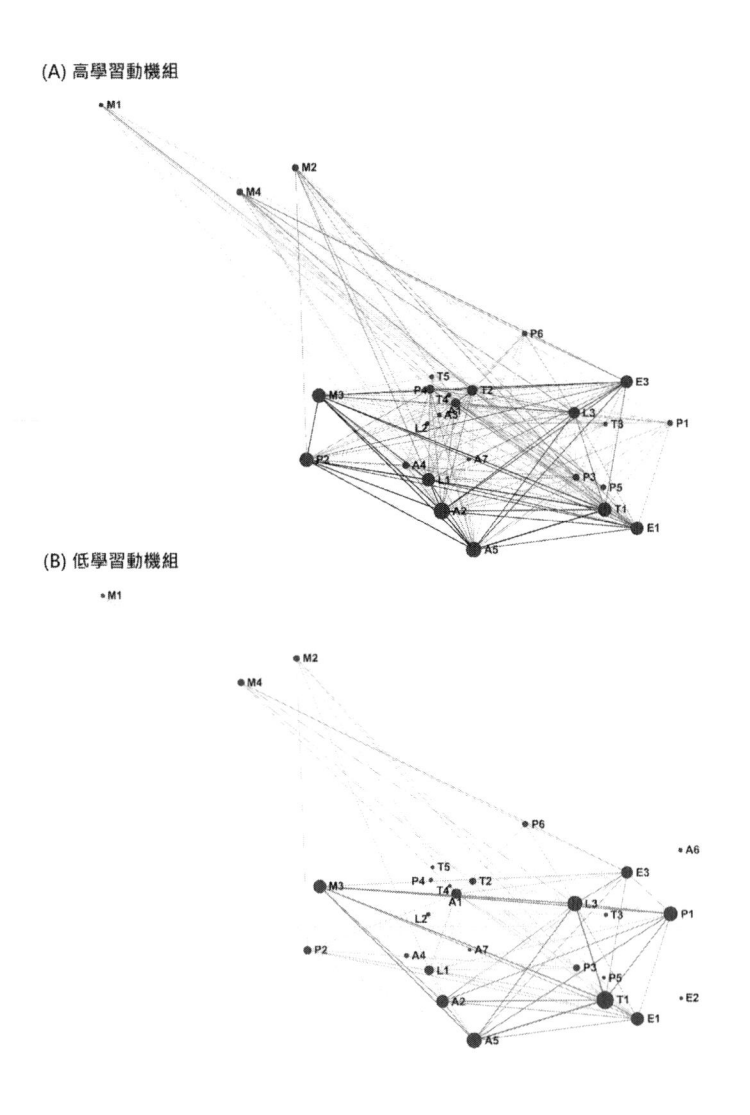

圖 5-9　(A) 高學習動機組與 (B) 低學習動機組對科技支持教學概念的網路模型

室外）、A3（資料搜尋）、A4（互動與交流）、A7（其他），表明這些要素在高學習動機組的模型中出現和連接的頻率更高。該發現呼應表 5-1 的結果，揭示不同學習動機的職前教師對科技支持教學的概念存在顯著差異。

另外，根據表 5-1，在參與者類別，高學習動機組最常描繪的是「學習者（與同伴）」（55.56%），其次是「虛擬人物／Chatbots」（27.78%）和「教學者」（19.44%）；而對於低學習動機組來說，最常描繪的是「學習者（單獨）」（58.06%），接著是「學習者（與同伴）」（25.81%）和「教學者」（19.35%）。卡方檢驗顯示，兩組在此類別存在顯著差異（$\chi^2 (5, 92) = 19.08, p < .01$）。在高學習動機組繪畫中，「學習者（與同伴）」（$\chi^2 (1, 67) = 6.06, p < .05$）和「虛擬人物／Chatbots」（$\chi^2 (1, 67) = 5.15, p < .05$）比低學習動機組出現的頻率更高，呈現顯著差異。而「學習者（單獨）」更頻繁地出現在低學習動機組繪畫中（$\chi^2 (1, 67) = 14.42, p < .001$）。這可能表明，高學習動機組認為學習者與同伴及虛擬人物／Chatbots 是科技支持教學的主要參與者，而低學習動機組認為科技支持教學的主要參與者是單獨的學習者。

關於地點類別，高學習動機組描繪的地點從高到低分別是「教室內」（50.00%）、「不明確」（41.67%）及「教室外」（8.33%）；低學習動機組描繪的地點從高到低分別是「不明確」（61.29%）、「教室內」（32.26%）及「教室外」（6.45%）。卡方檢驗結果顯示，兩組在描繪科技支持教學中的地點概念無顯著差異（$\chi^2 (2, 67) = 2.63, p > .05$）。這可能表明，無論學習動機的高低，職前教師在科技支持教學的地點概念上持相似的觀點，即他們認為科技支持教學可以在任何地點進行，或主要發生在教室內。

關於科技類別，職前教師在描述科技支持教學情境中的科技概念時，從高到低排序分別是「VR／AR／全息投影」（64.18%）、「AI／生成式 AI」（28.36%）及「多媒體／互動式電子白板」（7.46%）。卡方檢驗的結果顯示，兩組在科技類別的概念上無顯著差異（$\chi^2 (4, 75) = 3.86, p > .05$）。這可能表明，在描述科技支持教學情境中的科技概念時，兩組都認為 VR／AR／全息投影、AI／生成式 AI 及多媒體／互動式電子白板是最常應用融入教學的科技。

在活動類別，高學習動機組最常描繪的活動是「學習者學習」（66.67%），其次是「觀察／體驗」（61.11%）和「教學者講課」（30.56%）；而低學習動機組最常描繪的是「觀察／體驗」（61.29%），接著是「學習者學習」（48.39%）和「教學者講課」（35.48%）。卡方檢驗結果顯示，兩組在描繪科技支持教學情境時的活動概念上無顯著差異（χ^2 (6, 120) = 5.93, $p > .05$）。這可能表明，無論職前教師的學習動機高或低，他們都認為在科技支持教學情境中，觀察／體驗、學習者學習和教學者講課是最常見的活動。

在教學模式類別，職前教師最常描述的從低到高排序分別為「學習者為中心」（53.73%）、「不明確」（20.90%）、「教學者一對多教學」（19.40%）、「教學者一對一教學」（7.46%）。卡方檢驗的結果顯示，兩組在教學模式類別無顯著差異（χ^2 (3, 68) = 0.35, $p > .05$）。這可能表明，無論學習動機的高低，職前教師在科技支持教學的情境中傾向於採用以學習者為中心的教學模式。

在情緒與態度類別，大部分職前教師表現為積極（50.75%），其次為情緒與態度不明確（47.76%），最後是消極的情緒態度（1.49%）。值得注意的是，在所有被調查的職前教師中，僅有 1 位低學習動機的職前教師在繪畫中涉及負面情緒。此外，卡方檢驗發現在科技支持教學的情境中，不同學習動機組所描繪的情緒與態度無顯著差異（χ^2 (2, 67) = 1.20, $p > .05$）。這可能意味著，不論學習動機高低，大部分職前教師都對科技支持教學持有正向情緒。

陸、討論與結論

本研究透過 AI 繪圖工具調查職前教師對科技支持教學的概念，並探討不同動機水準的職前教師對科技整合教學的程度及科技支持教學概念的差異。結果發現：一、在科技整合教學程度上，不論學習動機高低，大多數職前教師傾向在科技融入教學時進行重塑，其次是基於傳統教學工具或方法進行功能改進；二、總體而言，職前教師認為科技支持教學是在 VR／AR／全息投影的支持下，學習者與同伴積極地參與觀察／體驗等學習者為中心的

活動；三、不同學習動機的職前教師在參與者概念上存在差異。

　　針對研究問題一，透過職前教師對繪圖作品的反思，本研究基於 SAMR 模型對科技整合教學程度進行編碼。結果發現不論學習動機的高低，大多數職前教師傾向於將科技作為實現學習轉變的重要手段。具體而言，他們傾向於在科技融入教學時進行重塑，其次是在傳統教學工具或方法的基礎上進行功能改進。總體來看，職前教師對科技的使用並非單一的功能性操作，而是將科技融入教學的不同層面，尤其在重塑層次上，這與 Crompton 與 Burke（2020）與 Jiang 等（2024）的發現一致。這意味著，隨著科技應用的進一步深化，職前教師傾向創新的教學模式，進而實現更高層次的教學目標（Puentedura, 2009）。這一發現為未來的教師培訓專案提供啟示，即在教師培訓過程中要注重培育他們在教學設計中科技的應用能力，同時要激發他們對科技的創新設計能力，以促進科技在教育中更高效的整合。

　　針對研究問題二，繪圖分析揭示職前教師對科技支持教學總體概念涉及觀察／體驗、學習者（與同伴）、VR／AR／全息投影、學習者為中心、地點不明確，以及積極情緒。這意味著大多數職前教師認為在 VR／AR／全息投影的支持下，學習者與同伴積極地參與觀察／體驗等學習者為中心的活動。該結果與 ENA 結果一致。這表明，科技支持教學不僅限於傳統的科技工具與教學方法，而是廣泛涉及如 VR／AR 等新興科技和互動性強的學習活動。Chang 等（2020）指出，沉浸式科技的出現重塑傳統的學習活動，這些科技能使學生在虛擬環境中觀察與互動，使他們能夠以創新的方式探索知識，不僅提升學習體驗，還能促進學生的興趣的態度。該發現呼應上述職前教師對科技整合教學程度的結果。

　　本研究透過繪圖分析和 ENA 進一步發現不同學習動機的職前教師在科技支持教學概念上存在差異。卡方檢驗發現兩組在參與者概念上有明顯差異，高學習動機組認為學習者與同伴及虛擬人物／Chatbots 是科技支持教學情境中的主要參與者，而低學習動機組認為主要參與者是單獨的學習者。Ertmer 等（2012）發現，動機強的教師越有可能採取創新的教學策略，並利用科技來改進教學設計。教師的動機越高，他們越能意識到科技不僅是支持性工具，更是創新教育模式的重要力量。高學習動機的職前教師更傾向於將科技支持的教學視為一種互動學習環境，學習者不僅能與同伴互動，還能

與虛擬人物／Chatbots進行交互。而低學習動機組可能更傾向於將科技支持的教學視為一種個人化的活動。另外，ENA的結果發現，高學習動機組傾向於學習者與同伴透過VR／AR／全息投影等科技，在教室中積極參與以學習者為中心的觀察／體驗活動，而低學習動機組則更傾向於描繪學習者在任意地點獨自透過這些科技進行類似的活動。這可能與他們的學習動機和偏好有關，動機高的職前教師可能更偏向於在較為正式且結構化的教學環境。這些發現與Stupurienė等（2024）一致，表明教師的動機在科技整合教學中起到關鍵作用。這些發現也為具有不同學習動機的職前教師對科技支持教學的概念提供見解，啟示未來教師培訓不僅要注重提升教師的科技素養，還應考慮到他們的動機差異，設計有效的活動，幫助教師更好地將科技工具整合到教學實踐中。

本研究透過AI繪圖工具調查職前教師對科技支持教學的概念，驗證Lan等（2024）的研究，證明AI繪圖可以作為一種替代性的調查工具，挖掘個體對具體概念的理解。同時，本研究結合職前教師對畫作的反思活動，分析科技在教學中整合的程度。透過對AI繪圖工具的創新應用，我們能夠更深入地探討職前教師對科技支持教學的理解與應用。總的來說，本研究提供有關職前教師對科技支持教學概念多方面的見解，也為未來教師培訓和科技融入教學研究帶來有價值的參考。

柒、研究局限與展望

本研究需聲明以下局限性：首先，本研究的樣本主要來自一所公立大學，且樣本量較小，因此，研究結果不具備普適性。對於不同國家和文化背景的受試者可能導致不同的研究結果。其次，本研究的職前教師的培訓時間相對較短；另外，儘管本研究調查職前教師的學習動機，並利用學習動機進行分群，但是未調查他們的科技接受度、自我效能、問題解決傾向等。本研究為未來研究提出如下建議：

一、 未來研究可以擴大樣本量，並招募不同國家與文化背景的教師，以驗證當前的研究結果。同時，可以考慮調查科技接受度、自我效能、問題解決傾向等變數，從不同視角解讀研究結果。

二、職前教師與在職教師可能因教學經驗、教學知識與技能等因素產生不同的認知。因此，比較他們對科技支持教學的概念是一個有趣的話題。

三、未來研究者可以設計有效的教師專業發展專案，融入教學策略或方法，以提升教師對科技支持教學的知識與能力，並促進他們對科技應用於教學的自我效能、態度等。

四、本研究證明 AI 繪圖是一種有效的調查工具，並結合反思活動探討繪畫中隱性的概念特徵。因此，未來研究者可以透過 AI 繪圖並結合反思活動深入探討不同對象對具體概念的理解。

參考文獻

Alt, D. (2018). Science teachers' conceptions of teaching and learning, ICT efficacy, ICT professional development and ICT practices enacted in their classrooms. *Teaching and Teacher Education*, *73*, 141-150. https://doi.org/10.1016/j.tate.2018.03.020

Barrett, A., & Pack, A. (2023). Not quite eye to A.I.: Student and teacher perspectives on the use of generative artificial intelligence in the writing process. *International Journal of Educational Technology in Higher Education*, *20*(1), Article 59. https://doi.org/10.1186/s41239-023-00427-0

Blundell, C. N., Mukherjee, M., & Nykvist, S. (2022). A scoping review of the application of the SAMR model in research. *Computers and Education Open*, *3*, Article 100093. https://doi.org/10.1016/j.caeo.2022.100093

Brown, C. P., Englehardt, J., & Mathers, H. (2016). Examining preservice teachers' conceptual and practical understandings of adopting iPads into their teaching of young children. *Teaching and Teacher Education*, *60*, 179-190. https://doi.org/10.1016/j.tate.2016.08.018

Chang, H. Y., & Tsai, C. C. (2023). Epistemic network analysis of students' drawings to investigate their conceptions of science learning with technology. *Journal of Science Education and Technology*, *32*(2), 267-283. https://doi.org/10.1007/s10956-022-10026-9

Chang, H. Y., Lin, T. J., Lee, M. H., Lee, S. W. Y., Lin, T. C., Tan, A. L., & Tsai, C. C. (2020). A systematic review of trends and findings in research employing drawing assessment in science education. *Studies in Science Education*, *56*(1), 77-110. https://doi.org/10.1080/03057267.2020.1735822

Chen, C. H., & Tsai, C. C. (2021). In-service teachers' conceptions of mobile technology-integrated instruction: Tendency towards student-centered learning. *Computers & Education, 170*, Article 104224. https://doi.org/10.1016/j.compedu.2021.104224

Chen, Y., Tu, Y. F., Zhang, X., & Hwang, G. J. (2024a). Young children's conceptions of robot programming learning: A draw-a-picture and epistemic network analysis. *Educational Technology & Society, 27*(4), 69-89. https://doi.org/10.30191/ETS.202410_27(4).RP05

Chen, Y., Zhang, X., & Hu, L. (2024b). A progressive prompt-based image-generative AI approach to promoting students. *Educational Technology & Society, 27*(2), 284-305. https://doi.org/10.30191/ETS.202404_27(2).TP01

Cheng, M. M. H., Chan, K. W., Tang, S. Y. F., & Cheng, A. Y. N. (2009). Pre-service teacher education students' epistemological beliefs and their conceptions of teaching. *Teaching and Teacher Education, 25*(2), 319-327. https://doi.org/10.1016/j.tate.2008.09.018

Collie, R. J., & Martin, A. J. (2024). Teachers' motivation and engagement to harness generative AI for teaching and learning: The role of contextual, occupational, and background factors. *Computers and Education: Artificial Intelligence, 6*, Article 100224. https://doi.org/10.1016/j.caeai.2024.100224

Cooper, G., & Tang, K. S. (2024). Pixels and pedagogy: Examining science education imagery by generative artificial intelligence. *Journal of Science Education and Technology, 33*(4), 556-568. https://doi.org/10.1007/s10956-024-10104-0

Crompton, H., & Burke, D. (2020). Mobile learning and pedagogical opportunities: A configurative systematic review of PreK-12 research using the SAMR framework. *Computers & Education, 156*, Article 103945. https://doi.org/10.1016/j.compedu.2020.103945

Ertmer, P. A., & Ottenbreit-Leftwich, A. T. (2010). Teacher technology change. *Journal of Research on Technology in Education, 42*(3), 255-284. https://doi.org/10.1080/15391523.2010.10782551

Haney, W., Russell, M., & Bebell, D. (2004). Drawing on education: Using drawings to document schooling and support change. *Harvard Educational Review, 74*(3), 241-272. https://doi.org/10.17763/haer.74.3.w0817u84w7452011

Hwang, G. J., & Chen, N. S. (2023). Editorial position paper: Exploring the potential of generative artificial intelligence in education: Applications, challenges, and future research directions. *Educational Technology & Society, 26*(2), i-xviii. https://doi.org/10.30191/ETS.202304_26(2).0014

Hwang, G. J., Tu, Y. F., & Chu, H. C. (2023). Conceptions of the metaverse in higher education: A draw-a-picture analysis and surveys to investigate the perceptions of students with different motivation levels. *Computers & Education, 203*, Article 104868. https://doi.org/10.1016/j.compedu.2023.104868

Jiang, M. Y. C., Jong, M. S. Y., Chai, C. S., Huang, B., Chen, G., Lo, C. K., & Wong, F. K. K. (2024). They believe students can fly: A scoping review on the utilization of drones in educational settings. *Computers & Education, 220*, Article 105113. https://doi.org/10.1016/j.compedu.2024.105113

Lai, H. M., Hsiao, Y. L., & Hsieh, P. J. (2018). The role of motivation, ability, and opportunity in university teachers' continuance use intention for flipped teaching. *Computers & Education, 124*, 37-50. https://doi.org/10.1016/j.compedu.2018.05.013

Lan, Y. J., Chen, Y. H., & Tu, Y. F. (2024). Pre-service CFL teachers' conceptions of and attitudes toward ICT and image-GAI in Chinese teaching: A drawing perspective. *Educational Technology & Society, 27*(4), 431-453. https://doi.org/10.30191/ETS.202410_27(4).TP01

Lee, U., Han, A., Lee, J., Lee, E., Kim, J., Kim, H., & Lim, C. (2023). Prompt Aloud!: Incorporating image-generative AI into STEAM class with learning analytics using prompt data. *Education and Information Technologies, 29*(8), 9575-9605. https://doi.org/10.1007/s10639-023-12150-4

Puentedura, R. R. (2009, February 4). As we may teach: Educational technology, from theory into practice. *Ruben R. Puentedura's Weblog.* http://hippasus.com/blog/archives/25

Sadaf, A., Newby, T. J., & Ertmer, P. A. (2012). Exploring factors that predict preservice teachers' intentions to use Web 2.0 technologies using decomposed theory of planned behavior. *Journal of Research on Technology in Education, 45*(2), 171-196. https://doi.org/10.1080/15391523.2012.10782602

Shaffer, D. W., Collier, W., & Ruis, A. R. (2016). A tutorial on epistemic network analysis: Analyzing the structure of connections in cognitive, social, and interaction data. *Journal of Learning Analytics, 3*(3), 9-45. https://doi.org/10.18608/jla.2016.33.3

Sørebø, Ø., Halvari, H., Gulli, V. F., & Kristiansen, R. (2009). The role of self-determination theory in explaining teachers' motivation to continue to use e-learning technology. *Computers & Education, 53*(4), 1177-1187. https://doi.org/10.1016/j.compedu.2009.06.001

Stupurienė, G., Lucas, M., & Bem-Haja, P. (2024). Teachers' perceptions of the barriers and drivers for the integration of Informatics in primary education.

Computers & Education, 208, Article 104939. https://doi.org/10.1016/j.compedu.2023.104939

Tu, Y. F. (2024). Roles and functionalities of ChatGPT for students with different growth mindsets: Findings of drawing analysis. *Educational Technology & Society, 27*(1), 198-214. https://doi.org/10.30191/ETS.202401_27(1).TP01

Tu, Y. F., & Hwang, G. J. (2023). University students' conceptions of ChatGPT-supported learning: A drawing and epistemic network analysis. *Interactive Learning Environments*. Advance online publication. https://doi.org/10.1080/10494820.2023.2286370

Virtanen, V., & Lindblom-Ylänne, S. (2009). University students' and teachers' conceptions of teaching and learning in the biosciences. *Instructional Science, 38*(4), 355-370. https://doi.org/10.1007/s11251-008-9088-z

Wang, L., & Chen, M. (2010). The effects of game strategy and preference-matching on flow experience and programming performance in game-based learning. *Innovations in Education and Teaching International, 47*(1), 39-52. https://doi.org/10.1080/14703290903525838

Watson, J. H., & Rockinson-Szapkiw, A. (2021). Predicting preservice teachers' intention to use technology-enabled learning. *Computers & Education, 168*, Article 104207. https://doi.org/10.1016/j.compedu.2021.104207

Yau, K. W., Chai, C. S., Chiu, T. K. F., Meng, H., King, I., & Yam, Y. (2022). A phenomenographic approach on teacher conceptions of teaching artificial intelligence (AI) in K-12 schools. *Education and Information Technologies, 28*(1), 1041-1064. https://doi.org/10.1007/s10639-022-11161-x

Yeh, H. Y., Tsai, Y. H., Tsai, C. C., & Chang, H. Y. (2019). Investigating students' conceptions of technology-assisted science learning: A drawing analysis. *Journal of Science Education and Technology, 28*(4), 329-340. https://doi.org/10.1007/s10956-019-9769-1

Zhang, X., Chen, Y., Bao, Y., & Hu, L. (2023). Robot illustrated: Exploring elementary students' perceptions of robots via the Draw-a-Robot Test. *Journal of Research on Technology in Education.* https://doi.org/10.1080/15391523.2023.2232058

第五章　生成式 AI 繪圖為調查工具：分析職前教師對科技輔助教學的概念　　117

附錄一

根據你的理解和經驗，請畫圖來描述「科技支持教學」。

你輸入的提示詞:
生成一張老師在課堂上使用互動智能白板講解歷史事件的圖片，學生和白板上顯示的地圖、時間線和事件實時互動
描述這張照片展示的技術如何有助於您或學習者的個人學習(不超過 50 個字):
智能白板能夠很直覺的和學生進行互動，並即時給予反饋，並且學生也可以透過電腦實作同時進行協作學習。
AI 畫的圖(1)
你輸入的提示詞:
生成一張學生們正在透過參與歷史模擬遊戲並在遊戲中扮演歷史人物做出影響歷史發展關鍵決策的圖片
描述這張照片展示的技術如何有助於您或學習者的個人學習(不超過 50 個字):
透過扮演歷史人物並做出關鍵決策，學生能更深入的參與學習過程。
AI 畫的圖(2)

你輸入的提示詞:
請你幫我生成一張學生們佩戴著 VR 頭盔，彷彿身臨其境參觀古代建築和遺址的圖片。
描述這張照片展示的技術如何有助於您或學習者的個人學習(不超過 50 個字):
VR 技術讓學生與同伴能夠在虛擬環境中，身臨其境地探索歷史遺址，這比傳統的書本或靜態的圖片更具吸引力和互動性。
AI 畫的圖(3)

反思任務

從上面 三張圖中，選出一張 最能代表你認為的"描繪「技術支持教學」情境的畫面"
你選擇的是：第 _3_ 張

為何 這張圖 最能代表你認為的 描繪「技術支持教學」情境的畫面，請說明理由。
我認為通過模擬真實的環境，學生能夠更好的記住學習內容，因為他們不是被動的接收訊息，而是積極主動的參與其中。VR 能夠讓學生穿越到不同的時代和地點，相較於傳統的授課模式，這個技術能夠有效的輔助學生投入並參與學習。

第六章

影響教師應用生成式 AI 於教學之因素：生成式 AI 素養與自我效能的角色

Factors Influencing Teachers' Perceptions of Generative AI in Teaching: The Roles of Generative AI Literacy and Self-Efficacy

陈禹辰 [1]

[1] 雪梨大學教育與社會工作學院 博士研究生

摘要

　　生成式人工智慧（Generative Artificial Intelligence，簡稱生成式 AI）在教育中的應用已引起教育者和研究者的廣泛關注。教師作為教育的實踐者和推動者，他們對生成式 AI 應用的感受在科技融入教學的過程中起著至關重要的作用。因此，探討影響教師對生成式 AI 應用於教育感受的因素成為推動生成式AI融入教育的重要議題。本章旨在探討教師的生成式AI素養（包括科技應用知識與技能、批判性思維、後設認知及問題解決能力）及其自我效能，對影響其對生成式 AI 應用於教育感受的關係。本章採用偏最小二乘結構方程建模進行分析，共有 195 名教師參與。研究結果表明：一、科技應用知識與技能、批判性思維及後設認知顯著正向影響教師對生成式 AI 應用於教育的感受；然而，問題解決能力未顯著影響其感受；二、教師的自我效能與其對生成式 AI 應用於教育的感受之間也存在顯著的正向關聯。

關鍵字：生成式 AI 素養、生成式 AI 應用於教育感受、自我效能、教師

Abstract

The application of generative artificial intelligence (AI) has garnered widespread attention from educational researchers and practitioners. Teachers are the practitioners and facilitators of the application of generative AI in education. Hence, exploring the factors that influence teachers' perceptions of the application of generative AI in education has become an important research issue. With this in mind, this study examined the impact of 4 constructs of generative AI literacy (technological application knowledge and skills, critical thinking, meta-cognition, and problem-solving tendency) and self-efficacy on teachers' perceptions of generative AI in education. A total of 195 teachers were engaged in the study. The results of the partial least squares structural equation modeling analysis showed that: (1) Regarding generative AI literacy, teachers' technological application knowledge and skills, critical thinking, and meta-cognition had a significantly direct impact on their perceptions of generative AI in education, while problem-solving tendency had no direct impact; (2) Self-efficacy had a significantly direct impact on teachers' perceptions of generative AI in education. Based on the findings, we discuss the results and propose suggestions for teacher professional development.

Keywords: generative artificial intelligence literacy, perceptions of generative artificial intelligence in education, self-efficacy, teacher

壹、前言

人工智慧（Artificial Intelligence, AI）科技的進步，生成式人工智慧（Generative Artificial Intelligence，簡稱生成式 AI）的快速發展進一步促進學習、工作和生活方式的轉變（Chiu, 2023; Hwang & Chen, 2023; Hwang et al., 2020, 2021; Zhang et al., 2024）。在這一背景下，教育者和研究者逐步將生成式 AI 引入課堂，探索其在教學中的應用潛力（Y. Chen et al., 2024; Chiu, 2023）。一些研究指出，生成式 AI 能夠為教學提供多樣化的支持，例如生成高品質的教學資源，並為學習者指供即時回饋（Hwang et al., 2020; Tu, 2024）。此外，已有研究將生成式 AI 應用於語文、英語、科學等學科，並證實其有助於提升學習者的學習體驗和成效（Y. Chen et al., 2024; Jing et al., 2024; Liu et al., 2024）。

教師在生成式 AI 應用於教育中扮演著實踐者與推動者的角色（Collie & Martin, 2024; ElSayary, 2023）。隨著生成式 AI 逐漸融入教育領域，探討教師對生成式 AI 應用於教育的感受變得尤為重要（Barrett & Pack, 2023; ElSayary, 2023; Gao et al., 2024）。研究指出，教師對科技應用於教育的感受，其會直接影響其教學方法的選擇和科技在課堂的實際應用，以及學生的學習成果（C. H. Chen & Tsai, 2021; Schmid et al., 2021）。換句話說，如果教師未能充分理解生成式 AI 在教育中的優勢與價值，他們將難以有效地將生成式 AI 融入課堂教學（Hwang & Chen, 2023; Tu, 2024）。因此，探討影響教師對生成式 AI 應用於教育的感受（Perceptions of Generative AI in Education, PGAIED）的因素為推動生成式 AI 融入教育的關鍵議題。

一些研究指出，教師的科技素養可能直接影響他們對科技應用於教育的感受，進而影響科技在教學中的有效整合（Joo et al., 2018; Schmid et al., 2021）。因此，教師需要具備理解、應用和評估生成式 AI 的相關能力，即生成式人工智慧素養（Generative Artificial Intelligence Literacy）（Annapureddy et al., 2024; Dadhich & Bhaumik, 2023; Long & Magerko, 2020）。Lim（2023）還指出，科技素養較高的教師，他們對其應用於教育的態度也會越積極，並且能夠認識其在教學中的價值；反之，科技素養較低的教師可能會在理解科技應用於教育作用時遇到困難，甚至可能產生抵觸

情緒，導致他們在教學中不願意嘗試使用科技。

此外，教師在使用新科技時的情感因素也可能會影響他們的感受與行為（Kramarski & Michalsky, 2010）。在科技教育應用領域，教師的自我效能（Self-efficacy, SE）是決定科技接受度、教育中使用科技的意願及科技在教學的有效應用的關鍵因素（Ayanwale et al., 2024; Jenßen et al., 2021）。同時，教師對教學中應用科技的感受與他們的信念息息相關：教師對科技的自我效能越高，他們往往更容易認識其在教學中的潛力，並相信他們能借助科技來提升學生的學習體驗和成效，從而更積極地將科技整合到課堂（Alt, 2018; Sanusi et al., 2024; Wang & Chuang, 2023）。因此，瞭解自我效能與教師對生成式 AI 應用於教育感受的影響是有必要的。

綜合上述文獻，可見教師的生成式 AI 素養與自我效能在其對生成式 AI 應用於教育中的感受中扮演重要角色。然而，目前對教師生成式 AI 素養、自我效能與生成式 AI 應用於教育的感受之間關係的研究仍相對缺乏。因此，本研究旨在探討教師的生成式 AI 素養與自我效能如何影響其對生成式 AI 應用於教育的感受，以期為未來的教師專業發展規劃提供參考。

貳、文獻回顧

一、教師對生成式 AI 應用於教育的感受

生成式 AI 的發展在教育領域引起廣泛關注。研究者開始探索如何將生成式 AI 科技應用於不同的教學情境，以促進教學創新並提升學習效率。例如生成式 AI 可以用於生成個性化學習內容、創建自動化教學助理，並為學生提供即時反饋和支持（Hwang et al., 2020, 2021; Zhang et al., 2024）。目前，一些生成式 AI 工具（如 ChatGPT、Midjourney、通義萬相等）已被教學者和研究者逐步應用於課堂，以促進學生學習和改善學習體驗（Y. Chen et al., 2024; Jing et al., 2024; Tu, 2024）。Hwang 與 Chen（2023）指出，生成式 AI 可擔任智能導師、智能學生、智能學習工具或學伴、智能決策顧問等角色，為教學和學習提供多樣化的支持。此外，生成式 AI 還能生成高品質的教學資源，進行精準的教學分析，並提供即時的課堂回饋（Y. Chen et al., 2024; Chiu, 2023; Tu, 2024）。

教師在推動生成式 AI 應用於教育中扮演著重要角色。他們對科技應用於教育的感受是科技能否在教學中有效整合的關鍵因素（Collie & Martin, 2024; ElSayary, 2023; Inan & Lowther, 2009; Tondeur et al., 2016）。這些感受涉及教師如何看待科技在教學中的作用、對科技工具的接受度，以及對科技應用於教學的潛在價值或挑戰的評估（Alt, 2018; Inan & Lowther, 2009）。研究者進一步指出，教師對科技的感受與他們採用的教學方法及實際應用緊密相關，而這些會直接影響學生的學習表現（C. H. Chen & Tsai, 2021; Schmid et al., 2021; Yau et al., 2022）。先前研究顯示，教師對科技應用於教育的感受會受到諸多因素的影響，例如他們的科技知識與技能、自我效能等（Bai et al., 2019; Chai et al., 2021; Joo et al., 2018）。因此，本研究旨在探討影響教師對生成式 AI 應用於教育感受的因素，為生成式 AI 在教育中的推廣和應用提供有價值的見解。

二、教師的生成式 AI 素養

「素養」一詞最早被用來描述個體讀、寫、算的能力（McBride-Chang, 2014）。隨著資訊科技的迅速發展，這一概念被不斷拓展，出現如媒體素養、資訊素養、數位素養等形式（Chu et al., 2016）。在 AI 時代，AI 素養已成為個體必備的技能之一（Chiu & Sanusi, in press）。Long 與 Magerko（2020）對 AI 素養進行定義，將其描述為個體能夠批判性地評估 AI 科技、與 AI 有效溝通與協作，並能在不同情境中（如線上環境、家庭及工作場所）有效使用 AI 工具的一系列能力。隨著生成式 AI 科技在各領域的廣泛應用，生成式 AI 素養已被視為一項關鍵能力，能夠幫助個體有效地使用這些科技、批判性地評估生成式 AI，以及作為協助個體在數位環境中的決策參考，從而發揮生成式 AI 在教育和職場中的潛力（Annapureddy et al., 2024; Dadhich & Bhaumik, 2023）。教師專業發展中，教師的生成式 AI 素養也逐漸受到重視，其是指教師能夠在教學設計、教材開發、教學評估和學生個性化輔導中運用生成式 AI 科技，以及能批判性地評估其效果，以促進學生的學習成效（Chiu & Sanusi, in press; Ng et al., 2022）。

研究表明，教師在使用科技方面的素養直接影響他們對科技應用於教育的感受，進而影響科技在教學中的有效整合（Joo et al., 2018; Schmid et al., 2021）。例如 Joo 等（2018）發現，職前教師在使用科技方面的知識與技能顯著影響他們對科技的接受度和使用意圖。Sun 等（2024）指出，整合科技的學科教學知識（Technological Pedagogical and Content Knowledge, TPACK）會直接影響職前教師對科技融入教學的感受。然而，尚未有研究關注在職教師的生成式 AI 素養與生成式 AI 教育應用觀念之間之影響關係。因此，本研究探討生成式 AI 素養與教師對生成式 AI 教育應用感受之間的關係。

三、教師的自我效能

教師的自我效能指教師對自身在特定情境中按品質完成特定教學任務的能力的信念（Yang et al., 2024）。先前研究指出，個體對自己能夠用現有技能完成某項任務的信念，比實際掌握的技能水準更為重要（Bandura, 1997）。在科技應用於教育的領域中，教師的自我效能扮演著重要的角色，其會影響教師是否能在教學活動中有效地應用科技（Ayanwale et al., 2024; Bai et al., 2019; H. M. Lai et al., 2018）。此外，研究顯示，自我效能對教師在教學實踐中應用科技的感受具有積極影響（Ayanwale et al., 2024; Joo et al., 2018）。例如 H. M. Lai 等（2018）發現，自我效能越高的大學教師，他們對科技融入翻轉課堂持有更積極的態度和感受。Bai 等（2019）調查 156 名小學英語教師，發現自我效能影響教師對科技應用於教學的感受（如感知易用性、感知有用性），進而影響他們在教學中使用科技的意願。

已有一些研究開始探討自我效能與教師對 AI 教育應用感受的關係（Lim, 2023; Sun et al., 2024）。例如 Lim（2023）調查 212 名幼兒職前教師，發現他們的自我效能與對 AI 教育應用的感受之間存在積極影響。Sun 等（2024）調查 239 名科學、科技、工程及數學（Science, Technology, Engineering, Mathematics，簡稱 STEM）職前教師，結果顯示，自我效能顯著且直接影響他們對 AI 融入 STEM 教育的意願。因此，本研究將探討自我效能對在職教師對生成式 AI 應用於教育的感受之影響關係。

參、研究模型與假設

基於文獻綜述的探討，本研究探討教師生成式 AI 素養與自我效能對其生成式 AI 應用於教育的感受之影響。參考 Dadhich 與 Bhaumik（2023）及 Lim（2023）的研究，在本研究中，教師生成式 AI 素養涵蓋 4 個構面，即科技應用的知識與技能（Technological Application Knowledge and Skills, TAKS）、批判思維（Critical Thinking, CT）、後設認知（Meta-cognition, MC）和問題解決傾向（Problem-solving Tendency, PST）。基於這些構面，本研究提出 5 條假設，以驗證生成式 AI 素養和自我效能對教師生成式 AI 應用感受的影響。研究模型如圖 6-1 所示。

本研究提出並檢驗如下假設：

H1：科技應用的知識與技能對生成式 AI 應用於教育的感受有積極影響；
H2：批判思維對生成式 AI 應用於教育的感受有積極影響；
H3：後設認知對生成式 AI 應用於教育的感受有積極影響；
H4：問題解決傾向對生成式 AI 應用於教育的感受有積極影響；
H5：自我效能對生成式 AI 應用於教育的感受有積極影響。

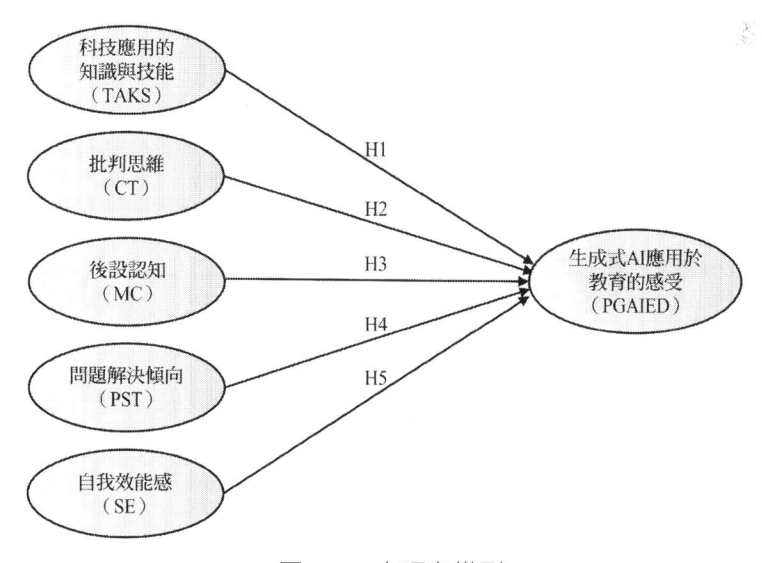

圖 6-1　本研究模型

肆、實驗設計

一、研究對象

本研究招募了來自中國東部的資訊科技在職教師為研究對象。他們參與中小學教師生成式 AI 應用於教育的培訓方案（見圖 6-2），以及他們都擁有使用生成式 AI 的經驗。本研究共蒐集 195 份有效問卷，男性占 32.3%，女性占 67.7%。在年齡結構上，30 歲以下的參與者占 69.2%，31–40 歲的占 25.1%，而 41–50 歲的占 5.6%。在科技應用於教學的經驗方面，擁有 0–2 年經驗的占 59.0%，3–5 年占 19.5%，6–10 年占 9.2%，11–15 年占 6.2%，16–20 年占 2.6%，超過 20 年的占 3.6%。至於 AI 應用於教學的經驗，沒有相關經驗的參與者占 33.3%，擁有少於 0.5 年經驗的占 34.4%，0.5–1 年經驗者占 21.0%，1–2 年經驗者占 6.7%，3–5 年經驗者占 2.6%，而超過 5 年的僅占 2.1%。

二、測量工具

（一）生成式 AI 素養問卷

在教師生成式 AI 素養問卷的部分，參考 Dadhich 與 Bhaumik（2023）

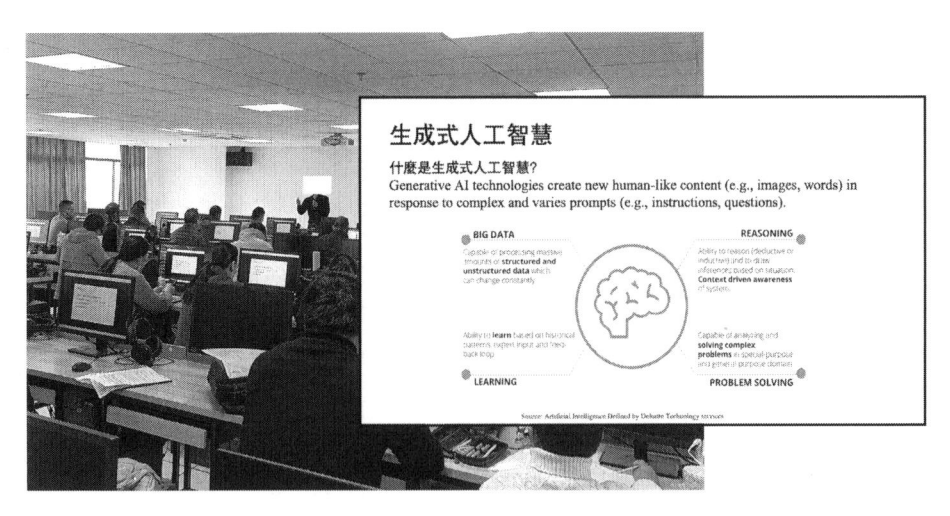

圖 6-2　生成式 AI 應用於教育的培訓方案

及 Lim（2023）的研究，並在此基礎上改編。該問卷涵蓋科技應用的知識與技能、批判性思維、後設認知和問題解決傾向四個維度，共計 26 題，採用李克特（Likert）5 點量表（1 為非常不同意，5 為非常同意）。例如「在與生成式 AI 互動時，我會思考生成的內容是否正確和可靠。」問卷的整體 Cronbach's α 值為 .96，各維度的 Cronbach's α 值介於 .86– .95 之間，顯示出良好的信度。

（二）自我效能問卷

在教師自我效能問卷的部分，參考 Jenßen 等（2021）的研究，並在此基礎上改編。該問卷包含 5 題，例如「我能夠善用生成式 AI 工具進行教學，使學生受益。」本問卷採用李克特 5 點量表（1 為非常不同意，5 為非常同意）。該問卷具有良好的信度，其 Cronbach's α 為 .86。

（三）生成式 AI 應用於教育的感受問卷

在教師對生成式 AI 應用教育的感受問卷的部分，參考 C. L. Lai（2021）和 Lim（2023）的研究，並在此基礎上改編。該問卷包含 16 題，例如「在學校教育中，生成式 AI 可以作為有用的教學工具。」本問卷採用李克特 5 點量表（1 為非常不同意，5 為非常同意）。該問卷具有良好的信度，其 Cronbach's α 為 .96。

針對上述 3 個問卷，本研究邀請兩名教育科技領域的專家對該問卷的表述和內容進行評估與調整。

三、研究流程

本研究已獲得研究機構倫理委員會的審查與參與者的口頭同意。所有教師自願參與中小學教師生成式 AI 應用於教育培訓方案（見圖 6-2）。培訓方案完成後，立刻邀請參與者展開問卷調查，參與者需要在線上調查工具問卷星中填寫基本資訊及問卷。

四、統計分析

偏最小二乘結構方程建模（Partial Least Squares Structural Equation

Modeling, PLS-SEM）適用於分析複雜的結構模型，可以同時對形成性指標與反應性指標進行分析，對樣本的需求較少。同時，它無需數據正態分布（Hair et al., 2021）。因此，本研究採用 PLS-SEM 來進行數據分析。數據處理與分析採用 SPSS 27 和 Smart PLS 3.0 工具。

伍、研究結果

一、描述性統計

本研究的問卷構面偏度和峰度之絕對值均未超過 1，表明各構面數據呈正態性（Kline, 2015）。同時，教師的生成式 AI 素養平均為 4.12，自我效能平均為 4.21，生成式 AI 應用於教育的感受平均為 4.06。在生成式 AI 素養的子構面，科技應用的知識與技能的平均最高為 4.24，而批判性思維的平均分最低為 3.91。

二、測量模型的信效度分析

本研究檢驗測量模型中各題項的可靠性及各構面的內部一致性、收斂效度和區分效度。表 6-1 展示各構面的因素負荷（Factor Loading）、Cronbach's α、組合信度（Composite Reliability）和平均萃取變異量（Average Variance Extracted, AVE）。首先，因素負荷反映構面與題項之間的相關係數，其閾值為 .6。數據顯示，本研究各題項的因素負荷在 .685– .878，均符合標準，具有良好的可靠性。同時，各構面的組合信度值均高於閾值 .7，表明各構面有良好的內部一致性。在收斂效度上，除了衡量因素負荷和組合信度外，還考慮各構面的的 AVE，其閾值為 .5。如表 6-1 所示，各構面的 AVE 值在 .579– .730，其具有良好的收斂效度。

區分效度檢測被測變數與不同構面之間的區分程度。根據表 6-2 的 Fornell-Larcker 檢驗結果發現，各構面的 AVE 的平方根大於該構面與其他構面的相關係數。因此，本研究的各構面具有良好的區分效度。

表 6-1　驗證性因素分析

構面／題項	因素負荷	Cronbach's α	組合信度	AVE
TAKS		.855	.892	.579
TAKS1	.777			
TAKS2	.730			
TAKS3	.723			
TAKS4	.737			
TAKS5	.786			
TAKS6	.810			
CT		.916	.934	.703
CT1	.852			
CT2	.842			
CT3	.840			
CT4	.855			
CT5	.838			
CT6	.805			
MC		.947	.956	.730
MC1	.876			
MC2	.878			
MC3	.847			
MC4	.851			
MC5	.819			
MC6	.843			
MC7	.848			
MC8	.870			
PST		.911	.931	.692
PST1	.871			
PST2	.833			
PST3	.800			
PST4	.825			
PST5	.817			
PST6	.845			
SE		.862	.901	.645
SE1	.844			
SE2	.788			
SE3	.803			
SE4	.755			
SE5	.823			

表 6-1　驗證性因素分析（續）

構面／題項	因素負荷	Cronbach's α	組合信度	AVE
PGAIED		.957	.961	.609
PGAIED1	.734			
PGAIED2	.775			
PGAIED3	.685			
PGAIED4	.729			
PGAIED5	.753			
PGAIED6	.749			
PGAIED7	.754			
PGAIED8	.767			
PGAIED9	.783			
PGAIED10	.809			
PGAIED11	.811			
PGAIED12	.788			
PGAIED13	.836			
PGAIED14	.808			
PGAIED15	.823			
PGAIED16	.861			

表 6-2　各構面的區分效度（Fornell-Larcker）

構面	CT	MC	PGAIED	PST	SE	TAKS
CT	.839					
MC	.761	.854				
PGAIED	.745	.788	.780			
PST	.684	.792	.710	.832		
SE	.583	.661	.724	.650	.803	
TAKS	.662	.708	.747	.734	.707	.761

三、結構模型分析

　　標準化均方根殘差（Standardized Root Mean Square Residual, SRMR）用於評估模型的擬合度，其值小於 .08 被認為是可接受的（Henseler et al. 2014）。本研究中，SRMR 值為 .048，表明模型擬合度良好。方差膨

第六章　影響教師應用生成式 AI 於教學之因素：生成式 AI 素養與自我效能的角色　131

脹因數（Variance Inflation Factor, VIF）用於評估變數間的共線性，VIF < 5 表明共線性水準沒有達到臨界值（Hair et al., 2021）。本研究各題項 VIF 的範圍在 1.602–3.799，說明變數間的共線性符合標準。決定係數 R^2 的值表示模型對變數的解釋能力。參考 Chin（1998）的研究，R^2 值大於 .67 為高度解釋能力，R^2 值介於 .35– .67 為中度解釋能力，R^2 值介於 .19– .35 表示較弱解釋能力。本研究中，R^2 值為 .743，說明具有模型對變數有高度解釋能力。

　　本研究採用自助法（Bootstrapping）來估算每條路徑係數的顯著性。根據圖 6-3 和表 6-3 所示，H1、H2、H3 和 H5 共 4 條假設成立，而 H4 假設不成立。具體來看，生成式 AI 素養中的科技應用對生成式 AI 應用於教育的感受有直接影響，且達顯著性（β = .203, t = 2.577），因此 H1 假設成立；生成式 AI 素養中的批判思維對生成式 AI 應用於教育的感受有直接影響，且達顯著性（β = .240, t = 3.820），因此 H2 假設成立；生成式 AI 素養中的後設認知對生成式 AI 應用於教育的感受有直接影響，且達顯著性（β = .301, t = 3.198），因此 H3 假設成立；生成式 AI 素養中的問題解決傾向對生

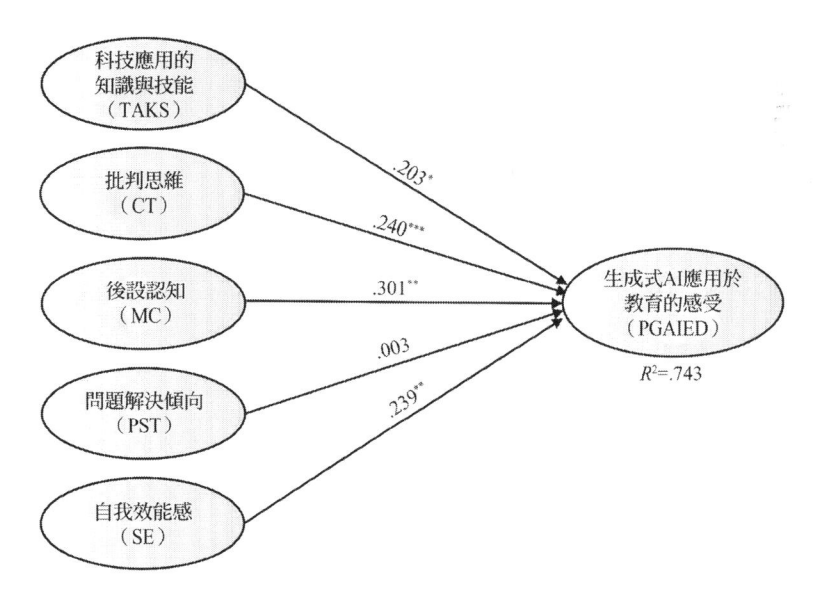

圖 6-3　研究模型的路徑係數

$^*p < .05, ^{**}p < .01, ^{***}p < .001.$

成式 AI 應用於教育的感受無直接影響，未達顯著性（$\beta = .003, t = 0.037$），因此 H4 假設不成立。另外，自我效能對生成式 AI 應用於教育的感受有直接影響，且達顯著性（$\beta = .239, t = 3.108$），因此 H5 假設成立。

如表 6-4 所示，參照 Cohen（2013）的效應量標準，生成式 AI 素養中的科技應用的知識與技能（$f^2 = .203$）、批判思維（$f^2 = .240$）和後設認知（$f^2 = .301$）對生成式 AI 應用於教育的態度影響達到中等效應量；同時，自我效能（$f^2 = .239$）對生成式 AI 應用於教育的態度影響也達到中等效應量；而生成式 AI 素養中的問題解決傾向（$f^2 = .003$）對生成式 AI 應用於教育的態度影響的效應量不符合標準。

表 6-3　假設檢驗結果

假設	β	t	p	結果
H1: TAKS → PGAIED	.203	2.577	.010	假設成立
H2: CT → PGAIED	.240	3.820	< .001	假設成立
H3: MC → PGAIED	.301	3.198	.001	假設成立
H4: PST → PGAIED	.003	0.037	.971	假設不成立
H5: SE → PGAIED	.239	3.108	.002	假設成立

表 6-4　外生變數對內生變數影響的效應量

路徑	f^2	效應量
TAKS → PGAIED	.203	中等
CT → PGAIED	.240	中等
MC → PGAIED	.301	中等
PST → PGAIED	.003	不符合標準
SE → PGAIED	.239	中等

陸、討論與結論

一、研究結果與討論

本研究調查 195 名在職教師，利用 PLS-SEM 探討生成式 AI 素養中的科技應用的知識與技能、批判思維、後設認知、問題解決傾向 4 個構面及自

我效能與教師對生成式 AI 應用於教育的感受的關係。結果顯示：（一）生成式 AI 素養中的科技應用知識與技能、批判思維、後設認知與教師對生成式 AI 應用於教育的感受具有顯著的正向影響關係，而問題解決傾向對教師生成式 AI 應用於教育的感受不具有正向影響關係；（二）自我效能與教師對生成式 AI 應用於教育的感受具有顯著的正向影響關係。

首先，本研究探討教師生成式 AI 素養的 4 個構面與他們對生成式 AI 應用於教育的感受的關係，發現科技應用的知識與技能、批判思維、後設認知與教師對生成式 AI 應用於教育的感受具有顯著的正向影響關係。在科技應用的知識與技能方面，本研究發現，教師在科技應用方面的知識與技能是影響其對生成式 AI 應用於教育感受的關鍵因素。這一結果與先前研究一致，表明教師對科技應用的知識與技能直接影響他們對教育中科技應用的觀點（Joo et al., 2018; Schmid et al., 2021; Sun et al., 2024）。例如 Joo 等（2018）發現職前教師的 TPACK 能力會直接影響教師對科技應用於教育的感知有用性與感知易用性。換句話說，當教師擁有較高的科技應用知識和技能時，他們更有可能對生成式 AI 應用於教育持有積極的感受。因此，教師的生成式 AI 應用知識與技能在生成式 AI 應用於教育中具有重要性。在批判思維方面，本研究發現教師的批判思維會直接影響其對生成式 AI 應用於教育的感受，其呼應 Lim（2023）的研究結果，即他發現幼兒職前教師的批判思維能預測他們對 AI 在幼稚教育應用的感受。先前研究指出，批判思維能幫助教師理性地評估科技在教育中的潛力和局限性，具有高批判思維的教師通常能更有效地分析科技在教育中的應用場景，識別其優缺點，並做出明智的決策（Kimmons & Hall, 2018; Maor et al., 2023）。

其次，本研究發現後設認知會直接影響教師對生成式 AI 應用於教育的感受。後設認知主要體現在教師在教學中應用生成式 AI 的自我監控和反思上，這種能力使教師能夠在使用生成式 AI 時審視教學進程與教學目標的達成情況，檢查教學效果，並據此進行必要的調整與優化（Maor et al., 2023; Zielińska et al., 2024）。換句話說，教師的後設認知越強，他們可能在面對新科技時能夠更有效地評估其適用性、效用以及潛在影響，從而影響他們對生成式 AI 應用於教育的感受。然而，本研究發現，問題解決傾向對教師生成式 AI 應用於教育的感受不具有直接影響。這可能是因為本研究的教師

培訓方案時間較短，而培養個體的問題解決能力通常需要較長的時間。儘管教師在培訓中學習一些關於在教學中使用生成式 AI 的知識與技能，但由於培訓時間的限制，他們尚未有足夠的機會在真實教學環境中應用生成式 AI 來處理複雜問題。因此，教師可能仍對生成式 AI 應用於教育持保留的感受（Francom, 2019）。

此外，生成式 AI 應用於教育領域尚處於初步發展階段，多數教師與職前教師對此仍然不熟悉，且缺乏相應的應用能力（Chiu & Sanusi, in press）。教師們的情感因素在使用新科技時會對其決策和行為產生影響（Kramarski & Michalsky, 2010），在本研究中得到驗證。特別是職前教師的自我效能為影響他們對生成式 AI 應用於教育的感受的關鍵因素，這與以往研究一致（Bai et al., 2019; Joo et al., 2018; H. M. Lai et al., 2018; Tondeur et al., 2016）。換句話說，職前教師對自身教學中能有效整合和使用生成式 AI 的信心越強，他們更能感知生成式 AI 對教學的效用與價值（Lim, 2023; Sun et al., 2024）。此外，Bai 等（2021）發現，自我效能不僅影響教師對 AI 教育應用的感受，還能影響他們持續在教學中使用科技的意願。因此，培養教師的自我效能以增強其在教學中應用生成式 AI 的信心和信念至關重要，這將進一步促進他們將生成式 AI 應用於教學活動中的整合程度（Tondeur et al., 2016）。

本研究具有以下貢獻：首先，從理論層面來看，本研究透過調查教師的生成式 AI 素養、自我效能以及他們對生成式 AI 應用於教育的感受，並檢驗這三者之間的關係。研究結果顯示，生成式 AI 素養中的科技應用知識與技能、批判思維、後設認知以及自我效能是影響教師對生成式 AI 應用於教育的感受的關鍵因素，而教師的問題解決傾向對生成式 AI 應用於教育的感受則沒有顯著的影響。其次，從實踐層面來看，本研究的發現為未來的教師專業發展方案提供啟示。未來的培訓計畫應充分考慮這些影響因素，特別是針對提升教師的生成式 AI 素養和自我效能進行設計，從而協助教師認識生成式 AI 應用於教育的價值，並增進其在教學中的有效應用。

二、研究限制與建議

本研究具有以下局限性：（一）本研究的樣本主要由來自中國的資訊科

技教師組成，且樣本量較小，因此研究結果可能不具備普適性，對於不同國家和文化背景的教師可能導致不同的研究結果；（二）本研究只考慮生成式 AI 素養的四個維度，不同研究者對生成式 AI 素養的構面有著不同的見解，例如一些研究者也考慮倫理道德等方面，然而，這些方面未在本研究中進行探究；因此，未來研究可以考量生成式 AI 素養中的不同方面；（三）本研究主要依賴參與者自我報告形式的問卷，這可能導致數據具有主觀性和社會期望偏見。

依據討論與結論，本研究為未來研究提出幾點建議：

（一）建議未來研究可以擴大樣本量，並招募來自不同國家與不同文化背景的教師，以驗證當前的研究結果。

（二）以不同的框架（如參考其他生成式 AI 素養的構面）展開相關研究，同時可以考慮探討其他有意義的變數，如 TPACK 技能、科技接受度等。

（三）本研究發現生成式 AI 素養和自我效能對教師對生成式 AI 應用於教育的感受有正面影響。因此，建議未來研究者設計並實施結合實務應用的教師專業發展方案，並加入能夠提升教師信念與信心的活動，以促進教師的生成式 AI 素養與自我效能，進而推動生成式 AI 在教育中的有效應用。

參考文獻

Alt, D. (2018). Science teachers' conceptions of teaching and learning, ICT efficacy, ICT professional development and ICT practices enacted in their classrooms. *Teaching and Teacher Education*, *73*, 141-150. https://doi.org/10.1016/j.tate.2018.03.020

Annapureddy, R., Fornaroli, A., & Gatica-Perez, D. (2024). Generative AI literacy: Twelve defining competencies. *Digital Government: Research and Practice*. Advance online publication. https://doi.org/10.1145/3685680

Ayanwale, M. A., Frimpong, E. K., Opesemowo, O. A. G., & Sanusi, I. T. (2024). Exploring factors that support pre-service teachers' engagement in learning artificial intelligence. *Journal for STEM Education Research*. https://doi.org/10.1007/s41979-024-00121-4

Bai, B., Wang, J., & Chai, C. S. (2019). Understanding Hong Kong primary school English teachers' continuance intention to teach with ICT. *Computer Assisted Language Learning, 34*(4), 528-551. https://doi.org/10.1080/09588221.2019.1627459

Bandura, A. (1997). *Self-efficacy: The exercise of control.* Macmillan.

Barrett, A., & Pack, A. (2023). Not quite eye to A.I.: Student and teacher perspectives on the use of generative artificial intelligence in the writing process. *International Journal of Educational Technology in Higher Education, 20*(1), Article 59. https://doi.org/10.1186/s41239-023-00427-0

Chai, C. S., Lin, P. Y., Jong, M. S. Y., Dai, Y., Chiu, T. K. F., & Qin, J. J. (2021). Perceptions of and behavioral intentions towards learning artificial intelligence in primary school students. *Educational Technology & Society, 24*(3), 89-101. https://www.jstor.org/stable/27032858

Chen, C. H., & Tsai, C. C. (2021). In-service teachers' conceptions of mobile technology-integrated instruction: Tendency towards student-centered learning. *Computers & Education, 170,* Article 104224. https://doi.org/10.1016/j.compedu.2021.104224

Chen, Y., Zhang, X., & Hu, L. (2024). A progressive prompt-based image-generative AI approach to promoting students. *Educational Technology & Society, 27*(2), 284-305. https://doi.org/10.30191/ETS.202404_27(2).TP01

Chin, W. W. (1998). The partial least squares approach to structural equation modeling. In G. A. Marcoulides (Ed.), *Modern methods for business research* (pp. 295-336). Lawrence Erlbaum.

Chiu, T. K. F. (2023). The impact of generative AI (GenAI) on practices, policies and research direction in education: A case of ChatGPT and Midjourney. *Interactive Learning Environments.* Advance online publication. https://doi.org/10.1080/10494820.2023.2253861

Chiu, T. K. F., & Sanusi, I. T. (in press). Define, foster, and assess student and teacher AI literacy and competency for all: Current status and future research direction. *Computers and Education Open.* https://doi.org/10.1016/j.caeo.2024.100182

Chu, S. K. W., Reynolds, R. B., Tavares, N. J., Notari, M., & Lee, C. W. Y. (2016). *21st century skills development through inquiry-based learning.* Springer.

Cohen, J. (2013). *Statistical power analysis for the behavioral sciences.* Academic Press.

Collie, R. J., & Martin, A. J. (2024). Teachers' motivation and engagement to harness generative AI for teaching and learning: The role of contextual, occupational, and background factors. *Computers and Education: Artificial Intelligence, 6*, Article 100224. https://doi.org/10.1016/j.caeai.2024.100224

Dadhich, M., & Bhaumik, A. (2023, December 8–9). *Demystification of generative artificial intelligence (AI) literacy, algorithmic thinking, cognitive divide, pedagogical knowledge: A comprehensive model* [Conference presentation]. 2023 IEEE International Conference on ICT in Business Industry & Government (ICTBIG), Indore, India. http://dx.doi.org/10.1109/ictbig59752.2023.10456172

ElSayary, A. (2023). An investigation of teachers' perceptions of using ChatGPT as a supporting tool for teaching and learning in the digital era. *Journal of Computer Assisted Learning, 40*(3), 931-945. https://doi.org/10.1111/jcal.12926

Francom, G. M. (2019). Barriers to technology integration: A time-series survey study. *Journal of Research on Technology in Education, 52*(1), 1-16. https://doi.org/10.1080/15391523.2019.1679055

Gao, Y., Wang, Q., & Wang, X. (2024). Exploring EFL university teachers' beliefs in integrating ChatGPT and other large language models in language education: A study in China. *Asia Pacific Journal of Education, 44*(1), 29-44. https://doi.org/10.1080/02188791.2024.2305173

Hair, J. F., Jr., Hult, G. T. M., Ringle, C. M., & Sarstedt, M. (2021). *A primer on partial least squares structural equation modeling (PLS-SEM)*. Sage.

Henseler, J., Ringle, C. M., & Sarstedt, M. (2014). A new criterion for assessing discriminant validity in variance-based structural equation modeling. *Journal of the Academy of Marketing Science, 43*(1), 115-135. https://doi.org/10.1007/s11747-014-0403-8

Hwang, G. J., & Chen, N. S. (2023). Editorial position paper: Exploring the potential of generative artificial intelligence in education: Applications, challenges, and future research directions. *Educational Technology & Society, 26*(2), i-xviii. https://doi.org/10.30191/ETS.202304_26(2).0014

Hwang, G. J., Tu, Y. F., & Lin, C. J. (2021). Advancements and hot research topics of artificial intelligence in mobile learning: A review of journal publications from 1995 to 2019. *International Journal of Mobile Learning and Organisation, 15*(4), 427-447. https://doi.org/10.1504/ijmlo.2021.10040636

Hwang, G. J., Xie, H., Wah, B. W., & Gašević, D. (2020). Vision, challenges, roles and research issues of artificial intelligence in education. *Computers and Education: Artificial Intelligence, 1*, Article 100001. https://doi.org/10.1016/j.caeai.2020.100001

Inan, F. A., & Lowther, D. L. (2009). Factors affecting technology integration in K-12 classrooms: A path model. *Educational Technology Research and Development*, *58*(2), 137-154. https://doi.org/10.1007/s11423-009-9132-y

Jenßen, L., Gierlinger, F., & Eilerts, K. (2021). Pre-service teachers' enjoyment and ICT teaching self-efficacy in mathematics—An application of control-value theory. *Journal of Digital Learning in Teacher Education*, *37*(3), 183-195. https://doi.org/10.1080/21532974.2021.1929585

Jing, Y., Wang, H., Chen, X., & Wang, C. (2024). What factors will affect the effectiveness of using ChatGPT to solve programming problems? A quasi-experimental study. *Humanities and Social Sciences Communications*, *11*(1), 1-12. https://doi.org/10.1057/s41599-024-02751-w

Joo, Y. J., Park, S., & Lim, E. (2018). Factors influencing preservice teachers' intention to use technology: TPACK, teacher self-efficacy, and technology acceptance model. *Educational Technology & Society*, *21*(3), 48-59.

Kimmons, R., & Hall, C. (2018). How useful are our models? Pre-service and practicing teacher evaluations of technology integration models. *TechTrends*, *62*(1), 29-36. https://doi.org/10.1007/s11528-017-0227-8

Kline, R. B. (2015). *Principles and practice of structural equation modeling* (4th ed.). Guilford.

Kramarski, B., & Michalsky, T. (2010). Preparing preservice teachers for self-regulated learning in the context of technological pedagogical content knowledge. *Learning and Instruction*, *20*(5), 434-447. https://doi.org/10.1016/j.learninstruc.2009.05.003

Lai, C. L. (2021). Exploring Taiwanese teachers' preferences for STEM teaching in relation to their perceptions of STEM learning. *Educational Technology & Society*, *24*(4), 123-135. https://doi.org/10.30191/ETS.202110_24(4).0010

Lai, H. M., Hsiao, Y. L., & Hsieh, P. J. (2018). The role of motivation, ability, and opportunity in university teachers' continuance use intention for flipped teaching. *Computers & Education*, *124*, 37-50. https://doi.org/10.1016/j.compedu.2018.05.013

Lim, E. M. (2023). The effects of pre-service early childhood teachers' digital literacy and self-efficacy on their perception of AI education for young children. *Education and Information Technologies*, *28*(10), 12969-12995. https://doi.org/10.1007/s10639-023-11724-6

Liu, M., Zhang, L. J., & Biebricher, C. (2024). Investigating students' cognitive processes in generative AI-assisted digital multimodal composing and traditional writing. *Computers & Education*, *211*, Article 104977. https://doi.org/10.1016/j.compedu.2023.104977

Long, D., & Magerko, B. (2020, April 21). *What is AI literacy? Competencies and design considerations* [Conference presentation]. CHI Conference on Human Factors in Computing Systems, Honolulu, HI, United States. http://dx.doi.org/10.1145/3313831.3376727

Maor, R., Paz-Baruch, N., Grinshpan, N., Milman, A., Mevarech, Z., Levi, R., Shlomo, S., & Zion, M. (2023). Relationships between metacognition, creativity, and critical thinking in self-reported teaching performances in project-based learning settings. *Thinking Skills and Creativity*, *50*, Article 101425. https://doi.org/10.1016/j.tsc.2023.101425

McBride-Chang, C. (2014). *Children's literacy development*. Routledge.

Ng, D. T. K., Leung, J. K. L., Su, M. J., Yim, I. H. Y., Qiao, M. S., & Chu, S. K. W. (2022). AI education and AI literacy. In D. T. K. Ng, J. K. L. Leung, M. J. Su, I. H. Y. Yim, M. S. Qiao, & S. K. W. Chu, *AI literacy in K-16 classrooms* (pp. 9-19). Springer. http://dx.doi.org/10.1007/978-3-031-18880-0_2

Sanusi, I. T., Ayanwale, M. A., & Tolorunleke, A. E. (2024). Investigating pre-service teachers' artificial intelligence perception from the perspective of planned behavior theory. *Computers and Education: Artificial Intelligence*, *6*, Article 100202. https://doi.org/10.1016/j.caeai.2024.100202

Schmid, M., Brianza, E., & Petko, D. (2021). Self-reported technological pedagogical content knowledge (TPACK) of pre-service teachers in relation to digital technology use in lesson plans. *Computers in Human Behavior*, *115*, Article 106586. https://doi.org/10.1016/j.chb.2020.106586

Sun, F., Tian, P., Sun, D., Fan, Y., & Yang, Y. (2024). Pre-service teachers' inclination to integrate AI into STEM education: Analysis of influencing factors. *British Journal of Educational Technology*, *55*(6), 2574-2596. https://doi.org/10.1111/bjet.13469

Tondeur, J., van Braak, J., Ertmer, P. A., & Ottenbreit-Leftwich, A. (2016). Understanding the relationship between teachers' pedagogical beliefs and technology use in education: A systematic review of qualitative evidence. *Educational Technology Research and Development*, *65*(3), 555-575. https://doi.org/10.1007/s11423-016-9481-2

Tu, Y. F. (2024). Roles and functionalities of ChatGPT for students with different growth mindsets: Findings of drawing analysis. *Educational Technology & Society*, *27*(1), 198-214. https://doi.org/10.30191/ETS.202401_27(1).TP01

Wang, Y. Y., & Chuang, Y. W. (2023). Artificial intelligence self-efficacy: Scale development and validation. *Education and Information Technologies*, *29*(4), 4785-4808. https://doi.org/10.1007/s10639-023-12015-w

Yang, Y. F., Tseng, C. C., & Lai, S. C. (2024). Enhancing teachers' self-efficacy beliefs in AI-based technology integration into English speaking teaching through a professional development program. *Teaching and Teacher Education*, *144*, Article 104582. https://doi.org/10.1016/j.tate.2024.104582

Yau, K. W., Chai, C. S., Chiu, T. K. F., Meng, H., King, I., & Yam, Y. (2022). A phenomenographic approach on teacher conceptions of teaching artificial intelligence (AI) in K-12 schools. *Education and Information Technologies*, *28*(1), 1041-1064. https://doi.org/10.1007/s10639-022-11161-x

Zhang, X., Chen, Y., Hu, L., Li, J., Hwang, G. J., & Tu, Y. F. (2024). Promoting conceptual changes of artificial intelligence with technology-facilitated situational exploration and alternative thinking: A dual-situated learning model-based two-tier test approach. *Interactive Learning Environments*. Advance online publication. https://doi.org/10.1080/10494820.2024.2361378

Zielińska, A., Lebuda, I., Gop, A., & Karwowski, M. (2024). Teachers as creative agents: How self-beliefs and self-regulation drive teachers' creative activity. *Contemporary Educational Psychology*, *77*, Article 102267. https://doi.org/10.1016/j.cedpsych.2024.102267

第七章
生成式 AI 應用於四學活動設計的教師培訓模式與實施成效分析

Modes and Effectiveness of Professional Development for In-Service Teachers to Apply Generative AI in Designing Four-Learning Activities

賴秋琳

臺北教育大學教育學系 副教授

摘要

　　本章介紹在臺灣進行的生成式人工智慧（Generative Artificial Intelligence，簡稱生成式 AI）融入四學（學生自學、組內共學、組間互學、教師導學）活動的教師培訓與課程實施成果，並探索生成式 AI 如何影響教師的教學實踐。基於過去文獻，本章採用一個以生成式 AI 融入四學活動的課程架構，邀請有意願參與的臺灣教師接受專業培訓，並在培訓後設計與實施生成式 AI 應用於四學之教學活動。為了驗證生成式 AI 融入教學後對教師教學實踐的影響，本章對教師的生成式 AI 自我效能、生成式 AI 素養以及生成式 AI 後設認知進行深入分析。結果顯示，教師使用生成式 AI 進行教學的經驗對其自我效能、素養和後設認知均有顯著影響，隨著使用經驗的增加，這些方面的能力顯著提升。這些結果強調了在教師專業發展中，實踐與培訓對於有效融入新技術的重要性。

關鍵字：生成式人工智慧、教師專業發展、生成式人工智慧素養、教學自我效能

Abstract

This study presents the teacher training mode and curriculum implementation approach which incorporates generative artificial intelligence (AI) into learning in Taiwan, with the aim of exploring how generative AI impacts teachers' instructional practices. Based on previous literature, this study adopted a curriculum framework integrating generative AI into the Four-Learning Activities, including self-, intra-group, inter-group, and teacher-guided learning. We invited Taiwanese teachers to participate in professional training. After the training, these teachers designed and implemented generative AI within the Four-Learning Activities. To assess the impact of integrating generative AI on their teaching practices, this study investigated teachers' generative AI teaching self-efficacy, generative AI literacy, and metacognition related to generative AI. The results indicated that teachers' experience using generative AI for teaching significantly increased their generative AI teaching self-efficacy, generative AI literacy, and metacognition. These findings revealed the importance of practical experience and training in professional development for effectively integrating new technologies.

Keywords: generative artificial intelligence, teaching professional development, generative artificial intelligence literacy, teaching self-efficacy

壹、前言

由於深度學習及自然語言技術的迅速進步，生成式人工智慧（Generative Artificial Intelligence，簡稱生成式 AI）已經具備創作文本、圖形、音頻和視頻等媒體的能力。同時，受惠於電腦設備及網路的普及，生成式 AI 已經在教育領域中被廣泛的應用（Jovanovic & Campbell, 2022）。許多研究更展現生成式 AI 在不同學科應用的顯著成效，例如軟體工程（Bull & Kharrufa, 2023）、科學教育（Cooper, 2023）以及新聞與媒體教育（Pavlik, 2023）等。這些研究不僅強調了生成式 AI 為學生提供新穎學習體驗，還指出它能促進學生在不同學科中的理解與創造性思維。此外，學者進一步指出，生成式 AI 具有提供學生即時反饋的互動鷹架功能；例如 Chien 等（2024）的研究證實，生成式 AI 不僅可以作為資訊的提供者，還能充當學生學習的輔助者，透過即時反饋來支持學生的思考過程。其他研究也表明，生成式 AI 在教育中不僅具備技術上的優勢，還能在人機互動的深度和廣度上帶來顯著的教學效益（Chen et al., 2024; Sabo et al., 2024）。

Chiu 等（2023）將生成式 AI 在課堂中的應用分為四大主要功能：首先，生成式 AI 能根據學生的個別能力分配任務，使學習更加個人化；其次，它能提供人機對話，增強學生的學習互動與參與感；第三，生成式 AI 能分析學生的作業並提供即時反饋，有助於學生及時調整學習策略；最後，生成式 AI 可以增強數位環境中的適性化，提升學習體驗的靈活性與效能。

儘管生成式 AI 在教育中展現了巨大的潛力，但其廣泛應用也帶來一些不可忽視的挑戰。首先，教師對於生成式 AI 的使用準備度往往不足。Yan 等（2024）的研究深入探討了生成式 AI 在實際應用中所面臨的技術與倫理挑戰，包括技術準備度低、缺乏可重複性與透明度，以及對隱私保護和受益的考量不足。這些問題不僅影響了生成式 AI 的有效整合，也對教育實踐的信任度和持久性提出了質疑。

其次，教師在生成式 AI 素養方面可能存在不足。Enriquez 等（2024）與 Kim 等（2022）的研究表明，儘管一些教師已經開始探索生成式 AI 應用的學習設計；但在實際操作中，許多教師仍然缺乏足夠的 AI 素養來有效地整合這些技術（Moorhouse & Kohnke, 2024）。這些素養的不足，不僅限

制了教師在課堂中靈活運用生成式 AI 的能力，也使他們面臨在快速變化的技術環境中保持教學品質的挑戰（Xia et al., 2024）。因此，提升教師的生成式 AI 素養和相關知識，成為了當前教育改革中的一個重要議題。

此外，當前教育現場還缺乏詳實的範例與系統化的培訓，來引導教師設計和實施與生成式 AI 相關的課程。Ouyang 與 Jiao（2021）以及 Xu 與 Ouyang（2022）指出，生成式 AI 的介入不應僅僅局限於表面上的學習活動或內容調整，而是需要深入考量其與核心教育實踐的本質關聯。這意味著，教師在利用生成式 AI 輔助教學時，需具備對教育理念的深度認識，從而實現真正有意義的教學革新。

因此，儘管生成式 AI 為教育帶來了新的機會，教師在準備度、AI 素養以及培訓資源上的不足，可能會限制其在教育中的實際效用。要克服這些挑戰，需要教育界持續投入更多資源和努力，支持教師發展必要的知識與技能，並確保生成式 AI 的應用能夠真正提升教育品質。

貳、研究目的

生成式 AI 在教育領域的討論已經持續多年，並且已有許多研究和教學實踐將這項技術應用於課堂，參與學生的合作學習（Nguyen et al., 2024）、資訊搜尋（Gao et al., 2024）和知識整理（Liu et al., 2024）等活動。然而，研究指出，過度依賴生成式 AI 生成的資訊，可能會導致學生學習參與度的降低，並削弱他們批判性思考的能力（Ferrara, 2024）。Ding 等（2023）的研究也發現，大多數學生過於信任生成式 AI 提供的答案的準確性，而未能深入思考和吸收新的資訊與見解。因此，如何在生成式 AI 融入教學的過程中，幫助學生從淺層學習過渡到深度學習，成為一項重要且具有挑戰性的課題（Lai & Tu, 2024），而教師在此過程中扮演著不可或缺的角色。

另一方面，在生成式 AI 融入教學的實踐中，系統性的教師培訓仍顯不足。尤其是在如何將教學策略與生成式 AI 進行有效整合，以呼應現代教育目標方面，當前缺乏足夠的支持性課程和資源。這一缺口限制了生成式 AI 在教育中的潛力發揮，也對教師在快速變化的科技環境中保持教學品質提出

了挑戰。

　　本研究配合臺灣高級中等學校科技輔助自主學習計畫，進行了生成式 AI 融入四學學習活動的教師培訓與課程實施。該計畫是鼓勵臺灣高級中等學校教師發展結合平板電腦、自主學習模式與四學學習策略的教學課程（Hwang et al., 2023）。四學活動包含學生自學、組內共學、組間互學與教師導學。計畫推動之輔導團隊，逐年與相關團隊研擬科技輔助四學學習之架構與課程範例，並召集輔導專家團隊，入校為實踐教師提供專業之諮詢與建議。每年計畫中，實踐教師須產生 1–2 個生成式 AI 融入四學學習活動之課程，並於課堂中實施。

　　本研究配合該輔導計畫，召集了有意願參與的臺灣教師，讓他們接受專業培訓。在培訓結束後，這些教師須設計個人化的生成式 AI 融入四學活動的教學方案，並將其在課堂上實踐。

　　為了確保教案設計能夠順利實施並達成預期的教學目標，本研究安排了輔導專家與教師進行一對一的諮詢討論。這些諮詢不僅有助於教師在教案設計和課堂實施之間進行有效的調整與優化，還能幫助教師更好地理解生成式 AI 的應用，進一步提升課堂活動的效能。此外，為了驗證本研究之培訓模式對不同教學背景之教師可能帶來之差異，本研究針對教師的生成式 AI 自我效能、生成式 AI 素養以及生成式 AI 後設認知進行了深入分析。我們旨在透過這些分析，探討生成式 AI 對於不同教學年資或不同 AI 融入教學經驗之教師的教學信心、素養與後設認知之影響。

參、生成式 AI 融入四學學習模式

　　本研究採用了生成式 AI 融入四學的學習模式框架，進行教師培訓、引導教師課程開發與研究之資料蒐集。Ho（2014）曾經定義了在學校中可進行的自主學習模式，涵蓋了學生自學、組內共學、組間互學以及教師導學 4 個層面，旨在提升教學效果，促進學生的全方位學習發展。課程架構與說明如圖 7-1 所示。

學生分組，於組內分享、討論、協商並解決問題

教師統整課程內容與釐清學習迷思

學生自學 → 組內共學 → 組間互學 → 教師導學

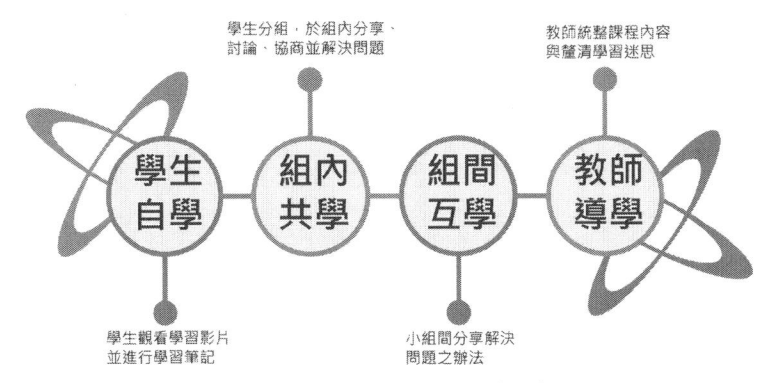

學生觀看學習影片並進行學習筆記

小組間分享解決問題之辦法

圖 7-1　四學學習模式課程設計

學生自學階段強調學生在學習活動中培養學習的自主性與自我導向能力。學生自學指的是學生自主觀看教師提供的教學教材，例如網頁、影片或紙本資料，並在此過程中主動進行知識獲取和理解。為了確保學生在自學過程中能夠有效地整合新知識與既有知識，教師可以設計學科學習單，幫助學生組織和鞏固所學。例如教師可以利用提問，引導學生從教學教材中找尋關鍵答案，這不僅能提高學生的專注度，還能幫助他們更好地理解所學內容。教師還可以藉由引導，讓學生將學科先備知識與現有學習內容進行知識整合，或與自己過去的學習經驗進行重組，以促進學生的深層次學習與批判性思考。此外，為了進一步鼓勵學生主動參與學習，教師可以邀請學生針對目前的學習狀況提出問題。這不僅能促進師生之間的互動，也能幫助學生更清晰地認識自己的學習進度與需求。圖 7-2 為學生自學的示意圖；每位學生能使用自己的平板電腦觀看影片或教材，並完成教師指派之任務。

圖 7-2　學生自學示意圖

在學生填寫學習單的過程中，教師可以鼓勵學生對不同的生成式 AI 進行提問，例如 ChatGPT、Gemini 或 Copilot。學生不僅需要記錄他們使用的提示詞，還應比較不同生成式 AI 所提供的內容差異，從中發現各生成式 AI 的特點和局限性。這一過程不僅能培養學生的批判性思維，還能促使他們對資訊進行深入分析（見表 7-1）。

表 7-1　學生自學學習單設計範本

出題目標	高中化學法老蛇實驗
觀看影片找尋答案	根據影片，製作法老蛇的實驗材料有哪些？
連接過去教學經驗	請試著寫出糖燃燒形成碳和水的化學式。 請利用畫圖或文字說明法老蛇的科學原理。 請寫下主要影響糖柱的直徑與長度有哪些因素？（請舉兩個變因，並說明理由）
請學生提問	請根據目前學習狀況，描述你認為難解的問題。

在具體的學習活動中，學生將以高中化學的「法老蛇實驗」為主題，進行一系列的自主學習任務。例如學生首先需要根據觀看的實驗影片，找出製作法老蛇的實驗材料，這不僅有助於他們瞭解實驗的基本構成，也能讓他們更好地掌握化學實驗的步驟和原理。此外，學生還會連接過去的教學經驗，寫出糖燃燒形成碳和水的化學方程式，並利用圖示或文字來解釋法老蛇實驗背後的科學原理。更進一步，學生將探討影響糖柱直徑與長度的因素，並列舉 2 個變因來說明它們對實驗結果的影響。這樣的任務設計旨在促進學生將理論與實踐相結合，並發展他們的問題解決能力。最後，教師還會鼓勵學生根據自己目前的學習狀況，提出他們認為難以理解的問題，這有助於他們進一步澄清疑惑，並加深對學習內容的理解。透過這樣的學習活動，學生能夠在生成式 AI 的輔助下，進一步提升學習成效，並培養綜合運用所學知識解決問題的能力。這些活動不僅提供了具體的操作指南，還幫助教師有效地利用生成式 AI 來支持學生的自主學習，達到知識建構與應用的雙重目標。

延續之前的學生自學活動，教師可以在這一階段讓學生進行組內共學。在這種模式下，學生可以透過研究、討論和協商來共同解決問題。首先，學生在組內分享各自學習單的內容，包含他們使用不同生成式 AI 的提示詞，以及這些 AI 所提供的答案。透過同儕間的討論，學生可以更深入地理解生成式 AI 的內容生成差異，並且瞭解提示詞在生成內容中的關鍵作用。此外，

這種分享與討論的過程還能幫助學生鞏固在自學階段所獲得的知識。圖 7-3 為學生進行內容分享統整以及合作解決問題之示意圖。

學生合作完成任務，並用行動載具進行紀錄

圖 7-3　學生進行組內共學的示意圖

　　接著，小組可以根據自學時提出的假設，設計一個實驗來驗證這些假設。在實驗設計過程中，學生需要撰寫實驗原理、研究假設、控制變因和操作流程等部分。為了確保實驗設計的科學性與可操作性，學生可以利用生成式 AI 進行進一步的詢問，並透過與同儕討論達成共識。這一過程不僅有助於學生完成實驗設計報告，還能訓練他們的溝通協調能力、批判性思考能力以及探究學習的技能。透過這種方式，組內共學不僅強化了學生對生成式 AI 及其應用的理解，還促進了學生間的合作與知識共享，進一步提升了學生在實際問題解決中的綜合能力。這種教學方法不僅使學生更有參與感，還為他們提供了一個實戰演練的機會，讓他們在真實的學習情境中發展多項關鍵能力。

　　組間互學通常緊隨組內共學之後進行，這是一個讓學生在班級成員面前分享他們小組合作學習成果的過程，情境如圖 7-4 所示。知識分享的本質在於，將自己擁有的知識傳遞給他人，而分享者並不會因此在知識上有所減損；相反地，當足夠多的參與者貢獻時，知識分享反而能促使你獲得更多的見解和啟發。對於臺下的聽眾而言，他們在聆聽同儕的專題成果時，可能會進行批判性思考或評估。

　　延續前述的活動設計，學生可以在組間分享組內的法老蛇實驗設計，並在其他小組的回饋下進行討論與改進。這不僅可以幫助學生驗證組內所建構知識的完整性，還能讓他們在比較不同組別的見解中深化對課題的理解。此

第七章　生成式 AI 應用於四學活動設計的教師培訓模式與實施成效分析　　149

學生小組分享成果，同儕給予回饋

圖 7-4　組間互學示意圖

外，學生還可以借此機會探討生成式 AI 在學習過程中所扮演的角色，進一步理解這些技術如何影響他們的學習成果。透過組間互學的方式，學生能夠更加全面地審視自己的學習成果，並在與同儕的互動中獲得更多的啟發和學習動力。這不僅有助於鞏固他們的知識，還能培養他們的批判性思維和反思能力，最終促進整體學習效果的提升。

最後的教師導學，是讓教師針對學生自學的知識迷思以及組內共學與互學時產生的知識衝突進行討論，如圖 7-5 所示。此外，教師亦可以在這個過程，提示學生生成式 AI 在學習過程扮演的角色。例如教師可以邀請學生分享與生成式 AI 互動的經驗，藉由師生討論，共同凝聚對於生成式 AI 使用的學習態度與規範。

本研究總結生成式 AI 融入四學學習時，生成式 AI 的幫助以及學生的學習目標，如表 7-2。在學生自學階段，生成式 AI 提供相關資訊並幫助學

教師進行課程總結或概念釐清

圖 7-5　教師導學示意圖

生統整資料，學生應掌握基礎知識並發展批判性思維。在組內共學階段，生成式 AI 依據學生需求生成相應內容，學生需將基礎知識應用於進階學習，並與同儕合作達成共識。組間互學階段中，生成式 AI 協助比較不同成品的差異，學生需展示對進階知識的理解，並透過同儕回饋進行自我反思與改進。最後，在教師導學階段，生成式 AI 引導學生釐清學習者與生成式 AI 的角色定位，學生則需澄清學科中的迷思概念，並理解生成式 AI 的使用規則與態度。

表 7-2　學生與生成式 AI 在四學中扮演的角色

四學階段	生成式AI的幫助	學生學習目標
學生自學	1. 提供學生相關資訊 2. 協助學生統整資料	1. 習得基礎知識內容 2. 批判、統整與比較資訊的差異
組內共學	依據每個學生的要求，生成相應內容	1. 應用基礎知識進行進階學習 2. 與同儕取得共識並整合不同資訊
組間互學	協助學生比較不同成品之間的差異	1. 表達對進階知識的理解 2. 依據同儕回饋進行自我反思
教師導學	引導學生釐清生成式AI與學習者之間的角色	1. 釐清學科內容中的迷思概念 2. 瞭解生成式AI的使用態度與規則

肆、研究設計

一、研究對象與資料蒐集方法

本研究邀請來自臺灣 180 位高級中等學校教師參與輔導並進行課程實施。根據統計數據（見表 7-3），教師年資的分布情況如下：擁有 2 年以下教學經驗的教師有 8 位，3–5 年的教師有 18 位，6–10 年的教師數量為 31 位，

表 7-3　研究教師之教學年資與使用生成式 AI 的教學經驗分布

教學年資			使用生成式AI的教學經驗		
年資	人數	比例	經驗	人數	比例
2年以下	8	4%	無	11	6%
3–5年	18	10%	0.5年以下	96	53%
6–10年	31	17%	0.5–1年	49	27%
10–15年	36	20%	1–2年	13	7%
15–20年	30	17%	3–5年	11	6%
20年以上	57	32%			

10–15 年的教師則有 36 位，15–20 年教學經驗的教師有 30 位，而 20 年以上教學經驗的教師達到 57 位。另一方面，本研究統計教師在過去教學中使用 AI 的經驗。其中，最多的教師群體是擁有 0.5 年以下 AI 使用經驗的教師，共有 96 位。擁有 0.5–1 年使用經驗的教師有 49 位，而具備 1–2 年經驗的教師則有 13 位。較長時間使用 AI 的教師數量相對較少，3–5 年使用經驗的教師只有 11 位。另外，也有 11 位教師完全沒有使用 AI 的經驗。

這些教師的服務學校申請加入此推動計畫後，教師會先接受 9 小時之訓練課程，課程內容包含人工智慧在教育上的應用、文字型生成式 AI 在教育上的應用以及繪圖型生成式 AI 在教育上的應用。課程中不僅教授教師基本生成式 AI 工具的使用方法，並將本研究所設計的課程框架提供教師作為課程設計的參考依據。

教師完成課程修習後，他們會返校開始進行教學活動設計。在設計過程，他們可以邀請專家學者到校進行諮詢與討論，以設計出更符合教學目標之課程活動。最後，這些教師會在課堂中進行教學活動實施，並於實施後於本研究安排之平臺中填答問卷。

二、測量工具

為瞭解教師接受培訓與進行教學實施後，對生成式 AI 融入教學的看法，本研究針對教師運用生成式 AI 進行教學的自我效能、使用生成式 AI 的素養以及使用生成式 AI 的後設認知進行評估。本研究採用之問卷皆採用李克特（Likert）5 點量表進行填答，5 分代表非常滿意，1 分則代表非常不滿意。

運用生成式 AI 進行教學的自我效能之問卷，本研究改編自 Lim 等（2021）開發的教師使用 AI 進行教學的自我效能問卷。本問卷共包含 5 題，範例題目為：我能夠善用生成式 AI 工具進行教學，讓學生受益。原始問卷之信度為 0.82。

生成式 AI 的素養問卷改編自 Chai 等（2021）的學生 AI 素養問卷。本問卷共有 6 題，範例題目為：我知道如何與生成式 AI 溝通，讓它做我希望他完成的事情。原始問卷之信度為 0.91。

最後，教師生成式 AI 的後設認知表現評估改編自於 Kember 等（2000）

開發的問卷。本問卷共有 8 題，範例題目為：在與生成式 AI 互動之前，我會評估每種工具的效果並選擇適合本次任務的。原始問卷之信度為 0.67。

伍、研究結果

本研究首先報告 180 位教師的問卷結果分析，教師在使用生成式 AI 進行教學的自我效能、生成式 AI 素養及生成式 AI 後設認知方面表現出一定的水準。教師在使用生成式 AI 進行教學的自我效能平均得分為 3.93。在生成式 AI 素養方面，教師的平均得分達到 4.15。最後，教師在使用生成式 AI 的後設認知上也達到平均 4.15。

為更具體瞭解，本教學模式與培訓對於不同教師之間產生的影響性，本研究分別以教師的教學年資以及教師採用生成式 AI 進行教學的經驗進行比較與討論。首先根據教師年資與他們在使用生成式 AI 進行教學時的自我效能、生成式 AI 素養及生成式 AI 後設認知的填答結果進行比較。表 7-4 呈現不同教學年資的教師問卷填答的狀況。

首先，在使用生成式 AI 進行教學的自我效能方面，擁有 2 年以下教學經驗的教師平均得分為 3.73，這是所有年資組別中最低的。相較之下，擁有 3–5 年教學經驗的教師在這一方面的平均得分最高，達到 4.11。而隨著年資的增加，教師的自我效能得分略有下降，穩定在 3.88–3.93 之間。在生成式 AI 素養方面，擁有 3–5 年年資的教師素養得分最高，達到 4.34。2 年以下年資的教師在這方面得分為 4.33，與 3–5 年組別接近。隨著教學年資的增加，教師的生成式 AI 素養得分呈現出相對穩定的趨勢，介於 4.02–4.19 之間。最後，在生成式 AI 後設認知方面，所有年資組別的得分都相對接近，

表 7-4　不同教學年資之教師問卷填答狀況

教學年資	進行生成式AI教學的自我效能	生成式AI的素養	生成式AI的後設認知
2年以下	3.73	4.33	4.23
3–5年	4.11	4.34	4.29
6–10年	3.88	4.09	4.09
10–15年	3.93	4.02	4.11
15–20年	3.92	4.12	4.10
20年以上	3.93	4.19	4.17

範圍在 4.09–4.29 之間。3–5 年年資的教師在這一項得分最高，為 4.29。而 2 年以下年資的教師得分為 4.23。

然而，根據單因子變異數分析結果顯示，不同年資之間教師使用生成式 AI 進行教學的自我效能、生成式 AI 素養與生成式 AI 的後設認知表現皆無顯著差異（F = 0.44, 0.98, & 0.40，p > .05），則表示該培訓與實施模式對於相同年資的教師有相同的效果。另一方面，以教師使用生成式 AI 進行教學的經驗進行分類，教師問卷的填答結果如表 7-5 所示。

首先，在生成式 AI 進行教學的自我效能方面，隨著教師使用 AI 經驗的增加，自我效能顯著提升。沒有使用 AI 經驗的教師自我效能平均得分為 3.43。擁有 0.5–1 年經驗的教師得分為 3.97，而擁有 1–2 年和 3–5 年經驗的教師得分則分別提升至 4.12 和 4.21。在生成式 AI 素養方面，教師的得分同樣隨著 AI 使用經驗的增加而逐步上升。無 AI 使用經驗的教師平均得分為 3.97，擁有 0.5 年以下經驗的教師得分略低，為 3.95。然而，隨著使用經驗的增長，教師的生成式 AI 素養逐步提升，擁有 0.5–1 年經驗的教師得分為 4.23，而擁有 1–2 年和 3–5 年經驗的教師分別達到 4.33 和 4.40。最後，在生成式 AI 後設認知方面，無 AI 使用經驗的教師平均得分為 4.08，而擁有 0.5 年以下經驗的教師得分略低於前者，為 3.97 擁有 0.5–1 年經驗的教師得分為 4.23，擁有 1–2 年和 3–5 年經驗的教師則分別達到 4.30 和 4.33。

根據單因子變異數分析結果顯示，不同年資之間教師使用生成式 AI 進行教學的自我效能、生成式 AI 素養與生成式 AI 的後設認知表現皆呈現顯著差異（F = 5.86, 4.07, & 3.78，p > .05）。經事後比較發現，在生成式 AI 進行教學的自我效能中，無經驗與經驗只有 0.5–1 年之教師其分數顯著低於實施 3 年以上經驗的教師。而在生成式 AI 素養上，則是使用經驗在 0.5 年以

表 7-5　不同年資之教師的生成式 AI 融入教學問卷填答狀況

使用經驗	進行生成式AI教學的自我效能	生成式AI的素養	生成式AI的後設認知
無	3.43	3.97	4.08
0.5年以下	3.79	3.95	3.97
0.5–1年	3.97	4.23	4.23
1–2年	4.12	4.33	4.30
3–5年	4.21	4.40	4.33

下的教師分數顯著低於 0.5–1 年經驗以及 3-5 年經驗的教師。最後，在生成式 AI 的後設認知上，則是使用經驗在 0.5 年以下的教師顯著低於 3–5 年經驗的教師。

陸、結論

根據本研究結果顯示，相較於教師的教學年資，教師過去使用生成式 AI 進行教學的經驗對其生成式 AI 融入教學的觀點影響更為顯著。隨著教師使用生成式 AI 進行教學經驗的增加，他們的自我效能顯著提升，同樣的效果也反映在教師的生成式 AI 素養以及生成式 AI 後設認知的表現上。這表明，培育教師在生成式 AI 融入教學中的能力需要長期的經營與落實，教師應持續更新對生成式 AI 應用於教學的知識與技能，並在這過程中發展創新的教學活動，這將有助於教師在各方面的心智成長與專業提升。

然而，本研究也發現教學經驗本身難以作為教師教學專業能力的唯一效標。僅僅依賴教學經驗，難以保證教師在面對新技術時能夠自信且有效地加以應用。相反，實際的技術使用經驗對於提升這些能力至關重要。這一發現強調教學實踐對於教師專業發展的重要性，並指出其對學生學習成果的關鍵性影響。

因此，為了提升教師的教學效能和素養，教育機構應鼓勵並推動教師在教學中更頻繁地使用生成式 AI 技術，並提供相關的培訓和實踐機會。透過這些支持措施，教師將能夠在迅速變化的教育環境中保持競爭力，最大限度地發揮生成式 AI 在教學中的潛力，從而不斷改善教學品質，並提升學生的學習效果。

參考文獻

Bull, C., & Kharrufa, A. (2024). Generative artificial intelligence assistants in software development education: A nision for integrating generative artificial intelligence into educational practice, not instinctively defending against it. *IEEE Software, 41*(2), 52-59. https://doi.org/10.1109/ms.2023.3300574

Chai, C. S., Lin, P. Y., Jong, M. S. Y., Dai, Y., Chiu, T. K., & Qin, J. (2021). Perceptions of and behavioral intentions towards learning artificial intelligence in primary school students. *Educational Technology & Society, 24*(3), 89-101. https://doi.org/10.30191/ETS.202107_24(3).0007

Chen, K., Tallant, A. C., & Selig, I. (2024). Exploring generative AI literacy in higher education: Student adoption, interaction, evaluation and ethical perceptions. *Information and Learning Sciences*. https://doi.org/10.1108/ils-10-2023-0160

Chien, C. C., Chan, H. Y., & Hou, H. T. (2024). Learning by playing with generative AI: Design and evaluation of a role-playing educational game with generative AI as scaffolding for instant feedback interaction. *Journal of Research on Technology in Education*. https://doi.org/10.1080/15391523.2024.2338085

Chiu, T. K. F., Xia, Q., Zhou, X., Chai, C. S., & Cheng, M. (2023). Systematic literature review on opportunities, challenges, and future research recommendations of artificial intelligence in education. *Computers and Education: Artificial Intelligence, 4*, Article 100118. https://doi.org/10.1016/j.caeai.2022.100118

Cooper, G. (2023). Examining science education in ChatGPT: An exploratory study of generative artificial intelligence. *Journal of Science Education and Technology, 32*(3), 444-452. https://doi.org/10.1007/s10956-023-10039-y

Ding, L., Li, T., Jiang, S. Y., & Gapud, A. (2023). Students' perceptions of using ChatGPT in a physics class as a virtual tutor. *International Journal of Educational Technology in Higher Education, 20*(1), Article 63. https://doi.org/10.1186/s41239-023-00434-1

Enriquez, G., Gill, V., Campano, G., Flores, T. T., Jones, S., Leander, K. M., McKnight, L., & Price-Dennis, D. (2024). Generative AI and composing: An intergenerational conversation among literacy scholars. *English Teaching-Practice and Critique, 23*(1), 6-22. https://doi.org/10.1108/etpc-08-2023-0104

Ferrara, E. (2024). GenAI against humanity: Nefarious applications of generative artificial intelligence and large language models. *Journal of Computational Social Science, 7*(1), 549-569. https://doi.org/10.1007/s42001-024-00250-1

Gao, L. L. Y., López-Pérez, M. E., Melero-Polo, I., & Trifu, A. (2024). Ask

ChatGPT first! Transforming learning experiences in the age of artificial intelligence. *Studies in Higher Education.* https://doi.org/10.1080/03075079.2024.2323571

Ho, S. M. (2014). The development of a school-based model of self-regulated learning in Hong Kong secondary school classrooms. *Asia Pacific Journal of Educational Development (APJED)*, *3*(2), 25-36. https://doi.org/10.6228/APJED.03.02.03

Hwang, G. J., Chu, H. C., Lai, C. L., Chien, S. Y., & Chen, P. Y. (2023). A multi-dimensional self-regulated learning model in the mobile era: implementation and evaluation in a long-term and large-scale promotion program in Taiwan. *International Journal of Mobile Learning and Organisation*, *17*(3), 342-367. https://doi.org/10.1504/IJMLO.2023.131869

Jovanovic, M., & Campbell, M. (2022). Generative artificial intelligence: Trends and prospects. *Computer*, *55*(10), 107-112. https://doi.org/10.1109/mc.2022.3192720

Kember, D., Leung, D. Y. P., Jones, A., Loke, A. Y., McKay, J., Sinclair, K., Tse, H., Webb, C., Yuet Wong, F. K., Wong, M., & Yeung, E. (2000). Development of a questionnaire to measure the level of reflective thinking. *Assessment & Evaluation in Higher Education*, *25*(4), 381-395. https://doi.org/10.1080/713611442

Kim, J., Lee, H., & Cho, Y. H. (2022). Learning design to support student-AI collaboration: Perspectives of leading teachers for AI in education. *Education and Information Technologies*, *27*(5), 6069-6104. https://doi.org/10.1007/s10639-021-10831-6

Lai, C. L., & Tu, Y. F. (2024). Roles, strategies, and research issues of generative AI in the mobile learning era. *International Journal of Mobile Learning and Organisation*, *18(4)*. https://doi.org/10.1504/ijmlo.2025.10059769

Lim, E. M. (2023). The effects of pre-service early childhood teachers' digital literacy and self-efficacy on their perception of AI education for young children. *Education and Information Technologies*, *28*(10), 12969-12995. https://doi.org/10.1007/s10639-023-11724-6

Liu, M., Zhang, L. J., & Biebricher, C. (2024). Investigating students' cognitive processes in generative AI-assisted digital multimodal composing and traditional writing. *Computers & Education*, *211*, Article 104977. https://doi.org/https://doi.org/10.1016/j.compedu.2023.104977

Moorhouse, B. L., & Kohnke, L. (2024). The effects of generative AI on initial language teacher education: The perceptions of teacher educators. *System*, *122*,

Article 103290. https://doi.org/https://doi.org/10.1016/j.system.2024.103290

Nguyen, A., Hong, Y., Dang, B., & Huang, X. S. (2024). Human-AI collaboration patterns in AI-assisted academic writing. *Studies in Higher Education*, *49*(5), 847-864. https://doi.org/10.1080/03075079.2024.2323593

Ouyang, F., & Jiao, P. (2021). Artificial intelligence in education: The three paradigms. *Computers and Education: Artificial Intelligence*, *2*, Article 100020. https://doi.org/10.1016/j.caeai.2021.100020

Pavlik, J. V. (2023). Collaborating with ChatGPT: Considering the implications of generative artificial intelligence for journalism and media education. *Journalism & Mass Communication Educator*, *78*(1), 84-93. https://doi.org/10.1177/10776958221149577

Sabo, R., Benus, S., Kevická, V., Trnka, M., Rusko, M., Darjaa, S., & Kejriwal, J. (2024). Towards the use of social robot furhat and generative AI in testing cognitive abilities. *Human Affairs-Postdisciplinary Humanities & Social Sciences Quarterly*, *34*(2), 224-243. https://doi.org/10.1515/humaff-2023-0134

Xia, Q., Weng, X. J., Ouyang, F., Lin, T. J., & Chiu, T. K. F. (2024). A scoping review on how generative artificial intelligence transforms assessment in higher education. *International Journal of Educational Technology in Higher Education*, *21*(1), Article 40. https://doi.org/10.1186/s41239-024-00468-z

Xu, W., & Ouyang, F. (2022). A systematic review of AI role in the educational system based on a proposed conceptual framework. *Education and Information Technologies*, *27*(3), 4195-4223. https://doi.org/10.1007/s10639-021-10774-y

Yan, L. X., Sha, L. L., Zhao, L. X., Li, Y. H., Martinez-Maldonado, R., Chen, G. L., Li, X. Y., Jin, Y. Q., & Gasevic, D. (2024). Practical and ethical challenges of large language models in education: A systematic scoping review. *British Journal of Educational Technology*, *55*(1), 90-112. https://doi.org/10.1111/bjet.13370

第八章
生成式 AI 輔助學習對不同知識觀學生之深層動機及深層策略之影響
Influences of Generative AI-Assisted Learning on Deep Motivation and Deep Strategies of Students With Different Epistemologies

陳志鴻

臺中教育大學教師專業碩士學位學程 副教授

摘要

　　學生的學習概念與學習方法一直是教育工作者和心理學家所重視的一項議題。許多研究已強調探討學生對知識和學習本質的信念以及其在學習過程的影響之重要性。近年來，隨著人工智慧科技的快速進展，其在教育應用已是備受關注的領域。然而，很少有研究探討小學生的知識觀與生成式人工智慧（Generative Artificial Intelligence，簡稱生成式 AI）之間的關聯。本章發展生成式 AI 輔助教學應用課程，並實施於小學之相關教學，以調查小學生的知識觀對於其生成式 AI 相關學習方法的影響。本章實驗結果顯示生成式 AI 輔助學習情境顯著地提升學生的學習方法，包含深層動機與深層策略；在生成式 AI 的學習環境中，高知識觀的學生持有較高階的深層動機與深層策略。本章可作為後續探討個人知識觀與學生學習成就之關係，以及設計生成式 AI 輔助學習方法或策略的一項參考。

關鍵字：生成式人工智慧、知識觀、學習方法、深層策略、深層動機

Abstract

Students' conceptions of and approaches to learning have been an important issue for educators and psychologists. A great deal of research has emphasized the importance of exploring students' beliefs about the nature of knowledge and learning and their impact on the learning process. With the rapid advancement of technology in recent years, the application of artificial intelligence in education has attracted much attention. However, few studies have investigated the association between elementary school students' conceptions of learning and generative artificial intelligence (AI). In this study, a generative AI-assisted curriculum was developed and practically implemented in an elementary school to probe the influences of generative AI-assisted learning on the approach to learning of students with different epistemologies. The experimental results revealed that generative AI-assisted learning contexts significantly enhance students' approaches to learning, comprising deep motivation and deep strategies; moreover, in a generative AI learning environment, students with higher epistemologies displayed higher-order deep motivation and deep strategies. This study could serve as a valuable reference for further research on the relationship between individuals' epistemologies and academic achievements, as well as for designing generative AI-assisted learning approaches or strategies.

Keywords: generative artificial intelligence, epistemologies, approach to learning, deep strategy, deep motivation

壹、前言

　　學生的學習概念（Conceptions of Learning）與學習方法（Approaches to Learning）一直是教育工作者和心理學家所專注的議題（Duell & Schommer, 2001）。Säljö（1979）的調查被廣泛認為是對學生學習概念的一項開創性研究，其在分析學生對其學習觀點的反應的基礎上，將其區分為五種性質不同的學習概念，即為記憶、增長知識、取得事實與程序、意義的抽象化、理解現實的解釋過程。後續有一些研究亦採用現象圖學法（Phenomenographic Method），結合了訪談、原則和話語分析來識別學生的定性不同和層次相關的學習概念。據此，教育研究者普遍接受學習概念存在分層的趨勢，從偏向主張學習是一種重製的觀點（例如記憶），到較高層次的概念反映了建構主義的學習觀。例如Tsai（2004a）調查與分析高中學生的學習科學概念，並揭示學生的概念可分為七個類別，從低階到高階分別為記憶、為考試做準備、計算和做練習題、增加知識、應用、理解、以新的方式看事物。教育研究者亦闡述對學習的概念保有較高階的學生有獲得較好學習成效的趨勢（Fu & Liu, 2024; Lee et al., 2008）。

　　許多研究主張學習概念或信念對其學習過程有著深遠的影響（Hofer & Pintrich, 1997），學生的多樣性學習概念，或許與其本身的學習方法有關。在1970年代，一些相關研究開啟了人們對於學習方法的關注。早期的研究將學習方法定義為學生處理學業任務和影響學習成果的方式（Marton & Säljö, 1976）。後續的研究者大都從體驗和處理學習情境的兩種角度來闡述學習方式，稱為深層（Deep）和淺層（Surface）方式，並可從動機（Motivation）和策略（Strategy）兩個面向來探討（Biggs, 1987; Lee et al., 2008）。本質上，深層學習方法與內在動機和對任務內容的興趣有關，著重於理解學習內容的意義，並將新的想法與先前的知識以及日常經驗相結合，將學習任務賦予與自己的經驗和現實世界相關的意義，並應用批判性思考；另一方面，淺層學習方法是基於外在或工具性的動機，學習者將任務視為一種需要達成的要求，傾向於記憶不連續的事實，透過背誦的方式重製詞彙和程序（Baeten et al., 2010; Chin & Brown, 2000; Partanen et al., 2024）。Tsai（2004a）探索學生對科學本質看法的研究，即揭露學生對科學的認知

信念與其學習科學的方法有關。再者，積極正向的情緒經驗和較深層的學習方法都被證實與較高的學習成就相關（Trigwell et al., 2012）。許多文獻已證實學生的學習觀念與學習方法息息相關，並且學習方法是建模學生學習和學習品質的有效方式（Fu & Liu, 2024）。藉由科技的演進，一些研究探討與分析新興科技應用於教育對於學生的學習方法之影響，例如 Sung 等（2018）開發一款 3D 體驗式遊戲系統，應用於小學科學學習，顯著地提升學生的深層策略和深層動機，以及展現較佳的學習成就與解決問題傾向。

認知論（Epistemology）是指關於人類知識的本質和驗證（Justification）的一個哲學領域（Hofer & Pintrich, 1997）。許多文獻均強調探討學習者對知識和學習本質的信念之重要性（Duell & Schommer, 2001）。例如 Bråten 等（2013）主張以個人驗證（Personal Justification）、權威驗證（Justification by Authority）和多源驗證（Justification by Multiple Sources）的論點，探討知識觀與學生學習之間的關聯。數位科技是一種知識觀的工具，善加使用相關科技，能提升學習者對於知識的看法。例如 Tsai（2004b）闡述網路教學是促進學習者進階知識觀（Advanced Epistemologies）的一種方式。Binali 等（2021）探討大學生在網路學習的活動、目的和參與程度，並闡述不同習性的學生呈現了相異的後設認知調節和網路特性的知識驗證。

近年來，隨著人工智慧（Artificial Intelligence）科技的快速進展，其在教育應用已是一項備受關注的議題。人工智慧使用電腦來模擬人類智慧的運作，從環境的感知，判斷合理的行動，以從事感知、推理與處理各項事務之活動（黃國禎，2021；Shaw, 2008）。人工智慧的教育應用，可突破一些學習的界線，適切地採用人工智慧科技，能減少重複性任務上的時間與精力耗費，以激發學生的潛能，使其專注於創新學習。再者，人工智慧科技能夠模擬領域專家的知識與經驗，提供具體之建議，進而引導學生個性化的學習（Chen et al., 2020; Hwang et al., 2020）。在教育研究上，越來越多的研究探討人工智慧輔助學習的方式以及實證其效益，例如聊天機器人（Iku-Silan et al., 2023）。

藉由生成式人工智慧（Generative Artificial Intelligence，簡稱生成式 AI）科技的進展，使用者可透過數個關鍵字，即能在短時間內獲得所需之成果，例如文字、圖像或影片。其中，聊天機器人因其能使用自然語言與學

習者交談而吸引了相當多的注意，許多文獻顯示符合教學法的聊天機器人，在確保學習者維持學習動機的同時，亦能擴展其語言能力（Kohnke, 2023; Wang et al., 2024）。再者，聊天機器人能夠提供學習指南和講義等教育資源，幫助學生更適切地理解教材（Cotton et al., 2024）。另一方面，在生成式 AI 圖像上，一段簡短的文字短語、表情符號或者是圖片網址、文字短語或參數，均能在短時間內產生相對應的圖像或影片。

綜合上述的學生知識觀、學習方法與人工智慧在教育應用之趨勢，為了探討小學生的知識觀對於其生成式 AI 相關學習方法之影響。本研究設計一套生成式 AI 於教學應用之課程，並實施於小學之教學活動，以探討下列的研究問題：

一、生成式 AI 對學生的深層動機及深層策略之影響為何？
二、學生的知識觀對其生成式 AI 深層動機之影響為何？
三、學生的知識觀對其生成式 AI 深層策略之影響為何？

貳、文獻回顧

一、知識觀與教學方法

個人對於知識（Knowledge）和認識（Knowing）本質的信念，或稱為認知信念，是教育心理學一項熱門的研究領域（Muis, 2007）。認知論是指關於人類知識的本質和驗證（Justification）的一個哲學領域（Hofer & Pintrich, 1997），其包括有關人類知識的起源、性質、限制、方法和驗證的問題（Strømsø et al., 2011）。許多文獻均已強調評估學生關於知識本質與學習的關聯之重要性（Duell & Schommer, 2001）。Zheng 等（2024）探討整合虛擬科學探究活動與預測、觀察、解釋（Predict-Observe-Explain, POE）教學策略對小學五年級學生理解科學概念和科學認知信念的影響，研究結果顯示此教學方式能夠增加學生對科學概念的理解和對科學的認知信念。

Hofer 與 Pintrich（1997）將認識論分為四個層面，即知識的確切性（Certainty of Knowledge）、知識的簡單性（Simplicity of Knowledge）、知識的來源（Source of Knowledge）和認識的驗證（Justification for

Knowing）。知識的確切性和簡單性關乎知識的本質；而知識的來源和認識的驗證則與認知的本質有關（Lee et al., 2024）。Strøms 與 Bråten（2009）以高中學生為對象，檢視特定主題認知信念的兩個層面，亦即知識的確切性和認識的驗證，對於學生文章理解的預測性，從分層迴歸分析的結果顯示，學生對於認識驗證的信念對於所有層級的文字理解都有正面的預測作用。另一方面，Ferguson 等（2012）主張可以用三個維度來描述認識的驗證，即個人驗證、權威驗證和多元驗證。個人驗證是涉及根據個人觀點或意見來評估知識主張的適當程度；權威驗證是著重於基於科學研究並由專家傳達的陳述或主張之可靠性；多元驗證則是關於在多個資訊來源中交叉檢查和證實主張（Bråten et al., 2013）。

　　認知信念可以產生特定類型的學習目標，而這些目標能夠作為自我調節認知和行為之引導（Muis et al., 2007）。認知信念在學業成績、科學態度和學習動機中扮演重要的角色，多項研究顯示，科學探究活動會改變學生的認知信念（Zheng et al., 2024）。越來越多的研究結果顯示，學生的認知信念會影響學習方式和問題的解決；例如認知和後設認知策略的使用、概念改變、學業成績以及電腦輔助環境中的學習活動（Strømsø et al., 2011）。

　　學生的學習概念與學習方法的相關密切。許多關於學習方法的研究認為抱持較低層次學習概念的學生（例如將學習視為背誦的事實）傾向於採用較淺層次的學習方法，而擁有較高層次學習概念的學生則傾向於運用以理解為中心的深層學習方法（Fu & Liu, 2024; Trigwell & Ashwin, 2006）。一些文獻主張認知信念可能是特定領域或學科的信念，而非一般的信念，並從多層面的認知信念概念出發，發展各式量表，以探討各種不同的認知信念（DeBacker et al., 2008）。學生的認知信念可能會因不同主題而有所不同，突顯了進一步調查特定主題的認知信念與學習和理解的相關之必要性（Strømsø & Bråten, 2009）。

二、生成式 AI

人工智慧可視為嘗試使用電腦來模仿人類智慧的運作，其包括知識的獲得和推理活動（Shaw, 2008），並從環境的感知，判斷合理的行動，以期能夠獲得最大化的效益。換言之，人工智慧是期許電腦能夠發展相似於人類的智慧，例如感知、推理與處理各項事務之能力（黃國禎，2021）。目前，人工智能的實際應用領域主要分為模式識別、自然語言理解、自動定理證明、程式自動化、智慧資料庫系統、機器人、專家系統與智慧教學系統（Ge et al., 2018）。例如人工智慧可降低醫師解讀數位資料所需的負荷，並增進其建立診斷和預測的能力（Han et al., 2019）。

人工智慧在教育上的應用是近年來備受矚目的一項議題。人工智慧是實現智慧輔助系統教學環境的一項選擇，因其可以創建一個邊做邊學的環境，以發展學生所需的技能與知識（Reis et al., 2006）。在教育上，人工智慧應用的主要目的在於根據個別學生的學習狀況、偏好或特徵，分析其學習狀態或行為，以提供個人化的學習指導或支援等（Chen et al., 2020; Hwang et al., 2020）。以人工智慧為媒介的教學法，將人工智慧視為社會科技整體的一部分，Bearman 與 Ajjawi（2023）認為其著重於學生與社會的廣泛協商，以及學習與人工智慧系統合作，以促進學生對其互動本質的意識建構。

生成式 AI 能夠產出文字、圖形或其他媒體以回應所接受到的提示詞（Prompt）。生成式 AI 的興起突顯出人工智慧對現實世界之重要性。經由輸入數據的模式和結構，生成式 AI 能夠產生與訓練數據相似但具有一定程度新穎性的內容，而非僅止於分類或預測數據。例如機器人可以根據大量資料進行大規模學習，從而執行人類無法在相同時間內完成的任務，或是難以完成的任務（Bearman & Ajjawi, 2023）。在教育現場常被使用到的是生成式 AI 文字和生成式 AI 圖像與影音。例如 ChatGPT 可用於評量作業或其他書面作業，並即時向學生提供回饋，從而實現更高效、更個性化的學習體驗，並讓教師可以專注於更高層次的回饋和支援任務（Cotton et al., 2024）。ChatGPT 具備提供個人化協助的潛力，有助於建立更具包容性的教育環境（Shahzad et al., 2024）。在 Wang 等（2024）的文獻綜述研究，對 28 篇聊天機器人在語言學習應用的論文進行後設分析，揭露了相較於非聊天機器

人的學習情境，使用聊天機器人對語言學習的表現帶來了較正面的整體效果。另一方面，生成式 AI 圖像在設計領域提升生產力和激發創造力的潛能亦已經備受關注（Shen et al., 2024）。

綜上所述，因應人工智慧的快速進展，探討學生對於人工智慧輔助教學的信念以及其對學習方法的影響，以提供教育研究者與教師參考，有其一定程度的重要意涵。

參、實驗設計

一、研究對象

本研究的教學實驗對象為臺灣中部某小學五年級的學生，共有 67 名學生參與實驗課程。學生的年級介於 10–11 歲之間。所有的學生均由同一位具有數位學習專長的教師教授相同的課程。

二、實驗課程

本研究的課程教學方案包含小學五年級的語文以及藝術領域。課程設計總計是四節課，共有 200 分鐘的時間。單元主題為「未來創意工坊：AI 引領的文學與藝術之旅」。此教學方案的教學目標涵蓋認知、情意與技能三個面向。在認知面上，期望學生理解生成式 AI 的用途與運作方式、認識生成式 AI 網站以及理解生成式 AI 的合理運用原則。在情意面上，培養學生健康使用科技媒介的學習態度、反思對於學習的想法與概念。在技能面上，能夠運用生成式 AI 網站生成文字與圖像。

（一）語文領域

在語文領域的教學設計上，主要目的在於透過生成式 AI 科技，讓小學生可以精煉自己的造句內容，也運用生成式 AI 科技激盪學生的繪圖想法。因此，透過人工智慧科技生成語句，促進學生未來自學的能力與可能性。在教學過程上，教師介紹課程、展示人工智慧科技生成文字範本、並介紹生成式文字平台（例如 Chat Everywhere）之運用後，引導學生實作生成式文字作品。例如教師可引導學生提出適當的提示詞「我想請你扮演一位文筆優異

的作家或語文教師，幫我修改我的造句，讓我的造句更合理、有邏輯、有文學造詣。第一行是你不能刪掉也不能修改的詞，第二行的句子是要請你幫我修改句子。」接著，學生可以輸入原本的造句與等待人工智慧生成語句，並比較兩者之間的異同。在總結活動上，教師將引導學生反思生成式 AI 資料的正確性，並展示實例，如：生成式 AI 對於中文字的讀音可能會回覆錯誤的答案。

（二）藝術領域

在藝術領域的教學設計上，旨在透過生成式 AI 圖畫，激發小學學生的創意思考。在教學過程上，教師可先呈現手繪製圖與生成式 AI 圖各一張，並讓學生選擇與比較，以引起學生之學習動機。教師可進一步提問，引導學生思考日常畫圖時的思考題目以及繪製之方法或策略。接著，教師介紹課程、展示人工智慧生成圖範本、並介紹生成式 AI 圖畫平臺（例如 PlayGround AI）之運用後，引導學生實作生成式 AI 圖畫作品。例如教師可引導學生提出適當的提示詞「mountain Jade, sunny day, golden ratio, sunshine, ultra hd, realistic, 8k, highly detailed」，讓學生仿作生成式 AI 圖畫。接著，學生實作生成圖與等待人工智慧生成。在此期間，學生可以使用中文翻英文的網站或軟體，以輔助其提出合適的提示詞。之後，學生展示自己的作品並相互給予回饋與再次修正自己的作品。在總結活動上，教師將引導學生反思人工智慧生成圖畫的特色並比較其與手繪作品之異同。

三、實驗流程

本研究的實驗流程為課程活動開始之前，所有學生先填寫知識觀量表、深層動機與深層策略前測量表。學生的知識觀量表填寫情形，將作為高、低層次知識觀分組的依據。深層動機和深層策略前測量表在於調查學生對於一般學習所保持的學習動機和學習策略的傾向。接著，所有學生以一週的時間進行學習人工智慧生成文字的功能與完成實作成品；再以另一週的時間，學習人工智慧生成圖像的功能與完成實作成品，學習歷程如圖 8-1 所示。在學習活動結束之後，所有學生填寫深層動機與深層策略後測量表，以探討其對於生成式 AI 輔助學習的深層動機和深層策略之傾向。

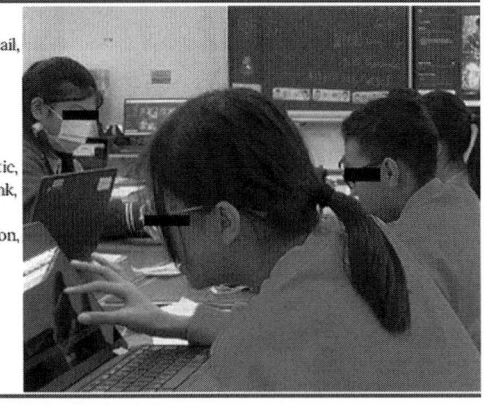

圖 8-1　教學實驗歷程

四、研究工具

　　研究所使用的工具包含 Chat Everywhere、Playground AI、知識觀量表以及學習方法量表等。Chat Everywhere 是多元人工智慧平臺，其支援一對一的對話，以及多人之間的即時對話，並且能夠同步地將所有人的語言，轉換成其他人可以瞭解的語言。本研究以 Chat Everywhere 平臺作為人工智慧生成文字教學之工具。Playground AI 平臺為一個免費的人工智慧圖像產生器，可以用來創作藝術、社群媒體貼文、簡報、海報、影片、商標等。本研究以 Playground AI 作為生成式 AI 圖像教學之工具。

　　為了探討生成式 AI 輔助學習對不同知識觀學生之深層動機及深層策略之影響，本研究使用修改自 Bråten 等（2013）發展的知識觀量表，原始量表結構有三個向度，分別為個人驗證 3 題、權威驗證 6 題與多元驗證 5 題。本研究採用個人驗證向度，來調查學生的知識觀感知。個人驗證向度的信度值（Cronbach's α）為 0.63，符合問卷信度之需求。本研究採用李克特（Likert）5 點量表，1 代表非常不同意，5 代表非常同意。學生填寫的分數越高代表其擁有較高層次的知識觀。

　　在學生的學習動機和策略的探討上，本研究改編自 Lee 等（2008）發展的科學學習方法問卷，其量表有四個面向，分別為深層動機 8 題、深層策略 6 題、淺層動機 5 題與淺層策略 5 題。本研究採用深層動機、深層策略兩個向度，其 Cronbach's α 值分別為 0.90 和 0.89，代表其擁有良好之信

度，可作為調查學生深層動機和深層策略之研究工具。本量表亦採用李克特（Likert）5 點量表，學生填寫的分數越高代表其擁有較高階的學習方法（動機或策略）。

肆、研究結果

一、生成式 AI 對學生的深層動機及深層策略之影響

本研究以相依樣本 t 檢定（Dependent Samples t Test）方式，探討生成式 AI 輔助學習對學生的深層動機及深層策略之影響。實驗結果如表 8-1 所示，其顯示出經由生成式 AI 輔助學習活動後，參與學生在深層動機的前、後測上，達到了顯著差異（$t = 7.91; p < .001$）。再者，學生在此學習活動前的深層動機為 3.31 分；在此學習活動後的深層動機為 3.90 分。由此可知，生成式 AI 輔助的學習情境能顯著地提升學生的深層動機。另一方面，參與學生在深層策略的前、後測上，亦達到了顯著差異（$t = 2.23; p < .05$）。學生在此學習活動前的深層策略為 3.51 分；在此學習活動後的深層策略為 3.66 分。據此，生成式 AI 輔助的學習情境能顯著地提升學生的深層策略。

表 8-1 生成式 AI 對學生的深層動機及深層策略之相依樣本 t 檢定結果

面向	時間	n	Mean	SD	t
深層動機	學習前	67	3.31	0.71	7.91[***]
	學習後	67	3.90	0.80	
深層策略	學習前	67	3.51	0.76	2.23[*]
	學習後	67	3.66	0.79	

[*]$p < .05$; [***]$p < .001$.

二、學生的知識觀對其生成式 AI 深層動機之影響

本研究以所有參與學生的知識觀量表的自陳分數，將其分為高層次知識觀組（33 位學生）與低層次知識觀組（34 位學生），並採用共變數分析（Analysis of Covariance, ANCOVA）方式，探討學生的不同層次知識觀對其生成式 AI 深層動機之影響。在確認通過迴歸係數同質性檢定（Homogeneity of Regression Coefficient）（$F = 1.81, p > .05$）與變異數同質性檢定（Levene's

Test for Equality of Variances）（$F = 1.73, p > .05$）之後，接續執行共變數分析。本研究以知識觀為自變項、學生的深層動機之前測分數為共變項，以及學生的深層動機之後測分數為依變項，進行共變數分析。

共變數分析結果顯示（見表 8-2 所示），不同層次知識觀的學生在深層動機上，達到顯著性差異（$F = 4.41, p < .05$）。再者，高層次知識觀組學生的深層動機後測調整後平均數為 4.05 分；低層次知識觀學生的深層動機後測調整後平均數為 3.75 分。由此可知，高層次知識觀組學生在生成式 AI 的學習情境中，呈現顯著高於低層次知識觀組學生的深層動機。

表 8-2　學生知識觀對其生成式 AI 深層動機（後測）之 ANCOVA 分析結果

組別	n	Mean	SD	Adjusted mean	SE	F	η^2
高層次知識觀	33	4.13	0.65	4.05	0.10	4.41*	.064
低層次知識觀	34	3.67	0.88	3.75	0.10		

*$p < .05$.

三、學生的知識觀對其生成式 AI 深層策略之影響

本研究以共變數分析方式，探討學生的知識觀對其生成式 AI 深層策略之影響。首先，確認符合迴歸係數同質性檢定（$F = 0.003, p > .05$）與變異數同質性檢定（$F = 0.30, p > .05$）之後，本研究以知識觀為自變項、學生的深層策略之前測分數為共變項，並以學生的深層策略之後測分數為依變項，執行共變數分析。

研究結果如表 8-3 所示，不同層次知識觀的學生在深層策略上，達到顯著性差異（$F = 8.27, p < .01$）。再者，高層次知識觀組學生的深層策略後測調整後平均數為 3.85 分；低層次知識觀組學生的深層策略後測調整後平均

表 8-3　學生知識觀對其生成式 AI 深層策略（後測）之 ANCOVA 分析結果

組別	n	Mean	SD	Adjusted mean	SE	F	η^2
高層次知識觀	33	3.89	0.73	3.85	0.09	8.27**	.114
低層次知識觀	34	3.44	0.78	3.48	0.09		

**$p < .01$.

數為 3.48 分。綜上所述，高層次知識觀組學生在生成式 AI 的學習情境中，展現顯著高於低層次知識觀組學生的深層策略。

伍、討論與結論

一、研究結果與討論

本研究發展生成式 AI 教學應用課程，並實施於小學之相關課程，研究結果顯示生成式 AI 顯著地提升了學生的學習方法，包含深層動機與深層策略；在生成式 AI 的學習環境中，高層次知識觀的學生持有較高階的學習方法。

本研究結果顯示生成式 AI 顯著地提升了小學生的深層動機和深層策略，亦揭示善用科技能夠有效地促進學生的學習方法。此結果與 Sung 等（2018）的研究相呼應，其設計與運用 3D 體驗式遊戲系統，有效地提升了學生的深層動機和深層策略。在學習動機上，深層學習方法與學習者的內在動機與對任務的興趣相關聯（Chin & Brown, 2000）。符合教學法的生成式 AI 已被證實可以有效地吸引並維持學生的學習動機（Kohnke, 2023）。此特性亦符應本研究所呈現之生成式 AI 顯著地提升了小學生的深層動機之結果。在學習策略上，深層學習方法著重於理解學習內容的意義，並結合日常經驗，賦予學習任務現實世界的意義。人工智慧生成的學習情境，可以建立更具包容性的教育環境，增強學生的個性化學習體驗（Cotton et al., 2024; Shahzad et al., 2024），提升生產力和激發創造力（Shen et al., 2024）。據此，生成式 AI 能潛在地促進學生的深層策略。

關於不同知識觀學生對於生成式 AI 學習方法的影響上，本研究結果顯示高層次知識觀的學生持有顯著較高的深層動機與深層策略。本結果符應 Trigwell 與 Ashwin（2006）的研究，其主張抱持較高層次學習概念的學生傾向於採用較深層次的學習方法。再者，在生成式 AI 的學習情境，能夠實現更具個人化的學習體驗，以及更包容的學習（Cotton et al., 2024; Shahzad et al., 2024）。由此可推論，在生成式 AI 輔助學習情境中，高層次知識觀的學生將呈現較高的深層動機與深層策略。此結果可驗證抱持較低層次學習概念的學生，容易採用背誦的方式等較為淺層的學習方式；擁有較高層次學

習概念、將學習視為有關意義和理解的學生，較可能使用深層學習方法之主張（Fu & Liu, 2024）。

善用科技可以提升學生的知識觀，Tsai（2004b）即主張網路教學能夠增進學生的進階知識觀。本研究進一步揭示生成式 AI 對於學生學習方法之影響，以及不同層次知識觀學生對於生成式 AI 環境的學習方法之影響。本研究可作為後續探討個人知識觀與學生學習成就之關係以及設計生成式 AI 輔助學習方法或策略的一項參考。

二、研究限制與建議

囿於時間和人力的限制，本研究的教學時間較為短暫，建議後續的研究能夠增加課程的教學時數，讓學生可以充分的時間在生成式 AI 環境中學習，以獲取更佳的學習經驗。本研究採用個人驗證感知的向度，以探討不同層次知識觀學生對於其生成式 AI 學習方法之影響。未來研究或可從權威驗證與多源驗證兩個向度，或其他知識論的觀點來著手相關的研究。再者，本研究僅以自陳量表的方式，調查學生的深層策略和深層動機之感知，未來的研究或可調查學生的學習成就，以揭示生成式 AI 對於學生的學習成就之影響。

參考文獻

黃國禎（2021）。人工智慧的發展與教育應用。**人文與社會科學簡訊，23**（1），98-104。

Baeten, M., Kyndt, E., Struyven, K., & Dochy, F. (2010). Using student-centred learning environments to stimulate deep approaches to learning: Factors encouraging or discouraging their effectiveness. *Educational Research Review, 5*(3), 243-260. https://doi.org/10.1016/j.edurev.2010.06.001

Bearman, M., & Ajjawi, R. (2023). Learning to work with the black box: Pedagogy for a world with artificial intelligence. *British Journal of Educational Technology, 54*(5), 1160-1173. https://doi.org/10.1111/bjet.13337

Biggs, J. B. (1987). *Study process questionnaire manual*. Australian Council for Educational Research.

Binali, T., Tsai, C. C., & Chang, H. Y. (2021). University students' profiles of online learning and their relation to online metacognitive regulation and internet-specific epistemic justification. *Computers & Education*, *175*, Article 104315. https://doi.org/10.1016/j.compedu.2021.104315

Bråten, I., Ferguson, L. E., Strømsø, H. I., & Anmarkrud, Ø. (2013). Justification beliefs and multiple-documents comprehension. *European Journal of Psychology of Education*, *28*(3), 879-902. https://doi.org/10.1007/s10212-012-0145-2

Chen, X., Xie, H., Zou, D., & Hwang, G. J. (2020). Application and theory gaps during the rise of Artificial Intelligence in Education. *Computers and Education: Artificial Intelligence*, *1*, Article 100002. https://doi.org/10.1016/j.caeai.2020.100002

Chin, C., & Brown, D. E. (2000). Learning in science: A comparison of deep and surface approaches. *Journal of Research in Science Teaching*, *37*(2), 109-138. https://doi.org/10.1002/(sici)1098-2736(200002)37:2<109::aid-tea3>3.3.co;2-7

Cotton, D. R., Cotton, P. A., & Shipway, J. R. (2024). Chatting and cheating: Ensuring academic integrity in the era of ChatGPT. *Innovations in Education and Teaching International*, *61*(2), 228-239. http://doi.org/10.35542/osf.io/mrz8h

DeBacker, T. K., Crowson, H. M., Beesley, A. D., Thoma, S. J., & Hestevold, N. L. (2008). The challenge of measuring epistemic beliefs: An analysis of three self-report instruments. *The Journal of Experimental Education*, *76*(3), 281-312. https://doi.org/10.3200/jexe.76.3.281-314

Duell, O.K., & Schommer, M. (2001). Measures of people's beliefs about knowledge and learning. *Educational Psychology Review*, *13*, 419-449. https://doi.org/10.1023/A:1011969931594

Ferguson, L. E., Bråten, I., & Strømsø, H. I. (2012). Epistemic cognition when students read multiple documents containing conflicting scientific evidence: A think-aloud study. *Learning and Instruction*, *22*(2), 103-120. https://doi.org/10.1016/j.learninstruc.2011.08.002

Fu, H., & Liu, H. (2024). A comparative study of learners' conceptions of and approaches to learning English between high school students in urban and rural areas of China. *Frontiers in Psychology*, *15*, Article 1324366. https://doi.org/10.3389/fpsyg.2024.1324366

Ge, X., Yin, Y., & Feng, S. (2018). Application research of computer artificial intelligence in college student sports autonomous learning. *Educational Sciences: Theory & Practice*, *18*(5), 2143-2154. https://doi.org/10.12738/estp.2018.5.114

Han, E. R., Yeo, S., Kim, M. J., Lee, Y. H., Park, K. H., & Roh, H. (2019). Medical education trends for future physicians in the era of advanced technology and artificial intelligence: An integrative review. *BMC Medical Education*, *19*(1), Article 460. https://doi.org/10.1186/s12909-019-1891-5

Hofer, B. K., & Pintrich, P. R. (1997). The development of epistemological theories: Beliefs about knowledge and knowing and their relation to learning. *Review of Educational Research*, *67*(1), 88-140. https://doi.org/10.3102/00346543067001088

Hwang, G. J., Xie, H., Wah, B. W., & Gašević, D. (2020). Vision, challenges, roles and research issues of artificial intelligence in education. *Computers and Education: Artificial Intelligence*, *1*, Article 100001. https://doi.org/10.1016/j.caeai.2020.100001

Iku-Silan, A., Hwang, G. J. & Chen, C. H. (2023). Decision-guided chatbots and cognitive styles in interdisciplinary learning. *Computers & Education*, *201*, Article 104812. https://doi.org/10.1016/j.compedu.2023.104812

Kohnke, L. (2023). L2 learners' perceptions of a chatbot as a potential independent language learning tool. *International Journal of Mobile Learning and Organisation*, *17*(1-2), 214-226. https://doi.org/10.1504/ijmlo.2023.10053355

Lee, M. H., Johanson, R. E., & Tsai, C. C. (2008). Exploring Taiwanese high school students' conceptions of and approaches to learning science through a structural equation modeling analysis. *Science Education*, *92*(2), 191-220. https://doi.org/10.1002/sce.20245

Lee, S. W. Y., Liang, J. C., Hsu, C. Y., & Tsai, M. J. (2024). Students' beliefs about computer programming predict their computational thinking and computer programming self-efficacy. *Interactive Learning Environments*. https://doi.org/10.1080/10494820.2023.2194929

Marton, F., & Säljö, R. (1976). On qualitative differences in learning: I—Outcome and process. *British Journal of Educational Psychology*, *46*(1), 4-11. https://doi.org/10.1111/j.2044-8279.1976.tb02980.x

Muis, K. R. (2007). The role of epistemic beliefs in self-regulated learning. *Educational Psychologist*, *42*(3), 173-190. https://doi.org/10.1080/00461520701416306

Partanen, L. J., Myyry, L., & Asikainen, H. (2024). Physical chemistry students' learning profiles and their relation to study-related burnout and perceptions of peer and self-assessment. *Chemistry Education Research and Practice*, *25*(2), 474-490. https://doi.org/10.1039/d3rp00172e

Reis, M. M., Paladini, E. P., Khator, S., & Sommer, W. A. (2006). Artificial intelligence approach to support statistical quality control teaching. *Computers & Education*, *47*(4), 448-464. https://doi.org/10.1016/j.compedu.2004.10.016

Säljö, R. (1979). *Learning in the learner's perspective: Some common-sense conceptions*. Department of Education, University of Gothenburg.

Shahzad, M. F., Xu, S., & Javed, I. (2024). ChatGPT awareness, acceptance, and adoption in higher education: The role of trust as a cornerstone. *International Journal of Educational Technology in Higher Education*, *21*(1), Article 46. https://doi.org/10.1186/s41239-024-00478-x

Shaw, K. (2008). The application of artificial intelligence principles to teaching and training. *British Journal of Educational Technology*, *39*(2), 319-323. https://doi.org/10.1111/j.1467-8535.2008.00817.x

Shen, X., Mo, X., & Xia, T. (2024). Exploring the attitude and use of GenAI-image among art and design college students based on TAM and SDT. *Interactive Learning Environments*. https://doi.org/10.1080/10494820.2024.2365959

Strømsø, H. I., & Bråten, I. (2009). Beliefs about knowledge and knowing and multiple-text comprehension among upper secondary students. *Educational Psychology*, *29*(4), 425-445. https://doi.org/10.1080/01443410903046864

Strømsø, H. I., Bråten, I., & Britt, M. A. (2011). Do students' beliefs about knowledge and knowing predict their judgement of texts' trustworthiness? *Educational Psychology*, *31*(2), 177-206. https://doi.org/10.1080/01443410.2010.538039

Sung, H. Y., Hwang, G. J., Wu, P. H., & Lin, D. Q. (2018). Facilitating deep-strategy behaviors and positive learning performances in science inquiry activities with a 3D experiential gaming approach. *Interactive Learning Environments*, *26*(8), 1053-1073. https://doi.org/10.1080/10494820.2018.1437049

Trigwell, K., & Ashwin, P. (2006). An exploratory study of situated conceptions of learning and learning environments. *Higher Education*, *51*(2), 243-258. https://doi.org/10.1007/s10734-004-6387-4

Trigwell, K., Ellis, R. A., & Han, F. (2012). Relations between students' approaches to learning, experienced emotions and outcomes of learning. *Studies in Higher Education*, *37*(7), 811-824. https://doi.org/10.1080/03075079.2010.549220

Tsai, C. C. (2004a). Conceptions of learning science among high school students in Taiwan: A phenomenographic analysis. *International Journal of Science Education*, *26*(14), 1733-1750. https://doi.org/10.1080/0950069042000230776

Tsai, C. C. (2004b). Beyond cognitive and metacognitive tools: The use of the Internet as an 'epistemological' tool for instruction. *British Journal of Educational Technology, 35*(5), 525-536. https://doi.org/10.1111/j.0007-1013.2004.00411.x

Wang, F., Cheung, A. C., Neitzel, A. J., & Chai, C. S. (2024). Does chatting with chatbots improve language learning performance? A meta-analysis of chatbot-assisted language learning. *Review of Educational Research.* https://doi.org/10.3102/00346543241255621

Zheng, Y., Bai, X., Yang, Y., & Xu, C. (2024). Exploring the effects and inquiry process behaviors of fifth-grade students using predict-observe-explain strategy in virtual inquiry learning. *Journal of Science Education and Technology, 33*(4), 590-606. https://doi.org/10.1007/s10956-024-10106-y

第九章
生成式 AI 應用於個性化問題式學習對大學生英語閱讀成就及感受之影響
Effects of Applying Generative AI to Personalized Problem-Based Learning on College Students' English Reading Achievement and Perceptions

黄昌勤[1]　钟益华[2]　王希哲[3]
[1] 浙江師範大學浙江全省智慧教育技術與應用重點實驗室 教授
[2] 華東師範大學電腦科學與技術學院 博士研究生
[3] 浙江師範大學浙江全省智慧教育技術與應用重點實驗室 副教授

摘要

本章要介紹一個生成式人工智慧（Generative Artificial Intelligence，簡稱生成式 AI）在個性化問題式學習（臺灣譯為「個人化問題導向學習」）的研究設計。問題式學習（臺灣譯為「問題導向學習」）有助於提升學生的高階思維技能。然而，傳統問題式學習忽視了學生認知水準的差異，難以為每位學生提供及時且有針對性的回饋和指導，導致許多學生無法積極參與到學習活動中。為了解決這些問題，本研究基於生成式 AI 提出了一種個性化雙層問題式學習方法。該方法對問題式學習活動進行了更加個性化和精細化的設計，旨在促進學生的學習表現。為檢驗此方法的有效性，本研究以英語閱讀為應用場景，進行了一項準實驗。62 名大學生參加了該實驗，實驗組採用個性化雙層問題式學習方法，對照組則採用傳統問題式學習方法。結果表明，個性化雙層問題式學習方法顯著提升了學生的學習成績和動機。此外，與投入度較低的學生相比，該方法對高投入度學生的學習成績提升更為顯著。訪談結果顯示，使用該方法的學生在學習任務中的專注度更高，反思

也更頻繁。本研究的主要貢獻為提出了一種個性化雙層問題式學習方法，並為其有效性提供實證證據，同時也為未來研究進一步探索生成式 AI 對教育的積極影響創造了機會。

關鍵字： 生成式人工智慧、問題式學習、個性化學習、英語閱讀

Abstract

In this chapter, the research design of generative artificial intelligence (AI) for personalized problem-based learning (PBL) is introduced. PBL helps enhance students' higher-order thinking skills. However, conventional PBL (C-PBL) often overlooks differences in students' cognitive levels, making it difficult to provide timely and targeted feedback and guidance for each student. This can result in many students struggling to actively engage in learning activities. To address these problems, this study proposed a personalized two-tier PBL (PT-PBL) approach based on generative AI. It provides a more personalized and refined design for PBL activities to improve students' learning performance. To examine the effectiveness of the proposed approach, a quasi-experiment was conducted in an English reading course, with 62 college students participating. The PT-PBL approach was implemented in the experimental group and the C-PBL approach in the control group. The results indicated that the PT-PBL approach significantly improved students' learning achievement and motivation. In addition, compared to students with lower engagement, this approach was more effective in terms of improving the learning achievement of highly engaged students. Interviews with students showed that those who used the PT-PBL approach focused more on learning tasks and reflected more frequently. The main contribution of this study is proposing a novel PT-PBL approach and providing empirical evidence of its effectiveness, while also creating opportunities for future research to further explore the positive impact of generative AI on education.

Keywords: generative artificial intelligence, problem-based learning, personalized learning, English reading

壹、前言

問題式學習（臺灣譯為「問題導向學習」）是一種以現實問題或實例來推動主動學習的教學方法（Arani et al., 2023）。透過引導學生解決實際問題，有助於建立已有知識和實際應用之間的聯繫，培養學生的高階思維技能（Orhan, 2024）。相關研究表明，問題式學習方法可以提高學生的學習表現（Lin, 2018）。然而，將問題式學習方法應用於大規模教學時存在明顯的局限性。例如教師無法為每位學生提供及時且有針對性的回饋和指導。此外，使用的問題通常面向所有學生，忽視了他們在認知水準上的差異，難以滿足學生的個性化需求（Arani et al., 2023）。因此，許多學生無法積極參與到問題式學習活動中。學習動機是影響學業成功的關鍵因素，而利用科技手段（如人工智慧）提供個性化支援可以增強學生的學習動機（Alrawashdeh et al., 2024; Hsu et al., 2013）。因此，為了充分發揮問題式學習方法在教育中的潛力，有必要整合有效的科技來提供更加個性化和有針對性的學習支援。

近年來，生成式人工智慧（Generative Artificial Intelligence，簡稱生成式AI）在教育中的影響日益受到關注，尤其是在促進個性化學習方面展現出巨大的潛力。Wang 等（2024）將生成式 AI 應用於語言學習，學生透過與生成式 AI 的互動，能夠獲得個性化的學習內容，從而提升學習表現。Steiss 等（2024）則將生成式 AI 作為智慧評估工具，為學生提供個性化回饋，促進反思。因此，將問題式學習與生成式 AI 相結合，不僅可以為學生提供更多接觸真實情境的機會，還可以為問題解決過程提供有針對性的回饋和指導，實現個性化問題式學習。然而，Kasneci 等（2023）也指出生成式 AI 的不足。學生往往過度依賴生成式 AI 直接生成的答案，導致缺乏深度思考（Lee et al., 2024）。此外，由於缺乏學生認知水準等關鍵資訊，生成式 AI 在生成學習內容時存在個性化程度不足的問題。有鑑於此，本研究考慮這些問題，進行探究生成式 AI 在促進個性化問題式學習的潛力。

綜上所述，本研究旨在將問題式學習與生成式 AI 相結合，提出一種個性化雙層問題式學習方法。該方法利用問題式學習方法構建由淺入深的問題情境，並利用生成式 AI 為學生的複雜問題解決提供有針對性的回饋與指導，以更加精細化的教學設計和個性化的學習支持，促進學生的學習表現。為了

驗證個性化雙層問題式學習方法的有效性，本研究在英語閱讀課程中進行了一項準實驗，並回答以下的研究問題：

一、與傳統問題式學習方法相比，個性化雙層問題式學習方法是否能提高學生的學習動機？

二、與傳統問題式學習方法相比，個性化雙層問題式學習方法在多大程度上提高了學生的學習成績？

三、採用不同學習方法的學生在學習投入度上有什麼差異，不同的投入度對他們的學習成績有什麼影響？

四、在不同的學習方法下，學生的學習感受如何？

貳、文獻回顧

一、科技輔助閱讀教學

閱讀能力被廣泛認為是學生學業成功的基礎；閱讀不僅是其他學術領域的基石，還在終身學習中也扮演著核心角色（Alrawashdeh et al., 2024）。以往的研究表明，學生的投入度在動機與閱讀效果之間起到仲介作用（Ronimus et al., 2022; Van Ammel et al., 2021）。換句話說，當學生具備足夠的學習動機時，他們更能專注於閱讀活動，從而更好地理解閱讀材料。然而，傳統教學方法在提升學生學習投入度方面存在局限性（Ronimus et al., 2022）。在大班教學環境中，教師難以根據學生的認知水準提供個性化的閱讀支援。此外，由於缺乏真實情境，學生往往難以對閱讀產生興趣。因此，解決傳統教學方法中個性化支持和真實情境不足的問題，對於提升學生的閱讀效果至關重要。

近年來，許多研究探討了科技輔助的閱讀教學的益處（Clinton-Lisell et al., 2023）。在提供個性化支援方面，Wang 等（2024）使用人工智慧科技為學生生成個性化的閱讀問題，發現這些問題比標準化問題更能提升學生的學習動機和成績。Hsu 等（2013）開發一種自我調整語言學習系統，透過使用個性化推薦機制，引導學生閱讀與其興趣和知識水準相匹配的材料，顯著提高了學習成績。在構建現實情境方面，Clinton-Lisell 等（2023）比較學生

在使用互動數位文本與使用紙質或靜態數位文本的閱讀表現。結果表明，將更真實的互動體驗融入數位文本，有助於提高閱讀表現和效率。

儘管已有研究展示了科技輔助閱讀教學的積極影響，但鮮有研究同時考慮個性化支援和真實情境的結合（Clinton-Lisell et al., 2023; Ronimus et al., 2014; Wang et al., 2024）。此外，大多數研究側重於從科技角度出發，提供個性化支援或真實情境，而忽視了教學方法在指導學生學習和促進學習表現中的關鍵作用。例如 Wang 等（2024）利用人工智慧科技生成了符合學生個性化需求的閱讀問題。然而，僅僅練習這些問題而不結合適當的教學方法，可能會在短期內提升閱讀表現，但無法支持閱讀能力的長期發展。因此，本研究旨在結合有效科技，為學生提供個性化的學習支援的同時，運用適當的教學方法，引導學生在真實情境中進行知識建構，促進他們對閱讀材料的深入理解。

二、問題式學習在語言學習中的應用

作為一種廣受歡迎的學習和教學方法，問題式學習在多個學科中得到了廣泛研究（Anggraeni et al., 2023; Arani et al., 2023）。近年來的研究表明，問題式學習方法透過構建真實情境有助於提升學生的語言學習表現。例如 Lin（2018）將問題式學習方法融入閱讀課程，顯著提高了學生的學業表現。Chen 等（2021）發現，問題式學習方法在提升學生英語詞彙習得和動機方面的顯著效果，還增強了他們的解決問題能力。此外，研究還強調了問題式學習在外語與工程的整合中的重要性。透過這種方法，學生不僅提高了工程專業技能，還在解決實際問題的過程中獲得了職業相關的外語技能。此外，問題式學習在科技增強的教育環境中也被證明是有效的（Chen et al., 2021; Lee, 2023）。例如 Chen 等將問題式學習融入虛擬學習環境，為學生提供了更加真實的語言學習體驗，結果證明這種方法比傳統問題式學習更能激發學生的學習動機。在另一項研究中，Chang 等（2020）將問題式學習與數字遊戲結合，證明這種方法在提高學生學習滿意度、樂趣方面是有效的。更重要的是，這種方法極大地促進了學生的學習主動性，提升了學業表現。總之，問題式學習方法有助於提高學生的語言學習表現，並適合在科技增強的教育環境中使用。

現有研究大多從宏觀角度設計並探討了問題式學習對促進學生學習的效果，但缺乏更個性化和精細化的方法。在問題式學習活動中，隨著問題探究的深入，及時和有針對性的回饋與指導對於加深理解至關重要，尤其是在自主學習階段。然而，在大規模教學中，教師難以為每位學生提供這樣的回饋和指導。此外，傳統問題式學習活動在設計問題時未充分考慮學生認知水準的差異，導致部分學生難以應對這些問題。

綜上所述，本研究旨在將問題式學習與生成式 AI 相結合，提出一種個性化雙層問題式學習方法，其對問題式學習方法進行了更加精細化的設計，引導學生從基礎知識掌握到高階思維技能發展。在問題解決過程中，該方法利用生成式 AI 為學生提供有針對性的回饋與指導，以實現個性化問題式學習。此外，本研究將英語閱讀作為應用場景，進行了一項準實驗，以驗證個性化雙層問題式學習方法的有效性。

參、面向英語閱讀的個性化雙層問題式學習方法設計

一、提升 ChatGPT 生成閱讀問題的個性化水準

為了充分發揮基於生成式 AI 的個性化雙層問題式學習方法在促進英語閱讀中的潛力，有必要解決生成式 AI 科技（以 ChatGPT 為例）的不足之處。ChatGPT 的一個局限性在於它難以提供學習所需的高度個性化支援。本研究借鑑了 Wang 等（2024）的研究，結合最近發展區理論的個性化預測演算法與機器學習模型，預測學生的認知水準。透過將學生的認知水準作為輸入資訊，可以提高 ChatGPT 生成的學習資源的個性化水準。

在個性化雙層問題式學習方法中，ChatGPT 用於自動生成學生的個性化閱讀問題（見圖 9-1）。在生成問題之前，教師會收集並準備關於閱讀材料、學生認知水準和認知目標的資料，然後將其上傳至系統。閱讀材料的設計旨在明確閱讀問題的具體內容和背景。學生的認知水準用於調整問題難度，以匹配其當前的認知狀態。認知目標涵蓋了不同的認知層次，旨在促進高階思維技能的發展。在生成過程中，利用提示工程科技（White et al., 2023）設計任務描述、當前輸入和輸出指標的提示詞，以指導 ChatGPT 生成個性化的閱讀問題。此外，參照 Wang 等（2024）對機器生成問題的評估方法，透過

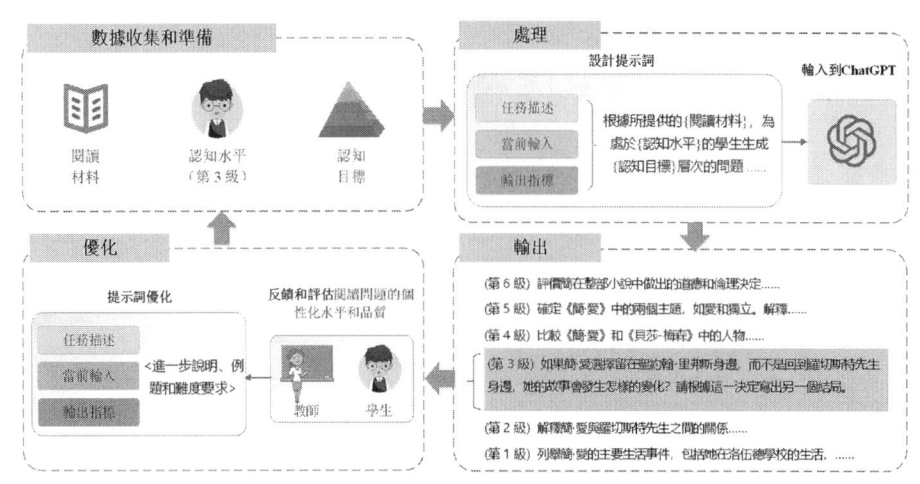

圖 9-1　個性化閱讀問題生成示例

學生回饋和教師評估來確定閱讀問題的個性化程度和品質。最後，根據學生回饋和教師評估的結果，持續優化提示詞設計和問題生成過程，以提高閱讀問題的個性化程度。

根據學生的認知水準生成不同難度的閱讀問題，難度隨著認知水準的提高而增加。一級問題要求學生回憶材料中的資訊；二級問題要求學生理解材料內容；三級問題要求學生能夠應用所學知識解決問題；四級問題要求學生具備分析和解決問題的能力；五級問題要求學生將思考過程綜合為解決方案；六級問題要求學生透過建議解決方案、批評提案或根據既定標準評估想法的優劣，從而批判地評價想法的價值或品質。

二、基於引導的 ChatGPT 輔助閱讀工具

ChatGPT 的另一個局限性在於其直接提供答案的方式，容易導致學生過度依賴，進而阻礙他們深入思考和獨立解決問題的能力。因此，本研究參考 Lee 等（2024）的研究，在問題式學習活動中引入了一種基於引導的 ChatGPT 輔助閱讀工具（Guidance-based ChatGPT-assisted Reading Aid, GCRA）。與傳統的 ChatGPT 的使用方式不同，GCRA 並不直接給出答案，而是透過提供啟發性的提示，引導學生逐步完善自己的解決方案。

圖 9-2 展示學生使用 GCRA 輔助解決閱讀問題的一個示例。學生在閱

讀中遇到難題時，他們可以使用 GCRA 進行引導。例如當學生輸入問題：「如果簡・愛沒有遇見海倫，她的性格會受到怎樣的影響？」時，GCRA 會引導學生根據其已有知識提供一個初步的答案，如：「她可能會變得更加冷漠和報復心更強」。接著，GCRA 將在第 4 步中將學生的問題和初步答案輸入 ChatGPT，利用 ChatGPT 的強大文本理解能力生成一個有啟發性的提示，例如「你的答案提到簡・愛可能會變得更加冷漠和報復心更強，這很好。但你能更深入地思考一下海倫在簡・愛生活中起到了哪些具體的作用……」。在收到提示後，學生會反思並重新閱讀材料，思考如何透過更深入的理解來補充細節，進一步完善他們的答案。閱讀完成後，GCRA 會記錄學生的學習資料，並生成學習日誌。此外，GCRA 還會根據學生的學習日誌生成詳細的回饋。透過 GCRA 的提示和回饋，學生不僅能夠解決當前問題，還能夠進行反思。這有助於培養學生對材料的更深入理解，並促進高階思維技能的發展（Lee et al., 2024）。

三、個性化雙層問題式學習方法設計與應用

個性化雙層問題式學習方法的設計基於布盧姆教育目標分類理論，將問

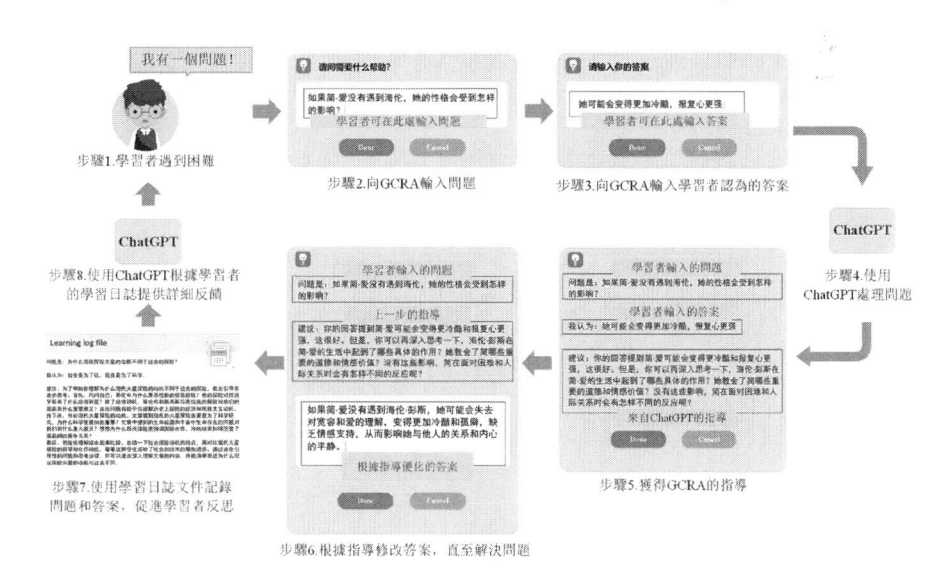

圖 9-2　GCRA 支持的閱讀問題解決過程

題式學習活動分為兩個層次（見圖 9-3）。

在第一層次中，基於問題的閱讀學習活動主要幫助學生掌握材料的基本概念。學生在教師的指導下，透過傳統的學習方式參與較為簡單的思維活動。隨著學生對閱讀問題的進一步探索，他們將參與更為複雜的思維活動，如應用、分析、綜合、評價。因此，在第二層次中，將根據學生的認知水準提供個性化的閱讀問題。這些問題旨在促進學生對材料的深入理解，並培養高階思維技能。此外，當學生遇到困難時，他們可以使用 GCRA 獲得及時且有針對性的回饋，以助力問題解決。

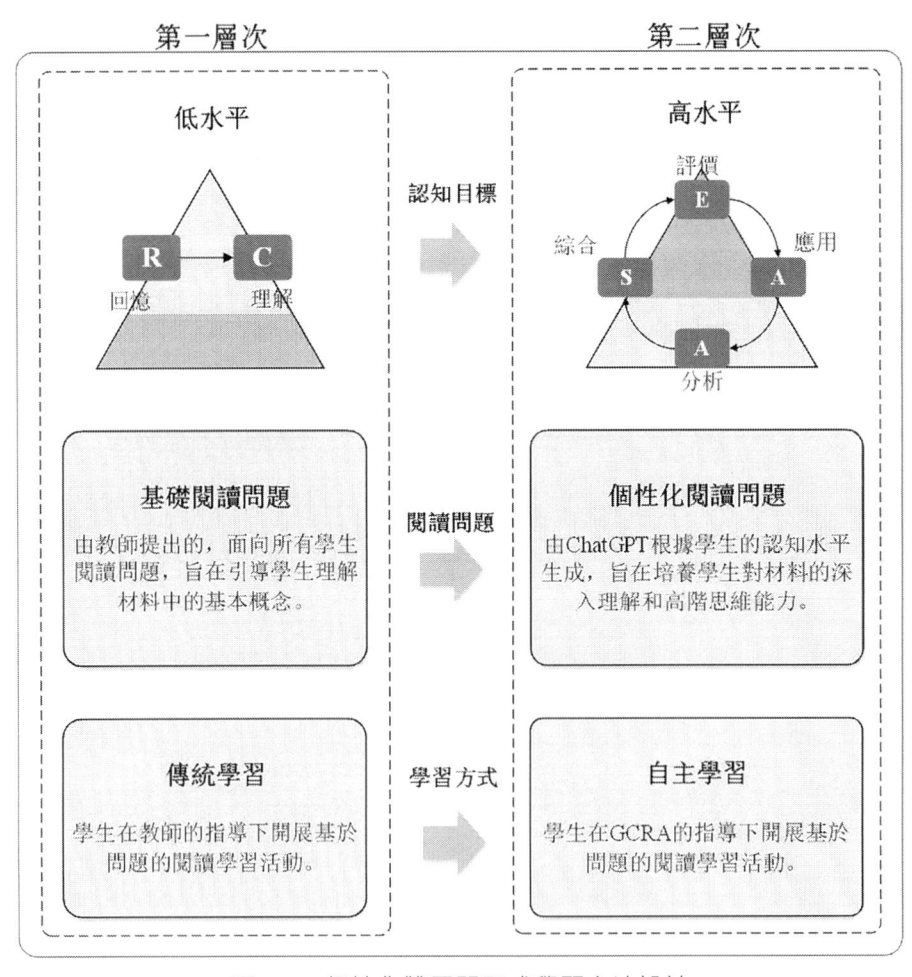

圖 9-3　個性化雙層問題式學習方法設計

第九章　生成式 AI 應用於個性化問題式學習對大學生英語閱讀成就及感受之影響　187

參考 Aslan（2021）的研究，本研究將基於個性化雙層問題式學習方法的閱讀過程分為六個階段：「問題展示」、「問題定義」、「資訊收集與共用」、「個性化問題展示」、「獨立分析和解決問題」以及「反思與評估」。前三個階段屬於第一層次，後三個階段屬於第二層次。圖 9-4 展示了基於個性化雙層問題式學習方法的閱讀過程。

問題展示：教師準備閱讀材料並提出與材料相關的閱讀問題，例如「簡・愛被她的姑媽送到哪裡？她在那裡最恨誰？為什麼？」，這些問題旨在激發

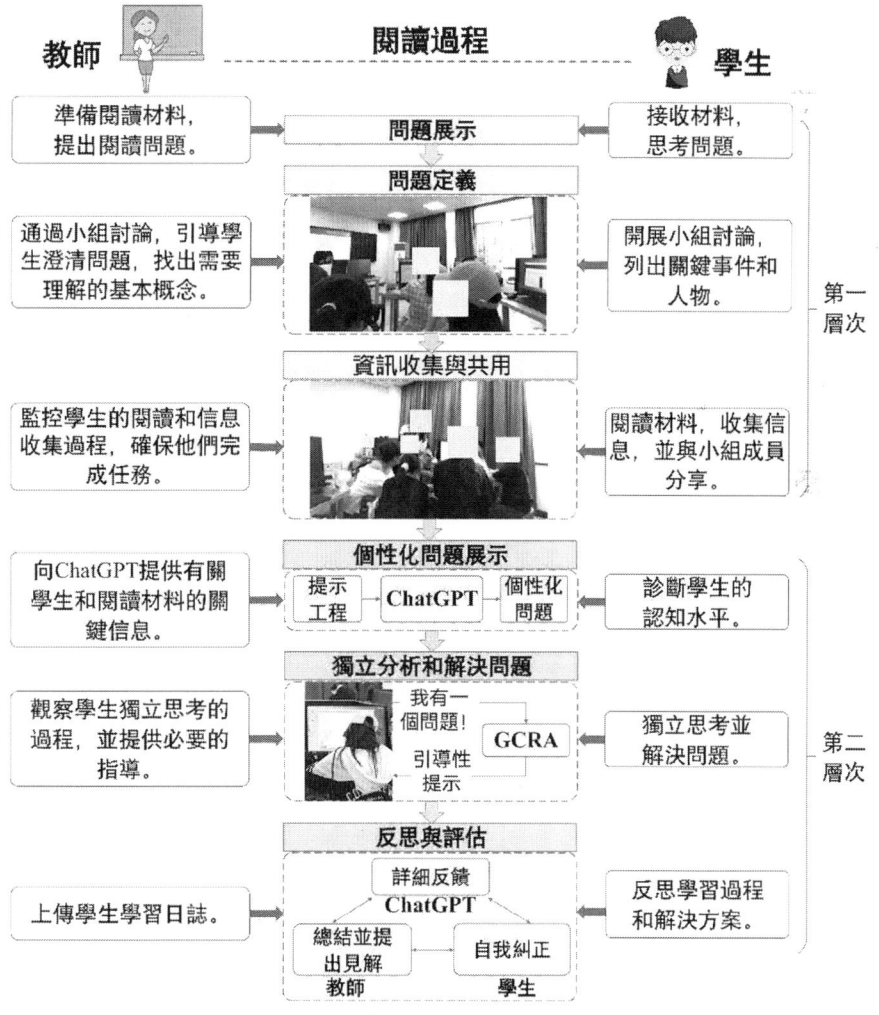

圖 9-4　基於個性化雙層問題式學習方法的閱讀過程

學生的好奇心和閱讀興趣。

　　問題定義：教師引導學生進行小組討論，澄清問題並確定需要理解的基本概念，例如「討論簡‧愛的童年經歷，並列出關鍵事件和人物」。

　　資訊收集與共用：學生閱讀材料並收集相關資訊，與小組成員共用。例如學生閱讀小說的相關章節，收集簡‧愛童年的詳細資訊，並與小組分享他們的發現。

　　個性化問題展示：教師向 ChatGPT 提供有關學生認知水準和閱讀材料，並利用提示工程科技指導 ChatGPT 生成個性化的閱讀問題。這些問題比教師最初提出的問題更符合學生的認知水準，旨在培養更深入的理解和批判性思維。例如「如果簡‧愛在洛伍德學校沒有遇見海倫，她的性格和命運會有何不同？」

　　獨立分析和解決問題：學生獨立思考並解決問題。當遇到困難時，學生可以向 GCRA 提問，GCRA 將提供啟發性提示。例如當學生問道「如果簡‧愛沒有遇見海倫，她的性格會受到怎樣的影響？」時，GCRA 可能會提示：「思考一下海倫的行為和態度如何影響簡‧愛。他們的友誼如何影響簡‧愛的價值觀和信仰？」

　　反思與評估：學生反思學習過程和解決方案的有效性。在此反思過程中，他們會提供一些類似於問題情境的現實生活例子。此外，GCRA 根據學生的歷史學習資料提供詳細回饋。最後，教師總結並提供見解，鼓勵學生進入新一輪的學習。

肆、實驗設計

一、研究對象

　　本實驗的對象為 62 名來自中國某大學的二年級學生（年齡為 19 歲或 20 歲）。他們被隨機分為實驗組和對照組。實驗組共有 32 名學生，其中男生 14 名，女生 18 名，採用個性化雙層問題式學習方法；對照組共有 30 名學生，其中男生 13 名，女生 17 名，採用傳統問題式學習方法。實驗組與控制組均由一位超過 20 年英語教學經驗的教師授課。所有參與者均符合納入

標準，並簽署了知情同意書。

二、實驗流程

實驗流程如圖 9-5 所示。在實驗開始之前，兩組參與者均完成學習成績和動機的前測，以評估其閱讀能力並確保兩組的可比性。

隨後，實驗組學生使用個性化雙層問題式學習方法進行閱讀活動，而對照組學生使用傳統問題式學習方法進行閱讀活動。需要注意的是，實驗組和對照組在閱讀活動中遇到的問題總數相同，且均使用線上學習系統進行問題解決。區別在於，實驗組在使用系統時收到的是個性化問題，並獲得了 GCRA 的詳細且有針對性的指導，而對照組則接收到標準化問題，並且獲得常規指導。

實驗結束後，所有參與者均完成了學習成績和動機後測。此外，從每組中隨機選取了 12 名學生（6 名高成就者和 6 名低成就者）進行訪談。

三、實驗測量工具

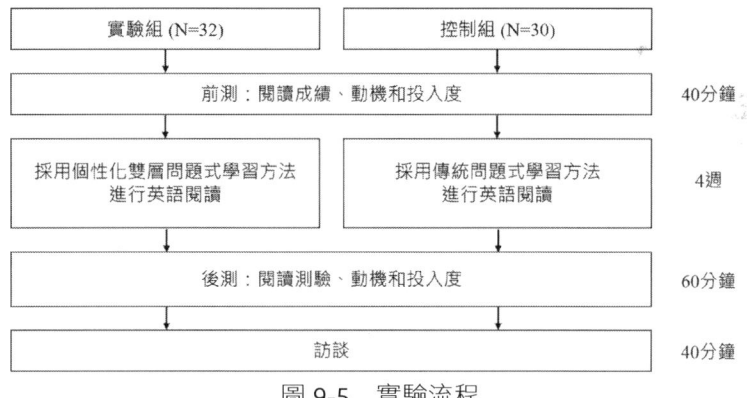

圖 9-5　實驗流程

學習成績測試包括 6 個問題：3 道顯性問題和 3 道隱性問題。測試參考了 Danaei 等（2020）的設計。顯性問題是指可以直接從閱讀材料中回答的問題，例如「根據閱讀材料，探險家通常出於什麼原因進入未知領域？」隱性問題則要求學生基於先前知識和閱讀材料中的線索進行推理和分析，以

測試他們是否對閱讀材料有了深入理解，例如「為什麼科學在未來的火星探險中可能會發揮更重要的作用？」。學生的學習成績前測和後測由兩位具有 10 年以上閱讀教學經驗的語言教師進行評估。評分教師需採用雙盲、背對背的評估方法。兩位教師評分的 Cohen's kappa 值顯示了較高的評分一致性（$k = 0.88$），最終的學生學習成績取兩位教師評分的平均值。

學習動機量表包括 6 個項目，涵蓋內在和外在動機。量表參考了 Lin 等（2021）的設計，並根據本研究的背景進行了適當修改，例如「在閱讀課程中取得好成績是我最滿足的事情」。問卷採用李克特（Likert）5 點量表（最低分為 1 分，最高分為 5 分）。分數越高，表示學生的動機越強。問卷的 Cronbach's α 值為 0.85。

學習投入度問卷包括 20 個項目，涵蓋行為、情感和認知投入。問卷設計參考了 Sun 等（2021）的研究，並根據本研究的背景進行了適當修改，例如「我嘗試參與閱讀活動」。問卷採用李克特（Likert）5 點量表，Cronbach's α 值為 0.75。透過計算每組學生投入度問卷的平均得分，將學生的投入度分類為不同水準（即高投入度和低投入度）。

參考 Lin 等（2021）的研究，訪談提綱包括五個經過適當修改的問題：
（一）在使用這種方法進行英語閱讀時，你認為學到了最多的是什麼？在哪個階段你學得最多？請舉例說明。
（二）這個閱讀課程與之前你所經歷的其他傳統英語閱讀課程有何不同？你覺得它有用嗎？為什麼？
（三）你的閱讀能力在哪些方面得到了提高（如批判性閱讀）？請舉例說明。
（四）你會推薦這種學習方法給你的朋友或其他學生嗎？為什麼？
（五）你會推薦其他教師在特定科目中使用這種方法嗎？為什麼？
（六）請總結一下使用這種方法進行英語閱讀的好處。

伍、研究結果

一、學習動機

為了檢驗不同學習方法對學生學習動機的影響,研究採用了單因子共變數分析(One-Way Analysis of Covariance, One-Way ANCOVA)。不同的學習方法被視為引數,而學習動機的後測和前測分別作為因變數和協變數。研究首先驗證了外在動機($F = 0.475, p = .493$)和內在動機($F = 0.231, p = .632$)的迴歸係數同質性假設,結果均滿足要求。表 9-1 顯示 One-Way ANCOVA 的分析結果。實驗組和對照組在外在動機($F = 5.967, p < .05$)和內在動機($F = 5.410, p < .05$)上存在顯著差異。

結果表明,個性化雙層問題式學習方法在提高學生的外在動機和內在動機方面,均顯著優於傳統問題式學習方法。

表 9-1　學習動機之 One-Way ANCOVA 分析結果

學習動機	組別	n	Mean	SD	Adjusted mean	Adjusted SD	F	η^2
外在動機	實驗組	32	3.58	0.46	3.57	0.08	5.967*	.092
	控制組	30	3.27	0.48	3.28	0.09		
內在動機	實驗組	32	2.88	0.45	2.88	0.07	5.410*	.089
	控制組	30	2.76	0.41	2.76	0.08		

*$p < .05.$

二、學習成績

為了檢驗不同學習方法對學生學習成績的影響,研究採用 One-Way ANCOVA。不同的學習方法被視為引數,而學習成績的後測和前測分別作為因變數和協變數。研究首先驗證了總分($F = 0.205, p > .05$)、顯性問題($F = 1.841, p > .05$)和隱性問題($F = 0.628, p > .05$)得分的迴歸係數同質性假設,結果均滿足要求。表 9-2 顯示 One-Way ANCOVA 的分析結果。實驗組和對照組在總分($F = 11.850, p < .01$)和隱性問題($F = 14.130, p < .001$)上均存在顯著差異。然而,在顯性問題方面,實驗組和對照組之間沒有顯著差異。

表 9-2　學習成績之 One-Way ANCOVA 分析結果

學習成績	組別	n	Mean	SD	Adjusted mean	Adjusted SD	F	η^2
總分	實驗組	32	80.09	5.03	80.18	0.98	5.967*	.092
	控制組	30	75.43	6.25	75.34	1.01		
顯性問題	實驗組	32	34.03	2.52	34.07	0.41	2.731	.044
	控制組	30	33.13	2.11	33.09	0.42		
隱性問題	實驗組	32	45.69	3.35	45.73	0.70	14.130***	.193
	控制組	30	41.97	4.85	41.92	0.73		

**$p < .01$, ***$p < .001$.

結果表明，個性化雙層問題式學習方法在提升學生的學習成績，尤其是在總分和隱性問題得分方面，相較於傳統問題式學習方法表現出了顯著的優勢。

三、學習投入度及其對學習成績的影響

為了檢驗不同學習方法對學生學習投入度的影響，研究採用 One-Way ANCOVA。不同的學習方法被視為引數，而學習投入度前測和後測分別作為因變數和協變數。首先，研究驗證了學習投入度（$F = 2.001, p > .05$）得分的迴歸係數同質性假設，結果均符合要求。表 9-3 顯示 One-Way ANCOVA 的分析結果。實驗組和對照組在學習投入度上存在顯著差異（$F = 11.337, p < .01$）。結果表明，使用個性化雙層問題式學習方法的學生比使用傳統問題式學習方法的學生有更高的學習投入度。

此外，為探討不同學習方法和不同投入度水準對學生學習成績的影響，研究還進行了二因子變異數分析（Two-Way Analysis of Variance, Two-Way ANOVA）。不同的學習方法和不同的投入度水準被視為引數，而學習成績的前測和後測結果作為因變數。結果顯示，學習方法和學習投入度對學生學習

表 9-3　學習投入度之 One-Way ACNOVA 分析結果

組別	n	Mean	SD	Adjusted mean	Adjusted SD	F	η^2
實驗組	32	3.46	0.32	3.46	0.64	11.337**	.161
控制組	30	3.15	0.40	3.15	0.66		

**$p < .01$, ***$p < .001$.

成績的三個維度的前測（$F = 0.412, p > .05; F = 0.026, p > .05; F = 1.326, p > .05$）和後測（$F = 0.653, p > .05; F = 3.250, p > .05; F = 0.014, p > .05$）沒有顯著的交互作用。因此，進行了主效應比較。

如表 9-4 所示，在實驗組中，不同投入度水準的學生在總分、顯性問題和隱性問題維度的前測學習成績上沒有顯著差異（$F = 3.401, p > .05; F = 2.584, p > .05; F = 3.317, p > .05$），但在後測學習成績上，不同投入度水準的學生在總分、顯性問題和隱性問題維度上均存在顯著差異（$F = 8.660, p < .01; F = 5.397, p < .05; F = 11.719, p < .01$）。結果表明，在使用個性化雙層問題式學習方法的學生中，高投入度的學生在總分、顯性問題和隱性問題維度上的表現優於低投入度的學生。

如表 9-5 所示，在對照組中，不同投入度水準的學生在前測（$F = 0.437, p > .05; F = 3.074, p > .05; F = 0.014, p > .05$）和後測（$F = 1.175, p >$

表 9-4　實驗組中不同學習投入度和前後測學習成績之 Two-Way ANOVA 分析結果

學習成績	學習投入度	n	前測 Mean	SD	F	η^2	後側 Mean	SD	F	η^2
總分	高	32	65.00	6.94	3.401	.102	82.44	3.29	8.660**	.224
	低	30	68.88	4.75			77.75	5.46		
顯性問題	高	32	28.81	3.41	2.584	.079	35.00	1.79	5.397*	.152
	低	30	30.50	2.45			33.06	2.82		
隱性問題	高	32	36.19	3.87	3.317	.100	47.44	2.50	11.719**	.281
	低	30	38.37	2.85			43.94	3.23		

*$p < .05$, **$p < .01$.

表 9-5　對照組中不同學習投入度和前後測學習成績之 Two-Way ANOVA 分析結果

學習成績	學習投入度	n	前測 Mean	SD	F	η^2	後側 Mean	SD	F	η^2
總分	高	15	66.93	7.78	0.437	.015	76.67	6.57	1.175	.040
	低	15	68.67	6.52			74.20	5.88		
顯性問題	高	15	29.27	3.67	3.074	.099	33.07	2.19	0.029	.001
	低	15	31.20	2.18			33.20	2.11		
隱性問題	高	15	37.67	4.39	0.014	.000	43.60	4.66	3.729	.118
	低	15	37.47	4.99			40.33	4.61		

.05; $F = 0.029, p > .05; F = 3.729, p > .05$）學習成績的總分、隱性問題和顯性問題維度上均沒有顯著差異。結果表明，在使用傳統問題式學習方法的學生中，不同投入度水準的學生在總分、隱性問題和顯性問題三個維度上的表現沒有顯著變化。

圖 9-6 展示了不同學習方法和不同投入度水準對學生總分的影響。可以看出，實驗組中不同投入度水準的學生在前測和後測總分之間的差距大於對照組。結果表明，個性化雙層問題式學習方法對於高投入度的學生更為有效，而對於低投入度的學生效果較為有限。

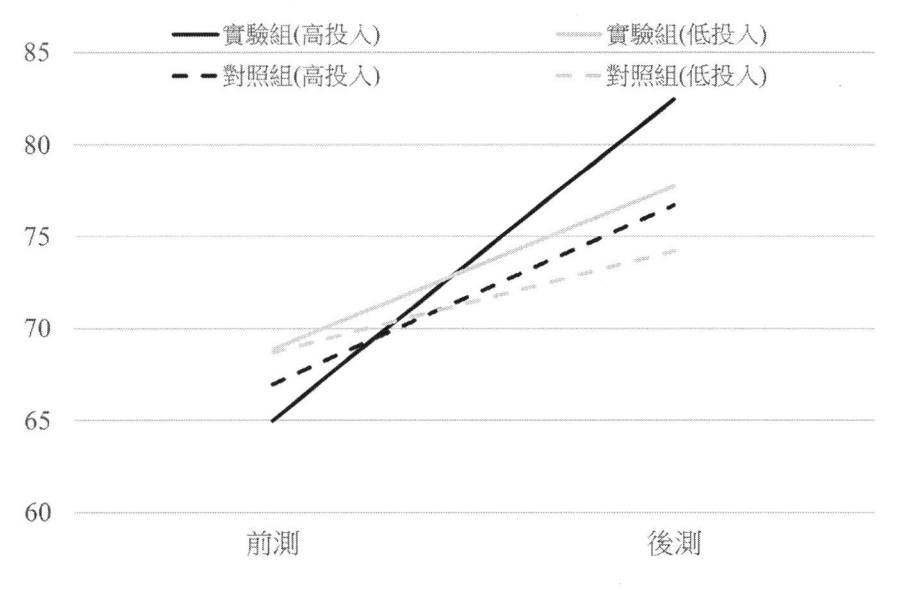

圖 9-6　不同投入度的學生在前測和後測的總分差距

四、訪談結果

為了更好的理解學生對不同學習方法的看法，研究使用 NVivo11.4 軟體對半結構化訪談進行了分析。表 9-6 顯示了訪談分析的結果，涵蓋了主題、編碼項和提及頻率。總體而言，實驗組的學生在支持個性化學習、促進反思、提高學習表現以及增強學習動機這四個方面的提及次數均高於對照組。相反，對照組的學生則更多地提出了改進建議。

在「支持個性化學習」方面，實驗組的提及次數（$n = 22$）遠高於對照組（$n = 7$）。實驗組的學生認為，他們遇到的問題更符合個人的認知水準，尤其是在自主學習階段。此外，他們表示所獲得的回饋幫助他們更好的克服了學習中的困難。

在「促進反思」方面，實驗組的提及次數（$n = 18$）略多於對照組（$n = 12$）。在第一階段，兩個組的學生都認為透過與他人（如同學、教師）的討論和互動，促進了自己的反思。然而，在第二階段，實驗組的學生透過與 GCRA 的互動，獲得了更詳細且有針對性的回饋，因此他們更傾向於反思並優化自己的答案。

在「提高學習表現」方面，實驗組的提及次數（$n = 24$）遠多於對照組（$n = 12$）。實驗組的學生普遍認為，這種學習方法促進了對學習材料的深入理解和批判性思維，而對照組的學生較少提及這兩個方面。

在「增強學習動機」方面，實驗組的提及次數（$n = 27$）也明顯多於對照組（$n = 7$）。實驗組的學生認為，這種學習方法激發了他們的積極學習行為和對下一階段任務的渴望，而對照組的學生教少提到這些內容。

至於「改進建議」，對照組的提及次數（$n = 18$）多於實驗組（$n = 7$）。

表 9-6　訪談結果的主題、編碼專案和出現次數

主題	主題代碼	提及次數 實驗組	提及次數 控制組
支持個性化學習	問題難度適當。	12	3
	收到的回饋剛好有助於問題的解決。	10	4
促進反思	透過與他人的互動，反思自己對問題的理解。	10	7
	促進反思和優化解決方案。	8	5
提高學習表現	這種學習方法促進對材料的深入理解。	11	5
	這種學習方法促進了批判性思維。	8	2
	這種學習方法可提高學習成績。	5	5
增強學習動機	這種學習方法促進我主動學習。	12	1
	這種學習方法中的交互讓我期待下一個任務。	8	2
	這種學習方法很有趣。	7	6
改進建議	沒有。	4	6
	問題難度不合適。	2	8
	回饋內容品質差。	1	4

對照組的學生反映，所遇問題的難度不合適（過難或過易），並指出回饋不夠及時或不夠有幫助，而實驗組的學生在這方面的回饋較少。

陸、討論

一、研究對象

結果顯示，實驗組學生的學習動機顯著高於對照組學生。這一差異可能源於多個因素。首先，在個性化雙層問題式學習方法中，閱讀問題是根據學生的認知水準量身定制的，確保問題難度適中。這種適當的挑戰讓學生相信他們能夠透過自身努力獨立解決問題並制定解決方案。根據自我決定理論，當學生相信自己能夠完成某項任務時，他們的學習動機會顯著增強。此外，在形成解決方案後，實驗組學生透過與 GCRA 的互動，獲得了個性化回饋。多項研究表明，基於生成式 AI 的個性化回饋能夠激發學生的學習動機，尤其是當回饋能夠根據學生表現和任務難度進行調整時（Barrot, 2023; Wang et al., 2024）。與對照組相比，實驗組學生收到的回饋更加及時且針對性更強，這不僅幫助他們更好地理解學習內容並優化解決方案，還增強了他們的信心和成就感，從而提升了學習動機。結合訪談結果，發現實驗組學生在支持個性化學習、促進反思、提高學習表現以及增強學習動機方面的提及次數均高於對照組，並且對後續任務表現出更高的期待。這進一步驗證了個性化雙層問題式學習方法在提升學生學習動機方面的有效性。

二、學習成績

結果顯示，實驗組學生的學習成績顯著優於對照組學生。這可以歸因於個性化雙層問題式學習方法在促進學習方面的有效性。具體而言，該方法透過更精細的學習活動設計和利用問題式學習的指導作用，推動學生逐步掌握知識。學生從第一層次的簡單問題入手，確保掌握基本概念後，再調整第二層次更具複雜的問題。這種循序漸進的方式有助於提高學生對材料的理解。Aslan（2021）的研究也只是這一觀點，強調問題式學習方法融入學習活動的積極影響。其次，個性化雙層問題式學習方法透過生成式 AI 為學生提供與其認知水準匹配的個性化問題，支持個性化學習。研究表明，生成式

AI 支持的個性化學習方法有利於提升學生的學習成果（Abdelhalim, 2024; Tzeng et al., 2024）。此外，該方法提供了及時且有針對性的回饋，幫助學生從長期記憶中提取相關資訊或經驗（Li et al., 2023）。訪談結果顯示，實驗組學生在收到回饋後，傾向於反思和優化他們的解決方案，努力將新知識與已有經驗聯繫起來，從而實現更深層次的理解。在隱性問題的測試中，個性化雙層問題式學習方法顯著提高了學生的隱性問題得分。訪談結果進一步證實了該方法在提升深度理解和批判性思維方面的有效性。

然而，該方法並未顯著提高學生在顯性問題上的得分。一個合理的解釋是，顯性問題主要考察學生的直接觀察能力，而個性化雙層問題式學習方法僅提供文本學習材料。相關研究表明，提供多樣化的學習材料有助於提高學生的觀察和感知能力（Chen et al., 2022; Li et al., 2023）。因此，教育研究者在未來可以考慮將多模態資料整合到個性化雙層問題式學習方法中，以增強學生對學習材料的觀察和感知能力。

三、學習投入度及其對學習成績的影響

結果顯示，實驗組學生的學習投入顯著高於對照組學生。此外，實驗組中高投入與低投入學生的學習成績存在顯著差異，而對照組中未觀察到類似的顯著差異。實驗組內低投入與高投入學生之間的表現差距明顯大於對照組。這些結果表明，個性化雙層問題式學習方法對高投入學生的學習成績改善效果優於低投入學生。這種差異可能源於不同投入水準的學生在學習任務中維持注意力的能力差異（Li et al., 2023）。先前研究表明，高投入學生在學習過程中表現出更強的專注力和動機（Li et al., 2023），因此，他們更可能積極參與學習，並更好地理解學習材料。此外，個性化雙層問題式學習方法在問題式學習活動的第二層次中提供了更具個性化和挑戰性的任務。根據 Van Ammel 等（2021）和 Ronimus 等（2022）的研究，高投入學生通常認為閱讀是一種愉快的活動。在執行具有挑戰性的閱讀任務時，他們會投入更多的精力，這有助於他們更深入的理解材料。因此，高投入學生更有可能在面對挑戰性任務時堅持不懈並克服困難。相反，低投入學生可能缺乏動機或容易分心，最終選擇放棄，從而在面對挑戰時表現較差。訪談結果也支持了這一結論，高投入學生普遍表達了在問題式學習活動的第二層次中克服挑

戰的積極性，這種積極性促成了成就感的產生。

然而，實驗組和對照組中的低投入學生在學習成績上幾乎相同。這表明個性化雙層問題式學習方法未能顯著提高低投入學生的學習成績，這可能有多種原因。首先，實驗時間有限，未能對低投入學生產生足夠的的長期影響，以顯著改變他們的任務投入。先前的研究也表明，短期干預通常難以提升低投入學生的學習表現（Yang et al., 2021; Li et al., 2023）。其次，儘管個性化雙層問題式學習方法提供了個性化問題和回饋，但它未能有效惠及低投入學生。訪談顯示，低投入學生在問題式學習活動的第二層次中表現出更多的負面行為，主要因為這一層次的問題難度和複雜性較大。低投入學生由於注意力不集中且缺乏耐心，在處理這些複雜問題時面臨重大挑戰，難以達到高投入學生的理解水準。因此，無論使用個性化雙層問題式學習方法還是傳統問題式學習方法，低投入學生在提升學習成績方面都面臨困難。

柒、結論

本研究提出一種基於生成式 AI 的個性化雙層問題式學習方法。準實驗結果表明，該方法在提升學生的學習成績、動機和投入方面均優於傳統問題式學習方法。訪談結果進一步驗證了該方法的有效性。雖然已有研究指出問題式學習在教育中的潛力，但鮮有研究嘗試對其進行更精細的設計，以促進學生深入思考和理解，更不用說將生成式 AI 整合到問題式學習方法中，為學生提供個性化支持。本研究的結果為未來研究者和教師工作者提供了新的思路，即如何利用生成式 AI 進行研究和教學設計。

儘管本研究顯示將生成式 AI 整合到問題式學習方法中具有積極影響，但仍存在一些局限性。首先，實驗持續時間較短。其次，實驗參與者為中國某大學的大二學生，並只在英語閱讀課程中進行應用，這意味著其結果可能不適用於其他不同年齡組或學習場景。第三，生成式 AI 生成的內容存在不確定性，尤其是在長時間對話後，學生收到的回饋和指導可能不令人滿意。最後，個性化雙層問題式學習方法構建的真實情境基於現實問題，缺乏多模態學習內容（如圖片、視音訊等），這可能限制了學生透過多種感官管道參與和處理資訊，從而影響學習效果。

因此，未來研究應考慮增加樣本量並延長實驗時間。此外，個性化雙層問題式學習方法可以應用於其他學習場景，以驗證其有效性。同時，可以考慮收集多模態學生資料，如生理和行為信號（如面部表情、手勢、眼動等），以深入分析學生的認知和情感狀態，從而得出更準確和客觀的結論。此外，還需要提高生成式 AI 在教育內容生成方面的準確性，這可以透過整合其他科技（如教育知識圖譜）來實現，從而增強生成式 AI 生成的回饋和指導的精確性。最後，在基於個性化雙層問題式學習方法的學習活動中，除了使用現實問題創建真實情境外，還應增加多模態學習內容，以提升學生的學習動機和表現。

參考文獻

Abdelhalim, S. M. (2024). Using ChatGPT to promote research competency: English as a Foreign Language undergraduates' perceptions and practices across varied metacognitive awareness levels. *Journal of Computer Assisted Learning.* https://doi.org/10.1111/jcal.12948

Alrawashdeh, G. S., Fyffe, S., Azevedo, R. F., & Castillo, N. M. (2023). Exploring the impact of personalized and adaptive learning technologies on reading literacy: A global meta-analysis. *Educational Research Review*, Article 100587. https://doi.org/10.1016/j.edurev.2023.100587

Anggraeni, D. M., Prahani, B. K., Suprapto, N., Shofiyah, N., & Jatmiko, B. (2023). Systematic review of problem based learning research in fostering critical thinking skills. *Thinking Skills and Creativity*, *49*, Article 101334. https://doi.org/10.1016/j.tsc.2023.101334

Arani, S. M. N., Zarei, A. A., & Sarani, A. (2023). Problem-based language learning: Why aren't teachers using it? *Social Sciences & Humanities Open*, *8*(1), 100668. https://doi.org/10.1016/j.ssaho.2023.100668

Aslan, A. (2021). Problem-based learning in live online classes: Learning achievement, problem-solving skill, communication skill, and interaction. *Computers & Education*, *171*, Article 104237. https://doi.org/10.1016/j.compedu.2021.104237

Barrot, J. S. (2023). Using ChatGPT for second language writing: Pitfalls and potentials. *Assessing Writing*, *57*, Article 100745. https://doi.org/10.1016/j.asw.2023.100745

Chang, C. S., Chung, C. H., & Chang, J. A. (2020). Influence of problem-based learning games on effective computer programming learning in higher education. *Educational Technology Research and Development, 68*(5), 2615-2634. https://doi.org/10.1007/s11423-020-09784-3

Chen, C. H., Hung, H. T., & Yeh, H. C. (2021). Virtual reality in problem-based learning contexts: Effects on the problem-solving performance, vocabulary acquisition and motivation of English language learners. *Journal of Computer Assisted Learning, 37*(3), 851-860. https://doi.org/10.1111/jcal.12528

Chen, Y. T., Li, M., Huang, C. Q., Han, Z. M., Hwang, G. J., & Yang, G. (2022). Promoting deep writing with immersive technologies: An SVVR-supported Chinese composition writing approach for primary schools. *British Journal of Educational Technology, 53*(6), 2071-2091. https://doi.org/10.1111/bjet.13247

Clinton-Lisell, V., Seipel, B., Gilpin, S., & Litzinger, C. (2023). Interactive features of e-texts' effects on learning: A systematic review and meta-analysis. *Interactive Learning Environments, 31*(6), 3728-3743. https://doi.org/10.1080/10494820.2021.1943453

Danaei, D., Jamali, H. R., Mansourian, Y., & Rastegarpour, H. (2020). Comparing reading comprehension between children reading augmented reality and print storybooks. *Computers & Education, 153*, Article 103900. https://doi.org/10.1016/j.compedu.2020.103900

Hsu, C. K., Hwang, G. J., & Chang, C. K. (2013). A personalized recommendation-based mobile learning approach to improving the reading performance of EFL students. *Computers & education, 63*, 327-336. https://doi.org/10.1016/j.compedu.2012.12.004

Kasneci, E., Seßler, K., Küchemann, S., Bannert, M., Dementieva, D., Fischer, F., Gasser, U., Groh, G., Günnemann, S., Hüllermeier, E., Krusche, S., Kutyniok, G., Michaeli, T., Nerdel, C., Pfeffer, J., Poquet, O., Sailer, M., Schmidt, A., Seidel, T., ... & Kasneci, G. (2023). ChatGPT for good? On opportunities and challenges of large language models for education. *Learning and Individual Differences, 103*, Article 102274. https://doi.org/10.1016/j.lindif.2023.102274

Lee, H. Y., Chen, P. H., Wang, W. S., Huang, Y. M., & Wu, T. T. (2024). Empowering ChatGPT with guidance mechanism in blended learning: Effect of self-regulated learning, higher-order thinking skills, and knowledge construction. *International Journal of Educational Technology in Higher Education, 21*(1), Article 16. https://doi.org/10.1186/s41239-024-00447-4

Lee, Y. H. (2023). Achieving success in English medium instruction using computer-mediated terminology pretraining under the problem-based learning pedagogy. *Journal of Computer Assisted Learning, 39*(3), 921-934. https://doi.org/10.1111/jcal.12777

Li, M., Chen, Y. T., Huang, C. Q., Hwang, G. J., & Cukurova, M. (2023). From motivational experience to creative writing: A motivational AR-based learning approach to promoting Chinese writing performance and positive writing behaviours. *Computers & Education, 202*, Article 104844. https://doi.org/10.1016/j.compedu.2023.104844

Lin, L. F. (2018). Integrating the problem-based learning approach into a web-based English reading course. *Journal of Educational Computing Research, 56*(1), 105-133. https://doi.org/10.1177/0735633117705960

Lin, Y. N., Hsia, L. H., & Hwang, G. J. (2021). Promoting pre-class guidance and in-class reflection: A SQIRC-based mobile flipped learning approach to promoting students' billiards skills, strategies, motivation and self-efficacy. *Computers & Education, 160*, Article 104035. https://doi.org/10.1016/j.compedu.2020.104035

Orhan, A. (2024). Online or in-class problem based learning: Which one is more effective in enhancing learning outcomes and critical thinking in higher education EFL classroom? *Journal of Computer Assisted Learning, 40*(5), 2351-2368. https://doi.org/10.1111/jcal.13033

Ronimus, M., Tolvanen, A., & Hautala, J. (2022). The roles of motivation and engagement in computer-based assessment of children's reading comprehension. *Learning and Individual Differences, 98*, Article 102197. https://doi.org/10.1016/j.lindif.2022.102197

Steiss, J., Tate, T., Graham, S., Cruz, J., Hebert, M., Wang, J., Moon, Y., Tseng, W., Warschauer, M., & Olson, C. B. (2024). Comparing the quality of human and ChatGPT feedback of students' writing. *Learning and Instruction, 91*, Article 101894. https://doi.org/10.1016/j.learninstruc.2024.101894

Sun, F. R., Pan, L. F., Wan, R. G., Li, H., & Wu, S. J. (2021). Detecting the effect of student engagement in an SVVR school-based course on higher level competence development in elementary schools by SEM. *Interactive Learning Environments, 29*(1), 3-16. https://doi.org/10.1080/10494820.2018.1558258

Tzeng, J. W., Huang, N. F., Chen, Y. H., Huang, T. W., & Su, Y. S. (2024). Personal learning material recommendation system for MOOCs based on the LSTM neural network. *Educational Technology & Society, 27*(2), 25-42. https://www.jstor.org/stable/48766161

Van Ammel, K., Aesaert, K., De Smedt, F., & Van Keer, H. (2021). Skill or will? The respective contribution of motivational and behavioural characteristics to secondary school students' reading comprehension. *Journal of Research in Reading, 44*(3), 574-596. https://doi.org/10.1111/1467-9817.12356

Wang, X., Zhong, Y., Huang, C., & Huang, X. (2024). ChatPRCS: A personalized support system for English reading comprehension based on chatgpt. *IEEE Transactions on Learning Technologies, 17,* 1762-1776. https://doi.org/10.1109/tlt.2024.3405747

White, J., Fu, Q., Hays, S., Sandborn, M., Olea, C., Gilbert, H., Elnashar, A., Spencer-Smith, J., & Schmidt, D. C. (2023). A prompt pattern catalogue to enhance prompt engineering with ChatGPT. arXiv. https://doi.org/10.48550/arXiv.2302.11382

Yang, G., Chen, Y. T., Zheng, X. L., & Hwang, G. J. (2021). From experiencing to expressing: A virtual reality approach to facilitating pupils' descriptive paper writing performance and learning behavior engagement. *British Journal of Educational Technology, 52*(2), 807-823. https://doi.org/10.1111/bjet.13056

第十章
生成式 AI 繪圖應用於古詩文學課程對高中生學習表現之影響

Effects of Generative AI Drawing on High School Students' Learning Performance in an Ancient Poetry Course

朱蕙君[1]　許佳穎[2]　王俊傑[3]
[1] 東吳大學資訊管理學系 教授
[2] 東吳大學資訊管理學系 研究生
[3] 屏東大學教育學系 助理教授

摘要

　　古詩文學課程旨在培養學生的文學能力，並提升他們的詮釋技巧。透過閱讀和理解古詩，學生可以提升對古詩情境的理解，進而體會古詩文學的優美。然而，由於歷史背景與現代生活情境的差距，學生往往不易理解歷史課程中描述的事物。學者指出，在學習過程中以視覺的形式來呈現資訊有利於理解，並能夠加強學習保留。因此，讓學生透過繪出古詩情境的方式來學習，有助於幫助他們深入思考古詩的豐富意境，進而提升其學習成就。然而，除畫圖外，描述所繪製的內容和意境的能力也同樣重要。有鑑於此，本章嘗試透過生成式人工智慧（Generative Artificial Intelligence，簡稱生成式 AI）輔助學生繪圖；亦即學生以文字描述對古詩中人物、事件及場景等訊息，由生成式 AI 繪製出古詩文的意境和場景，幫助學生從與生成式 AI 互動過程中對於古詩有更深入的思考及瞭解。為了評估此模式對學生的影響，本章採用準實驗研究設計，對象為 60 名高中生。實驗組使用生成式 AI 繪圖輔助古詩學習模式，控制組則使用一般繪圖輔助古詩學習模式。本研究測量的面向包

括學習成就、創造力傾向、學習動機、自我效能及認知負荷，並進一步實施深度訪談以瞭解學生的學習感受。由研究結果發現，實驗組學習後的學習成就顯著優於控制組。此外，進一步分析發現，實驗組中創造力較高的學生，其自我效能顯著優於控制組中同樣具高創造力傾向的學習者。此外，實驗組學生在繪圖中展現了更豐富多樣的內容，並且更能夠較好的表達情感及描繪情境中的細節。

關鍵字： 生成式 AI 繪圖、繪圖學習、古詩文學、情境學習

Abstract

The Ancient Poetry Course aims to cultivate students' literary competence and enhance their interpretive skills. Through reading and comprehending ancient poems, students can enhance their understanding of the context of ancient poems and thus realize the beauty of ancient poetry literature. However, due to the gap between the historical background and modern life, it is often difficult for students to understand the things described in the history curriculum. Scholars have pointed out that presenting information visually during the learning process benefits comprehension and enhances learning retention. Therefore, allowing students to learn by drawing the context of ancient poems can help them think deeply about the richness of ancient poems and thus enhance their learning achievement. However, in addition to drawing, the ability to describe the content and artistic conceptions of the drawing is also equally important. In view of this, we used generative artificial intelligence (AI) to assist students in drawing; that is, students described the characters, events, and scenes in the poems in words, and then the AI drew the moods and scenes of the poems, which helped students think more deeply about the ancient poems and understand their meaning from the process of interaction with AI. This helped students engage in deeper thinking and understanding of the ancient poems due to interaction with generative AI. In order to evaluate the impact of this model on students' learning, we adopted a quasi-experimental research design with 60 high school students. The experimental group used the generative AI drawing mode to assist their learning of ancient poems, while the control group used the general drawing mode. The study measured academic achievement, creativity, motivation, self-efficacy, and cognitive load, and we conducted in-depth interviews to understand students' learning experiences. From the results of the study, it was found that the experimental group performed significantly better than the control group in terms of academic achievement after learning. In addition, further analysis revealed that the personal self-efficacy of the more creative students in the experimental group was significantly higher than that of the control group who also had high creative tendencies. In addition, students in the experimental group demonstrated greater richness and variety in their drawings, and were better able to express emotions and depict details of the situation.

Keywords: generative artificial intelligence drawing, learning by drawing, ancient poetry, situated learning

壹、前言

古典文學教育在中文教育中扮演重要的角色;學生學習古典文學不僅是為了瞭解文學體裁,更是為了培養詮釋古文學作品的能力。然而,古詩詞文學的詞彙及文法,較現代使用的白話文複雜許多;因此,對多數學生而言,閱讀和理解古典文學是一項具有挑戰性的任務。目前的文學教育通常以理解課文為主,而學生對於文章內容所描述的情境往往無法感受,因而影響其學習成就。

Lave 與 Wenger(1991)指出,學習若能結合真實的活動、情境和文化,就能給予學生在情境學習的優勢。為了讓學生感受到學習情境,教師常引導學生觀看故事、動畫、模擬情境或真實世界情境等學習環境。在古詩詞學習時,過去也有研究者提出使用遊戲、多媒體等,作為學習情境(Chen & Lin, 2015; Yang et al., 2013)。因此,教師可以透過模擬詩詞所描繪的環境,利用內容資源和多媒體資源,引領學生深入思考古文或詩詞的意境。此外,學者也指出,使用情境式學習可以使學生模擬身歷其境的學習環境,以體驗課文場景,感受到比文字和圖片更為豐富的意境。例如 Zhao 與 Yang(2023)在國文課中使用環景虛擬實境學習系統;其研究結果表明,情境式學習對語言學習有正面的影響,能激發學生的學習興趣和課堂參與度。

在眾多教學策略中,繪圖不僅是一種表達思想的方式,更是一種促進學生深入思考的教學方法。Leland 等(2015)在研究中,透過引導三年級學生閱讀關於奴隸逃脫尋找自由的故事書,讓學生畫出他們心目中「自由」(Freedom)的樣貌;繪圖之後,學生透過轉換法(Transmediation)解釋自己所畫的圖像與心中的想法,將繪畫內化為描述能力,提升其批判思考和反思能力(Leland et al., 2015)。由過去多個研究顯示,當學生繪製圖像時,除了呈現想像中的情節,他們還需要能夠說明畫作背後的原因與意涵;這樣的圖像表達與說明過程,同時訓練學生的描述能力、批判思維和詮釋能力(Fan, 2015; Knight et al., 2016)。隨著 Generative Artificial Intelligence(簡稱生成式 AI)的快速發展,繪圖引導教學的潛力也被進一步拓展。生成式 AI 能根據指令、描述,甚至劇本,生成所需的圖像,使文字與圖像之間的結合更加緊密,進而加深他們對課文內容和情境的理解與思考深度。

因此，本研究期望結合 AI 繪圖生成與課文相關的情境，融入混成學習模式，引導學生想像詩經中的情境，以描述方式生成圖片，期望符合學科要求，提升學生的文字描述能力，也能提升學生的學習成就與創造力。

為評估學生在學習過程中利用生成式 AI 繪圖輔助古詩學習模式之影響，本研究提出研究問題如下：

一、使用生成式 AI 繪圖輔助古詩學習模式的學生，其學習成就是否顯著優於使用一般繪圖輔助古詩學習模式的學生？

二、使用生成式 AI 繪圖輔助古詩學習模式的學生，其創造力傾向是否顯著優於使用一般繪圖輔助古詩學習模式的學生？

三、使用生成式 AI 繪圖輔助古詩學習模式的學生，其學習動機是否顯著優於使用一般繪圖輔助古詩學習模式的學生？

四、使用生成式 AI 繪圖輔助古詩學習模式的學生，其自我效能是否顯著優於使用一般繪圖輔助古詩學習模式的學生？

五、使用生成式 AI 繪圖輔助古詩學習模式的學生與使用一般繪圖輔助古詩學習模式的學生的認知負荷是否有差異？

六、使用不同繪圖學習模式的學生，在學習方式的感受及對學習活動觀點有何異同？

七、使用不同繪圖學習模式的學生，所呈現的繪圖內容是否有所差異？

貳、文獻回顧

一、情境學習理論

情境學習理論強調學習者透過參與社會實踐與真實情境的互動，主動建構知識並獲得技能，這種學習方式具有高度的互動性與成效（Lave & Wenger, 1991）。透過模擬真實場景，情境學習為學習者提供實際操作的機會，從而豐富其學習體驗，在有意義的情境中進行學習更能提升學習效率（Choi & Hannafin, 1995）。學習者透過情境學習，能夠培養問題解決能力並獲得知識。

近年來，許多研究強調了情境學習的有效性。學習者在情境學習中所體

驗到的臨場感與沉浸感被視為學習過程中的關鍵要素（Chen & Hou, 2024）。此外，情境學習有助於提升學生的學習成就、創造力、表達能力、學習動機和批判性思考能力，並能強化對學習過程的理解（Guan et al., 2023）。在情境學習環境中，學習者不僅能進行實際操作並完成任務，還能獲得更多實踐技能的機會，這有助於深化對知識的理解與應用。因此，情境學習不僅提供沉浸式的學習體驗，還使學習場域不再受限，為學習過程注入更多豐富且有價值的元素。

二、生成式 AI 繪圖

AI 繪圖是利用生成式 AI 科技創造藝術作品，包括圖像、插畫和其他視覺藝術。近年來，AI 領域迅速發展，對社會和個人產生了重大的影響，也為學術和商業帶來新機會和挑戰。AI 逐漸成為日常工具，如 Alexa、Siri、DeepL 及 ChatGPT 等，各國政府和學校也積極推動將 AI 主題納入 K-12（kindergarten to 12th grade，即從幼稚園到高中）正規課程（Holzinger et al., 2023）。

學術界越來越重視生成式 AI 的批判性應用，並探討其適當的使用方式。特別是在 K-12 課程設計中，若缺乏嚴謹的研究和規劃，可能會面臨重大挑戰（Susarla et al., 2023）。近年來，AI 在教學領域的應用課程不斷增加。過去研究結果顯示，結合 AI 科技能夠促進學生反思，並提高學習成就、自我效能和自我調節能力，同時減少認知負荷，且能夠增強學生的學習體驗（Tao et al., 2021）。隨著 AI 科技的急速發展，許多科學家致力於運用 AI 創作詩歌、故事、音樂、笑話和繪畫等創意作品（Gu & Li, 2022）。AI 繪圖更成為藝術和設計的新興領域，生成式 AI 透過學習大量藝術品和圖像生成獨特的作品。目前，有許多工具能將文字描述轉換為圖像，使人們能夠更自由地表達創意和想像力，即使缺乏繪圖技巧的人也能輕鬆創作。

三、混成學習

混成學習是將傳統面對面教學和線上教學相結合的教學模式，旨在提供多元化的學習體驗。透過多媒體科技或其他學習媒介的運用，補充課堂教學、教程或實踐，使教學內容更加靈活（Moradimokhles & Hwang, 2022）。在這種學習模式下，課堂學習內容可以延伸至線上活動，為學習者提供更多補充教材、練習及互動的機會。此外，學習者的彈性、自主性和自我調節能力是混成學習成功的關鍵因素（van Laer & Elen, 2017）。

過去的研究指出，混成學習有助於提升學習者的學習成就和積極性，同時也能創造更有趣的學習體驗（Lu & Law, 2012）。此外，混成學習還能夠培養中低成績學生的問題解決能力，並有效促進學習者的學習動機和參與度（Means et al., 2013）。因此，混成學習模式能夠促進學習者在各方面的發展，同時為教育領域帶來更豐富的可能性。

參、學習模式設計

本研究旨在探討學習者使用「生成式AI繪圖輔助古詩學習模式」和使用「一般繪圖輔助古詩學習模式」進行學習時，其學習成就、創造力傾向、學習動機、自我效能、認知負荷、學習感受以及繪圖表現之間的差異，研究架構如圖10-1所示。

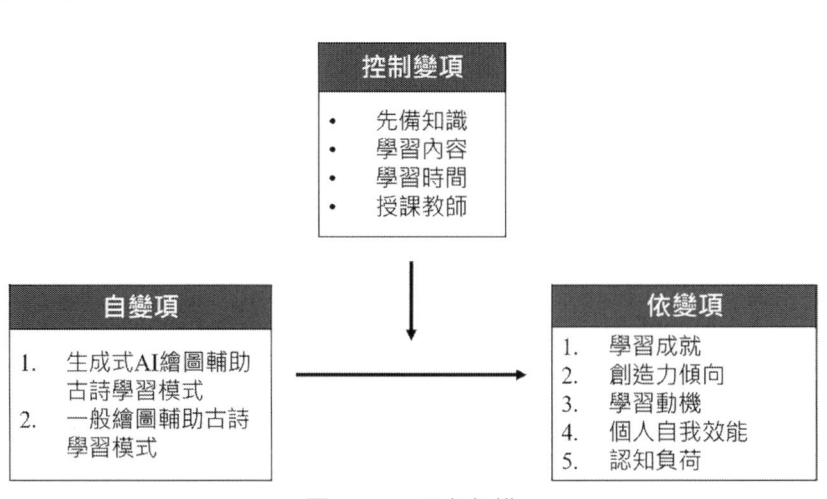

圖 10-1 研究架構

本研究之自變項包括「生成式 AI 繪圖輔助古詩學習模式」與「一般繪圖輔助古詩學習模式」。一開始，兩組具有相同情境背景以及課堂活動介紹，因此擁有相同的先備知識教育。在學習過程中，兩組均具備相同的學習內容，且由同位授課教師進行指導。而本研究之依變項共有 7 項，分別探討在實驗結束後，兩組學習者的學習成就是否有差異，以及透過問卷、訪談與繪圖分析調查兩組學習者在不同學習模式下，其創造力傾向、學習動機、自我效能與認知負荷、學習感受是否會有所不同；同時，透過分析兩組繪圖表現的差異來進一步瞭解學生的思維。

本研究之實驗組採用生成式 AI 繪圖輔助古詩學習模式，使用的 AI 繪圖工具為微軟公司開發的 Microsoft Bing 人工智慧（AI）聊天機器人 Bing AI—Copilot。該工具基於 OpenAI 的 DALL-E 圖片生成科技，學習者可透過電腦網頁進行操作。首先，學習者需進入 Microsoft Bing 並點選 Copilot 頁面，登入帳號後即可開始使用。在操作過程中，學習者只需在輸入框中輸入圖片描述（Prompt，又譯「提示詞」），系統便會自動生成對應的圖片，如圖 10-2 所示。

為了準確生成圖片，學生需反覆閱讀並熟悉課文，以確保能夠精準且具體地描述內容。在深入閱讀課文後，教師要求學生撰寫 5–10 段白話文描述，

圖 10-2　Bing AI 介面

然後利用 AI 繪圖生成工具製作出符合描述的課文圖片。生成後，學生可以下載與自己想像相符的圖片，如圖 10-3 所示。

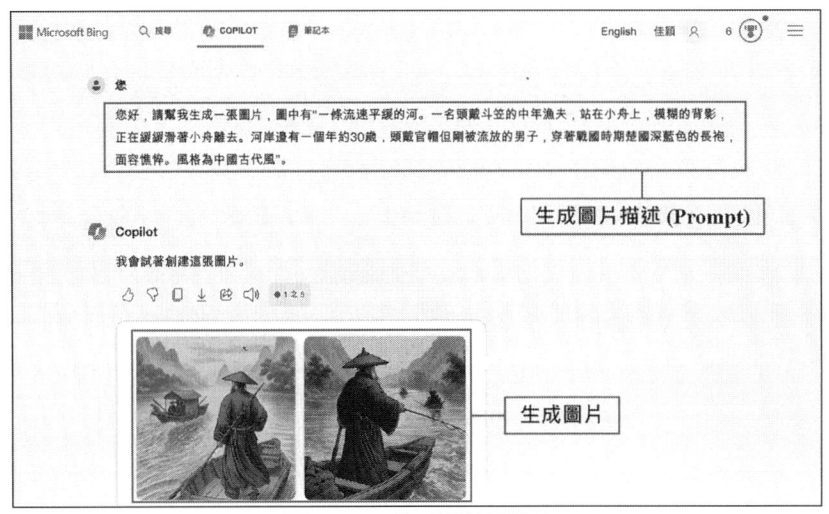

圖 10-3　生成圖片畫面

學生在生成課文圖片後，會將這些圖片組合成短影片，並將完成的影片存於手機相簿中。接著，學生可以透過 APP「Homido Player」直接選取該影片，匯入後即可連結 3D 眼鏡進行觀賞（見圖 10-4）。本研究利用 Google Cardboard 來呈現 AI 生成古詩文情境（見圖 10-5）。

圖 10-4　AI 生成繪圖學習畫面

本研究的控制組,則是採用一般繪圖輔助古詩學習模式進行學習。學生在熟讀課文後,根據理解手繪出古詩文場景並提供描述(見圖 10-6)。

圖 10-5 學生使用 Google Cardboard 觀看古詩文影片

圖 10-6 控制組手繪圖之古詩文場景

肆、實驗設計

為了研究生成式 AI 繪圖輔助古詩學習模式的有效性，本研究選擇「先秦韻文選」課程作為主題，並在臺灣新北市某高中的國文課上進行實施。研究旨在探討不同學習模式對學習者的學習成就、創造力傾向、學習動機、自我效能、認知負荷、學習感受以及繪圖表現的影響，並透過訪談收集質化意見，以提供更全面的見解。

一、研究對象

本研究的實驗對象為臺灣新北市某高中二年級學生，參與實驗的兩個班級共計 60 名學生，平均年齡 16 歲。學生分為實驗組與控制組，實驗組共 31 人，採用生成式 AI 繪圖輔助古詩學習模式；控制組共 29 人，採用一般繪圖輔助古詩學習模式。

二、實驗流程

本研究的流程如圖 10-7 所示。實驗在第一週開始，教師首先進行課文導讀，並教授基本文學知識。隨後，兩組學生均進行前問卷調查，並以學生期中評量成績作為學習成就的前測同質性標準。第二週，實驗組採用生成式

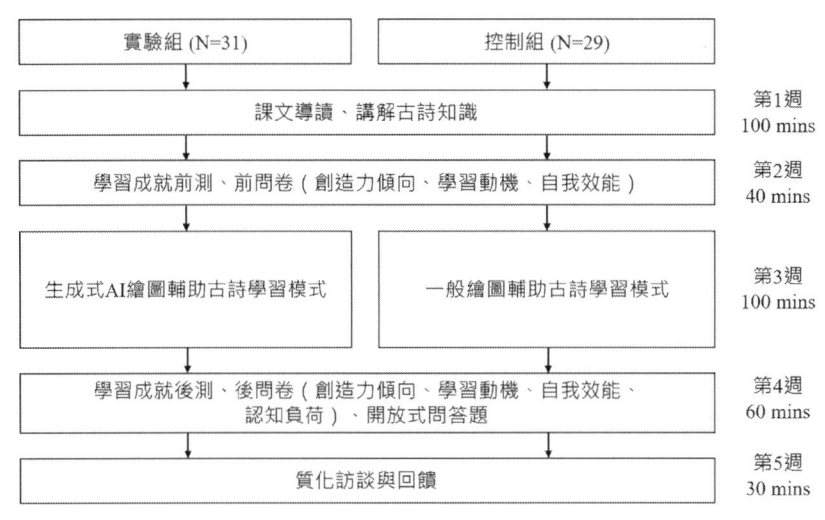

圖 10-7　實驗流程

AI 繪圖輔助古詩學習模式進行學習,而控制組則採用一般繪圖輔助古詩學習模式。第三週,兩組學生進行學習成就後測驗,並完成後問卷調查。最後,再隨機挑選兩組各 6 名學生進行深度訪談,結束為期三週的實驗。

三、實驗測量工具

本研究所使用的研究工具包括學習成就測驗、問卷調查以及繪圖分析。學習成就測驗分為前測和後測;問卷部分則涵蓋創造力傾向、學習動機、自我效能及認知負荷的調查。

學習成就測驗分為前測與後測。前測採用期中評量成績作為基準,分為選擇題 80 分和非選擇題 20 分,總分為 100 分,旨在評估兩組學習者在參與實驗前的學習成就是否存在差異。後測則由兩位具有 25 年以上國文教學經驗的專家與研究者共同設計,測驗分為 3 個部分:單選題 20 題共 60 分,多選題 8 題共 32 分,以及非選擇題 1 題共 8 分,總分為 100 分。

創造力傾向問卷改編自 Hwang 等(2018)的研究,旨在探討學習者在活動前後對創造力傾向的變化,評估學習者的創造性思維及對新事物的接受度。問卷共有 3 題,於實驗前後實施,採用李克特(Likert)5 點量表,前後問卷的 Cronbach's α 值分別為 0.79 和 0.77。

學習動機問卷改編自 Wang 與 Chen(2010)的研究,旨在探討學習者在學習活動前後對文言文學習動機的提升。問卷分為「內在動機」與「外在動機」兩個面向,各 3 題,共計 6 題,於實驗前後實施,採用李克特(Likert)5 點量表,其中內在動機問卷的 Cronbach's α 值為 0.75,外在動機問卷的 Cronbach's α 值為 0.80。

自我效能問卷改編自 Pintrich 等(1993)的研究,用於評估學習者在學習活動前後對自己學習文言文的態度,檢視其對學習目標的信心程度。問卷共有 8 題,於實驗前後實施,採用李克特(Likert)5 點量表,前後問卷的 Cronbach's α 值分別為 0.90 和 0.94。

認知負荷問卷採用 Hwang 等(2013)改編自 Pass(1998)所提出的問卷,旨在探討學習者經過本實驗的學習活動後,是否產生心理壓力和認知負擔。問卷分為「心智負荷」(Mental Load)與「心智努力」(Mental

Efforts）兩個面向。「心智負荷」主要評估教材難易度或學習任務的挑戰性是否給學習者帶來壓力和困難，共 5 題；「心智努力」則探討教材內容或學習任務是否要求學生付出更多努力才能理解，共 3 題。兩者皆採用李克特（Likert）5 點量表，心智負荷與心智努力的 Cronbach's α 值分別為 0.88 和 0.78。

訪談內容改編自 Hwang 等（2009）設計的訪談題目，共 6 題，旨在探討學習者經過學習活動後的感受、體驗和觀點，並討論該活動的優缺點以及對學生實際產生的幫助。

為進一步分析學生對課文理解程度的差異，本研究參考 Tu 等（2021）及 Hwang 等（2023）的研究，開發了一組編碼表來分析學生的繪畫作品。研究利用收集到的有效繪畫與相關描述作為數據，從多角度檢視學生在不同學習模式下將繪畫融入教學後，對課文理解程度與想法的差異，並觀察學生在繪圖中表達的情感。

本次教學內容涵蓋兩首古詩，分別為〈蒹葭〉與〈漁父〉，學生可以自由選擇其中一篇進行繪製。為此，本研究針對這兩首詩作，對學生的繪圖作品進行編碼和分析。編碼表包含 3 項主要類別，分別是人物、環境物件以及情緒和態度，如表 10-1 與表 10-2 所示。每張圖的編碼不限於一個類別，這意味著一張畫中可能同時包含多個屬性。例如在「人物」類別中，若提及

表 10-1　繪圖編碼表〈蒹葭〉

類別	子類別		
1. 人物	1.1. 吟詩的人	1.2. 心上人	1.3. 其他（追尋、站著觀察、跑步等）
2. 環境物件	2.1. 蘆葦	2.2. 露水	2.3. 江水
	2.4. 山	2.5. 秋天景象	2.6. 其他（江邊等）
3. 情緒和態度	3.1. 正面	3.2. 負面	

表 10-2　繪圖編碼表〈漁父〉

類別	子類別		
1. 人物	1.1. 屈原	1.2. 漁父	1.3. 其他（人物動作唱歌、交談、划船等）
2. 環境物件	2.1. 船／舟	2.2. 酒	2.3. 江水／湖邊
	2.4. 山	2.5. 釣竿	2.6. 其他
3. 情緒和態度	3.1. 正面	3.2. 負面	

詩人、心上人、屈原或漁父等及相關的人物動作，皆可計入分析，如圖 10-8 與圖 10-9 所示。

圖 10-8　實驗組學生之繪圖作品編碼

圖 10-9　控制組學生之繪圖作品編碼

伍、實驗結果

一、學習成就

本研究針對學生的後測成績進行獨立樣本 t 檢定，以檢測兩組學生使用不同學習模式學習後的差異。分析結果如表 10-3 所示，實驗組的平均數為 71.77、標準差為 9.60，控制組的平均數為 66.07、標準差為 8.31，顯示經此學習模式，實驗組學生的學習成就顯著優於控制組（$t = 2.45, p = .02 < .05$）。

表 10-3　不同學習模式學生之學習成就獨立樣本 t 檢定

組別	n	Mean	SD	t	d
實驗組	31	71.77	9.60	2.45*	0.64
控制組	29	66.07	8.31		

*$p < .05$.

二、創造力傾向

本研究採用獨立樣本 t 檢定進行學習模式對學生創造力傾向的影響分析，結果如表 10-4 所示。實驗組的平均數為 3.72、標準差為 0.59，控制組的平均數為 3.89、標準差為 0.61，兩組學生的創造力傾向未達顯著差異（$t = -1.07, p = .29 > .05$）。表示使用生成式 AI 繪圖輔助古詩學習模式，對學生的創造力傾向並未產生影響。

表 10-4　不同學習模式學生之創造力傾向獨立樣本 t 檢定

組別	n	Mean	SD	t	p
實驗組	31	3.72	0.59	-1.07	.29
控制組	29	3.89	0.61		

三、學習動機

本研究採用獨立樣本 t 檢定分析學生學習動機，分為內在動機與外在動機兩個面向進行分析，結果如表 10-5 所示。實驗組的內在動機平均值為 3.47、標準差為 0.55，控制組的平均值為 3.33、標準差為 0.82，兩組學生的內在動機未達顯著差異（$t = 0.78, p = .44 > .05$）。此外，實驗組的外

在動機平均值為 3.77、標準差為 0.62，控制組的平均值為 3.58、標準差為 0.65，兩組學生的外在動機也未達顯著差異（$t = 1.22, p = .23 > .05$）。表示使用生成式 AI 繪圖輔助古詩學習模式，對學生的學習動機並未產生影響。

表 10-5　不同學習模式學生之學習動機獨立樣本 t 檢定

學習動機	組別	n	Mean	SD	t	p
內在動機	實驗組	31	3.47	0.55	0.78	0.44
	控制組	29	3.33	0.82		
外在動機	實驗組	31	3.77	0.62	1.22	0.23
	控制組	29	3.58	0.65		

四、自我效能

本研究採用獨立樣本 t 檢定分析不同學習模式對學生自我效能的影響，結果如表 10-6 所示。實驗組的平均數為 3.49、標準差為 0.67，控制組的平均數為 3.32、標準差為 0.60，顯示兩組學生的自我效能未達顯著差異（$t = 1.00, p = .32 > .05$）。

表 10-6　不同學習模式之自我效能獨立樣本 t 檢定

組別	n	Mean	SD	t	p
實驗組	31	3.49	0.67	1.00	.32
控制組	29	3.32	0.60		

本研究為了進一步探討不同學習模式對於不同創造力傾向的學生之自我效能的影響，將採用無母數分析（Mann-Whitney U）進行檢定。首先，透過創造力傾向前問卷將學生分成高創造力傾向及低創造力傾向兩個族群，將創造力傾向問卷數值高於平均值的學生視為高創造力傾向，反之則為低創造力傾向族群，分組結果如表 10-7 所示。

表 10-7　創造力傾向之分組結果

組別	高創造力傾向	低創造力傾向
實驗組	17人	14人
控制組	16人	13人

使用無母數分析比較高低創造力學生歷經不同學習模式後，其自我效能是否有所不同，結果如表 10-8 與表 10-9 所示。實驗組高創造力組的自我效能顯著優於低創造力組（p = .001 < .05），且由學習前 16.68 分成長到 20.91 分，顯示經此學習模式，高創造力組自我效能分數上有所提升（見表 10-8）。而控制組學生在學習前、後均顯示高創造力組的自我效能顯著優於低創力組（p = .02 < .05），但前後分數雷同（見表 10-9 所示）。這表示經於學習活動前後，控制組高創造力傾向組學生的自我效能均顯著高於低創力傾向學生。因此，綜合前述分析結果，生成式 AI 繪圖輔助古詩學習模式對高創造力傾向學生的自我效能有所提升。而一般繪圖輔助古詩學習模式下，學生的自我效能在學習活動後沒有產生變化。

表 10-8　實驗組在不同創造力傾向之自我效能無母數分析

	組別	n	Mean	等級總和	Mann-Whitney U
前問卷	高創造力傾向組	17	16.68	283.50	107.50
	低創造力傾向組	14	15.18	212.50	
後問卷	高創造力傾向組	17	20.91	355.50	35.50*
	低創造力傾向組	14	10.04	140.50	

*p < .05.

表 10-9　控制組在不同創造力傾向之自我效能無母數分析

	組別	n	Mean	等級總和	Mann-Whitney U
前問卷	高創造力傾向組	16	18.38	294.00	50.00*
	低創造力傾向組	13	10.85	141.00	
後問卷	高創造力傾向組	16	18.34	293.50	50.50*
	低創造力傾向組	13	10.88	141.50	

*p < .05.

五、認知負荷

本研究採用獨立樣本 t 檢定分析認知負荷，以瞭解不同學習模式對學生造成的負荷程度，分為心智負荷與心智努力兩個面向進行分析，分析結果如表 10-10 所示。實驗組的心智負荷平均值為 2.99、標準差為 0.75，控制組的平均值為 3.12、標準差為 0.69，兩組學生的心智負荷未達顯著差異（t = -0.70, p = .49 > .05）。此外，實驗組的心智努力平均值為 2.99、標準差為

0.68,控制組的平均值為 3.09、標準差為 0.67,兩組學生的心智努力同樣未達顯著差異(t = -0.58, p = .56 > .05)。由於兩組學生的平均值皆低於 3.5 分,表示無論使用生成式 AI 繪圖輔助古詩學習模式或是一般繪圖輔助古詩學習模式進行學習,都沒有造成學生過多的負荷量。

表 10-10　不同學習模式之認知負荷獨立樣本 t 檢定

面向	組別	n	Mean	SD	t	p
心智負荷	實驗組	31	2.99	0.75	-0.70	.49
	控制組	29	3.12	0.69		
心智努力	實驗組	31	2.99	0.68	-0.58	.56
	控制組	29	3.09	0.67		

六、學習感受

根據訪談結果,我們發現無論是實驗組還是控制組的學生,都認為透過繪圖學習文言文更有趣。然而,兩組學生對學習方式的具體體驗有所不同。實驗組的學生表示,使用 AI 生成繪圖情境有助於將抽象的文字轉化為具體的圖片,增強了畫面感,使課文更易理解,同時提升了表達能力。例如 EG01 提到:「原本國文課文很抽象,只能從老師的描述去想像,但 AI 可以將文字轉化成圖片,這讓我更有畫面感,所以更好理解課文。」EG15 則表示:「製作 AI 圖片時,需要先理解才能描述得精確,這也能訓練自己的解讀和表達能力。」

七、繪圖內容

在 60 名參與者中,有 3 名學生的繪圖作品因包含不相關的回答或作品不完整,因此被排除在分析之外。表 10-11 列出了不同學習模式下學生在繪圖中表達各類別的次數與平均值。以下是對學生繪圖分析結果的三個主要類

表 10-11　學生的繪圖次數與平均數依類別表示

類別	實驗組(% = n / 31)	控制組(% = n / 29)
人物	57(1.84)	52(1.79)
環境物件	112(3.61)	72(2.48)
情緒和態度	24(0.77)	22(0.76)

別進行說明：

（一）人物類別：分析包括提及詩人、心上人、屈原或漁父等角色。編碼過程中發現，所有學生的繪圖或描述中均提及了心上人和漁父，並且幾乎所有學生也都提到了屈原。

（二）環境物件類別：分析包括提及蘆葦、江水、山等環境物件。結果顯示，所有學生的繪圖或描述中皆提及了江水，其次是蘆葦和船，並以環境物件的筆數較多。

（三）情緒和態度類別：分析包括提及的正面或負面情緒。繪圖或描述中出現最多的是負面情緒，如難過、悲傷或憤怒。其次是正面情緒，這些正面情緒大多表現為愉悅或釋然。

陸、討論與結論

對應研究問題一，由實驗結果顯示，實驗組的學習成就顯著優於控制組，這表明使用生成式 AI 繪圖輔助古詩學習模式能有效提升學習者的學習成效。訪談結果也支持這一點，兩組學生都認為繪圖有助於理解課文，但實驗組的學生在利用 AI 生成繪圖情境時，因需要反覆閱讀課文以生成更精確的圖片，這一過程有助於學生熟悉課文情境並促進記憶。相較於控制組，實驗組學生能更專注於理解課文和描述情境，而不需花費過多時間在繪圖上，這對繪畫能力較弱的學生特別有益。綜合來看，這種學習模式能促進學生進行深度思考，提升學習成效與積極性，並創造更有趣的學習體驗，與過去研究者的見解一致（Lu & Law, 2012; Chang et al., 2022）。

研究問題二，在創造力傾向方面，分析結果顯示兩組之間無顯著差異。然而，兩組學生的創造力傾向平均值均高於 3.5 分，表明整體學生具有較高的創造性思維並對新事物有一定的接受度。訪談中，實驗組學生認為使用 AI 生成繪圖情境的學習方式新鮮且值得嘗試，而控制組學生則認為繪畫學習能促進創意，不像以往的學習模式那麼制式化。

研究問題三，在學習動機方面，獨立樣本 t 檢定分析結果顯示兩組之間無顯著差異。儘管如此，內在動機和外在動機的平均值均高於 3 分，這表明學生對於本研究所設計的學習模式在動機方面持有較高的認同感。可能是

因為學生在學習過程中對於動機因素的感受相似，或這些動機因素對他們來說同等重要。雖然統計結果顯示無顯著差異，但訪談結果顯示，實驗組學生認為生成式 AI 繪圖輔助古詩學習模式能提升學習動機並增加趣味性。例如 EG05 提到：「之前課文讀不太進去，但結合 AI 的學習方式可以增強我學習的動力。」而 EG02 表示：「平常課程較為枯燥，加入 AI 工具後變得比較有趣。」相反地，控制組學生在訪談中並未提及學習動機提升的相關反應。

研究問題四，在自我效能方面，分析結果顯示，不同學習模式與不同創造力傾向的學生之間未呈現顯著交互作用。然而，不同創造力傾向的學生之間存在顯著差異，這表明自我效能更大程度上受創造力傾向的影響。具有高創造力的學生在表達上更具創意且更有自信，因而自我效能較高；反之，創造力較低的學生可能在自我效能上表現較弱。

研究問題五，在認知負荷方面，獨立樣本 t 檢定分析結果顯示兩組之間無顯著差異，這意味著兩組學生所承受的認知負荷量是相當的。過去研究指出，過多的學習內容可能導致學生產生較高的認知負荷，因此需要搭配有效的學習策略來降低其認知負荷（Paas et al., 2003）。本研究中，心智負荷及心智努力的平均值均低於 3.5 分，這表明本研究設計的學習模式和教材難度並未增加學生的學習負擔。

研究問題六，透過訪談回饋中可以看出，兩組學生都認為繪圖能夠幫助他們更好地理解課文。然而，使用生成式 AI 繪圖輔助學習的學生沒有提到繪圖帶來的負擔，反而強調與 AI 互動過程中對表達能力的提升。這表明，在排除繪畫技巧的限制後，學生能更專注於閱讀與表達能力的提升。相比之下，控制組的學生則提到，由於繪畫能力不足所帶來的負擔，可能削弱了教師設計的繪圖學習法在文言文學習中的成效。

研究問題七中，本研究根據學生繪圖的編碼結果進一步分析發現，不同學習模式的學生在繪圖上存在一些顯著差異。實驗組的學生更傾向於描繪多樣化的自然景觀和環境細節，如山、露水或釣竿等，並在情緒和態度表現上展現出更多的情感投入。相對而言，控制組的學生則更注重描繪課文中的核心動作，如追尋、唱歌和划船。

另外，實驗組學生在繪圖後的描述更加精確具體，使用的詞彙也較為豐

富,並且更注重故事的流暢性與完整度。相比之下,控制組的學生則傾向於描述單一場景,使用的詞彙較為單調。綜合這些分析結果,可以看出,使用生成式 AI 繪圖輔助古詩學習模式的學生在繪圖中展現了更豐富和多樣的內容,並且更能表達情緒及展示所觀察到的細節。因此,本研究設計的學習模式似乎有助於增加學生的詞彙使用種類,加強學生的觀察力、表達能力及情感發展。

然而,本研究也存在一些應注意的限制。首先,研究的實驗對象僅限於 60 位臺灣高中生,因此將這些結果應用於不同文化背景或其他年齡層的學生可能不具普遍性。建議未來研究能擴展至更多元的學習者群體,並收集更多相關數據,以便進行更深入的分析。

此外,本研究的實驗時間為期三週,由於學生先前未接觸過生成式 AI 繪圖的相關知識,因此需要較長時間來熟悉工具。受限於班級排課的安排,課堂未能連貫進行,導致學生在隔週上課時需要花時間複習前次課程的內容。建議未來研究可以將實驗時間延長至五週或以上,並將工具使用教學安排在連續的課程中,以便學習者有足夠的時間操作工具並吸收所學知識,從而達到更理想的學習效果。

柒、研究者實驗實施心得

整體而言,本次實驗過程進行得相當順利。學生們的回饋大多是正面的,他們普遍認為這種學習方式對他們非常有幫助。由於此次活動不同於傳統的課堂教學方式,且學生們較少接觸實作活動,大多數學生表現出更高的興趣並積極參與。本研究旨在讓實驗組的學生透過生成式 AI 繪圖工具,更生動地理解文言文的課文內容。然而,教學過程中偶爾會遇到一些科技上的挑戰,例如網路問題導致部分學生操作延遲。儘管這對整體進度造成了一定影響,但並未嚴重阻礙實驗的進行。控制組則使用傳統手繪方式學習,對於一些學生而言,繪畫可以促進記憶並且有趣,這或許解釋了實驗結果中某些部分未顯著的原因。

在與學校老師的合作方面,我們得到了兩位國文老師的大力支持。儘管他們之前未曾接觸過生成式 AI 繪圖工具,他們依然非常信任我們,並在許

多方面提供了極大的協助，例如幫助學生解決問題、維持班級秩序，以及安排測驗、問卷和訪談時間等。這種合作模式大大促進了實驗的順利進行。此外，老師們在實驗結束後提供的學生期末報告回饋顯示，多數學生對此次活動印象深刻，並給了正面的評價。

然而，在實驗教學過程中，我們觀察到了一些值得注意的問題：

一、實驗樣本的局限性：由於實驗樣本主要來自同一所學校的學生，這些結果未必適用於不同年齡或文化背景的學生。未來的研究應考慮增加樣本的多樣性，以提高研究結果的普適性。此外，由於班級安排的限制，實驗組為理組學生，控制組為文組學生，這可能對結果產生一定影響，儘管在學習成就的前測中兩組之間並無顯著差異。

二、課程安排的連貫性：由於課堂時間有限且無法連貫進行，學生需要花費較多時間來複習前次課程的內容，這可能影響他們對課程的掌握和興趣。建議未來的實驗中，儘量保持課程的連貫性，讓學生有足夠的時間消化和理解所學內容。

三、科技上的挑戰：部分學生因不熟悉電腦操作，在學習過程中遇到許多科技問題，特別是對科技不熟練的學生，在使用 AI 工具時容易感到挫折。為減少此類情況，建議在課程開始前進行基本的科技培訓，並在課程中安排足夠的科技支持，以幫助學生更好地掌握工具。

此外，未來研究可以嘗試由教學者產生 AI 生成的虛擬情境，讓學生透過這些場景更深入理解課文的意境，並更注意到課文的細節。這或許能進一步增強學生對課文的理解。總結來說，儘管本次實驗中存在一些挑戰和不足，但這些經驗將成為未來改進的重要參考依據。

參考文獻

Chang, C. Y., Hwang, G. J., & Gau, M. L. (2022). Promoting students' learning achievement and self-efficacy: A mobile chatbot approach for nursing training. *British Journal of Educational Technology, 53*(1), 171-188. https://doi.org/10.1111/bjet.13158

Chen, H. R., & Lin, Y. S. (2016). An examination of digital game-based situated learning applied to Chinese language poetry education, *Technology, Pedagogy* and Education, 25(2), 171-186. https://doi.org/10.1080/1475939x.2015.1007077

Chen, Y. C., & Hou, H. T. (2024). A mobile contextualized educational game framework with ChatGPT interactive scaffolding for employee ethics training. *Journal of Educational Computing Research*, 62(7), 1737-1762. https://doi.org/10.1177/07356331241268505

Choi, J. I., & Hannafin, M. (1995). Situated cognition and learning environments: Roles, structures, and implications for design. *Educational Technology Research and Development*, 43(2), 53-69. https://doi.org/10.1007/BF02300472

Fan, J. E. (2015). Drawing to learn: How producing graphical representations enhances scientific thinking. *Translational Issues in Psychological Science*, 1(2), 170-181. https://doi.org/10.1037/tps0000037

Gu, L., & Li, Y. (2022). Who made the paintings: Artists or artificial intelligence? The effects of identity on liking and purchase intention. *Frontiers in Psychology*, 13, Article 941163. https://doi.org/10.3389/fpsyg.2022.941163

Guan, J. Q., Wang, L. H., Chen, Q., Jin, K., & Hwang, G. J. (2023). Effects of a virtual reality-based pottery making approach on junior high school students' creativity and learning engagement. *Interactive Learning Environments*, 31(4), 2016-2032. https://doi.org/10.1080/10494820.2021.1871631

Holzinger, A., Keiblinger, K., Holub, P., Zatloukal, K., & Müller, H. (2023). AI for life: Trends in artificial intelligence for biotechnology. *New Biotechnology*, 74, 16-24. https://doi.org/10.1016/j.nbt.2023.02.001

Hwang, G. J., Lai, C. L., Liang, J. C., Chu, H. C., & Tsai, C. C. (2018). A long-term experiment to investigate the relationships between high school students' perceptions of mobile learning and peer interaction and higher-order thinking tendencies. *Educational Technology Research and Development*, 66(1), 75-93. https://doi.org/10.1007/s11423-017-9540-3

Hwang, G. J., Tu, Y. F., & Chu, H. C. (2023). Conceptions of the metaverse in higher education: A draw-a-picture analysis and surveys to investigate the perceptions of students with different motivation levels. *Computers & Education*, 203, Article 104868. https://doi.org/10.1016/j.compedu.2023.104868

Hwang, G. J., Yang, L. H., & Wang, S. Y. (2013). A concept map-embedded educational computer game for improving students' learning performance in natural science courses, *Computers & Education*, 69, 121-130. https://doi.org/10.1016/j.compedu.2013.07.008

Hwang, G. J., Yang, T. C., Tsai, C. C., & Yang, S. J. H. (2009). A context-aware ubiquitous learning environment for conducting complex science experiments.

Computers & Education, *53*(2), 402-413. https://doi.org/10.1016/j.compedu.2009.02.016

Knight, L., Zollo, L., McArdle, F., Cumming, T., Bone, J., Ridgway, A., Peterken, C., & Li, L. (2016). Drawing out critical thinking: Testing the methodological value of drawing collaboratively. *European Early Childhood Education Research Journal*, *24*(2), 320-337. https://doi.org/10.1080/1350293X.2016.1143270

Lave, J., & Wenger, E. (1991). *Situated learning: Legitimate peripheral participation*. Cambridge University Press.

Leland, C. H., Ociepka, A., & Wackerly, A. (2015). "How do you draw freedom?" Transmediation as a tool for thinking in a third-grade classroom. *The Reading Teacher*, *68*(8), 618-626. https://doi.org/10.1002/trtr.1360

Lu, J., & Law, N. W. Y. (2012). Understanding collaborative learning behavior from Moodle log data. *Interactive Learning Environments*, *20*(5), 451-466. https://doi.org/10.1080/10494820.2010.529817

Means, B., Toyama, Y., Murphy, R., & Baki, M. (2013). The effectiveness of online and blended learning: A meta-analysis of the empirical literature. *Teachers College Record*, *115*(3), 1-47. https://doi.org/10.1177/016146811311500307

Moradimokhles, H., & Hwang, G. J. (2022). The effect of online vs. blended learning in developing English language skills by nursing student: An experimental study. *Interactive Learning Environments*, *30*(9), 1653-1662. https://doi.org/10.1080/10494820.2020.1739079

Paas, F., Renkl, A., & Sweller, J. (2003). Cognitive load theory and instructional design: Recent developments. *Educational Psychologist*, *38*(1), 1-4. https://doi.org/10.1207/S15326985EP3801_1

Pintrich, P. R., Smith, D. A. F., Garcia, T., & Mckeachie, W. J. (1993). Reliability and predictive validity of the Motivated Strategies for Learning Questionnaire (MSLQ). *Educational and Psychological Measurement*, *53*(3), 801-813. https://doi.org/10.1177/0013164493053003024

Susarla, A., Gopal, R., Thatcher, J. B., & Sarker, S. (2023). The Janus effect of generative AI: Charting the path for responsible conduct of scholarly activities in information systems. *Information Systems Research*, *34*(2), 399-408. https://doi.org/10.1287/isre.2023.ed.v34.n2

Tao, X., Goh, W. P., Zhang, J., Yong, J., Goh, E. Z., & Oh, X. (2021). Mobile-based learning of drug prescription for medical education using artificial intelligence techniques. *International Journal of Mobile Learning and Organisation*, *15*(4), 392-408. https://doi.org/10.1504/IJMLO.2021.118436

Tu, Y. F., Hwang, G. J., Chen, S. Y., Lai, C., & Chen, C. M. (2021). Differences between LIS and non-LIS undergraduates' conceptions of smart libraries: A drawing analysis approach. *The Electronic Library, 39*(6), 801-823. https://doi.org/10.1108/el-07-2021-0129

van Laer, S., & Elen, J. (2017). In search of attributes that support self-regulation in blended learning environments. *Education and Information Technologies, 22*(4), 1395-1454. https://doi.org/10.1007/s10639-016-9505-x

Wang, L. C., & Chen, M. P. (2010). The effects of game strategy and preference-matching on flow experience and programming performance in game-based learning. *Innovations in Education and Teaching International, 47*(1), 39-52. https://doi.org/10.1080/14703290903525838

Yang, C. C., Tseng, S. S., Liao, A. Y. H., & Liang, T. (2013). Situated poetry learning using multimedia resource sharing approach. *Educational Technology & Society, 16*(2), 282-295. https://www.jstor.org/stable/jeductechsoci.16.2.282

Zhao, J. H., & Yang, Q. F. (2023). Promoting international high-school students' Chinese language learning achievements and perceptions: A mind mapping-based spherical video-based virtual reality learning system in Chinese language courses. *Journal of Computer Assisted Learning, 39*(3), 1002-1016. https://doi.org/10.1111/jcal.12782

第十一章
生成式 AI 輔助模式對大學生遊戲程式設計表現之影響

Effects of Generative AI-Assisted Learning on College Students' Performance in Game Programming

張韶宸
元智大學資訊傳播學系 副教授

摘要

　　運算思維在受到國際教育機構的普遍重視。許多學者已嘗試將運算思維訓練融入程式設計課堂中，以培養學生的運算思維，並提升其程式設計的能力。然而，教師在程式設計課程中往往發現，學生在學習抽象的程式設計內容時容易有學習動機低落的情形。因此，學者嘗試透過遊戲式學習模式來提升學生的學習動機。然而，過去的研究也發現，遊戲式學習模式雖然改善了學生的學習動機，在缺乏個人化引導和回饋的學習過程，學生的學習成效仍然不如預期。為了解決這個問題，本研究開發一款生成式 AI 輔助遊戲程式學習模式，以調查對學生的學習成效、運算思維傾向、批判思維傾向和認知負荷之影響。根據研究結果顯示，學生透過生成式 AI 輔助遊戲程式學習模式學習後，不僅可以有效提升他們的學習成效、運算思維傾向和批判思考傾向，同時也沒有造成學生的認知負荷。未來研究亦可參考此學習模式，將生成式 AI 應用在程式設計課程中。

關鍵字：生成式 AI、遊戲程式設計、程式教育、遊戲式學習

Abstract

In recent years, computational thinking (CT) has been emphasized internationally, and many scholars have applied CT training in programming courses to enhance students' ability to use CT and to improve their programming skills. However, in programming courses, it has been found that students are often demotivated when learning abstract programming content. Game-based learning is one of the learning methods that can increase motivation in the classroom, and students can explore and learn in a game environment, which in turn increases their motivation and achievement. However, past studies have also pointed out that students tend to lose their learning direction and lack guidance and feedback in a game environment that is relatively free. Therefore, this study investigated the effects of developing a CT-based generative artificial intelligence (AI) feedback learning model on students' learning achievement, CT tendency, critical thinking tendency, and cognitive load in a game programming course. According to the results of the study, the generative AI feedback learning model for CT not only improved students' learning achievement, CT tendency, and critical thinking tendency, but also did not cause students to experience cognitive load. Future research can also make reference to this learning model and apply generative AI in programming courses.

Keywords: generative artificial intelligence, programming course, programming education, game-based learning

壹、前言

　　程式設計是現今國民教育重視推行的一環，也在國際上受到大量重視（Kong et al., 2019; Tellhed et al., 2022）。尤其對新世代而言，程式能力已經是一項必備的基礎能力（Koyuncu & Koyuncu, 2019）。程式設計能力的學習方式以及管道很多元，像是傳統的電腦教室課程學習、線上課程學習、書籍學習等（Gomes & Mendes, 2007）。受惠於網際網路發達，現今有多元又豐富的管道能學習程式設計。但學習的具體流程、節奏的掌握、以及內容的完整性，經常因學習的素材而異，不易定義出一項標準化又完整的學習模式。況且，礙於資訊的流通過廣又繁雜，學生無法確認獲得資訊的正確性（Lewandowsky et al., 2017; Pointon et al., 2023）。在各種因素的影響之下，容易導致學生的學習效率不佳、學習效果不好；並可能進一步讓學習者感到挫折，而顯得缺乏興趣跟學習的動力（Konecki, 2014）。

　　此外，過去的研究也曾指出遊戲式學習可以幫助學生專注在學習的過程中（Groff, 2018），產生心流（Wang et al., 2023）和提高學生的運算思維（Hooshyar et al., 2021）。例如 Cheng 等（2023）開發了一個遊戲學習平臺，利用該策略來增強學生的運算思維能力、學習動機和學習信心。根據他們的研究指出，實驗組的學生使用學生出題策略（Student-Generated Questions，簡稱為 SGQ 策略）結合遊戲學習平台，能夠有效提升他們的運算思維能力。Pan 等（2024）則提出了一套遊戲來訓練學生的運算思維能力，同時也調查了遊戲學習對於學生得參與度和自我效能。根據研究結果指出，不同性別的學生在使用遊戲學習後的學習成效有顯著差異，亦為使用基於遊戲學習來提升運算思維能力的未來研究提供方向。然而，有研究指出在開放的學習環境中，若沒有適當的引導和學習任務，可能會導致學生學習成效不如預期（Hwang & Chang, 2021）。因此，如何提供學生個人化的回饋和學習引導，將會是在遊戲學習中很重要的議題。

　　運算思維能力也經常與程式設計一起被討論，因為運算思維的訓練過程可以幫助學生瞭解思考模式和流程，進而提高學生找到問題、發現問題和有效提出問題的能力（Fagerlund et al, 2021; Iqbal Malik & Coldwell-Neilson, 2017）。同時，在程式學習過程中，學生必須透過網路搜尋資料、教師的

協助和同儕的合作來解決所遇到的問題（Chrysafiadi et al., 2020），儘管有上述的學習方法可以解決程式的問題，但對於長期學習程式語言的人來說，這種方法並不是最有效率的方法。過去的研究指出，學生在網路上搜尋的資料往往有大量的假資訊和錯誤的資訊，導致學習過程中有迷失的狀況（Keshavarz et al, 2023; Khan & Idris, 2019）。此外，教師和同儕能提供的回饋和協助皆是一次性且有限的，因此如何提供學生在學習程式過程中的學習輔助、回饋和引導，是目前程式課程的一大挑戰。

隨著科技的進步和人工智慧的發展，生成式人工智慧（Generative Artificial Intelligence，簡稱生成式 AI）能夠提供模仿人類在創作、思考和對話的多項工作。透過自然語言的處理和訓練的過程，可以不斷地對生成式 AI 進行訓練，例如可以訓練生成式 AI 幫忙繪畫（Hutson & Cotroneo, 2023）、寫程式（Yilmaz & Yilmaz, 2023）或作詩（Hutson & Cotroneo, 2023）等。根據此生成式 AI 的功能和模式，提供足夠的訓練和框架設定，可以有效被應用在特定的課堂或領域。舉例來說，我們可以設定生成式 AI 的角色為程式老師，引導學生透過運算思維的流程來解決程式的問題，訓練學生發現問題和提問的技巧，進而幫助學生完成程式的作業（Dickey et al., 2024）。

根據上述研究得知，本研究目的在於開發一款生成式 AI 輔助遊戲程式學習模式，幫助學生提高他們的學習成效和運算思維傾向。根據本研究的設計模式提供教學者生成式 AI 在程式設計課程的設計和應用，亦提供學生練習如何在程式設計學習過程中善用生成式 AI。同時，本研究亦訓練學生在面對生成式 AI 所提供的回饋，具有知識判讀和批判思考的能力。

貳、研究動機與研究問題

一、研究動機與目的

隨著科技的進步，程式設計已經成為不可或缺的職場技能之一（Titthasiri, 2020）。近年來，各國都在推行程式設計教育，例如韓國將程式編寫教育編入小學 5、6 年級的正規課程當中（Kim & Kwon, 2019）；加拿大也將電腦程式設計列為中小學必修課程（Floyd, 2023）；日本、歐盟國家等國也都在推動中小學的程式設計教育（Oda et al., 2021; Vinnervik,

2023）。同時，國內也在努力推行程式設計教育，目標是將程式設計列為國民教育的一環（Lee et al., 2023）。

從各國推廣程式設計教育的行動可得知，程式設計正在被推行為應「人盡皆會」的基本能力（Papadakis et al., 2016）。學習者，若要能融會貫通並靈活地撰寫程式，就得先培養相關的思維邏輯，也就是所謂「運算思維」能力。「運算思維」是個「以資訊科學這項概念為基礎，來解決問題、設計系統架構、理解人類行為等的思考模式」（Wing, 2006）。同時，運算思維模式在過去研究中也被證實是適合幫助學生學習程式設計的方式（Romero et al., 2017）。

雖然程式設計的教育正在持續被推廣，然而每位學生在學習程式設計的進度，以及在寫程式時的思考方式也不盡相同。同時，程式設計所涵蓋的領域較廣且複雜，難以明確地訂立其教育的內容與範圍。因此，這樣的情況會導致在不同環境下的程式設計課程，可能會有不同的教學風格與教學模式。此外，過去也有文獻指出許多學生在學習程式設計課程時，往往會因為缺乏引導，遇到程式問題無法解決的情況，進而導致學生的運算思維傾向低落和學習成效不如預期（Keuning et al., 2018）。

遊戲式學習是可以幫助學生提升運算思維傾向和學習成效的方法，例如 alsswey 與 Malak（2024）結合 Kahoot 遊戲化工具應用在大學課程中，調查學生在遊戲式學習過程中他們的學習成就、自我效能、心理壓力和焦慮症狀。根據研究結果發現，實驗組的學生在使用遊戲式學習方法後，他們的學習成就和自我效能是顯著優於控制組的學生使用傳統教學的方法；此外，實驗組的學生在心理壓力和焦慮症狀方面，也是顯著低於控制組的學生。由此可見，遊戲式的學習方法可以有效提升學生的學業成績，同時也促進了學生的心理健康。

然而，在過去的教學過程和研究中常提到，學生會因為學習中遇到程式的問題卡關或是無從下手，儘管透過網路搜尋的方式可以找到相關的討論內容，仍無法提供最貼切的問題解決方案（Hung et al., 2020）。此外，學生也習慣性會把整段程式或是問題直接複製到瀏覽器上搜尋，這將會導致搜尋出來的結果並不是最適合的解決辦法。由此可見，雖然遊戲式學習雖然可以提升學生的運算思維傾向，仍無法提供學生即時解決程式的問題。換句話說，

學生不僅需要在學習程式的過程中保持學習的動機，亦要訓練學生程式學習的提問技巧，協助他們找到適合的程式解決方案（Kuo & Chang, 2023）。

因此，本研究提出一套生成式 AI 輔助遊戲程式學習模式，幫助學生在 3D 遊戲程式學習環境中透過遊戲闖關引導學生學習 C# 程式。同時，學生將透過遊戲的任務引導學習 C# 程式語法中的循序、迴圈與條件三種程式用法。此外，生成式 AI 輔助遊戲程式學習模式將引導學生拆解問題和訓練學生提問的模式，作為學生在遊戲中撰寫程式時的學習鷹架。同時，生成式 AI 可以提供學生程式語法書寫方式和建議，幫助學生能夠通過遊戲中的關卡任務。

二、研究問題

如同上方研究動機與目的所述，本研究的宗旨即在開發一套生成式 AI 輔助遊戲程式學習模式，並將其應用在遊戲程式設計課程中，幫助學生透過遊戲式學習來學習 JavaScript。此外，本研究研究為了證實此方法之有效性，將透過以下研究問題來進行研究調查：

（一）學生透過生成式 AI 輔助遊戲程式學習模式學習 JavaScript 程式語言，是否提升學生的程式設計能力？

（二）學生透過生成式 AI 輔助遊戲程式學習模式學習 JavaScript 程式語言，是否提升學生的運算思維能力？

（三）學生透過生成式 AI 輔助遊戲程式學習模式學習 JavaScript 程式語言，是否提升學生的運算思維傾向？

（四）學生透過生成式 AI 輔助遊戲程式學習模式學習 JavaScript 程式語言，是否提升學生的問題解決能力？

（五）學生透過生成式 AI 輔助遊戲程式學習模式學習 JavaScript 程式語言，是否提升學生的批判思維能力？

參、生成式 AI 輔助遊戲程式學習模式

本研究會使用 Unity 開發遊戲專案。遊戲中，會提供內嵌的 JavaScript 語言給學生使用。同時，本遊戲學習系統嵌入的 JavaScript 會採用 V8 引擎、並具備到 ES5 版本的 JavaScript 語法與功能。進一步，會綁定 Unity 專案的 C# 函式給內嵌的 JavaScript，讓學生在遊戲內撰寫程式時，能進行 API（Application Programming Interface，應用程式界面）呼叫、使用和應用。此外，本研究導入 ChatGPT 3.5 在遊戲學習系統中，以提供學生能夠及時問答的機制，透過生成式 AI 提供學生需要的學習輔助，例如可使用的 API、程式語法和範例。

進入到遊戲畫面時，學生會先了解整體畫面操作，根據系統的引導完成初步的學習操作任務。接續，系統才會引導學生進入到正式的學習任務，以幫助學習者能夠快速熟悉操作畫面，如圖 11-1 所示。

在遊戲中，學生可以自行輸入程式或透過 JavaScript 函式庫來查找程式語言，當學生在任務引導下可以透過程式輸入來完成任務，學習系統會檢視學生的程式內容，並指證出錯誤的行數，以幫助學生找到錯誤並修改，如圖 11-2。

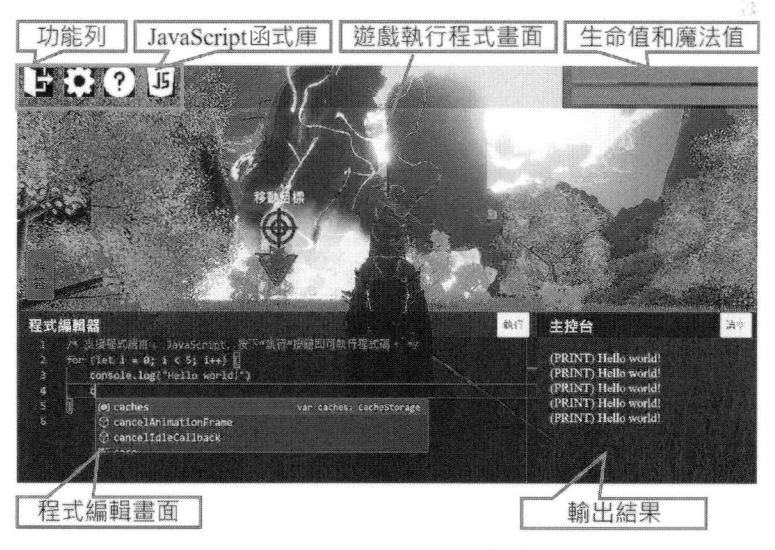

圖 11-1　系統操作介面引導

當學生透過函式庫無法查找到自己需要的程式語法或需要協助時，學生可以透過函式編輯畫面呼叫 ChatGPT。遊戲中已內嵌 ChatGPT 的功能，學生僅需要在對話框中以明確的輸入自己的需求或需要幫助的內容，遊戲系統會自動進行解讀與回答，如圖 11-3 所示。

學生透過對話方式在對話框中輸入指令後，遊戲系統會自動與 ChatGPT 進行連線與運算，並回覆學生可參考的答案或指令。學生可以根據 ChatGPT 所回覆的內容進行修改，進而送出答案確認執行的結果，如圖 11-4 所示。

學生在學習的過程中，都需要運用運算思維的過程來學習程式語言。首先，學生在遊戲中會接收到系統所指示的任務，他們必須先識別問題和拆解

圖 11-2　系統操作介面引導

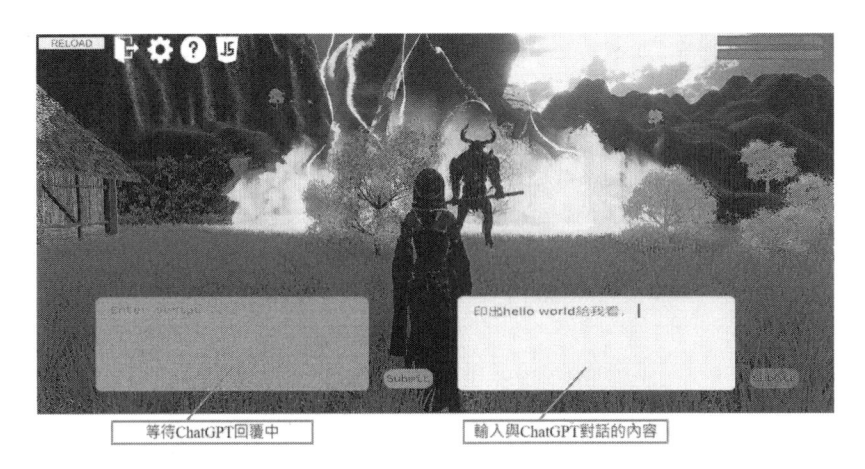

圖 11-3　ChatGPT 內嵌在遊戲對話框

問題,例如系統要求學生找到相剋的魔法元素和施放技能攻擊。學生會先確認正確的魔法屬性,接續測試攻擊次數,直到他們打敗此遊戲目標。在測試同時,學生會確認需要攻擊的次數並找出規律,並根據魔法函式庫找到對應的元素函式,抽象化自己所需的函式。直到最後的演算測試執行的結果並反思,直到完成任務,如圖 11-5 所示。

圖 11-4 ChatGPT 回覆可參考內容和解答

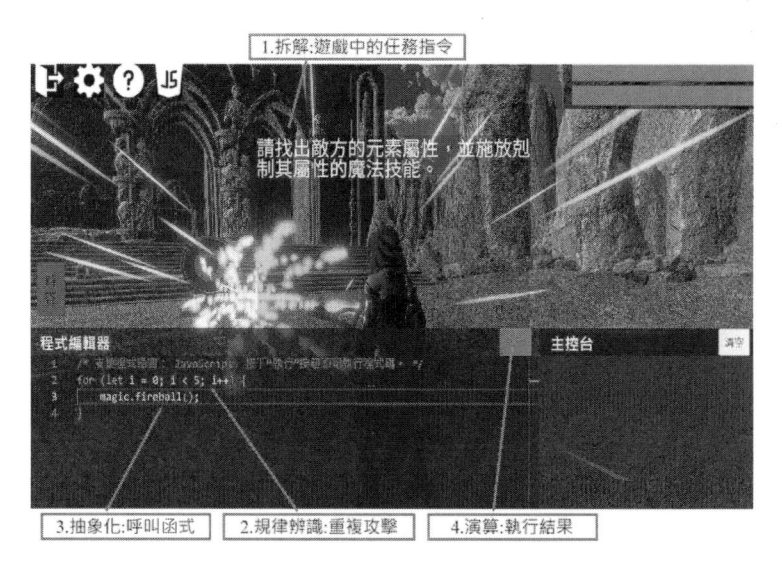

圖 11-5 運算思維在遊戲中的運作模式

肆、實驗設計

一、研究對象

本研究對象為臺灣北部某大學二年級的學生，共 2 個班級，123 名學生參與活動。本實驗採取準實驗設計，將兩班學生分為實驗組（58 人）和控制組（65 人）。實驗組以生成式 AI 輔助遊戲程式學習模式進行學習；而控制組學生則以傳統輔助遊戲程式學習模式進行學習。教學內容為大學二年級——遊戲程式設計（Game Programming）課程，兩組學生皆由同一位教書 5 年以上具豐富經驗之教師授課。同時，實驗組與控制組在教學過程中所使用的教學內容皆為相同，並經由 2 位任課老師審視教學內容的正確性與適當性。此外，大多學生先前皆未學過 JavaScript 程式語言，同時也沒有遊戲程式製作相關的經驗。

二、實驗流程

在學習活動前，學生會先進行六週的基本程式能力訓練，每週皆 150 分鐘，以幫助學生了解基礎 JavaScript 程式語言、編寫工具和環境。第七週時，本課程先進行程式能力測驗前測和前問卷，以確保實驗組和控制組的學生在基礎課程後的程式設計能力水平。此外，在進行學習活動之前，兩組學生皆會先了解學習系統操作介面。接續，實驗組以生成式 AI 輔助遊戲程式學習模式進行學習；控制組以傳統輔助遊戲程式學習模式進行學習。過程中兩組所使用的教材、難度和學習任務皆相通，僅只有兩組學生在學習回饋模式上不同。實驗組的學生將透過生成式 AI 給予程式學習回饋，控制組的學生則透過教師或同儕給予回饋或是上網搜尋相關資料。學習活動後，學生會在進行 25 分鐘的後問卷調查，以瞭解學生的運算思維傾向、批判思考傾向和認知負荷之影響。同時，學生也會被要求再次測試 JavaScript 程式後側。詳細實驗流程，如圖 11-6 所示。

第十一章　生成式 AI 輔助模式對大學生遊戲程式設計表現之影響　239

```
實驗組 (N=58)          控制組 (N=65)
      ↓                    ↓
     基礎JavaScript程式語言課程           第1週~
                                      第6週
              ↓
     JavaScript程式語言程式-前測驗
              ↓
     前問卷調查(運算思維傾向和批判思考傾向)    第7週
              ↓
     學習系統操作介面介紹
              ↓
生成式AI輔助遊戲程式學習模式  傳統輔助遊戲程式學習模式   第8週
                                               第9週
              ↓
     JavaScript程式語言程式-後測驗
              ↓                            第10週
     後問卷調查(運算思維傾向、批判思考傾向和認知負荷)
```

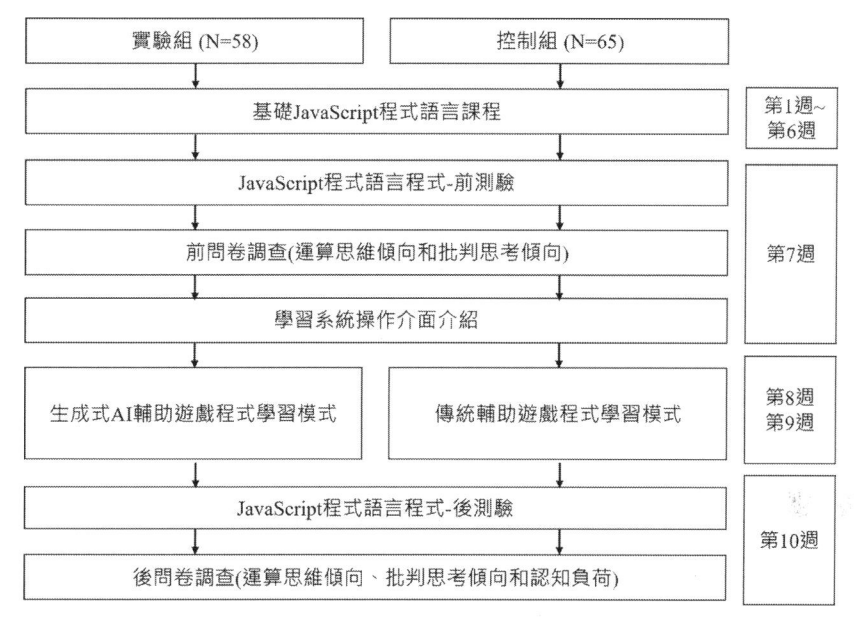

圖 11-6　實驗流程

三、實驗測量工具

　　為了解實驗組與控制組在學習後的程式設計能力、運算思維傾向、批判思考傾向和認知負荷上的差異。本研究邀請兩位程式設計教師設計 JavaScript 程式語言前後測驗題，程式設計能力前測為 10 題選擇題，滿分為 100 分。程式設計能力後測為 10 題選擇題（50 分），5 題填充題（50 分），滿分為 100 分。

　　本研究中使用運算思維傾向量表引用自 Hwang 等（2020）所提出之量表，共 6 題。此量表用於瞭解學生在學習前後的運算思維傾向之變化。例如：在處理複雜問題時，我知道如何將其分解為幾個小問題並解決每個問題。本量表採用李克特（Likert）5 點量表，1 分為「非常不同意」，5 分為「非常同意」，整體 Cronbach's α 值為 0.86，表示此量表具有良好的信度。

　　在批判思考傾向方面，本研究改編於 Chai 等（2015）所提出的批判思考傾向量表，藉以評估學生於程式設計學習活動後批判思考傾向之影響。改編之後量表共 6 題，例如：實際情況下，對於我所學的內容，我會嘗試以不

同的觀點去理解。本量表採用李克特（Likert）5 點量表，1 分為「完全不同意」，5 分為「完全同意」，整體 Cronbach's α 值為 0.78。

認知負荷量表（Cognitive Load Questionnaire）是採用 Hwang 等（2013）所提出之認知負荷（Cognitive Load）量表，此量表前 5 題為心智負荷（Mental Load）面向，後 3 題為與心智努力（Mental Efforts）面向，共 8 題。旨在瞭解學生在利用本研究之適性化學習系統（Adaptive Learning System）進行學習時，對於其認知負荷（Cognitive Load）的影響情形。本研究採用李克特（Likert）5 點量表，1 分為「完全不同意」，5 分為「完全同意」，認知負荷（Cognitive Load）量表的總體 Cronbach's α 值為 0.85，心智努力（Mental Efforts）以及心智負荷（Mental Load）分別為 0.83 以及 0.85。

伍、研究結果

一、JavaScript 程式能力測驗

JavaScript 程式能力測驗成績經由單因子共變數分析（One-Way Analysis of Covariance, One-Way ANCOVA）以觀察兩組的前後測驗成績。在進行 ANCOVA 前，首先針對前 JavaScript 程式能力測驗成績前測進行組內迴歸係數同質性檢定（Homogeneity of Regression Coefficient），結果為無顯著差異（$F = 1.324, p = .13 > .05$），符合共變數組內迴歸係數同質性假設。因此可以接續進行共變數（ANCOVA）分析。

在排除 JavaScript 程式能力前測分數對於 JavaScript 程式能力後測成績的影響後，學生的後測共變數分析摘要如表 11-1 所示。由分析結果可以得知，實驗組的平均分數 88.63 分，調整後平均為 88.32 分，控制組的平均分數為 76.11 分，調整後平均為 78.56 分，且兩組的後測差異達顯著水準（F

表 11-1 　學習成就題型之 ANCOVA 分析結果

組別	n	Mean	SD	Adjusted mean	SE	F	η^2
實驗組	58	88.63	5.53	88.32	1.21	9.441[***]	.16
控制組	65	76.11	5.32	78.56	1.21		

[***]$p < .001.$

= 9.441, p < .001)。此結果顯示,導入生成式 AI 輔助遊戲程式學習模式能顯著提升學生的 JavaScript 程式能力測驗成績。

二、運算思維傾向

為瞭解導入生成式 AI 輔助遊戲程式學習模式與傳統輔助遊戲程式學習模式進行學習,對於學生的運算思維傾向是否達顯著差異,本研究使用統計方法為單因子共變數分析(One-Way ANCOVA),以運算思維傾向前問卷分數為共變項,學習模式為自變項,運算思維傾向後問卷分數為依變項,進行共變數分析。

在進行運算思維傾向之單因子共變數分析之前,先進行組內迴歸係數同質性考驗,檢視是否符合共變數分析之基本假設。由檢驗結果得知,未達顯著水準(F = 1.22, p = .73, > .05),接受虛無假設,符合共變數組內迴歸係數同質性假設,可繼續進行共變數分析。實驗結束後,兩組皆進行運算思維傾向之後問卷,以分析兩組學生在不同學習模式下所造成之學習差異。後問卷結果經由 ANCOVA 分析,分析結果如表 11-2 所示。由分析結果可看出,將運算思維傾向前問卷影響力排除之後,兩組的後測差異達顯著水準(F = 6.713, p < .001)。由此分析結果可以得知,導入生成式 AI 輔助遊戲程式學習模式能有效顯著提升學生的運算思維傾向。

三、批判思考傾向

為了近一步了解學生於學習活動中的批判思考傾向之變化,本研究使用單因子共變數(One-Way ANCOVA)分析兩組在批判思考傾向的變化。在進行 ANCOVA 前,首先針對批判思考傾向前測進行組內迴歸係數同質性檢定,結果為無顯著差異(F = 1.10, p = .28 > .05),符合共變數組內迴歸係數同質性假設。因此可以接續進行 ANCOVA 分析。

表 11-2　運算思維傾向之 ANCOVA 分析結果

組別	n	Mean	SD	Adjusted mean	SE	F	η^2
實驗組	58	4.31	0.23	4.35	0.22	8.314***	.15
控制組	65	3.61	0.38	3.82	0.22		

***p < .001.

在排除前批判思考傾向對於後批判思考傾向的影響後，學習者的批判思考傾向共變數分析摘要如表 11-3 所示。由分析結果可以得知，實驗組的平均分數 3.89 分，調整後平均為 3.86 分，控制組的平均分數為 3.65 分，調整後平均為 3.67 分，且兩組的後測有顯著差異（$F = 7.414, p < .01$）。由此可知，導入生成式 AI 輔助遊戲程式學習模式能提升學生的批判思考傾向成效。

四、認知負荷

在學習活動結束後，本研究透過認知負荷量表調查不同學習模式對於學生認知負荷（Cognitive Load）所造成的影響。本研究利用獨立樣本 t 檢定（Independent Samples t Test）進行認知負荷數據分析，結果如表 11-4 所示。實驗組平均分數為 3.13 分，控制組則為 3.15 分，t 值為 -0.43。由此可以得知，兩組學生在學習活動後的認知負荷沒有達到顯著差異；換句話說，此學習活動在系統操作與教學內容上的難易度適中，不會造成兩組學生過高或過低的認知負荷（Cognitive Load）。

表 11-3　批判思維傾向之 ANCOVA 分析結果

組別	n	Mean	SD	Adjusted mean	SE	F	η^2
實驗組	58	3.89	0.27	3.86	0.46	7.414[***]	.15
控制組	65	3.65	0.30	3.67	0.52		

[***]$p < .01$.

表 11-4　認知負荷之獨立樣本 t 檢定分析結果

面向	組別	n	Mean	SD	t
心智負荷	實驗組	38	2.97	0.63	1.484
	控制組	32	2.77	0.50	
心智努力	實驗組	38	3.26	0.71	-1.790
	控制組	32	3.56	0.68	
認知負荷	實驗組	38	3.12	0.47	-0.466
	控制組	32	3.17	0.43	

陸、討論與結論

本研究開發一套生成式 AI 輔助遊戲程式學習模式應用在大二的遊戲程式設計課程，透過此遊戲學習系統幫助學生學習 JavaScript 程式語言，並探討此學習方法對於學生的 JavaScript 程式成績、運算思維傾向、批判思維傾向和認知負荷之影響。根據研究成果指出，JavaScript 程式成績方面，實驗結果指出實驗組的學生在透過生成式 AI 輔助遊戲程式學習模式學習後，他們的 JavaScript 程式成績是顯著優於控制組。根據學生的遊戲紀錄可以發現，實驗組的學生大多在測試程式時會善用系統所提供的 JavaScript 函式庫，進而去比對生成式 AI 所提供的內容，並根據他們的修改來解決遊戲任務。然而，控制組的學生在學習過程會不斷地探索環境試圖尋找答案。同時，他們也會不斷地打開 JavaScript 函式庫嘗試輸入，並開啟網頁找尋相關的答案。根據學習成果和遊戲紀錄可以發現，實驗組的學生會透過比較和驗證的方式找到他們的答案；然而，控制組的學生會選擇以嘗試錯誤的方式來找到答案。此部分的實驗結果與過去 Wu 等（2019）的研究結果相符。

在運算思維方面，本研究發現實驗組的學生在面對學習任務時，他們不會隨意在程式輸入框中輸入函式測試，而是會先確認問題後測試相關函式，並確認效果後與生成式 AI 進行重複確認函式內容。最後經由生成式 AI 的提示和修正後提出最後的迴圈函式和輸出功能。由此可見，實驗組的學生因為需要與生成式 AI 進行互動的目的，進而引發他們需要先釐清和確認問題，才能夠有效將問題與生成式 AI 討論，得到對應的回覆。反觀，控制組的學生仍以傳統程式學習的方式來學習，透過翻閱函式庫和透過網站查詢答案。此結果也剛好呼應了實驗組的學生在運算思維傾向上的成績是顯著優於控制組的學生。同時，過去的研究結果也呼應了本研究所發現的實驗結果（Saritepeci, 2020）。

在批判思維方面，根據研究結果可以發現實驗組的學生在使用生成式 AI 輔助遊戲程式學習模式學習時，他們會不斷地去比較 JavaScript 函式庫內的程式，並根據此程式與生成式 AI 所提供的資料進行比對和改寫。由此可以發現，實驗組的學生大多都會透過測試來驗證答案，此部分的研究成果和 Wu 等（2019）的研究結果相符。在程式學習過程中，大部分的學生都

會透過測試來得到回饋。然而，如何有效的測試並運用運算思維的能力來解題，是過去研究學者也指出的議題。因此，在本研究中，實驗成果也表示批判思考傾向高的學生，能夠有效應用此能力在程式學習過程中。

最後認知負荷方面，本研究發現實驗組的學生和控制組的學生在認知負荷上並沒有達到顯著差異。由此可見，儘管實驗組的學生在與 ChatGPT 互動流程中需要重複提出問題來得到答案，亦沒有造成學生在認知負荷上之影響。同時，控制組的學生雖然沒有生成式 AI 工具的幫助，他們還是很習慣傳統的程式學習模式。因此，在認知負荷方面兩組並沒有產生差異，此結果與過去 Darejeh 等（2022）的研究結果相同。

過去有許多的研究將運算思維應用在程式設計課程中，大部分的教學仍以傳統學習方式為主（Kong et al., 2020），較少研究將生成式 AI 應用在程式學習課程中，甚至是提出有效的應用方式。本研究將運算思維和生成式 AI 結合，以幫助學生提升 JavaScript 語言學習成效。同時，本研究也證實生成式 AI 輔助遊戲程式學習模式可以有效提升學生的運算思維傾向、批判思考傾向和認知負荷。本研究發現，在程式課程中結合生成式 AI 的應用可以訓練學生的運算思維能力，提升學生在面對問題時能夠先釐清問題並有效提問，進而達到有效提問的目的。同時，我們也發現生成式 AI 可以有效訓練學生批判思維能力，學生需藉由測試 ChatGPT 所提供的程式、修改和簡化程式，並非像傳統學習過程找到答案複製到程式輸入端執行。

本研究雖然已成功將生成式 AI 應用在程式設計課堂中，仍有許多方向未來研究可以嘗試進行探討。例如學生的背景、長時間的學習成效變化，甚至是不同性別在程式學習上之影響。本研究已先提出一個生成式 AI 應用在程式設計課堂中的學習模式，此學習方法和流程可供未來研究之參考。

參考文獻

alsswey, A., & Malak, M. Z. (2024). Effect of using gamification of "Kahoot!" as a learning method on stress symptoms, anxiety symptoms, self-efficacy, and academic achievement among university students. *Learning and Motivation*, *87*, Article 101993. https://doi.org/10.1016/j.lmot.2024.101993

Chai, C. S., Deng, F., Tsai, P. S., Koh, J. H. L., & Tsai, C. C. (2015). Assessing multidimensional students' perceptions of twenty-first-century learning practices. *Asia Pacific Education Review*, *16*(3), 389-398. https://doi.org/10.1007/s12564-015-9379-4

Cheng, Y. P., Lai, C. F., Chen, Y. T., Wang, W. S., Huang, Y. M., & Wu, T. T. (2023). Enhancing student's computational thinking skills with student-generated questions strategy in a game-based learning platform. *Computers & Education*, *200*, Article 104794. https://doi.org/10.1016/j.compedu.2023.104794

Chrysafiadi, K., Virvou, M., & Sakkopoulos, E. (2020). Optimizing programming language learning through student modeling in an adaptive web-based educational environment. In M. Virvou, E. Alepis, G. A. Tsihrintzis, L. C. Jain (Eds), *Machine learning paradigms: Advances in learning analytics*, (pp.205-223). Springer. http://doi.org/10.1007/978-3-030-13743-4_11

Darejeh, A., Mashayekh, S., & Marcus, N. (2022). Cognitive-based methods to facilitate learning of software applications via E-learning systems. *Cogent Education*, *9*(1). https://doi.org/10.1080/2331186X.2022.2082085

Dickey, E., Bejarano, A., & Garg, C. (2024). AI-Lab: A framework for introducing generative artificial intelligence tools in computer programming courses. *SN Computer Science*, *5*(6), Article 720. https://doi.org/10.1007/s42979-024-03074-y

Fagerlund, J., Häkkinen, P., Vesisenaho, M., & Viiri, J. (2021). Computational thinking in programming with Scratch in primary schools: A systematic review. *Computer Applications in Engineering Education*, *29*(1), 12-28. https://doi.org/10.1002/cae.22255

Floyd, S. (2023). The integration of coding and computer science concepts in Canadian K-8 curriculum. *Canadian Journal of Science, Mathematics and Technology Education*, *23*(3), 509-537. https://doi.org/10.1007/s42330-023-00293-y

Gomes, A., & Mendes, J. A. (2007). An environment to improve programming education. In B. Rachev, A. Smrikarov, & D. Dimov (Eds.), *Proceedings of the 2007 International Conference on Computer Systems and Technologies* (Article 88). Association for Computing Machinery. https://doi.org/10.1145/1330598.1330691

Groff, J. S. (2018). The potentials of game-based environments for integrated, immersive learning data. *European Journal of Education*, *53*(2), 188-201. https://doi.org/10.1111/ejed.12270

Hooshyar, D., Pedaste, M., Yang, Y., Malva, L., Hwang, G. J., Wang, M., Lim, H., & Delev, D. (2021). From gaming to computational thinking: An adaptive educational computer game-based learning approach. *Journal of Educational Computing Research, 59(3), 383-409. https://doi.org/10.1177/0735633120965919

Hung, H. C., Liu, I. F., Liang, C. T., & Su, Y. S. (2020). Applying educational data mining to explore students' learning patterns in the flipped learning approach for coding education. Symmetry, 12(2), Article 213. https://doi.org/10.3390/sym12020213

Hutson, J., & Cotroneo, P. (2023). Praxis and augmented creativity: A case study in the use of generative artificial intelligence (AI) art in the digital art classroom. The International Journal of Technologies in Learning, 31(1), 113-132. https://doi.org/10.18848/2327-0144/cgp/v31i01/113-132

Hwang, G. J., & Chang, S. C. (2021). Facilitating knowledge construction in mobile learning contexts: A bi-directional peer-assessment approach. British Journal of Educational Technology, 52(1), 337-357. https://doi.org/10.1111/bjet.13001

Hwang, G. J., Li, K. C., & Lai, C. L. (2020). Trends and strategies for conducting effective STEM research and applications: A mobile and ubiquitous learning perspective. International Journal of Mobile Learning and Organisation, 14(2), 161-183. https://doi.org/10.1504/ijmlo.2020.10022182

Hwang, G. J., Yang, L. H., & Wang, S. Y. (2013). A concept map-embedded educational computer game for improving students' learning performance in natural science courses, Computers & Education, 69, 121-130. https://doi.org/10.1016/j.compedu.2013.07.008

Iqbal Malik, S., & Coldwell-Neilson, J. (2017). Impact of a new teaching and learning approach in an introductory programming course. Journal of Educational Computing Research, 55(6), 789-819. https://doi.org/10.1177/0735633116685852

Keshavarz, H., Vafaeian, A., & Shabani, A. (2023). Toward the dialectical evaluation of online information: the roles of personality, self-efficacy and attitude. Library Hi Tech, 41(3), 749-770. https://doi.org/10.1108/lht-12-2020-0315

Keuning, H., Jeuring, J., & Heeren, B. (2019). A systematic literature review of Automated feedback generation for programming exercises. ACM Transactions on Computing Education (TOCE), 19(1), 1-43. https://doi.org/10.1145/3231711

Khan, M. L., & Idris, I. K. (2019). Recognise misinformation and verify before sharing: A reasoned action and information literacy perspective. Behaviour & Information Technology, 38(12), 1194-1212. https://doi.org/10.1080/0144929x.2019.1578828

Kim, J. S., & Kwon, S. K. (2019). Development of contents for effective computer programming education in curriculum of elementary schools. *Journal of Multimedia Information System*, *6*(3), 147-154. https://doi.org/10.33851/jmis.2019.6.3.147

Konecki, M. (2014). Problems in programming education and means of their improvement. In B. Katalinic (Ed.), *DAAAM international scientific book, 2014* (pp. 459-470). DAAAM International. https://doi.org/10.2507/daaam.scibook.2014.37

Kong, S. C., Lai, M., & Sun, D. (2020). Teacher development in computational thinking: Design and learning outcomes of programming concepts, practices and pedagogy. *Computers & Education*, *151*, Article 103872. https://doi.org/10.1016/j.compedu.2020.103872

Kong, S. C., Li, R. K. Y., & Kwok, R. C. W. (2019). Measuring parents' perceptions of programming education in P-12 schools: Scale development and validation. *Journal of Educational Computing Research*, *57*(5), 1260-1280. https://doi.org/10.1177/0735633118783182

Koyuncu, A. G., & Koyuncu, B. (2019). The universal skill of 21st century, coding and attitude of secondary school students towards coding. *Language Teaching Research Quarterly*, *11*, 68-80. https://doi.org/10.32038/ltrq.2019.11.07

Kuo, Y. C., & Chang, Y. C. (2023). Adaptive teaching of flipped classroom combined with concept map learning diagnosis-an example of programming design course. *Education and Information Technologies*, *28*(7), 8665-8689. https://doi.org/10.1007/s10639-022-11540-4

Lee, H. Y., Lin, C. J., Wang, W. S., Chang, W. C., & Huang, Y. M. (2023). Precision education via timely intervention in K-12 computer programming course to enhance programming skill and affective-domain learning objectives. *International Journal of STEM Education*, *10*(1), Article 52. https://doi.org/10.1186/s40594-023-00444-5

Lewandowsky, S., Ecker, U. K., & Cook, J. (2017). Beyond misinformation: Understanding and coping with the "post-truth" era. *Journal of applied research in memory and cognition*, *6*(4), 353-369. https://doi.org/10.1016/j.jarmac.2017.07.008

Oda, M., Noborimoto, Y., & Horita, T. (2021). International Trends in K–12 computer science curricula through comparative analysis: Implications for the primary curricula. *International Journal of Computer Science Education in Schools*, *4*(4), 24-58. https://doi.org/10.21585/ijcses.v4i4.102

Pan, Y., Adams, E. L., Ketterlin-Geller, L. R., Larson, E. C., & Clark, C. (2024).

Enhancing middle school students' computational thinking competency through game-based learning. *Educational Technology Research and Development*. https://doi.org/10.1007/s11423-024-10400-x

Papadakis, S., Kalogiannakis, M., & Zaranis, N. (2016). Developing fundamental programming concepts and computational thinking with ScratchJr in preschool education: A case study. I*nternational Journal of Mobile Learning and Organisation*, *10*(3), 187-202. https://doi.org/10.1504/IJMLO.2016.077867

Pointon, M., Walton, G., Turner, M., Lackenby, M., Barker, J., & Wilkinson, A. (2023). Information discernment and online reading behaviour: an experiment. *Online Information Review*, *47*(3), 522-549. https://doi.org/10.1108/OIR-02-2021-0101

Romero, M., Lepage, A., & Lille, B. (2017). Computational thinking development through creative programming in higher education. *International Journal of Educational Technology in Higher Education*, *14*, 1-15. https://doi.org/10.1186/s41239-017-0080-z

Saritepeci, M. (2020). Developing computational thinking skills of high school students: Design-based learning activities and programming tasks. *The Asia-Pacific Education Researcher*, *29*(1), 35-54. https://doi.org/10.1007/s40299-019-00480-2

Tellhed, U., Björklund, F., & Strand, K. K. (2022). Sure I can code (but do I want to?). Why boys' and girls' programming beliefs differ and the effects of mandatory programming education. *Computers in Human Behavior*, *135*, Article 107370. https://doi.org/10.1016/j.chb.2022.107370

Titthasiri, W. (2020). An impact of CS undergraduate programming skill on career development. *International Journal of Computer Science and Software Engineering*, *9*(3), 60-63. https://doi.org/10.47277/ijcsse/9(3)2

Vinnervik, P. (2023). An in-depth analysis of programming in the Swedish school curriculum—Rationale, knowledge content and teacher guidance. *Journal of Computers in Education*, *10*(2), 237-271. https://doi.org/10.1007/s40692-022-00230-2

Wang, X. M., Wang, S. M., Wang, J. N., Hwang, G. J., & Xu, S. (2023). Effects of a two-tier test strategy on students' digital game-based learning performances and flow experience in environmental education. *Journal of Educational Computing Research*, *60*(8), 1942-1968. https://doi.org/10.1177/07356331221095162

Wing, J. M. (2006). Computational thinking. *Communications of the ACM*, *49*(3), 33-35. https://doi.org/10.1145/1118178.1118215

Wu, B., Hu, Y., Ruis, A. R., & Wang, M. (2019). Analysing computational thinking in collaborative programming: A quantitative ethnography approach. *Journal of Computer Assisted Learning*, 35(3), 421-434. https://doi.org/10.1111/jcal.12348

Yilmaz, R., & Yilmaz, F. G. K. (2023). The effect of generative artificial intelligence (AI)-based tool use on students' computational thinking skills, programming self-efficacy and motivation. *Computers and Education: Artificial Intelligence*, 4, Article 100147. https://doi.org/10.1016/j.caeai.2023.100147

第十二章
結合心智圖之 ChatGPT 輔助學習模式對大學生藝術課程數位說故事表現之影響
Effects of a ChatGPT-Supported Learning Model Combined With Mind Mapping on the Digital Storytelling Performance of College Students in an Art Appreciation Course

邱敏棋

臺中科技大學多媒體設計系暨碩士班 助理教授

摘要

　　傳統藝術概論課程以教師為中心，經常使用簡報和影片進行教學，但常遇到學習者興趣不足和缺乏回饋互動性等問題，影響學習成效。為提高學習者的參與度和互動性，相關研究指出，透過 ChatGPT 系統結合教學策略可提供解決方法和創新學習機會。因此，本章探討 ChatGPT 科技在藝術教育中的應用模式與效果，開發一種基於 CIDI（Clarify, Ideate, Develop, and Implement）模型結合心智圖之 ChatGPT 輔助數位說故事模式的教學方法，並應用於藝術概論課程中。學習者透過此學習模式將藝術家的生平和藝術作品特色創作為生成式人工智慧（Generative Artificial Intelligence，簡稱生成式 AI）數位說故事影片。本研究招募 40 名中部某大學的大學生進行準實驗設計，共兩個班級。其中一班是實驗組以結合心智圖之 ChatGPT 輔助數位說故事模式為主；另一個班級是控制組則採用一般 ChatGPT 輔助數位說故事模式。結果顯示，實驗組在學習成就、創造性思考、批判思維和數位說故事創作表現的三個評分項目（故事編劇、影片畫面、故事主題）均有顯著提

升。顯見，實驗組的教學策略在藝術概論課程中具有巨大潛力，能改善傳統教學方法的不足。

關鍵字： 藝術教育、心智圖、ChatGPT、CIDI（Clarify, Ideate, Develop, and Implement）模型

Abstract

Traditional art appreciation courses are teacher-centered, often using presentations and videos for instruction. However, they frequently encounter issues such as lack of student interest and feedback interaction, which affects learning effectiveness. To increase student engagement and interactivity, related research suggests that integrating ChatGPT systems with teaching strategies can provide solutions and innovative learning opportunities. This study explored the application modes and effects of ChatGPT technology in art education, developing a teaching method that combines ChatGPT with mind mapping based on the CIDI (Clarify, Ideate, Develop, and Implement) model and applying it to an art appreciation course. Learners used this model to create generative artificial intelligence (AI) digital storytelling videos about artists' lives and the characteristics of their artworks. The study recruited 40 university students from a central university for a quasi-experimental design, divided into two classes. One class served as the experimental group, utilizing a digital storytelling approach assisted by ChatGPT integrated with mind mapping, while the other class served as the control group, using a conventional ChatGPT-assisted digital storytelling method for learning. The results showed that the experimental group significantly improved their learning achievement, creative thinking, critical thinking, and three scoring items of digital storytelling creation (story scripting, video imagery, and story theme). The results indicated that the teaching strategy of the experimental group has great potential in art appreciation courses, effectively addressing the shortcomings of traditional teaching methods

Keywords: art education, mind mapping, ChatGPT, CIDI model

壹、前言

　　藝術教育對於培養學習者創造力、批判性思維和文化素養方面，具有不可或缺的關鍵性角色（Morgan, 2002）。學習者透過藝術教育的訓練，在藝術創作的認知過程中，可以培養解決問題的能力，來促進創造力的發展（Raza, 2023）。然而，在現今社會的迅速發展趨勢下，藝術教育對於學習者的重要性越來越備受重視（Efland, 2002; Heaton, 2021）。有學者認為藝術教育有助於全人發展，透過引導學習者探索不同媒介和創作形式，培養他們的審美能力和藝術鑑賞能力（Chappell et al., 2016; Gardner, 1990; Shreeve & Smith, 2012）。此外，藝術教育還能促進情感的表達與理解，提供自我反思，學習者在學習藝術的過程中，能夠學會如何表達內心的情感，強化自我認知，並且透過欣賞藝術家的藝術作品，學會自我反思和理解作品所傳達的情感和經歷（Autry & Walker, 2011; Bogumil et al., 2017; Silva Pacheco, 2020）。學習者透過對作家藝術作品的評價和鑑賞，提升對美感修養和藝術鑑賞能力，培養健全的美感心理結構，這些能力不僅在藝術領域有價值，在現實生活中也是不可或缺的能力，亦是培養全面發展人才的重要途徑（Liang, 2023; Uralovich, 2023）。然而，藝術教育在實施過程中面臨諸多困境，許多學校由於資源有限，難以提供充足的藝術教育課程、軟體費用和購置必要的設備（Efland, 2002; Macdonald, 2004）。而且，繪圖軟體更新和推陳出新的速度也成為影響教學和學生學習效果的一個重要因素（Ho & Lin, 2015）。此外，大多數學校存在傳統課程層級（Traditional Curriculum Hierarchy）方面的認知觀點差異，認為數學和物理相關課程較具有價值，對藝術學科的重視程度不高，往往將其視為次要科目，導致藝術教育的發展受限（Bleazby, 2015; Daichendt, 2010; Davis, 2008）。教師在教授傳統藝術課程時，常遭遇到學習者興趣不足和課程內容難以引起共鳴的挑戰（Freedman, 2003）。這些問題不僅影響學習效果，也降低學習者對藝術的興趣和投入。

　　面對這些挑戰，結合人工智慧（Artificial Intelligence, AI）科技進行藝術教育已成為一種創新且有效的解決方案（Al-Badi et al., 2022; Taliak et al., 2024）。相關研究顯示，人工智慧科技除了能夠個性化教學以外（Chiu et al., 2024），也可以透過生成式人工智慧（Generative Artificial

Intelligence，簡稱生成式 AI）工具易於學習的介面操作之優勢，創作多元化的繪畫風格，學習者透過不同提示詞（Prompt）創造藝術作品，激發學習者的創造力和學習成效（Hai-Jew, 2024）。生成式 AI 工具通常是免費的，且易於操作使用，甚至是無需安裝繪圖軟體即可生成藝術作品，這也為學習者帶來許多便利性（Black & Chaput, 2024）。此外，生成式 AI 工具可以模擬創作真實場景結合虛擬實境，讓學習者在虛擬環境中學習藝術知識，並進行藝術創作，這也拓展了藝術教育的可能性（Chiu et al., 2023; Wang et al., 2023）。研究表明，藝術教育結合生成式 AI 工具的教學方式不僅提高了學習者的學習成效，還增強學習者對藝術學習的興趣和投入（Black & Chaput, 2024; Chiu et al., 2024; Fan & Li, 2023）。

綜上所述，藝術教育在當代教育體系中的重要性不容忽視，它不僅有助於學習者的全人發展，還能培養他們的創造力和批判性思考能力。然而，在藝術教育中，為了培養學習者對藝術概論課程的學習興趣、創造思考能力及批判思維傾向能力，本研究提出 CIDI（Clarify, Ideate, Develop, and Implement）模型的 ChatGPT 結合心智圖之生成式 AI 的數位說故事之教學策略，以增強學習者的興趣及注意力，為傳統的藝術課程教學提供創新教學的可能性。學習者在 CIDI 模型下，可以利用 ChatGPT 結合心智圖將藝術家的生平和作品特色撰寫為故事劇本。隨後，透過生成式 AI 生成數位說故事影片，將文字、圖像和聲音結合起來，製作出數位說故事影片。此方法可以創造出豐富且具互動性的學習內容，使學習者能夠更直觀和生動地理解藝術概念，為學習者提供更豐富、更有效的學習體驗，進一步提升藝術教育的價值和影響力。 為了驗證基於 CIDI 模型的 ChatGPT 結合心智圖之生成式 AI 的數位說故事的學習效果，本研究針對藝術概論課程進行實驗，並制定以下研究問題：

一、使用結合心智圖之 ChatGPT 輔助數位說故事模式的學生，其學習成就是否顯著優於一般 ChatGPT 輔助數位說故事模式的學生？

二、使用結合心智圖之 ChatGPT 輔助數位說故事模式的學生，其創造性思考傾向是否顯著優於一般 ChatGPT 輔助數位說故事模式的學生？

三、使用結合心智圖之 ChatGPT 輔助數位說故事模式的學生，其批判思維

傾向是否顯著優於一般 ChatGPT 輔助數位說故事模式的學生？

四、使用結合心智圖之 ChatGPT 輔助數位說故事模式的學生，其數位說故事之創作表現是否顯著優於一般 ChatGPT 輔助數位說故事模式的學生？

貳、文獻回顧

一、藝術教育

藝術教育可以培養學習者的審美觀，並提升其藝術素養和創造力，學習者透過藝術創作過程中體驗藝術的美感，形成藝術鑑賞知識，故藝術教育在教育體系中也占有重要地位。根據 Gillespie（2018）的研究，藝術課程在學習者的全面發展中扮演了至關重要的角色，其對學習者的情感、認知和社會技能的提升具有顯著影響。藝術教育的核心在於透過創造力和審美體驗的轉化，並運用獨特且非語言的表達方式來呈現美感認知，並從這些經驗展開美感的體驗學習（Heras, 2022; Šobáňová & Jiroutová, 2020）。此教學方法不僅能幫助學習者進行自我療癒，還能顯著促進其心靈健康成長，提升生活滿意度（Kessler, 2000）。教師通常在藝術教育中扮演重要的角色，教師透過藝術課程讓學習者藉由生活經驗的累積和藝術鑑賞知識來實踐教師課程上所設計的學習任務，藉由自己豐富的想像力和創造思考能力完成藝術作品的創作（Bullot & Reber, 2013; Kim et al., 2018）。在藝術教育中，教師透過課程傳授藝術知識，讓學習者理解藝術作品背後的文化意涵和教育貢獻（Donahue & Stuart, 2024; Efland, 1990; Freedman, 2003）。赫伯特・里德（Herbert Read）在 1950 年提出藉由藝術教育來訓練創造性思考能力和批判性思維能力，此理論被視為是對傳統教育的新改革與創新之教育典範（Addison et al., 2010; Efland, 2002）。有學者認為藝術教育的歷史和轉變具有其重要性及發展潛力（Sullivan, 2010）。因此，藝術教育提供學習者發揮創造力的平臺，激發學習者的參與度和興趣（Delgado-Valdivieso et al., 2023; Hashimi, 2020）。藝術教育在培養學習者的審美能力、提升藝術素養和創造力方面具有無可取代的價值（Manson, 2007）。透過教師的引導和學生的積極參與，藝術課程能夠幫助學習者體驗藝術的魅力，並促進心理健

康成長。藝術教育不僅僅是技能的傳授，更是心靈的熏陶和思想的啟迪。未來，教育者應更加重視藝術教育的發展，將其有機地融入現代教育課程中，從而培養出具有創造力和創新思維能力的學習者，這不僅有助於個人的全面發展，還能為社會培育更多富有想像力和解決問題能力的人才。

二、人工智慧在藝術教育的發展

近年來，隨著新興科技的發展，科技被逐漸融入教育領域（Kinshuk et al., 2016），科技學習已成為提升學習者課程參與度和興趣的關鍵工具（Cardullo et al., 2018; Kearsley & Shneiderman, 1998）。Lazkani（2024）認為人工智慧科技的導入可為藝術教育帶來創新的教學方法和學習變革，特別是整合 ChatGPT 系統，突破傳統界限，為學習者帶來大量靈感，增強學習的互動性和創造力。研究者也發現，新興科技結合藝術課程比傳統課程更能吸引學習者，增強學習的互動性和創造力，有助於專業技能發展（Chiu et al., 2023; Di Serio et al., 2013）。相關研究指出，在人工智慧時代，人工智慧具備改變教育的潛力，教師可以利用教學策略來輔助人工智慧工具，增強創新的學習方法，並鼓勵學習者進行深入的反思性思考和積極參與互動（Wu, 2024）。研究表明，人工智慧科技的應用相比傳統藝術教學，更能提高學習者的參與度和樂趣，並提升課程滿意度及注意力（Yang, 2020）。科技導入藝術教育，不僅提升學習成績，也改善了學習態度（He & Sun, 2021）。Miralay（2024）認為在高等教育中將人工智慧工具結合於藝術教育課程內，能顯著提升學習者的學習動機，透過人工智慧科技的應用，學習者不僅能夠更積極地參與課程，還能激發出更多的創造力和想像力，此方式不僅改善了傳統教學模式的局限性，也為學生提供了更多元化的學習體驗。學者也認為作為創新教學工具，幫助學習者解決複雜問題，培養創造性和批判性思考，促進更深層次的理解與知識吸收，這是傳統教學方法難以實現的（Franco & DeLuca, 2019; Haryani et al., 2021）。綜上所述，科技融入教育領域具有潛在優勢，許多學者致力於將科技應用於課程中以提升學習效果。本研究旨在探討科技在藝術課程中的應用，以增強學習者對藝術的理解和學習成效，這也是一個重要且值得深入研究的議題。

參、基於 CIDI 模型的生成式 AI 數位故事創作

圖 12-1 顯示了基於 CIDI 模型的生成式 AI 數位故事創作的學習環境。CIDI 模型分為四個階段，即「澄清」（Clarify）、「構思」（Ideate）、「開發」（Develop）和「實施」（Implement）（Osborn, 1953; Chang et al., 2024），詳如下所述。

一、澄清（Clarify）：在此階段，學習者必須澄清問題的性質和範圍，確定學習的目的和目標，並理解解決問題過程中的挑戰和限制。本階段為奠定後續構思階段的基礎，故學習者對於問題須具有一定的理解度。在本研究中，此階段主要是幫助學習者確定自己所要講述的藝術家或作品，再進行後續的相關資料的收集和研究。

二、構思（Ideate）：在構思階段，學習者進行腦力激盪和創意發想，鼓勵學習者提出各種可能的解決方案，並探索不同的創新思路。本階段強調創造力和創新思考能力，旨在生成大量的想法和解決方案。因此，在構思階段，本研究中的控制組導入 ChatGPT 系統，輔助學習者進行知識探究，學習並理解藝術家的生平背景及作品特色，並引導學習者將這些生平特色構思數位故事劇本。實驗組除了和控制組相同以 ChatGPT 系統輔助構思數位故事劇本以外，也導入心智圖幫助學習者組織，以及視覺化故事架構和主要元素的構思。

三、開發（Develop）：在開發階段，學習者將進一步的研究和分析，確保

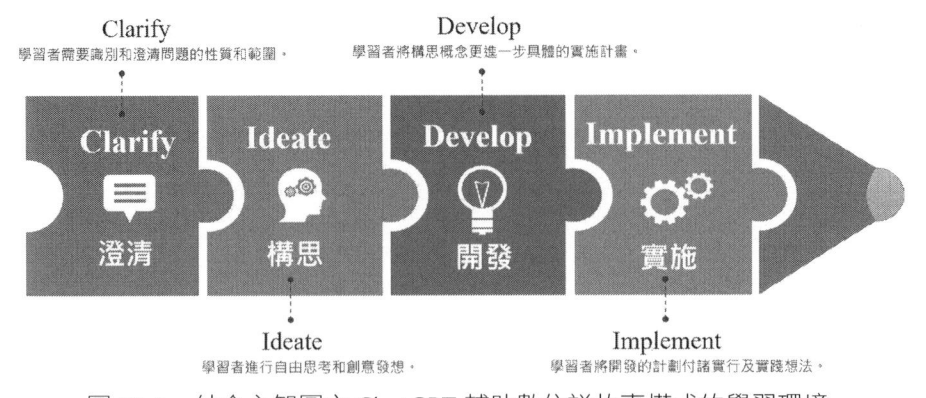

圖 12-1　結合心智圖之 ChatGPT 輔助數位說故事模式的學習環境

想法的可行性，並開始設計具體的實施計畫。在開發階段注重的是實踐和應用，將創意轉化發展為具體的行動方案。在本研究中，此階段輔助指導學習者將他們的構思轉化為具體的劇本，確保故事有明確的開頭、發展和結尾，實驗中的兩組皆是以 ChatGPT 系統將藝術家的生平背景及作品特色輔助彙整為具體的劇本撰寫，內容包含：數位故事中的角色人物設計、每個場景的構圖、角度和動作等故事創作。

四、實施（Implement）：最後，在實施階段，學習者將經過開發的計畫付諸實行，監控和評估結果，確保達成預期目標，並根據需要進行調整和改進。此階段強調實作和回饋，以實現持續改進和最佳的成果。在本研究中，此階段主要幫助學習者制定詳細的實踐計畫，透過影片剪輯軟體完成數位說故事影片和影片表現方式。

從圖 12-2 中，可得知教師將藝術教材資料和學習資料透過課堂教學方式引導學習者按照 CIDI 模型的教學策略，完成學習任務。學習者透過 CIDI 模型中的 ChatGPT 系統，從知識探究中提出藝術家相關的問題找尋答案或做出決策。ChatGPT 是生成型預訓練變換模型（Generative Pre-trained Transformers, GPT），學習者可以從相關領域或非特定領域方式，根據學習者所提出的不同深度的提問方式給予回應。此學習模式可以讓 ChatGPT 作為知識的提供者，輔助學習者從不斷的提問策略中，與系統有更深入的互動學習經驗，也為學習者提供所需要的答案。

在本研究中，使用 ChatGPT 系統作為開發工具，教師在授課時也會介紹 ChatGPT 系統操作，教師透過課堂介紹藝術教材和學習任務。學習者被

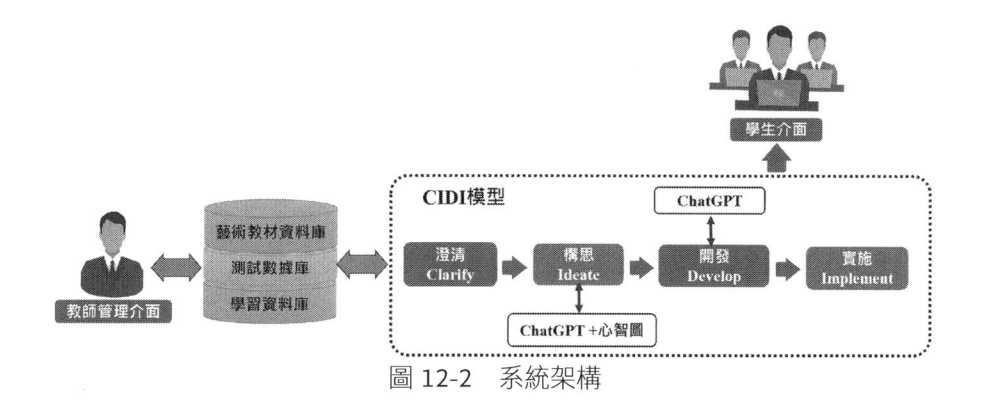

圖 12-2　系統架構

分配到以教師課程上所指定的藝術教材資料為主，請學習者將藝術家的生平和作品特色設計為故事腳本創作之計畫，學習者必須澄清藝術家資料的性質和範圍，確定本故事創作之目的和目標，如圖 12-3。

在構思的教學活動階段，為了讓學生更加投入，教師鼓勵學生積極參與並自由表達意見和想法。學生可以在與 ChatGPT 系統互動的過程中，探索多位藝術家的生平、專長、興趣及作品特色等相關資訊。蒐集完這些資訊後，學生需開始構思整個故事劇本，包括角色風格、場景設計、分鏡以及故事繪畫風格等呈現方式。這些都是要將所蒐集的資訊進行精選並重點描述的部分，如圖 12-4。

學習者與 ChatGPT 系統互動和輔助下，輔助學習藝術鑑賞知識和藝術家生平介紹，進行批判性思考，從而增強互動性。實驗組學生可以使用心智圖幫助組織 ChatGPT 系統的學習內容，並構思視覺化故事架構和主要元素，如圖 12-5。控制組則是以 ChatGPT 系統彙整資訊為主。

在 CIDI 模型教學策略的開發階段，學習者將故事劇本依序轉化為提示詞，這是一個重要的過程。首先，學習者需要先理解整個劇本並作重點整理，再將劇本轉換成適合 AI 處理的提示詞。接著，學習者使用 ChatGPT 工具或其他免費的 AI 軟體工具來生成故事圖片，如圖 12-6。

圖 12-3　指導學習者使用 ChatGPT 系統與方法

第十二章　結合心智圖之 ChatGPT 輔助學習模式對大學生　　261
　　　　　藝術課程數位說故事表現之影響

> 學習者依照教師課堂上的學習任務詢問 ChatGPT 系統藝術相關知識
>
> 請問新造型主義的代表藝術作家有誰？

新造型主義在視覺藝術中是一個以追求形式、秩序與抽象化為核心的藝術運動，這個運動特別在20世紀初期發展起來。以下是一些新造型主義的代表藝術家及其貢獻：

1. 皮特·蒙德里安（Piet Mondrian）：他是新造型主義中最重要的藝術家之一，被譽為此運動的創始人和主要代表。蒙德里安的作品如《紅黃藍構成》（Composition with Red, Yellow, and Blue）以直線和基本色彩構成幾何圖案，強調純粹形式與抽象的美學，並影響了後來的抽象藝術和設計。

2. 提奧·範·杜斯伯格（Theo van Doesburg）：這位荷蘭畫家和設計師是蒙德里安的密友，也是新造型主義運動的重要推動者。範·杜斯伯格創立了藝術雜誌《風格》（De Stijl），成為此運動的理論與實踐的平台。他不僅在繪畫方面，還在建築和設計中發展這種風格，將其理念拓展到多種藝術形式。

3. 赫里特·里特費爾德（Gerrit Rietveld）：他是新造型主義在建築和家具設計中的代表人物之一。里特費爾德設計的《紅藍椅》（Red and Blue Chair）和《里特費爾德-施羅德住宅》（Rietveld Schröder House）體現了新造型主義在三維空間中的實踐，強調簡潔、功能性與幾何美學。

4. 巴特·凡德萊克（Bart van der Leck）：這位藝術家是新造型主義的早期成員之一，與蒙德里安和範·杜斯伯格有過合作。他在繪畫中使用基本色彩和簡化形式，並對新造型主義的發展做出了貢

> 學習者更深入探索藝術家的生平事蹟及作品特色等知識
>
> 請介紹皮特·蒙德里安（Piet Mondrian）的生平事蹟和藝術作品特色

皮特·蒙德里安（Piet Mondrian，1872年－1944年）是荷蘭現代藝術家，被認為是20世紀最重要的抽象藝術家之一。他以開創性的幾何抽象風格聞名，並成為新造型主義（De Stijl）的核心代表人物之一。以下是他的生平事蹟和藝術作品特色：

生平事蹟

1. 早年生活與教育：
   - 蒙德里安於1872年生於荷蘭阿默斯福特。他從小受到父親和叔叔的藝術教育，特別是傳統的風景畫和自然題材的繪畫。
   - 他於阿姆斯特丹皇家藝術學院接受正規藝術教育，早期作品受印象派和象徵主義的影響，以風景畫和寫實主題為主。

2. 風格轉變：
   - 蒙德里安的藝術風格隨著時間的推移逐漸向抽象化演進。1908年左右，他接觸了神智學，這種神秘主義哲學深深影響了他的藝術觀念，讓他開始探索畫作中光與色彩的抽象表現。
   - 在1911年搬到巴黎後，他受到了立體派的啟發，作品開始顯現出幾何化的特徵，如方形與線條的運用，並漸漸遠離具象畫法。

圖 12-4　學習者使用 ChatGPT 系統獲得藝術知識

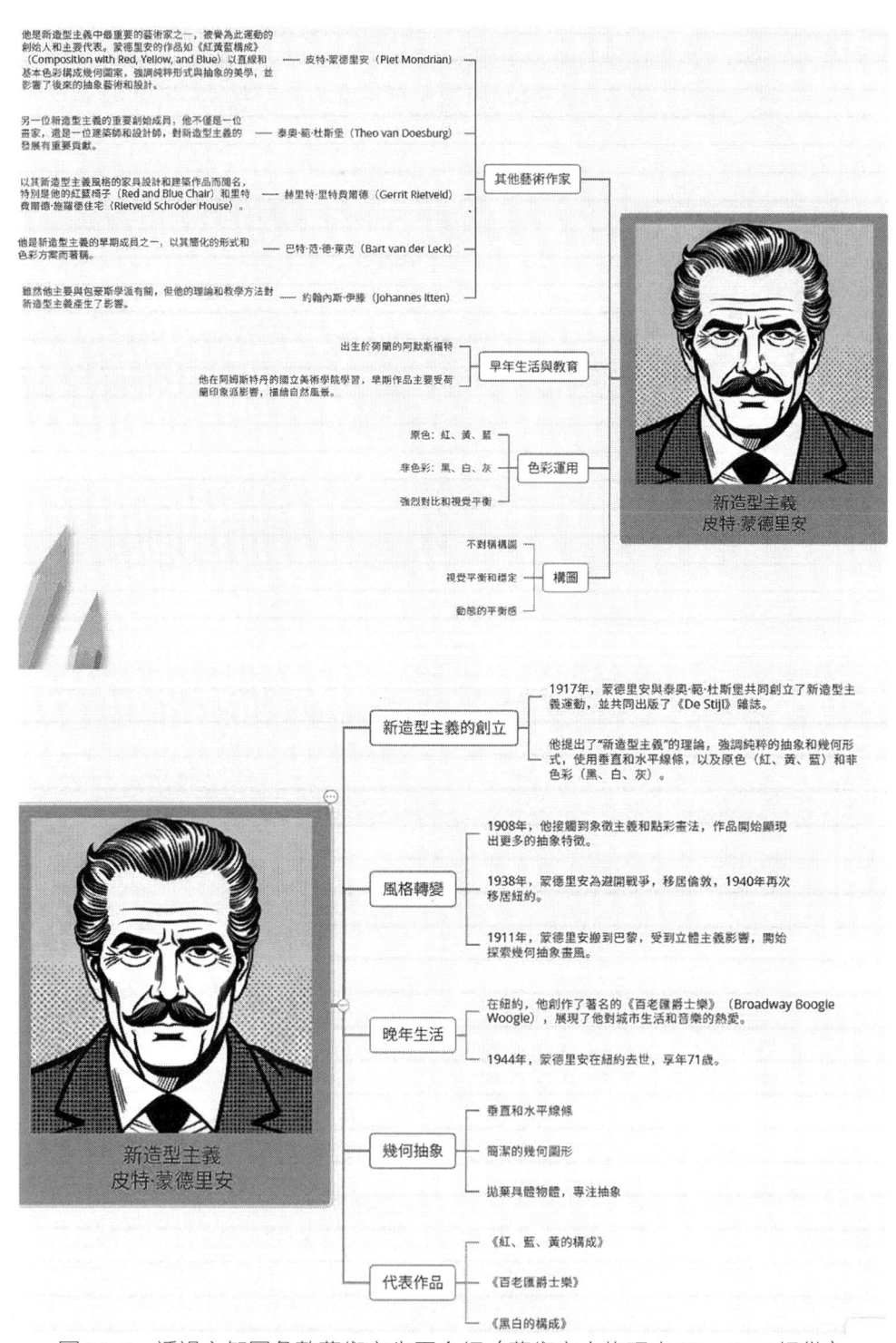

圖 12-5　透過心智圖彙整藝術家生平介紹（藝術家人物照由 ChatGPT 提供）

圖 12-6　透過心智圖彙整藝術家生平介紹（ChatGPT 生成圖片）

　　在生成故事圖片過程中，學習者可以不斷調整提示詞，以生成不同鏡頭角度的故事場景。創作過程中，學習者可思考故事角色人物的動作、場景的構圖、角度和動作等因素，例如為了表現出角色的情感，可以調整角色的表情和姿態，或用不同角度特寫人物對某件事情的專注力。在生成故事場景的過程中，學習者還需要不斷地反饋和修改，他們會根據生成的圖片效果來進行評估，並進行必要的改進。例如某一場景的角度不合適，或者角色的動作不夠自然，需要重新調整提示詞，直到滿意的效果。如圖 12-7 為了完整展現主角正專注地沉浸在自己的藝術創作中，在提示詞方面特別強調「牆壁掛滿藝術作品以傳達主角對創作的熱愛」。另外，為了展現主角對藝術創作的熱情和喜悅，可利用提示詞多增加一個故事場景的畫面，就是「臉部五官特寫，放大特寫主角臉部喜悅滿足的表情，以傳達藝術家對於藝術創作充滿無限的享受與熱愛，每一幅畫都蘊含著無限的情感和故事」。

　　最後，在 CIDI 模型教學策略的實施階段，學習者將所有生成的故事情境圖透過剪輯軟體進行彙整，製作成數位說故事影片。教師教導學習者使用影片剪輯技能，能夠將不同的圖片組合在一起，形成連貫性的故事敘述，透過不同的背景音樂，以及整體影片的節奏和氛圍呈現完整生動且具有藝術感染力的數位說故事影片，介紹藝術家的生平和作品特色。然後，學習者依照教師要求參加課堂測驗，完成學習任務。學習者的學習歷程和測試結果，都

圖 12-7　透過 ChatGPT 生成不同鏡頭角度的人物描述方式（ChatGPT 生成圖片）

存儲在學習平臺和 Google 雲端。這個過程不僅僅是對 AI 科技的應用，更是對創造力思考和藝術表達能力的鍛煉。透過 CIDI 模型教學策略的實施，學習者不僅能夠掌握提示詞和工具的使用，更能夠提升他們的創造力思考和數位媒體製作能力。此教學策略，不僅能夠激發學習者的學習興趣，還能夠讓學習者從實作練習中學習和成長，最後呈現最佳化的學習成果。

肆、實驗設計

一、研究對象

本研究讓學習者參與藝術概論課程，透過 CIDI 模型的 ChatGPT 系統來探索藝術教育相關的知識，實驗組可將所獲得的知識透過心智圖更有效率的彙整，幫助學習者記憶和複習。為了評估所提出方法的有效性，本研究透過一項準實驗設計，受測者為兩個班級，共有 40 名學習者參加本次實驗，平均年齡 20 歲。其中，實驗組的 20 名學習者結合心智圖之 ChatGPT 輔助數位說故事模式進行學習，而控制組的 20 名學習者則是以一般 ChatGPT 輔助數位說故事模式進行學習。為了比較兩組的創造性思考傾向和批判思維傾向之差異，本研究進行前測和後測的問卷調查。

二、實驗流程

本研究實驗前,教師先和學習者介紹課程及ChatGPT系統軟體說明,實驗流程如圖12-8所示。上課前,在教師介紹完學習系統及任務之後,實驗組及控制組,針對藝術概論課程接受前測。接著兩個班級的設計系學習者,均接受九週的藝術概論課程,學習數位說故事的編劇設計和使用ChatGPT系統澄清問題及創作作品。在學習活動中,實驗組透過結合心智圖之ChatGPT輔助數位說故事模式進行學習;另一方面,控制組透過一般ChatGPT輔助數位說故事模式進行學習,並由老師課程中的影片或多媒體教材輔助下完成學習任務。在學習任務結束之後,兩組進行後測問卷。

三、實驗測量工具

在學習成就測驗中,本研究設計前測和後測兩份測驗卷,皆由兩位超過10年藝術設計教學經驗的教師負責命題。測驗旨在評估學習者對不同藝術風格作品的藝術鑑賞能力,分別為藝術鑑賞知識和藝術風格辨識兩大部分。測驗中的藝術風格包括未來主義、歐普藝術、極簡主義、硬邊藝術、構成主義與新造型主義等藝術類別。前測和後測的題目範圍不同,各由20道選擇題組成,總分為100分。前測的KR20值為0.80,後測的KR20值為

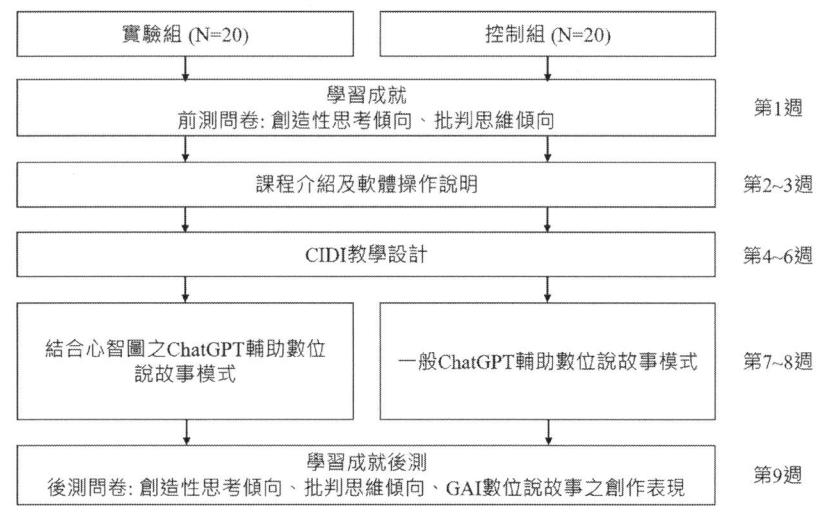

圖12-8　實驗流程

0.85。前測的設計目的是評估學生對先備知識的掌握程度。測驗內容包括 10 題藝術圖像選擇題和 10 題關於藝術風格基本概念及藝術鑑賞知識的題目。後測則旨在確認學生是否能正確掌握藝術風格的基本概念、特徵和藝術鑑賞知識。測驗同樣包括 10 題藝術圖像選擇題和 10 題關於藝術風格特徵及藝術鑑賞知識的題目。

創造性思考傾向問卷改編自 Lai 與 Hwang（2014）的研究問卷，共有 6 題。例如其中一題為：「我喜歡想像那些我想做、或我想知道的事。」，回答方式採用李克特（Likert）5 點量表，1 表示「非常不同意」，5 表示「非常同意」。本研究對創造性思考傾向問卷進行的信度分析結果顯示，Cronbach's α 值為 0.88，此結果表示該問卷具有良好的內部一致性信度。

批判思考傾向問卷改編自 Lin 等（2019）和 Chai 等（2015）的研究問卷。該問卷採用李克特（Likert）5 點量表進行問卷數據的收集，1 分–5 分分別表示「非常不同意」、「不同意」、「普通」、「同意」、「非常同意」。問卷共有 6 題，例如其中一題為：「對於所學的內容，我會嘗試以不同的觀點去理解。」。本研究的信度分析結果顯示，批判思考傾向問卷的 Cronbach's α 值為 0.89。

在數位說故事影片創作的故事主題，由兩位具備 10 年以上藝術設計教學經驗之教師負責出題。藝術主題分別為未來主義、歐普藝術、極簡主義、硬邊藝術、構成主義與新造型主義，共六種藝術風格主題讓學習者擇一藝術風格深入探討與創作數位說故事影片。本研究的數位說故事影片評分規準參考 Lai 與 Hwang（2015）和 Hwang 等（2023）提出的藝術作品評分規準，同樣由兩位具備 10 年以上藝術設計教學經驗的教師修訂，形成適用於本研究故事情境的五個評分面向，分別為故事編劇、影片畫面、場景設計和故事主題。評分規準如表 12-1 所示，分數從 1–5 分。此評分規準旨在衡量學習者創作的故事編劇之內容描述是否與該藝術類別的主題相關，可以從故事中理解藝術家生平及相關作品介紹，影片畫面是否適當，場景設計是否豐富，以及故事內容是否能準確呈現藝術主題。兩位教師評分的一致性透過 Kendall's ω 係數檢驗為 0.75（$p < .05$），顯示評分者之間的一致性非常高。因此，本研究採用兩位教師評分的平均分數作為學生數位說故事影片創作的最終成績。此評分規準提供一個可靠且一致的評估工具，有助於準確評估學

習者在數位說故事影片創作中的表現，並確保評分的公正性和準確性。

表 12-1　數位說故事影片之評分規準

面向	5	4	3	2	1
故事編劇	活潑有創意，有起承轉合，劇情流暢。	有起承轉合，劇情流暢。	有起承轉合，劇情有點不通順。	無聊呆板，凌亂的起承轉合。	無聊呆板，劇情無邏輯。
影片畫面	視訊、音訊、圖像、文字完全能傳達影片主題的訊息。	視訊、音訊、圖像、文字有機結合，恰如其分地影片主題的訊息。	視訊、音訊、影像、文字完美融合，用於影片主題的訊息。	視訊、音訊、圖像和文字勉強能夠充分整合並用於影片主題的訊息。	視訊、音訊、圖像、文字的整合和傳達訊息不夠充分。
場景設計	影片中場景超過四個，過渡流暢。	影片中共有四個場景。	影片中共有三個場景。	影片中有兩個場景。	影片中只有一個場景。
故事主題	作品與所要練習的風格類別完全相關。	作品與所要練習的風格類別高度相關。	作品與所要練習的藝術風格類別中度相關。	作品內部分特徵與主題低度相關。（例如顏色或圖形部分與主題相關）	作品與所要練習的藝術類別風格完全不相關。

伍、研究結果

學者指出，單因子共變數分析（One-Way Analysis of Covarianve, One-Way ANCOVA）是一種有效的統計方法，用於控制可能影響結果測量結果的因素。它可以確保在分析學生的學習表現時考慮到每個組別的初始條件（Köhler et al., 2021）。因此，在本研究中，透過控制初始狀態可能的影響，使用 ANCOVA 來比較兩組的後測分數。

一、學習成就

為了檢查實驗組和控制組學習者的前測成績是否具有同質性，本研究透過 ANCOVA 的基本假設分析其同質性。根據學習成就測驗的前測和後測分數，自 Levene 變異數同質性檢定結果，$F = 5.026, p = .031 < .05$，顯示兩組的學習者在前測的先備知識並無顯著差異，未達顯著水準為同質，故符合共變數之基本假設，可進行 ANCOVA。

學習成就後測的 ANCOVA 結果，如表 12-2 所示，實驗組的調整平均值為 87.79，控制組的調整平均值為 74.21；同時，實驗組在學習成就測驗明顯優於控制組（$F = 5.026, p = .031 < .05$）。由此可知，結合心智圖之 ChatGPT 輔助數位說故事模式的學習方法，不僅能有效提升實驗組的藝術鑑賞知識，還能透過心智圖的視覺化結構優勢，幫助學習者更清晰地組織和理解資訊。

表 12-2　學習成就之 ANCOVA 結果

組別	n	Mean	SD	Adjusted mean	Adjusted SD	F	η^2
實驗組	20	87.75	14.18	87.79	4.28	5.026*	.120
控制組	20	74.25	22.55	74.21	4.28		

*$p < .05.$

二、創造性思考傾向

為了檢驗兩組之間是否具有同質性，本研究透過 ANCOVA 的基本假設分析其同質性。根據創造性思考傾向的前測和後測分數，自 Levene 變異數同質性檢定結果，$F = 2.042$（$p = .162 > .05$），顯示兩組之學習者的前測無顯著差異。為瞭解共變項與自變項有無交互作用，根據組內迴歸係數同質性檢定結果得知，前測與後測無交互作用，表示組內迴歸係數，未達顯著水準為同質，故符合共變數之基本假設，可進行 ANCOVA。

創造性思考傾向後測的 ANCOVA 結果，如表 12-3 所示，實驗組的調整平均值為 4.22，控制組的調整平均值為 3.63；同時，實驗組在創造性思考傾向顯著於控制組（$F = 5.021, p = .031 < .05$）。

表 12-3　創造性思考傾向之 ANCOVA 結果

組別	n	Mean	SD	Adjusted mean	Adjusted SD	F	η^2
實驗組	20	4.30	0.80	4.22	0.19	5.021*	.119
控制組	20	3.55	0.89	3.63	0.19		

*$p < .05.$

三、批判思維傾向

為了檢驗兩組之間是否具有同質性，本研究透過 ANCOVA 的基本假設分析其同質性。根據批判思維傾向的前測和後測分數，自 Levene 變異數同質性檢定結果，$F = 0.219$（$p = .643 > .05$），顯示兩組之學習者的前測無顯著差異。為瞭解共變項與自變項有無交互作用，根據組內迴歸係數同質性檢定結果得知，前測與後測無交互作用，表示組內迴歸係數，未達顯著水準為同質，故符合共變數之基本假設，可進行 ANCOVA。

批判思維傾向後測的 ANCOVA 結果，如表 12-4 所示，實驗組的調整平均值為 4.34，控制組的調整平均值為 3.76；同時，實驗組在批判思維傾向顯著於控制組（$F = 5.854$, $p = .021 < .05$）。研究結果顯示，實驗組在批判思維傾向的表現較佳，表明此方法可促進學習者思考問題、自我檢視及評估問題的能力。

表 12-4　批判思維傾向之 ANCOVA 結果

組別	n	Mean	SD	Adjusted mean	Adjusted SD	F	η^2
實驗組	20	4.40	0.75	4.34	0.17	5.854*	.137
控制組	20	3.70	0.86	3.76	0.17		

*$p < .05$.

四、生成式 AI 數位說故事之創作表現

使用獨立 t 檢定（Independent Sample t Test）來分析不同組別的學習者，在生成式 AI 數位說故事之創作表現上的差異。如表 12-5 所示，兩組之間在故事編劇、影片畫面及影片主題共三個評分面向具有顯著差異（$t = 2.633$, $p = .012 < .05$; $t = 2.07$, $p = .04 < .05$; $t = 2.41$, $p = .02 < .05$）；在場景設計的部分，則無顯著差異（$t = 1.93$, $p = .06 > .05$）。在效應量的部分，四個評分面向的 Cohen's d 值為 0.9 以上，屬於大的效應量（Cohen, 1988; Bakker et al., 2019）。顯見，結合心智圖之 ChatGPT 輔助數位說故事模式，有助於學習者深入理解和掌握各種藝術風格的特色。研究結果顯示，實驗組的學生在數位說故事的創作中，無論是故事編劇、影片畫面還是

影片主題，都能夠適當地選材並準確呈現出該藝術類別的主題，由此得知此方法在藝術教育中的有效性。

表 12-5　生成式 AI 數位說故事之創作表現的獨立 t 檢定結果

面向	組別	n	Mean	SD	t	d
故事編劇	實驗組	20	3.95	0.83	2.63*	1.15
	控制組	20	3.30	0.73		
影片畫面	實驗組	20	3.85	0.81	2.07*	1.08
	控制組	20	3.30	0.86		
場景設計	實驗組	20	3.80	0.83	1.93	1.02
	控制組	20	3.30	0.80		
影片主題	實驗組	20	3.95	0.83	2.41*	1.01
	控制組	20	3.40	0.60		

*$p < .05$.

陸、討論與結論

一、研究結果與討論

　　本研究成果顯示，兩組使用 CIDI 模型的情況下，實驗組採用結合心智圖之 ChatGPT 輔助數位說故事模式作為學習策略，而控制組使用一般 ChatGPT 輔助數位說故事模式。結果發現，實驗組在學習成就方面的表現顯著優於控制組。顯見，實驗組利用心智圖將從 ChatGPT 系統獲得的藝術鑑賞知識和作品特點進行視覺化彙整，這樣可以幫助學習者加強記憶，更容易識別和理解資訊，並有效地將新舊知識連結起來。因此，實驗組在前後測的學習成就上表現良好。這顯示學習者在透過 ChatGPT 系統獲得大量知識的同時，結合心智圖的工具彙整知識，能夠顯著提升學習效果。本實驗結果與過去的研究一致，證實了心智圖在促進學習方面的多重優勢，心智圖不僅能幫助學習者快速整合大量資訊，還能依時間順序將學習內容有條理地串聯和統整，從而增強知識應用的能力（Davies, 2011; Zhao et al., 2022）。結合 ChatGPT 系統的使用，更能顯現其優點，ChatGPT 系統提供了豐富且多樣化的知識來源，讓學習者能夠迅速獲取所需資訊。而心智圖則透過視覺化的方式，將這些資訊進行整理和彙整，幫助學習者更容易記憶和理解（Irman

& Silvianetri, 2022; Liu et al., 2023）。綜上所述，可以得知實驗組結合心智圖進行學習策略的應用，顯著提升了學習效果。顯見，心智圖作為輔助工具在學習中的重要性，不僅能幫助學習者整理和視覺化知識，還能提高記憶和理解能力（Fung, 2024; Shi et al., 2023）。未來的教育實踐中，將心智圖與數位說故事結合應用於教學中，可以為學習者提供更高效的學習策略，進一步提升學習成效和知識應用能力。

在創造性思考傾向方面，研究結果顯示，學習者對於不同學習模型的創造性思考傾向存在差異。雖然兩組都是使用 CIDI 模型，但實驗組在使用 ChatGPT 系統時，結合心智圖作出生成式 AI 數位說故事創作，也展現出較佳的創造性思考傾向能力。相關研究也指出，心智圖不僅能幫助學習者快速整合大量資訊，增強知識應用能力，還能培養創造力，導入心智圖能讓學習者在表達想法時更加靈活應用（Fardhila & Istiyono, 2019; Karim & Mustapha, 2020）。結合 ChatGPT 系統的使用，讓這些優點變得更為突出。首先，ChatGPT 系統提供豐富的知識來源，心智圖則將資訊視覺化，幫助學習者更容易記憶和理解。接著，透過生成式 AI 生成數位說故事，也帶給繪畫能力不足的學習者更多的參與機會，讓學習者在故事作品中完美呈現創意，激發對藝術的充滿更大興趣（Bender, 2023）。這種互相輔助的應用結合提高資訊處理效率，強化記憶能力和學習效果，並且增強知識應用能力。

在批判思維傾向方面，根據本研究結果顯示，實驗組結合心智圖之 ChatGPT 輔助數位說故事模式作為學習策略，顯著提高了學生的批判性思考能力。此結果與其他研究一致，有學者指出，導入心智圖於教學策略中，可培養學習者的思考能力和推理能力，進而提高學生的批判性思考傾向（Chiu & Hwang, 2024; Fu et al., 2019; Sung, 2017）。然而，本研究的獨特之處在於，將 CIDI 模型導入 ChatGPT 結合心智圖的方式，引導學習者將藝術鑑賞知識和藝術作品特色，透過生成式 AI 創作數位說故事的影片表達出來。學習者可以反思如何將藝術知識更巧妙地結合生成式 AI 創作數位說故事，並透過數位說故事的方式加深對所學知識的記憶。此外，這種方式還讓其他學習者能夠互相理解彼此創作的生成式 AI 數位說故事所要傳達的藝術家生平和藝術作品特色。總之，本研究證明結合心智圖之 ChatGPT 輔助數位說故事模式，不僅能有效提升學生的批判性思考能力，還能促進學習者之間的互

相理解和學習。這一創新教學方法的應用，為未來教育提供新的方向和可能性。

在生成式 AI 數位說故事之創作表現方面，實驗組結合心智圖之 ChatGPT 輔助數位說故事模式作為學習策略具有顯著的效果。此教學方法不僅促進了學習者的思考和記憶能力，也能更有效地彙整和組織知識。學習者利用心智圖將 ChatGPT 系統提供的大量藝術鑑賞知識進行彙整，並根據時間序列進行重新整理和編輯故事，最後創作出數位說故事影片。在這個創作過程中，學習者可以同時使用心智圖來反思和呈現故事的重點，使影片內容更豐富且重點明確，並符合影片的藝術主題。這一點在本研究中得到驗證，實驗組結合心智圖之 ChatGPT 輔助數位說故事模式，讓學習者對藝術作品的理解和認識在故事編劇、影片畫面及影片主題等三個方面均有顯著性。故從本研究結果可得知，心智圖的應用不僅有助於知識的組織和記憶，還有助於強化學習者的創造性思考和批判思維傾向，心智圖能幫助學習者在複雜的資訊中找到關鍵概念和關聯性，這對於創作數位說故事影片尤為重要。結合 ChatGPT 的 AI 科技，學習者可以更容易獲取和理解大量的藝術相關資訊，並將這些資訊有效地整合到自己的創作中。

因此本研究透過 ChatGPT 系統不僅能提供學習者豐富的資訊，還能透過互動式對話幫助學習者深入理解學習內容，提高學習效果。總而言之，將結合心智圖之 ChatGPT 輔助數位說故事模式，不僅提升學習者的知識整合和創作能力，還促進學習者對藝術作品的深入理解和認識。此教學模式的成功應用，展示生成式 AI 科技在教育應用中的發展潛力，為未來的教學方法和學習策略提供有價值的參考

二、研究限制與建議

本研究雖有其貢獻，但仍存在一些局限及建議之處。首先，未來可將此學習模式應用於不同藝術類別或其他學科，以探討其在不同領域中的學習差異，這將有助於瞭解此模式的廣泛適用性。其次，本研究僅針對特定年齡層進行探討，未來研究可進一步分析不同年齡層學生在使用結合心智圖之 ChatGPT 輔助數位說故事模式進行學習，將有助於理解不同年齡層學生的需求和反應。此外，也可探討在合作學習情境下，如何藉由小組合作及良

性競爭來提升學習成效，對於教育實務有重要啟示。再者，未來研究可在實驗設計中導入其他心智圖軟體，以進行更詳細的學習行為分析。透過這些分析，教師可以更深入地瞭解學生的學習狀態和需求，並據此調整教學策略，提高教學效果。這不僅有助於個別化教學，亦可促進學生的自主學習能力。總之，未來研究可探討此學習模式在不同情境及年齡層中的應用，並透過行為分析提升教學策略的有效性，以實現更好的教育成果。

參考文獻

Addison, N., Burgess, L., Steers, J., & Trowell, J. (2010). *Understanding art education: Engaging reflexively with practice*. Routledge.

Al-Badi, A., Khan, A., & Eid-Alotaibi (2022). Perceptions of learners and instructors towards artificial intelligence in personalized learning. *Procedia Computer Science*, *201*, 445-451. https://doi.org/10.1016/j.procs.2022.03.058

Autry, L. L., & Walker, M. E. (2011). Artistic representation: Promoting student creativity and self-reflection. *Journal of Creativity in Mental Health*, *6*(1), 42-55. https://doi.org/10.1080/15401383.2011.560076

Bakker, A., Cai, J., English, L., Kaiser, G., Mesa, V., & Van Dooren, W. (2019). Beyond small, medium, or large: Points of consideration when interpreting effect sizes. *Educational Studies in Mathematics*, *102*(1), 1-8. https://doi.org/10.1007/s10649-019-09908-4

Bender, S. M. (2023). Coexistence and creativity: Screen media education in the age of artificial intelligence content generators. *Media Practice and Education*, *24*(4), 351-366. https://doi.org/10.1080/25741136.2023.2204203

Black, J., & Chaput, T. (2024). A discussion of artificial intelligence in visual art education. *Journal of Computer and Communications*, *12*(5), 71-85. https://doi.org/10.4236/jcc.2024.125005

Bleazby, J. (2015). Why some school subjects have a higher status than others: The epistemology of the traditional curriculum hierarchy. *Oxford Review of Education*, *41*(5), 671-689. https://doi.org/10.1080/03054985.2015.1090966

Bogumil, E., Capous-Desyllas, M., Lara, P., & Reshetnikov, A. (2017). Art as mode and medium: A pedagogical approach to teaching and learning about self-reflexivity and artistic expression in qualitative research. *International Journal of Research & Method in Education*, *40*(4), 360-378. https://doi.org/10.1080/1743727X.2015.1114602

Bullot, N. J., & Reber, R. (2013). The artful mind meets art history: Toward a psycho-historical framework for the science of art appreciation. *Behavioral and Brain Sciences*, *36*(2), 123-137. https://doi.org/10.1017/S0140525X12000489

Cardullo, V. M., Wilson, N. S., & Zygouris-Coe, V. I. (2018). Enhanced student engagement through active learning and emerging technologies. In Information Resources Management Association (Ed.), *Student engagement and participation: Concepts, methodologies, tools, and applications* (pp. 399-417). IGI Global. https://doi.org/10.4018/978-1-5225-2584-4.ch019

Chai, C. S., Deng, F., Tsai, P. S., Koh, J. H. L., & Tsai, C. C. (2015). Assessing multidimensional students' perceptions of twenty-first-century learning practices. *Asia Pacific Education Review*, *16*(3), 389-398. https://doi.org/10.1007/s12564-015-9379-4

Chang, C. Y., Yang, C. L., Jen, H. J., Ogata, H., & Hwang, G. H. (2024). Facilitating nursing and health education by incorporating ChatGPT into learning designs. *Educational Technology & Society*, *27*(1), 215-230. https://doi.org/10.30191/ETS.202401_27(1).TP02

Chappell, K. A., Pender, T., Swinford, E., & Ford, K. (2016). Making and being made: Wise humanising creativity in interdisciplinary early years arts education. *International Journal of Early Years Education*, *24*(3), 254-278. https://doi.org/10.1080/09669760.2016.1162704

Chiu, M. C., & Hwang, G. J. (2024). Enhancing students' critical thinking and creative thinking: An integrated mind mapping and robot-based learning approach. *Education and Information Technologies*. https://doi.org/10.1007/s10639-024-12752-6

Chiu, M. C., Hwang, G. J., & Hsia, L. H. (2023). Promoting students' artwork appreciation: An experiential learning-based virtual reality approach. *British Journal of Educational Technology*, *54*(2), 603-621. https://doi.org/10.1111/bjet.13265

Chiu, M. C., Hwang, G. J., Hsia, L. H., & Shyu, F. M. (2024). Artificial intelligence-supported art education: A deep learning-based system for promoting university students' artwork appreciation and painting outcomes. *Interactive Learning Environments*, *32*(3), 824-842. https://doi.org/10.1080/10494820.2022.2100426

Cohen, J. (1988). *Statistical power analysis for the behavioral sciences* (2nd ed.). Erlbaum.

Daichendt, G. J. (2010). *Artist teacher: A philosophy for creating and teaching*. Intellect.

Davies, M. (2011). Concept mapping, mind mapping and argument mapping: What are the differences and do they matter? *Higher Education, 62*(3), 279-301. https://doi.org/10.1007/s10734-010-9387-6

Davis, J. H. (2008). *Why our schools need the arts*. Teachers College Press.

Delgado-Valdivieso, K., Sevilla-Vallejo, S., & Suarez-Monzón, N. (2023). Gamification and artistic education. History of education and application to the classroom with educational needs. *Journal of Namibian Studies: History Politics Culture, 33*, 3253-3275. https://doi.org/10.59670/jns.v33i.967

Di Serio, Á., Ibáñez, M. B., & Kloos, C. D. (2013). Impact of an augmented reality system on students' motivation for a visual art course. *Computers & Education, 68*, 586-596. https://doi.org/10.1016/j.compedu.2012.03.002

Donahue, D. M., & Stuart, J. B. (Eds.). (2024). *Artful teaching: Integrating the arts for understanding across the curriculum, K–8*. Teachers College Press.

Efland, A. D. (1990). *A history of art education*. Teachers College Press.

Efland, A. D. (2002). *Art and cognition: Integrating the visual arts in the curriculum*. Teachers College Press.

Fan, X., & Li, J. (2023). Artificial intelligence-driven interactive learning methods for enhancing art and design education in higher institutions. *Applied Artificial Intelligence, 37*(1), Article 2225907. https://doi.org/10.1080/08839514.2023.2225907

Fardhila, R. R., & Istiyono, E. (2019). An assessment instrument of mind map product to assess students' creative thinking skill. *REID (Research and Evaluation in Education), 5*(1), 41-53. https://doi.org/10.21831/reid.v5i1.22525

Franco, P. F., & DeLuca, D. A. (2019). Learning through action: Creating and implementing a strategy game to foster innovative thinking in higher education. *Simulation & Gaming, 50*(1), 23-43. https://doi.org/10.1177/1046878118820892

Freedman, K. (2003). *Teaching visual culture: Curriculum, aesthetics, and the social life of art*. Teachers College Press.

Fu, Q. K., Lin, C. J., Hwang, G. J., & Zhang, L. (2019). Impacts of a mind mapping-based contextual gaming approach on EFL students' writing performance, learning perceptions and generative uses in an English course. *Computers & Education, 137*, 59-77. https://doi.org/10.1016/j.compedu.2019.04.005

Fung, D. (2024). The synergy of peer collaboration and mind mapping in cultivating primary students' science understanding: An integrative pedagogy to enhance science concept acquisition. *International Journal of Science Education, 46*(2), 131-154. https://doi.org/10.1080/09500693.2023.2222549

Gardner, H. (1990). *Art education and human development*. Getty Publications.

Gillespie, J. (2018). *Rethinking and remaking a high school art foundations curriculum* [Unpublished doctoral dissertation]. Concordia University.

Hai-Jew, S. (2024). Using artmaking generative AIs to support augmented reality learning designs with Adobe Aero app. In *Inquiries of pedagogical shifts and critical mindsets among educators* (pp. 132-152). IGI Global. http://doi.org/10.4018/979-8-3693-1078-6.ch006

Haryani, E., Coben, W. W., Pleasants, B. A-S., & Fetters, M. K. (2021). Analysis of teachers' resources for integrating the skills of creativity and innovation, critical thinking and problem solving, collaboration, and communication in science classrooms. *Jurnal Pendidikan IPA Indonesia*, *10*(1), 92-102. https://doi.org/10.15294/jpii.v10i1.27084

Hashimi, S. A. A. (2020). Enhancing the creative learning experience through harnessing the creative potential of digital and social media platforms in art and design educational contexts. *International Journal of Arts and Technology*, *12*(1), 84-101. https://doi.org/10.1504/ijart.2020.107681

He, C., & Sun, B. (2021). Application of artificial intelligence technology in computer aided art teaching. *Computer-Aided Design and Applications*, *18*(S4), 118-129. https://doi.org/10.14733/cadaps.2021.s4.118-129

Heaton, R. (2021). Cognition in art education. *British Educational Research Journal*, *47*(5), 1323-1339. https://doi.org/10.1002/berj.3728

Heras, M. (2022). Art and connectedness within sustainability: educating through aesthetic pedagogies. In P. Vare, N. Lausselet, & M. Rieckmann (Eds.), *Competences in education for sustainable development: Critical perspectives*, (pp. 145-157). Springer. https://doi.org/10.1007/978-3-030-91055-6_18

Ho, T. K. L., & Lin, H. S. (2015). A web-based painting tool for enhancing student attitudes toward learning art creation. *Computers & Education*, *89*, 32-41. https://doi.org/10.1016/j.compedu.2015.08.015

Hwang, G. J., Zou, D., & Wu, Y. X. (2023). Learning by storytelling and critiquing: A peer assessment-enhanced digital storytelling approach to promoting young students' information literacy, self-efficacy, and critical thinking awareness. *Educational Technology Research and Development*, *71*(3), 1079-1103. https://doi.org/10.1007/s11423-022-10184-y

Irman, I., & Silvianetri, S. (2022). Influence of mind mapping in counseling to increase students' creative thinking. *AL-ISHLAH: Jurnal Pendidikan*, *14*(4), 6559-6574. https://doi.org/10.35445/alishlah.v14i4.2388

Karim, R. A., & Mustapha, R. (2020). Students' perception on the use of digital mind map to stimulate creativity and critical thinking in ESL writing course. *Universal Journal of Educational Research*, *8*(12A), 7596-7606. https://doi.org/10.13189/ujer.2020.082545

Kearsley, G., & Shneiderman, B. (1998). Engagement theory: A framework for technology-based teaching and learning. *Educational Technology*, *38*(5), 20-23.

Kessler, R. (2000). *The soul of education: Helping students find connection, compassion, and character at school*. Association for Supervision and Curriculum Development.

Kim, K. J., Wee, S. J., Han, M. K., Sohn, J. H., & Hitchens, C. W. (2018). Enhancing children's art appreciation and critical thinking through a visual literacy-based art intervention programme. *International Journal of Education Through Art*, *13*(3), 317-332. https://doi.org/10.1386/eta.13.3.317_1

Kinshuk, Chen, N. S., Cheng, I. L., & Chew, S. W. (2016). Evolution is not enough: Revolutionizing current learning environments to smart learning environments. *International Journal of Artificial Intelligence in Education*, *26*(2), 561-581. https://doi.org/10.1007/s40593-016-0108-x

Köhler, C., Hartig, J., & Naumann, A. (2021). Detecting instruction effects–Deciding between covariance analytical and change-score approach. *Educational Psychology Review*, *33*, 1191-1211. https://doi.org/10.1007/s10648-020-09590-6

Lai, C. L., & Hwang, G. J. (2014). Effects of mobile learning time on students' conception of collaboration, communication, complex problem-solving, meta-cognitive awareness and creativity. *International Journal of Mobile Learning and Organisation*, *8*(3/4), 276-291. https://doi.org/10.1504/ijmlo.2014.067029

Lai, C. L., & Hwang, G. J. (2015). An interactive peer-assessment criteria development approach to improving students' art design performance using handheld devices. *Computers & Education*, *85*, 149-159. https://doi.org/10.1016/j.compedu.2015.02.011

Lazkani, O. (2024). Revolutionizing education of art and design through ChatGPT. In A. Al-Marzouqi, S. A. Salloum, M. Al-Saidat, A. Aburayya, & B. Gupta (Eds.), *Artificial intelligence in education: The power and dangers of ChatGPT in the classroom* (pp. 49-60). Springer Nature. https://doi.org/10.1007/978-3-031-52280-2_4

Liang, Y. (2023). On the practical role and far-reaching significance of contemporary art education in general universities. *The Educational Review, USA, 7*(6), 726-729. https://doi.org/10.26855/er.2023.06.014

Lin, H. C., Hwang, G. J., & Hsu, Y. D. (2019). Effects of ASQ-based flipped learning on nurse practitioner learners' nursing skills, learning achievement and learning perceptions. *Computers & Education, 139*, 207-221. https://doi.org/10.1016/j.compedu.2019.05.014

Liu, Z., Kong, X., Liu, S., & Yang, Z. (2023). Effects of computer-based mind mapping on students' reflection, cognitive presence, and learning outcomes in an online course. *Distance Education, 44*(3), 544-562. https://doi.org/10.1080/01587919.2023.2226615

Macdonald, S. (2004). *The history and philosophy of art education*. James Clarke & Co.

Manson, M. E. (2007). *Learning about teaching: Aesthetic practices and arts integration in teacher education* [Unpublished doctoral dissertation]. University of Toronto.

Miralay, F. (2024). Use of artificial intelligence and augmented reality tools in art education course. *Pegem Journal of Education and Instruction, 14*(3), 44-50. https://doi.org/10.47750/pegegog.14.03.04

Morgan, W. (2002). *Critical literacy in the classroom: The art of the possible*. Routledge. https://doi.org/10.4324/9780203034323

Osborn, A. F. (1953). *Applied imagination*. Scribner's.

Raza, A. (2023). Art and education: Fostering creativity and critical thinking in humanity. *Journal of Religion and Society, 1*(1), 13-25.

Shi, Y., Yang, H., Dou, Y., & Zeng, Y. (2023). Effects of mind mapping-based instruction on student cognitive learning outcomes: A meta-analysis. *Asia Pacific Education Review, 24*(3), 303-317. https://doi.org/10.1007/s12564-022-09746-9

Shreeve, A., & Smith, C. (2012). Multi-directional creative transfer between practice-based arts education and work. *British Educational Research Journal, 38*(4), 539-556. https://doi.org/10.1080/01411926.2011.560245

Silva Pacheco, C. (2020). Art education for the development of complex thinking metacompetence: A theoretical approach. *International Journal of Art & Design Education, 39*(1), 242-254. https://doi.org/10.1111/jade.12261

Šobáňová, P., & Jiroutová, J. (2020). Connecting art education learning tasks with the artistic field: The factor of quality in art lessons. *CEPS Journal, 10*(4), 33-54. https://doi.org/10.26529/cepsj.924

Sullivan, G. (Ed.). (2010). *Art practice as research: Inquiry in visual arts*. Sage.

Sung, E. (2017). The influence of visualization tendency on problem-solving ability and learning achievement of primary school students in South Korea. *Thinking skills and Creativity*, *26*, 168-175. https://doi.org/10.1016/j.tsc.2017.10.007

Taliak, J., Amaliah, A., Nugroho, A., Mubarak, M., & Putro, A. B. P. (2024). Advancements in educational technology: Cultivating critical thinking proficiency among students through innovative learning models. *Global International Journal of Innovative Research*, *2*(1), 355-363. https://doi.org/10.59613/global.v2i1.56

Uralovich, T. F. (2023). The role of applied art in the developement of aesthetic skills of students. *International Journal of Advance Scientific Research*, *3*(5), 111-118. https://doi.org/10.37547/ijasr-03-05-18

Wang, H., Li, D., Gu, C., Wei, W., & Chen, J. (2023). Research on high school students' behavior in art course within a virtual learning environment based on SVVR. *Frontiers in Psychology*, *14*, Article 1218959. https://doi.org/10.3389/fpsyg.2023.1218959

Wu, Y. (2024). Critical thinking pedagogics design in an era of ChatGPT and other AI tools-shifting from teaching "What" to teaching "Why" and "How". *Journal of Education and Development*, *8*(1), 1-10. https://doi.org/10.20849/jed.v8i1.1404

Yang, R. (2020). Artificial intelligence-based strategies for improving the teaching effect of art major courses in colleges. *International Journal of Emerging Technologies in Learning (iJET)*, *15*(22), 146-160. https://doi.org/10.3991/ijet.v15i22.18199

Zhao, L., Liu, X., Wang, C., & Su, Y. S. (2022). Effect of different mind mapping approaches on primary school students' computational thinking skills during visual programming learning. *Computers & Education*, *181*, Article 104445. https://doi.org/10.1016/j.compedu.2022.104445

第十三章
基於生成式 AI 的教學代理對國中生 STEAM 學習表現與問題解決傾向之影響
Effects of Generative AI Pedagogical Agents on Middle School Students' STEAM Performance and Problem-Solving Tendency

方建文[1]　郭晓戈[2]
[1] 溫州大學教育技術系 副教授
[2] 溫州大學教育技術系 碩士研究生

摘要

　　本章要介紹一個生成式人工智慧（Generative Artificial Intelligence，簡稱生成式 AI）教學代理應用於 STEAM 學習的研究設計。培養學生的 21 世紀核心能力已成為全球教育的重要議題與挑戰。然而，在 STEAM 學習過程，學生往往因缺乏自主探索和持續有效的回饋，影響了其問題解決能力的發展。為了解決此問題，本研究開發了一種基於生成式 AI 的教學代理（Generative Artificial Intelligence Pedagogical Agent, GAIPA），並在此基礎上提出 GAIPA-STEAM 方法。為了驗證該方法的有效性，招募了 47 名國中生（實驗組 22 人和控制組 25 人）以探討 GAIPA-STEAM 方法對國中生在 STEAM 表現和問題解決傾向方面的影響。結果表明，與傳統的 STEAM 方法相比，GAIPA-STEAM 方法顯著增強了學生的問題解決傾向，但，在提升學習表現方面未見顯著效果。GAIPA 採用社會化設計，具備較強的具身能力，能夠對學生的問題進行即時回饋，因此學生更傾向於將其視為智慧導師。此外，在人工智慧作品設計和製作過程，使用 GAIPA-STEAM 方法能有助於發展其問題解決傾向。本研究的結論不僅驗證了這一新興技術

在教育中的應用價值，還提供了實際操作的示範，展示了其對學習過程的積極影響。

關鍵字： 生成式人工智慧、學習表現、問題解決能力、教學代理、STEAM教育

Abstract

This chapter will present the research design of a generative artificial intelligence (AI) pedagogical agent applied to STEAM learning. It has become an important issue and challenge for global education to develop students' core competencies for the 21st century. However, the lack of independent exploration and continuous effective feedback during the STEAM learning process often affects the development of students' problem-solving skills. To solve this problem, this study developed a Generative Artificial Intelligence Pedagogical Agent (GAIPA) and proposed the GAIPA-STEAM approach. To verify the validity of the approach, 47 participants (22 in the experimental group and 25 in the control group) were recruited to investigate the effects of the GAIPA-STEAM approach on middle school students' STEAM performance and problem-solving tendencies in China. The results showed that the GAIPA-STEAM approach significantly enhanced students' problem-solving tendencies but not their learning performance compared to the conventional STEAM approach. Furthermore, the use of the GAIPA-STEAM approach in the process of designing and producing artifacts helped to develop their problem-solving tendency. The findings of this study not only validate the value of this emerging technology in education, but also provide a hands-on demonstration of its positive impact on the learning process.

Keywords: generative artificial intelligence, learning performance, problem-solving skills, pedagogical agent, STEAM education

壹、前言

當前，各國的教育系統正面臨如何有效培養 21 世紀關鍵能力人才的挑戰，這些挑戰源於技術的快速發展、社會的變遷，以及對個人化學習需求的日益重視（Leavy et al., 2023; Luengo-Aravena et al., 2024）。有學者指出，STEAM 教育作為一種跨學科的學習方法，是促進學生 21 世紀關鍵能力發展的有效途徑（Fang et al., 2022）。過去的研究也表明，STEAM 教育不僅有助於提升學生在人工智慧（Artificial Intelligence, AI）領域的學習表現（Wahono et al., 2020），還能有效培養他們在面對複雜任務時的協作與問題解決能力（Fang et al., 2022; Hwang et al., 2020）。另一方面，Ramey 與 Stevens（2023）則指出，許多學生在 STEAM 學習過程中難以獨立尋找和利用資源解決問題，往往依賴引導者，缺乏自主探索的能力。學者也指出，有一些學生由於未能及時獲得教師的回饋，逐漸喪失對 STEAM 學習的興趣或參與度（Lesseig et al., 2016）；這些因素可能削弱了 STEAM 教育在培養學生協作能力和解決複雜問題能力的成效。

教學代理（Pedagogical Agent, PA）是一種引導學生與支持他們持續學習的有效工具。當學習者遇到困難時，教學代理能夠提供及時且個性化的回饋，幫助學生克服學習障礙（Ait Baha et al., 2023; Kim & Baylor, 2016）。例如 Grivokostopoulou 等（2020）的研究表明，在虛擬學習環境中，虛擬的教學代理有效地促進學生的知識建構並提升其學習表現。隨著大語言模型（Large Language Models, LLMs）的出現，教學代理變得更具交互性與智慧化（Huang et al., 2023; Xi et al., 2023）。例如交互型人工智慧（如對話代理）能作為虛擬同伴或虛擬導師，能提供個性化即時的回饋和支援學生的多元觀點與認知發展，以提升學習興趣和發展高階思維（Chin et al., 2014）。準社會人際互動理論指出，觀眾對媒體中的虛構角色產生依賴感和情感共鳴（Horton & Wohll, 1956）。學者進一步指出，模仿人類行為的教學代理在學生眼中不僅僅被視為簡單的工具，更被看作是教師和同伴，並會對學生的學習產生深刻的影響（Sarigul et al., 2024）。由於其智慧性和具身性，智慧教學代理在提升學生的 STEAM 表現和問題解決能力方面擁有巨大的潛力（Leavy et al., 2023; Hostetter et al., 2023）。因此，本研究開發了一種具

備環境感知、自主理解、決策和執行能力的生成式AI教學代理（Generative Artificial Intelligence Pedagogical Agent, GAIPA），為學生提供學習資源、主題探究、方案設計、專案實施以及評價與反思等服務。該代理被應用於國中STEAM課程中，以探討基於人工智慧教學代理的STEAM方法（GAIPA-STEAM）對國中生的STEAM表現和問題解決傾向的影響。為此，本研究提出了以下研究問題：

一、與傳統的STEAM方法（Conventional-STEAM, C-STEAM）相比，GAIPA-STEAM方法能否提升國中生的STEAM表現？

二、與C-STEAM方法相比，GAIPA-STEAM方法是否能加強國中生的問題解決傾向？

三、GAIPA-STEAM組和C-STEAM組學生的學習經驗和感受是什麼？

貳、文獻回顧

一、STEAM教育

STEAM教育涵蓋「科學」（Science）、「科技」（Technology）、「工程」（Engineering）、「藝術」（Arts）和「數學」（Mathematics），強調透過跨學科知識的整合來提升學生的素養、創新能力和解決複雜現實問題的能力（Hwang et al., 2020）。這種學習模式透過協作解決跨學科問題，發展學生的21世紀關鍵技能（Fang et al., 2022）。專題導向學習（Project-based Learning）被認為是實施STEAM教育的有效策略之一，它能透過設計和製作作品說明學生學習跨學科知識，發展高階思維（Chen & Lin, 2019; Li & Wong, 2022）。Kuo等（2019）設計專題導向的學習活動，促進了學生對所學知識的理解和應用，還提升了他們的學業成績和批判性思維能力。此外，Chen與Lin（2019）實施了一項為期兩年的基於專題導向學習策略的創客課程，研究結果顯示，專題導向學習策略不僅促進學生之間和師生之間的互動，還顯著增強了學生的問題解決的能力。

然而，Yunus（2023）指出，由於傳統STEAM課堂的學生人數較多，遇到問題的學生往往難以獲得及時的解答，這削弱了學生的學習動機和學

習表現（Monkeviciene et al., 2020; Sharma & Sharma, 2017）。為了應對這一挑戰，一些學者嘗試透過提供個性化回饋來幫助學生提升學習效果（Wanner & Palmer, 2015; Weaver, 2006）。例如 Ingkavara 等（2022）在國中生的線上物理課程中採用了個性化回饋學習策略，為學生提供符合其學習偏好的學習路徑和材料。此方法顯著提升了學生的學習成績，並增強了他們的學習意願。因此，在複雜的 STEAM 學習活動中，提供個性化的即時回饋學習支持是必要的，以促進學習者的問題解決能力。

二、STEAM 教育中的 AI 教學代理

教學代理是在數位學習環境中促進學習和引導學生的一種虛擬或實體角色（Beege et al., 2020; Lin et al., 2020）。教學代理為學習者提供資訊、指導或鷹架等幫助，在學習者遇到困難時提供及時的個性化幫助，幫助他們克服學習障礙（Schroeder & Gotch, 2015），以此增強他們的學習體驗和動機（Ait Baha et al., 2023; Kim & Baylor, 2016）。Mohammadhasani 等（2018）研究發現，在電腦輔助教學中嵌入教學代理對注意力缺陷多動障礙學生有積極影響，能夠提高他們的數學成績。Kizilkaya 與 Askar（2008）的進一步指出，接受嵌入式教學代理教程的學生在學習表現明顯優於接受沒有嵌入教學代理教程的學生。

準社會人際互動理論認為，用戶傾向於將具有人類特徵的代理視為具有社會屬性的角色（Horton & Wohl, 1956）。這一理論框架表明，學生可能將教學代理視為教師或同伴，透過這種社交認同，人工智慧教學代理能夠顯著影響學生的學習動機、態度和行為，進而對學習過程及其結果產生影響（Jin & Park, 2009; Liu, 2019）。儘管教學代理在教育中的應用已經取得了一些進展，但未能發揮其社會互動的潛力（Schroeder & Gotch, 2015）。而以 Large Language Models (LLMs) 為代表的新一代人工智慧技術將使教學代理更智慧。Xi 等（2023）的研究已經表明，當 LLMs 與特定領域的知識和模組配對時，LLMs 可以在各種環境中作為教學代理，執行複雜的動作和任務。Huang 等（2023）的研究，透過結合大型基礎模型進行知識引導的協作和交互場景生成任務，並展示了有希望的結果，表明基於 LLMs 的智慧教學代理能提高人類—智慧教學代理的交互。智慧教學代理的研究還在教育

領域處於初級階段，但是已有學者進行了探索。例如 Ferro 等（2020）開發一款用於教育遊戲 Gea2: A New Earth 的智慧教學代理，結果顯示，透過自然語言提供玩家的情緒和遊戲狀態回饋，來提升 STEAM 學科中的學習體驗和效果。此外，Hostetter 等（2023）探討了可解釋性人工智慧（Explainable Artificial Intelligence, XAI）在智慧教學代理中的應用，以增強用戶體驗並理解人工智慧驅動的教學決策中解釋的價值。研究結果表明，根據不同學生的學習態度，提供個性化解釋可以顯著增強學習效果和概括能力。智慧教育代理在 STEAM 教育領域中具有重要價值。為此，本研究開發一種能夠感知環境、進行自主理解、決策和執行動作，基於 LLMs 的人工智慧教學代理，旨在幫助學習者探索主題，設計方案，及提高人工智慧專案的品質。

參、基於人工智慧教學代理的 STEAM 方法

參考 Nuraini 等（2023），我們提出了一個專題導向學習的框架，並根據教學內容進行了適當的調整和優化。該框架包含四個關鍵環節：主題確認、方案設計、專案實施、作品評價與反思。此外，本研究開發了 GAIPA 系統，並將其應用於「人工智慧專案設計與開發」STEAM 課程中。據此本研究提出 GAIPA-STEAM 方法，旨在系統性地引導學生學習和應用人工智慧技術，以解決現實中的問題（見圖 13-1）。

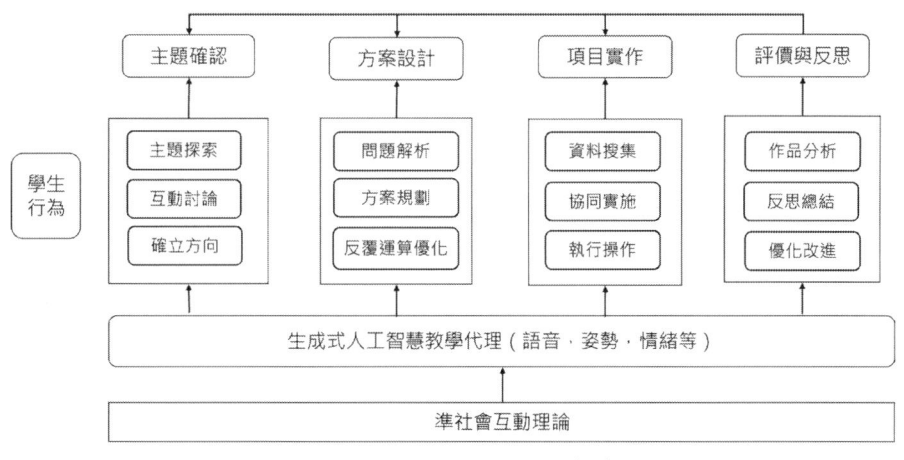

圖 13-1　GAIPA-STEAM 方法

「人工智慧專案設計與開發」課程的教學目標包括：一、使學生掌握機器學習的基本原理；二、透過理論學習與實踐操作，學生能夠熟練掌握資料集構建與預處理、模型訓練與推理，以及模型轉換、優化與部署的技術；三、學生能夠將所學模型應用於解決實際問題，體驗人工智慧專案開發的完整過程，並在實踐中激發對人工智慧領域的興趣和熱情。

課程內容包括四個單元：第一單元聚焦於人工智慧的理論基礎，主要介紹機器學習的核心概念；第二單元透過圖像識別的實際案例，幫助學生在實踐中鞏固所學理論知識；第三單元則專注於語音辨識的實踐活動，進一步深化學生的實踐技能；第四單元為學生提供自主創作的機會，鼓勵他們利用機器學習技術開發專案，如常見植物識別的人工智慧應用，從而全面提升創意表達和應用能力。

實驗組中，學生借助GAIPA系統來設計和開發人工智慧專案，而控制組的學生則透過網路檢索資訊來完成相同的任務。兩組學生的學習環境、學習時間和學習內容等相關條件均保持一致。GAIPA-STEAM方法在具體教學活動中的實施過程涵蓋四個階段：主題確認、方案設計、專案實施、評價與反思。

在主題確認階段，GAIPA系統為實驗組學生提供引導框架，幫助他們理解並提出切實可行的驅動問題。在這個階段，學生結合自身興趣和學習目標，透過與GAIPA的多次互動討論，逐步明確專案主題。例如當某個小組在選擇主題時遇到困惑時，GAIPA利用其先進的自然語言處理能力和豐富的知識庫，結合真實情境，為學生提供啟發性的建議，幫助他們理清思路，最終確認專案主題（見圖13-2）。

在方案設計階段，GAIPA根據專案目標和學生需求，協助設計方案初稿，並逐步細化這一初稿。GAIPA首先利用其任務規劃能力，將解決方案分解為多個可執行的子任務。學生與GAIPA協同合作，逐步細化這些子任務，以確保方案的可行性和有效性。例如當小組確定專案主題為「眼保健操小助手」後，小組成員借助GAIPA分析專案需求、目標及其背景意義，設計出具體的實施方案。隨後，成員們根據實際情況和預期規劃，對方案進行修改和調整。當遇到複雜問題時，GAIPA將其分解為適合學生能力範圍的

小任務，進一步細化方案設計，從而提高方案的可操作性和有效性（見圖 13-3）。

在專案實施階段，GAIPA 能夠運用大數據分析技術，為學生提供個性化的資源建議，確保其獲取與專案需求高度契合的素材。學生在此過程中，

圖 13-2　主題確認階段

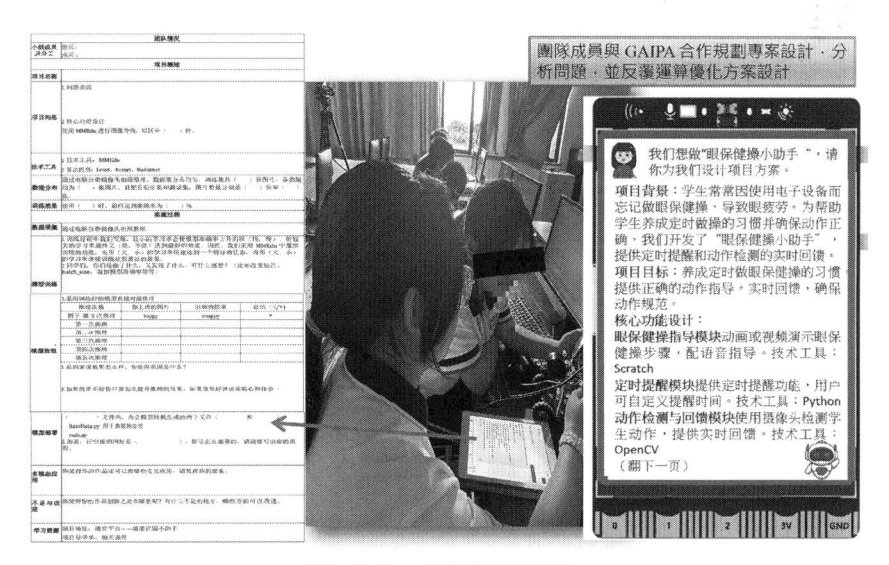

圖 13-3　方案設計階段

透過與 GAIPA 的協同合作，有效解決作品製作中遇到的技術問題，並完成最終作品的製作。例如當小組在「眼保健操小助手」專案中遇到資料集製作的技術挑戰時，GAIPA 能幫助學生明確需求，定義動作類別（如「正確」、「錯誤」），並建議每類所需的樣本數量。隨後，GAIPA 提供資料收集建議，確保拍攝過程涵蓋不同角度與光線條件，並透過多樣化樣本的採集增強資料集的代表性。在資料標注與預處理階段，GAIPA 建議統一圖片尺寸與格式，並透過資料增強技術進一步豐富樣本的多樣性。此外，GAIPA 還建議合理劃分資料集為訓練集、驗證集和測試集。如果學生在過程中遇到疑問，GAIPA 可以透過其增強檢索與多模態功能，提供圖片等素材資源，進一步支持學生的理解與應用（見圖 13-4）。

作品評價與反思階段，GAIPA 會基於評分規準對作品進行評分。GAIPA 不僅參考存儲在記憶模組中的學習者互動紀錄，還結合其知識體系中的評分規準，對作品的各個面向進行深入分析。學生在接受 GAIPA 回饋後，透過反思總結，評估作品的不足之處，並在 GAIPA 的指導下進行優化和改進，以提升作品的整體品質。例如當 GAIPA 回饋模型性能不足時，還會提出優化建議：增加資料量以增強模型特徵捕捉能力；選擇更複雜或更適合任務需求的模型；調整超參數（如學習率、批量大小、層數等）以尋求最

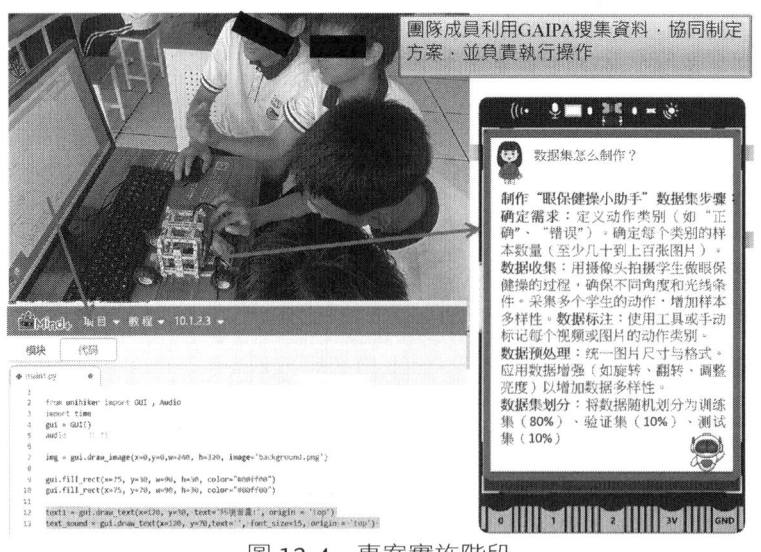

圖 13-4　專案實施階段

佳配置；在資料量有限時，考慮使用預訓練模型進行遷移學習。學生可以根據這一回饋進行反思並調整模型，以優化作品效果（見圖13-5）。

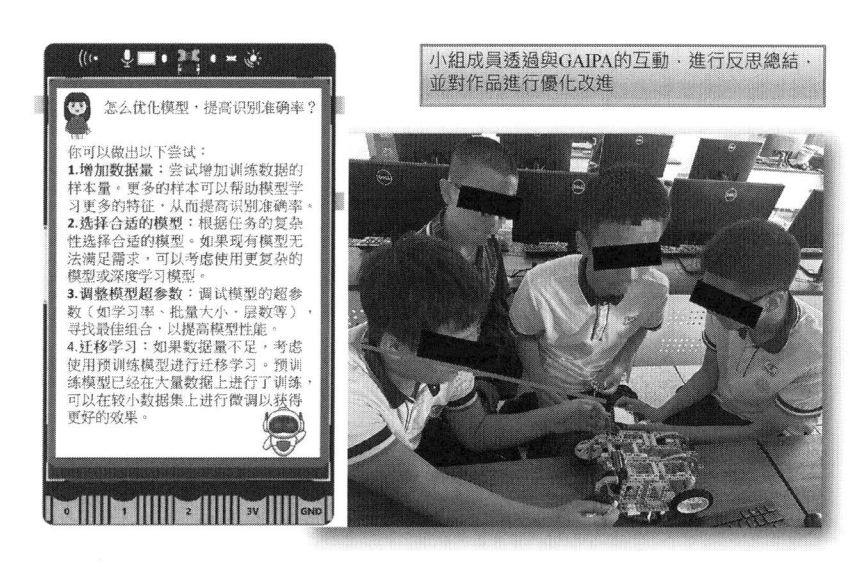

圖 13-5　評價與反思階段

肆、研究設計

一、研究對象

本研究招募來自中國東部地區的一所普通中學的47名七年級學生，平均12.2歲。本研究採用準實驗研究設計，一個班為實驗組，共有22名學生（17名男、5名女），採用GAIPA-STEAM方法；而另一個班為控制組，共有25名學生（17名男、8名女），採用C-STEAM方法。其中，有少數參與者具有人工智慧的學習經驗，但均未接受過專業的人工智慧教育培訓。「人工智慧專案設計與開發」課程由同一位擁有5年教學經驗的教師指導。該課程為期16週，每週進行一次40分鐘的課程。此外，研究開始前，所有參與者均已簽署知情同意書，和個人資訊也得到保密處理。

二、實驗流程

實驗流程如圖 13-6 所示。為了確保所有學生具備相同的人工智慧的知識和能力，前 4 週學生參加了相同的學習活動。第 5 週，實驗組和控制組的學生完成學習表現和問題解決傾向的前測。第 6–15 週，學生學習「人工智慧專案設計與開發」課程，實驗組採用 GAIPA-STEAM 方法，而控制組採用 C-STEAM 方法，並錄製學生的學習過程視頻。第 16 週，實驗組和控制組的學生完成學習表現和問題解決傾向的後測。在訪談部分，從實驗組和控制組中各隨機抽取 9 名學生進行訪談，每次訪談時間為 20 分鐘，旨在瞭解學生對 GAIPA-STEAM 方法和 C-STEAM 方法的看法。

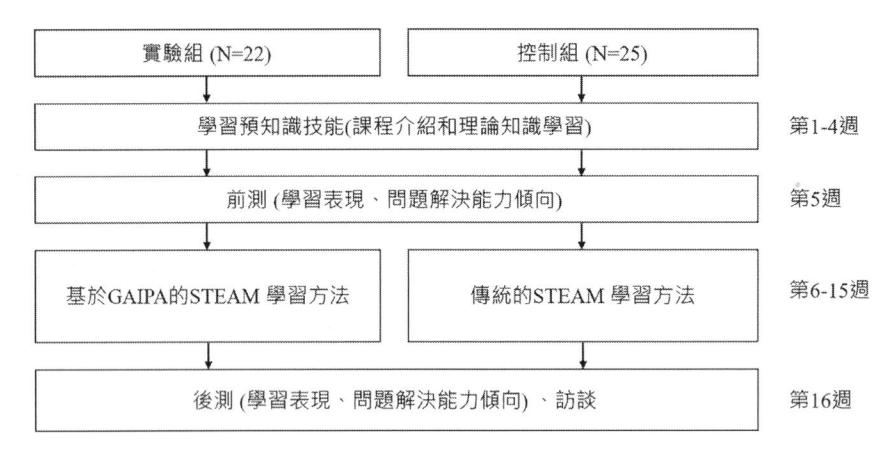

圖 13-6　實驗流程

三、實驗測量工具

本研究採用的測量工具包括人工智慧作品評分規準、問題解決傾向問卷，和半結構化訪談大綱，具體說明如下。

人工智慧作品評分規準是根據 Fang 等（2022）的評分規準修改而來的，如表 13-1 所示。該作品評分規準作為評價學生人工智慧作品成績的依據，共包含五個評分面向（功能性能、作品外觀、作品品質、作品創新、作品元素），每個面向的評分範圍為 1–4 分，滿分為 20 分。由兩位具有豐富教學經驗的教師進行評分，兩位評分者之間的一致性達到 0.90（Cohen,

1960）。

問題解決傾向問卷基於 Lai 與 Hwang（2014）開發的問卷進行修改。該問卷由 6 個問題組成，採用李克特（Likert）5 點量表（1 表示完全不同意，5 表示完全同意）。問卷的 Cronbach's α 值為 0.78，顯示出良好的內部一致性。

訪談大綱根據 Fang 等（2022）的訪談提綱進行改編，並根據研究的具體情況對部分問題進行了適當調整。具體的訪談問題如下：

（一）GAIPA-STEAM 方法／C-STEAM 方法與你以前經歷過的學習方法有何不同？

（二）總的來說，你認為 GAIPA-STEAM 方法／C-STEAM 方法的優勢是什麼？

（三）你認為你應用 GAIPA-STEAM 方法／C-STEAM 方法獲得的最大收穫是什麼？你認為你學到最多的是什麼？請舉出具體例子。

（四）你會推薦你的同學或朋友使用 GAIPA-STEAM 方法／C-STEAM 方法來學習嗎？

表 13-1　人工智慧作品評分規準

面向	4	3	2	1
功能性能	連續識別5張，全部識別正確	連續識別5張，能正確識別4張	連續識別5張，能正確識別3張	連續識別5張圖片，只能正確識別1或2張
作品外觀	圖案或裝飾有3處或3處以上	圖案或裝飾有2處	有1處裝飾或1個圖案	沒有裝飾
作品品質	沒有結構不牢	1處結構不牢	2處結構不牢	3處及以上結構不牢
作品創新	3處以上獨創性（專案構思新穎，異於老師教的專案，且能解決實際問題）	2處獨創性（專案構思想法新穎，異於老師教的專案）	1處獨創性（比如在老師的基礎上，資料集有所不同，如新增）	沒有獨創性（和老師教的專案一樣）
作品元素	添加了2個或2個以上新元素（攝像頭、感測器等）	添加了1個新元素（攝像頭、感測器等）	基本元素完成（行空板）	完成的元素很少

伍、研究結果

一、學習表現

本研究對學習表現數據進行了常態性檢驗,結果顯示前測和後測數據均不符合常態分布。因此,本研究採用了 Mann-Whitney U 檢定方法進行統計分析。如表 13-2 所示,Mann-Whitney U 檢定的結果顯示,實驗組和控制組在學習表現前測上不存在顯著差異($U = 245, Z = -.723, p = .477 > .05$)。如表 13-3 所示,Mann-Whitney U 檢定($U = 233, Z = -.991, p = .327 > .05$)的結果顯示,實驗組和控制組在學習表現後測不存在顯著差異

二、問題解決傾向

本研究驗證了問題解決傾向的共變異數分析的前提條件。實驗組資料和控制組資料滿足正態性和獨立性;Leven's 檢定的結果($F(1, 45) = 1.453, p = .234 > .05$)顯示實驗組和控制組符合方差同質性假設;組內同質性檢定的結果($F(1, 43) = 1.224, p = .275 > .05$)顯示實驗組和控制組符合組內迴歸係數同質性假設。如表 13-4 所示。實驗組的問題解決傾向平均分數為 4.350,調整後平均為 4.309,控制組的平均分數為 3.810,調整後平均為 3.814。排除前測分數的影響之後,實驗組顯著優於控制組($F(1, 44) = 12.563, p < .001, \eta^2 = .222$)。也就是說,關於問題解決傾向,實驗組顯著優於控制組。

表 13-2 學習表現前測之 Mann-Whitney U 檢定結果

面向	組別	N	Mean	SD	Md	U	p	r
學習表現	實驗組	22	17.6	2.36	16	245	.477	.109
	控制組	25	17.1	2.45	16			

表 13-3 學習表現後測之 Mann-Whitney U 檢定結果

面向	組別	N	Mean	SD	Md	U	p	r
學習表現	實驗組	22	17.6	2.36	16	233	.327	.153
	控制組	25	17.1	2.45	16			

表 13-4　問題解決傾向之 ANCOVA 分析結果

	組別	N	Mean	SD	Adjusted mean	SE	F	η²
問題解決傾向	實驗組	22	4.350	0.37	4.309	.095	12.563***	.222
	控制組	25	3.810	0.55	3.841	.089		

註：ANCOVA：共變數分析（Analysis of Covariance）。
***$p < .001$.

三、訪談結果

本研究參考 Chen Hsieh 與 Lee（2021）的框架對訪談內容進行了初始編碼。剔除不相關的回復後，共產生了 80 條回復（實驗組 55 條、控制組 25 條）。表 13-5 為訪談的編碼結果，包括主題、編碼專案和出現的次數。經過分析與比較，GAIPA-STEAM 方法在激發學生學習興趣方面表現出顯著效果，尤其在問題解決能力的培養上展現了明顯優勢。然而，儘管這些能力有所增強，課程的難度和適應性問題可能限制了其對學生學習表現的直接影響。

關於人工智慧課程的看法，實驗組和控制組的學生對 AI 產生了濃厚的興趣，認為它是有用且先進的。E06 表示：「我想要學習先進的，因為 AI 技術它是一個新型的領域，以使我未來有更好的發展」。C05 提到：「我之

表 13-5　訪談結果的主題、編碼項和出現次數

主題	編碼	提及的次數 實驗組	提及的次數 控制組
對AI課程的看法	產生興趣	7	8
	有點困難	3	4
	技術先進	4	2
	學習它很有用	5	2
高齡者人際關係與社會參與	及時回饋	7	0
	個性化指導	5	0
	提供學習材料	4	0
	拓展思維	4	2
	促進反思	5	2
高齡者人際關係與社會參與	可用性	7	5
	易用性	4	0

前沒有怎麼接觸過人工智慧，學習之後覺得它很有意思」。此外，E04 提到：「AI 很深奧，學起來很困難」。C01 表示：「我覺得這門課也不是那麼好學，還是有困難的」。這與 Sanusi 等（2023）的研究結果相一致，儘管學生對人工智慧感興趣，但是對學生而言，學好人工智慧仍具有挑戰性。

關於問題解決能力，實驗組更多地受益於 GAIPA。例如：

當老師不在我身邊的時候，它能及時的回答我的問題。（E01）

當遇到無法識別距離的問題時，我可以向它請教。它會為我講解相關原理，並提供一些前輩們編寫的代碼供我參考和理解。此外，它還能解釋我不懂的地方，幫助我更好地掌握知識。（E05）

它可以上網幫我們搜索資料並提供給我們，說明我們更好地製作作品。它還能發現代碼中的錯誤並加以指正。（E08）

這表明 GAIPA 的及時回饋和個性化指導功能能夠幫助學生更好的學習，提高他們的問題解決能力和學習效率。

它拓寬了我的思維，使我能夠想到一些平常無法想到的方向。（E06）

GAIPA 能夠幫助我們解決問題和應對困難，但並不能完全解決所有問題。例如有些時候它只能提供一些大致方向的回答，而無法給出根本性的解決方案。當我們對這些大致方向不太瞭解時，可能會感到困惑，並需要反復思考才能確定最終的解決方法。（E05）

這體現了使用 GAIPA 能夠開拓學生的思維，驅動他們深入思考。C08 表示：「透過上網查閱各種資料，我有了很多不同的思考方向，可以從多個角度去分析和判斷問題」。C02 提到：「上網查詢資料時，面對海量資訊，我經常感到困惑或難以找到最相關的資訊」。這表明上網查詢資料雖然能夠拓展學生的思維，但由於缺乏智慧化和個性化的學習輔助，反而無形中增加

了學生的認知負荷。

關於工具接受度，實驗組學生認為 GAIPA 的使用體驗良好，但在功能方面需要強化。例如 E02 指出：「當我不確定下一步該如何進行時，GAIPA 會幫助我，因此我能夠思考一些平時無法想到的方向」。然而，E06 表示：「我會直接向它進行提問。有時候，它無法針對我一些特定的問題進行詳細解答。儘管如此，它的回饋是及時的，並且會根據我的問題提供廣泛的回答，而不是特別精細的回答」。控制組學生在使用網路工具時，儘管可以獲取豐富的學習資源，但也面臨資訊超載和篩選困難的問題。C05 提到：「雖然上網查資料很有說明，但常常要花很多時間，特別是遇到複雜問題時，我得一個一個篩選和分析，才能找到有用的資訊」。

陸、討論與結論

關於研究問題一，本研究結果表明，實驗組和控制組在 STEAM 表現上沒有顯著差異。過去的研究指出，教學代理的效果取決於技術的成熟度和用戶的熟悉度（Heidig & Clarebout, 2011）。本研究依據準社會人際互動理論設計了 GAIPA 系統，GAIPA 有語音、姿勢和情緒等具身特徵。因此，學生覺得 GAIPA 就是導師，易用性好。由於 GAIPA 應用時間較短，學生尚未能夠熟練、靈活地運用這一工具。此外，學生也反映，GAIPA 的智慧性有限，並不總能有效幫助他們解決複雜問題。因此，GAIPA 的可用性存在一定不足，這也解釋了實驗組和控制組在學習表現方面並沒有顯著差異的原因。訪談結果顯示，實驗組和控制組的學生對學習人工智慧知識都表現出濃厚的興趣，這表明他們都有較強的學習動機驅動他們完成專案作品，這也可能是造成實驗組和控制組學習表現不顯著的原因。

關於研究問題二，本研究結果表明，相較於 C-STEAM 方法，採用 GAIPA-STEAM 方法更能強化學生的問題解決傾向。這與過去的研究結論是一致的（Chen & Chou, 2015）。GAIPA 的社會性設計與較強的具身功能，讓實驗組學生將其視作一個智慧導師，更加願意使用 GAIPA 來幫助他們設計和製作人工智慧作品。將問題解決和學習指導整合到教學代理的角色中，已被證明是一種有效且可行的增強學生學習效果的方法（Chen & Chou,

2015）。GAIPA作為一個智慧導師，透過多模態互動方式，包括語音、文本、姿勢和情感等方式，展示或類比問題解決步驟，提供了必要的學習支持，從而增強了學生的問題解決傾向。訪談資料表明，GAIPA能夠增強實驗組學生在製作人工智慧作品的自信心，提高了他們的學習效率，從而提升其問題解決傾向。

關於研究問題三，本研究透過訪談分別分析學生在「人工智慧專案設計與開發」課程中的學習經驗和感受。實驗組學生普遍對課程持積極態度，認為技術先進性和個性化指導提升了他們的學習興趣和參與度，並增強了團隊合作的信心。儘管問題解決能力有所提升，但這種能力的增強未直接體現在學習表現上，未見顯著差異。學生普遍認為工具好用、內容重要，但課程難度較高，這可能是導致學習表現差異不顯著的原因。控制組學生也對課程持積極態度，但他們的提升主要集中在傳統教學的技術支援和教師指導上。與實驗組相比，控制組在團隊合作和問題解決中的表現相對有限。

此研究仍存在一些局限及挑戰。第一，本研究的參與者主要來自中國東部的一所國中，且參與者數量較少。因此，建議未來研究可以考量在參與者數量上增加和擴展樣本的地域範圍，從而豐富研究結果的多樣性。第二，本研究聚焦在STEAM學科，學習內容涉及與人工智慧相關的理論和實踐知識，因此其研究結論未必能夠推廣到其他學科。為此，建議未來的研究可以向其他學科進行擴展，例如物理和數學，以探討GAIPA-STEAM方法的普遍適用性。第三，雖然本研究中使用的GAIPA應用程式是由研究團隊開發的，但其使用者介面和操作體驗仍有待改進。因此，建議未來的研究與科技公司合作，共同開發更加友好的系統，以鼓勵更多學生參與使用。第四，本研究發現，學生在使用GAIPA時容易分散注意力，從而導致一些與課堂無關的行為。因此，建議未來的研究關注影響學生注意力的因素，深入分析其機制，並探索有效的解決方案，以優化學習體驗。

參考文獻

Ait Baha, T., El Hajji, M., Es-Saady, Y., & Fadili, H. (2023). The impact of educational chatbot on student learning experience. *Education and Information Technologies, 29*(8), 10153-10176. https://doi.org/10.1007/s10639-023-12166-w

Beege, M., Schneider, S., Nebel, S., & Rey, G. D. (2020). Does the effect of enthusiasm in a pedagogical Agent's voice depend on mental load in the Learner's working memory? *Computers in Human Behavior, 112*, Article 106483. https://doi.org/10.1016/j.chb.2020.106483

Chen Hsieh, J., & Lee, J. S. (2021). Digital storytelling outcomes, emotions, grit, and perceptions among EFL middle school learners: Robot-assisted versus PowerPoint-assisted presentations. *Computer Assisted Language Learning, 36*(5-6), 1088-1115. https://doi.org/10.1080/09588221.2021.1969410

Chen, C. H., & Chou, M. H. (2015). Enhancing middle school students' scientific learning and motivation through agent-based learning. *Journal of Computer Assisted Learning, 31*(5), 481-492. https://doi.org/10.1111/jcal.12094

Chen, C. S., & Lin, J. W. (2019). A practical action research study of the impact of maker-centered STEM-PjBL on a rural middle school in Taiwan. *International Journal of Science and Mathematics Education, 17*(1), 85-108. https://doi.org/10.1007/s10763-019-09961-8

Chin, K. Y., Hong, Z. W., & Chen, Y. L. (2014). Impact of using an educational robot-based learning system on students' motivation in elementary education. *IEEE Transactions on Learning Technologies, 7*(4), 333-345. https://doi.org/10.1109/tlt.2014.2346756

Cohen, J. (1960). A coefficient of agreement for nominal scales. *Educational and Psychological Measurement, 20*(1), 37-46. https://doi.org/10.1177/001316446002000104

Fang, J. W., He, L. Y., Hwang, G. J., Zhu, X. W., Bian, C. N., & Fu, Q. K. (2022). A concept mapping-based self-regulated learning approach to promoting students' learning achievement and self-regulation in STEM activities. *Interactive Learning Environments, 31*(10), 7159-7181. https://doi.org/10.1080/10494820.2022.2061013

Ferro, L. S., Sapio, F., Mecella, M., Temperini, M., & Terracina, A. (2021). Intelligent pedagogic agents (IPAs) in GEA2, an educational game to teach STEM topics. In Z. Kubincová, L. Lancia, E. Popescu, M. Nakayama, V. Scarano, & A. Gil (Eds.), *Methodologies and Intelligent Systems for Technology Enhanced Learning, 10th International Conference. Workshops* (Vol. 2, pp. 226-

236). Springer. https://doi.org/10.1007/978-3-030-52287-2_23

Grivokostopoulou, F., Kovas, K., & Perikos, I. (2020). The effectiveness of embodied pedagogical agents and their impact on students learning in virtual worlds. *Applied Sciences*, *10*(5), Article 1739. https://doi.org/10.3390/app10051739

Heidig, S., & Clarebout, G. (2011). Do pedagogical agents make a difference to student motivation and learning? *Educational Research Review*, *6*(1), 27-54. https://doi.org/10.1016/j.edurev.2010.07.004

Horton, D., & Wohl, R. R. (1956). Mass communication and para-social interaction: Observations on intimacy at a distance. *Psychiatry*, *19*(3), 215-229. https://doi.org/10.1080/00332747.1956.11023049

Hostetter, J. W., Conati, C., Yang, X., Abdelshiheed, M., Barnes, T., & Chi, M. (2023). XAI to increase the effectiveness of an intelligent pedagogical agent. In *Proceedings of the 23rd ACM International Conference on Intelligent Virtual Agents* (Article 28). Association for Computing Machinery. https://doi.org/10.1145/3570945.3607301

Huang, Q., Park, J. S., Gupta, A., Bennett, P., Gong, R., Som, S., Peng, B., Mohammed, O. K., Pal, C., Choi, Y., & Gao, J. (2023, June 18–22). *Ark: Augmented reality with knowledge interactive emergent ability* [Conference presentation]. IEEE/CVF Conference on Computer Vision and Pattern Recognition 2023, Vancouver, Canada.

Hwang, G. J., Li, K. C., & Lai, C. L. (2020). Trends and strategies for conducting effective STEM research and applications: A mobile and ubiquitous learning perspective. *International Journal of Mobile Learning and Organisation*, *14*(2), 161-183. https://doi.org/10.1504/IJMLO.2020.106166

Ingkavara, T., Panjaburee, P., Srisawasdi, N., & Sajjapanroj, S. (2022). The use of a personalized learning approach to implementing self-regulated online learning. *Computers and Education: Artificial Intelligence*, *3*, Article 100086. https://doi.org/10.1016/j.caeai.2022.100086

Jin, S. A. A., & Park, N. (2009). Parasocial interaction with my avatar: Effects of interdependent self-construal and the mediating role of self-presence in an avatar-based console game, Wii. *Cyberpsychology and Behavior*, *12*(6), 723-727. https://doi.org/10.1089/cpb.2008.0289

Kim, Y., & Baylor, A. L. (2016). Research-based design of pedagogical agent roles: A review, progress, and recommendations. *International Journal of Artificial Intelligence in Education*, *26*(1), 160-169. https://doi.org/10.1007/s40593-015-0055-y

Kizilkaya, G., & Askar, P. (2008). The effect of an embedded pedagogical agent on the students' science achievement. *Interactive Technology and Smart Education*, *5*(4), 208-216. https://doi.org/10.1108/17415650810930893

Kuo, H. C., Tseng, Y. C., & Yang, Y. T. C. (2019). Promoting college student's learning motivation and creativity through a STEM interdisciplinary PBL human-computer interaction system design and development course. *Thinking Skills and Creativity*, *31*, 1-10. https://doi.org/10.1016/j.tsc.2018.09.001

Lai, C. L., & Hwang, G. J. (2014). Effects of mobile learning time on students' conception of collaboration, communication, complex problem-solving, meta-cognitive awareness and creativity. *International Journal of Mobile Learning and Organisation*, *8*(3), 276-291. https://doi.org/10.1504/ijmlo.2014.067029

Leavy, A., Dick, L., Meletiou-Mavrotheris, M., Paparistodemou, E., & Stylianou, E. (2023). The prevalence and use of emerging technologies in STEAM education: A systematic review of the literature. *Journal of Computer Assisted Learning*, *39*(4), 1061-1082. https://doi.org/10.1111/jcal.12806

Lesseig, K., Nelson, T. H., Slavit, D., & Seidel, R. A. (2016). Supporting middle school teachers' implementation of STEM design challenges. *School Science and Mathematics*, *116*(4), 177-188. https://doi.org/10.1111/ssm.12172

Li, K. C., & Wong, B. T. (2022). Personalisation in STE(A)M education: A review of literature from 2011 to 2020. *Journal of Computing in Higher Education*, *35*(1), 186-201. https://doi.org/10.1007/s12528-022-09341-2

Lin, L., Ginns, P., Wang, T., & Zhang, P. (2020). Using a pedagogical agent to deliver conversational style instruction: What benefits can you obtain? *Computers & Education*, *143*, Article 103658. https://doi.org/10.1016/j.compedu.2019.103658

Liu, X. (2019). A big data approach to examining social bots on Twitter. *Journal of Services Marketing*, *33*(4), 369-379. https://doi.org/10.1108/JSM-02-2018-0049

Luengo-Aravena, D., Cabello, P., & Bachino, B. R. M. (2024). Online collaborative problem-solving as a tangible outcome of digital skills in technical and vocational higher education. *Computers & Education*, *218*, Article 105079. https://doi.org/10.1016/j.compedu.2024.105079

Mohammadhasani, N., Fardanesh, H., Hatami, J., Mozayani, N., & Fabio, R. A. (2018). The pedagogical agent enhances mathematics learning in ADHD students. *Education and Information Technologies*, *23*(6), 2299-2308. https://doi.org/10.1007/s10639-018-9710-x

Monkeviciene, O., Autukeviciene, B., Kaminskiene, L., & Monkevicius, J. (2020). Impact of innovative STEAM education practices on teacher professional development and 3–6 year old children's competence development. *Journal of Social Studies Education Research*, *11*(4), 1-27.

Nuraini, N., Asri, I. H., & Fajri, N. (2023). Development of project based learning with STEAM approach model integrated science literacy in improving student learning outcomes. *Journal Penelitian Pendidikan IPA*, *9*(4), 1632-1640. https://doi.org/10.29303/jppipa.v9i4.2987

Ramey, K. E., & Stevens, R. (2023). Dilemmas experienced by teachers in adapting to the role of facilitator in the STEAM classroom. *Teaching and Teacher Education*, *133*, Article 104271. https://doi.org/10.1016/j.tate.2023.104271

Sanusi, I. T., Oyelere, S. S., Vartiainen, H., Suhonen, J., & Tukiainen, M. (2023). A systematic review of teaching and learning machine learning in K-12 education. *Education and Information Technologies*, *28*(5), 5967-5997. https://doi.org/10.1007/s10639-022-11416-7

Sarigul, B., Schneider, F. M., & Utz, S. (2024). Believe it or not? Investigating the credibility of voice assistants in the context of social roles and relationship types. *International Journal of Human–Computer Interaction*, 1-13. https://doi.org/10.1080/10447318.2024.2375797

Schroeder, N. L., & Gotch, C. M. (2015). Persisting issues in pedagogical agent research. *Journal of Educational Computing Research*, *53*(2), 183-204. https://doi.org/10.1177/0735633115597625

Sharma, M. A. P., & Sharma, D. (2017). Feedback for effective learning: Stumbling blocks/learning barriers in communication between learning and teaching. *American Journal of Humanities and Social Sciences*, *5*(1), 1-10. https://doi.org/10.11634/232907811705843

Wahono, B., Lin, P. L., & Chang, C. Y. (2020). Evidence of STEM enactment effectiveness in Asian student learning outcomes. *International Journal of STEM Education*, *7*(1), Article 36. https://doi.org/10.1186/s40594-020-00236-1

Wanner, T., & Palmer, E. (2015). Personalising learning: Exploring student and teacher perceptions about flexible learning and assessment in a flipped university course. *Computers & Education*, *88*, 354-369. https://doi.org/10.1016/j.compedu.2015.07.008

Weaver, M. R. (2006). Do students value feedback? Student perceptions of tutors' written responses. *Assessment & Evaluation in Higher Education*, *31*(3), 379-394. https://doi.org/10.1080/02602930500353061

Xi, Z., Chen, W., Guo, X., He, W., Ding, Y., Hong, B., Zhang, M., Wang, J., Jin, S., Zhou, E., Zheng, R., Fan, X., Wang, X., Xiong, L., Zhou, Y., Wang, W., Jiang, C., Zou, Y., Liu, X., … Gui, T. (2023). *The rise and potential of large language model based agents: A survey.* arXiv. https://doi.org/10.48550/arXiv.2309.07864

Yunus, M. (2023). STEAM in education: Teacher responses and the implementation in English language teaching. *Visi Sosial Humaniora, 4*(1), 29-38. https://doi.org/10.51622/vsh.v4i1.190

第十四章
整合生成式對話代理的協同論證：不同代理定制策略的作用效果
Incorporating Generative Conversational Agents Into Collaborative Argumentation: Effects of Different Agent Customization Strategies

马志强[1]　崔鑫[2]
[1] 江南大學人文學院／教育學院 教授
[2] 江南大學設計學院 博士研究生

摘要

　　協同論證旨在讓小組學生透過表達、批判、反駁與整合論點，實現集體知識的共同建構，並發展學生高階思維能力。但在實際協同論證活動中，學生往往面臨難以提出多元論點、收集證據和合理反駁他人等挑戰。將生成式對話代理整合到協同論證中，被證明能夠拓寬學生論證視角，刺激新想法的產生。然而，目前在應用生成式對話代理於提升協同論證品質方面還缺乏實證研究。本章展示了一個整合生成式對話代理於協同論證活動的研究設計，旨在比較三種代理在不同情境定制（即客製化）策略下對學生論證地圖品質與論證話語模式的影響，這些策略包括修辭性論證定制策略（Rhetorical Argumentation Customization Strategy, RACS）、辯證性論證定制策略（Dialectical Argumentation Customization Strategy, DACS）與混合定制策略。研究發現，在論證地圖品質方面，DACS 定制後的生成式對話代理能說明學生在論證時篩選高品質證據，建立從證據推理到主張的邏輯與技巧。在論證話語模式方面，DACS 定制後的生成式對話代理能說明學生在對話時

運用證據形成高品質主張；混合策略定制後的生成式對話代理能說明學生在對話時運用證據反駁成員的論點。但不同代理定制策略條件下小組對話的社會性交互特徵差異並不顯著。

關鍵字： 協同論證、生成式對話代理、ChatGPT、代理定制、有序網路分析

Abstract

Collaborative argumentation allows groups to express, criticize, and integrate their arguments to achieve the co-construction of collective knowledge. However, students often face challenges when proposing diversified arguments, gathering evidence, and rebutting others reasonably in the actual collaborative argumentation. Incorporating Generative Conversational Agents (GCA) into collaborative argumentation has been demonstrated to effectively broaden the perspective of the argument and to stimulate the generation of new ideas. However, there is limited empirical research on how to integrate GCAs into collaborative argumentation. This chapter presents a research design integrating GCA into collaborative argumentation activities, with the aim of comparing the effects of three kinds of GCA under different customized strategies on quality of argumentation mappings and argumentation discourse patterns. These strategies included the Rhetorical Argumentation Customization Strategy (RACS), the Dialectical Argumentation Customization Strategy (DACS), and a mixed-strategy. It was found that: (1) Regarding the quality of argumentation mappings, DACS could help students select high-quality evidence and learn the logical skills from evidence reasoning to making claims; (2) Regarding argumentation discourse patterns, in the characteristics of the structural dimension, DACS could help students use evidence to support higher-order claims during argumentation. The mixed-strategy could help students use evidence to rebut others' arguments in group discourses. However, in the characteristics of the social dimension, no significant differences were detected among the four groups.

Keywords: collaborative argumentation, Generative Conversational Agents (GCA), ChatGPT, agent customization, Ordered Network Analysis (ONA)

壹、前言

在當前社會問題複雜多元、科技與知識不斷更新的背景下，協同論證已被廣泛應用於教育中，以培養學生的協作溝通和批判性思維等高階能力（Noroozi et al., 2012）。協同論證是一組學生表達各自立場，運用證據支持主張，批判、反駁與整合成員的觀點，建立對爭議性問題的共同理解，以實現集體知識的共同建構，並透過論證地圖或論證性文章來呈現論證結果（Noroozi et al., 2012）。研究者們不斷探索改善協同論證過程與結果的方法，如論證活動、策略與技術平臺的設計與應用，然而學生在協同論證時仍面臨結構性認知深度不足與社會性交互不充分兩方面挑戰（Linn & Eylon, 2011; Ma et al., 2024; Zheng et al., 2023）。例如提出主張時缺乏高品質證據與推理，難以合理反駁與整合成員的論點（Noroozi et al., 2012）。有研究指出，解決這些問題的方法之一是將對話代理整合到小組協同論證中（Guo et al., 2023）。對話代理是一類運用自然語言與人類使用者進行交互的科技統稱，例如基於文本的聊天機器人和基於語音的虛擬助手（McTear et al., 2016）。

在協同論證領域，對話代理常常扮演論證同伴的角色，學生透過與其交流實現論點生成、證據收集與有效交互（Guo et al., 2023; Tegos et al., 2016）。然而，傳統對話代理雖然能滿足一定的論證需求，但受限於資料庫與演算法，人機交流難以實現自然與個性化（Guo et al., 2023）。近年來，以 ChatGPT 為代表的生成式對話代理（Generative Conversational Agents, GCA）的出現，改善了傳統對話代理的不足，海量訓練資料與深度學習模型使 ChatGPT 可以更理解用戶提問，並提供擬人、多元且個性化的回應（Chan & Hu, 2023）。以往研究證明了 GCA 能有效協助個人論證與課堂辯論（Lee et al., 2024），但這些研究中 GCA 的作用僅限於生成論點和搜索證據的工具，沒有為協作論證提供個性化的環境（即對情境定制或客製化），以改善協作論證過程中的結構性認知和社會性互動。

基於此，本研究提出整合 GCA 的協同論證框架，並設計三種代理定制策略：修辭性論證定制策略（Rhetorical Argumentation Customization Strategy, RACS）、辯證性論證定制策略（Dialectical Argumentation

Customization Strategy, DACS）、結合 RACS 與 DACS 的混合策略，比較不同代理定制策略下論證活動對學生論證過程與結果的影響。此外，本研究將協同論證的結構性與社會性特徵作為主要維度，運用有序網路分析（Ordered Network Analysis, ONA）解釋學生在不同論證活動中的論證話語模式。具體研究問題如下：

一、不同代理定制策略（即無定制策略、RACS、DACS 和混合策略）的協同論證活動中，學生論證地圖品質有何差異？

二、不同代理定制策略（即無定制策略、RACS、DACS 和混合策略）的協同論證活動中，學生論證話語模式有何差異？

貳、文獻回顧

在協同論證中，學生透過積極的社會性對話將知識轉化為複雜論證結構，因此，協同論證具備結構與社會兩大屬性（Darmawansah et al., 2022）。結構屬性指學生將對爭議性問題的理解轉化為有組織的認知結構，包括主張、資料、推理、反駁等要素，並形成論證地圖或論證性文章。社會屬性體現在成員透過批判和協調不同觀點，不斷適應與重組對問題的理解。在對兩種屬性的評價上，分析論證結果（如論證地圖）的品質僅能夠揭示結構特徵，而分析論證話語模式可以同時揭示兩種特徵。在評價方法上，研究者突破以往研究對論證話語中論證要素數量與時間分布的簡單統計，用認知網路分析法將論證對話中的調節行為共現關係視覺化，卻未能有效捕捉其時序特徵（Zheng et al., 2023）。有研究引入 ONA 的方法來同時捕捉協作過程中要素間時序關係和共現關係的方法，透過有向網路形式視覺化小組話語模式，準確表示不同特徵之間的關聯強度和方向（Tan et al., 2022）。

將對話代理整合到小組協同論證中，能改善學生在協同論證中結構與社會方面的不足。在結構性維度，對話代理能說明學生提出更多元主張，說明收集和組織支援主張的證據（Noroozi et al., 2012）。在社會性維度，對話代理能引導學生關注和整合小組成員的貢獻，促進共識達成（Tegos et al., 2016）。但由於資料庫、演算法及自然語言處理科技的限制，傳統對話代理難以回應超出資料庫範圍之外的需求。而基於大規模開放語料庫與深

度學習演算法的 GCA 能以擬人對話生成與回應多個領域的內容，並基於上下文進行多輪次交流（Chan & Hu, 2023）。研究發現，GCA 能夠在一對一論證中激發學生產生新觀點（Lee et al., 2024）。但其在協同論證情境中的研究仍然有限，而這是人機協同共建知識領域的重要研究方向（Cress & Kimmerle, 2023）。

GCA 在教育中的應用具有巨大潛力，其重要領域之一是 GCA 定制。定制是指讓 GCA 在特定情境中滿足用戶的特定需求（Latif & Zhai, 2024）。在論證領域，一些研究者將 ChatGPT 定制為導師，設計提示詞引導 ChatGPT 對學生的論證文本品質進行回饋（Wang et al., 2024）。然而，關於如何定制代理以整合到協同論證中的研究非常有限，這可能導致學生與 GCA 的互動較為表層，難以令人滿意。依據社會代理理論，人與代理的關係可以被視為社會關係，這種關係適用於人與人之間的交流慣例（Dai et al., 2022）。因此，將 GCA 整合到特定協同論證中時，可以參考引導人與人之間論證的方法來定制代理（Lee et al., 2024）。在協同論證領域存在兩種經典論證方法，即修辭性論證和辯證性論證（Zheng et al., 2023）。修辭性論證方法以圖爾敏模型（Toulmin Model）為代表，注重完整的論證結構與語言表達技巧，旨在說服聽眾（Toulmin, 1958）。辯證性論證方法以沃爾頓模型為代表，注重透過互動與質疑來理性評估不同觀點，旨在達成共識（Walton et al., 2016）。已有研究設計了基於這些論證方法的腳本來指導線上論證過程（Tsai & Tsai, 2013），但如何將修辭性和辯證性論證方法應用於 GCA 的定制策略，以及這些定制策略對協同論證結果和過程的影響，還未得到充分研究。

參、整合生成式對話代理的協同論證框架

一、活動過程

基於生成式人工智慧（Generative Artificial Intelligence，簡稱生成式 AI）支持學習框架（Tseng & Warschauer, 2023）和知識整合框架（Linn & Eylon, 2011），本研究設計了整合 GCA 的協同論證框架。生成式 AI 支援學習框架涵蓋五個層次：理解生成式 AI 的能力和限制、操作生成式 AI 工具、

第十四章　整合生成式對話代理的協同論證：不同代理定制策略的作用效果　311

透過提示詞與生成式 AI 工具互動、驗證回應的準確性，以及將資訊融入任務（Tseng & Warschauer, 2023）。此外，知識整合框架包括觀點生成、添加、分辨與反思四個階段（Linn & Eylon, 2011）。圖 14-1 為整合 GCA 的協同論證活動流程。

理解與接入：在活動啟動前，教師向學生介紹 GCA 的功能和局限性，並培訓學生使用 ChatGPT 3.5（見圖 14-2）。

生成與添加：教師闡述學科中的關鍵問題及爭議，提出論證主題。學生運用線上溝通工具企業微信，透過文字協同論證。成員首先透過獨立思考明確各自立場和論點，並將其表達在企業微信群聊中。再與 GCA 對話，引入更多思考角度（見圖 14-3）。

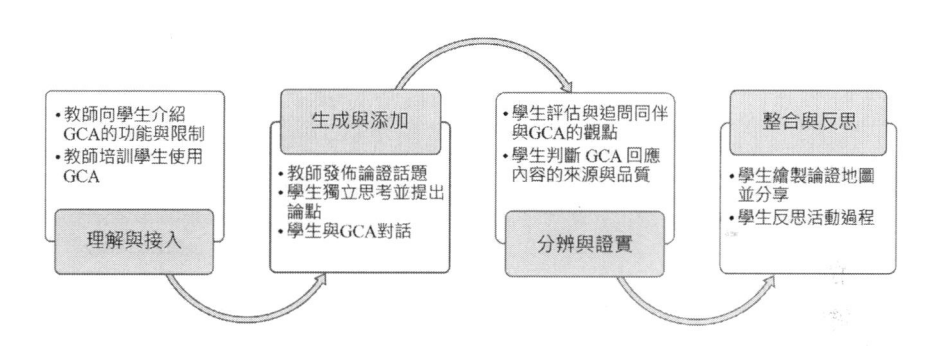

圖 14-1　整合 GCA 的協同論證活動流程

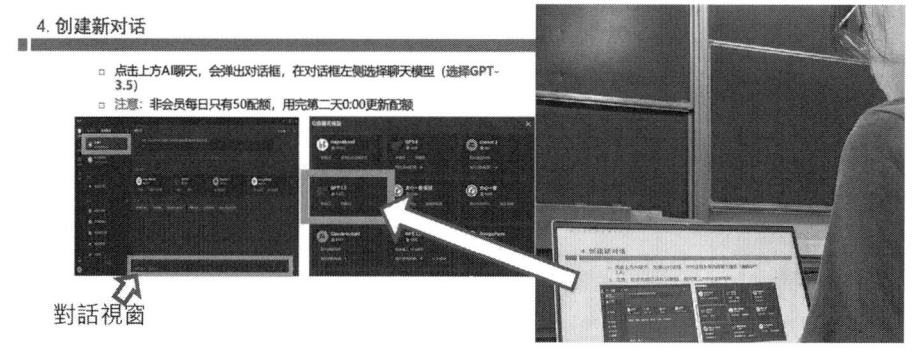

圖 14-2　理解與接入階段

分辨與證實：小組成員結合自身知識經驗或外部資料，評估、追問和解釋同伴和 GCA 的觀點，並謹慎判斷 GCA 回應的來源與品質，橫向比較多個資料來源以驗證內容的準確性（見圖 14-4）。

整合與反思：成員使用線上協作白板工具簡化表示圖爾敏論證結構，以論證地圖的形式將其視覺化。下次上課時，各組現場展示論證地圖。結束後各成員反思活動過程，進一步理解 GCA 在支持協同論證方面的優勢與缺陷（見圖 14-5）。

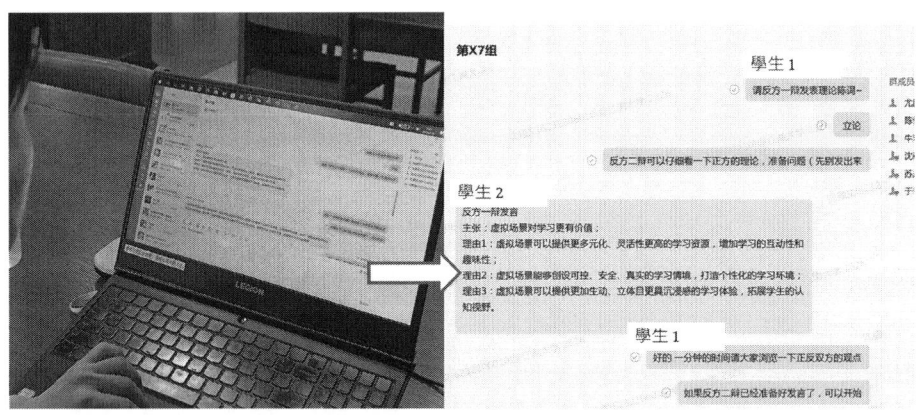

圖 14-3　生成與添加階段

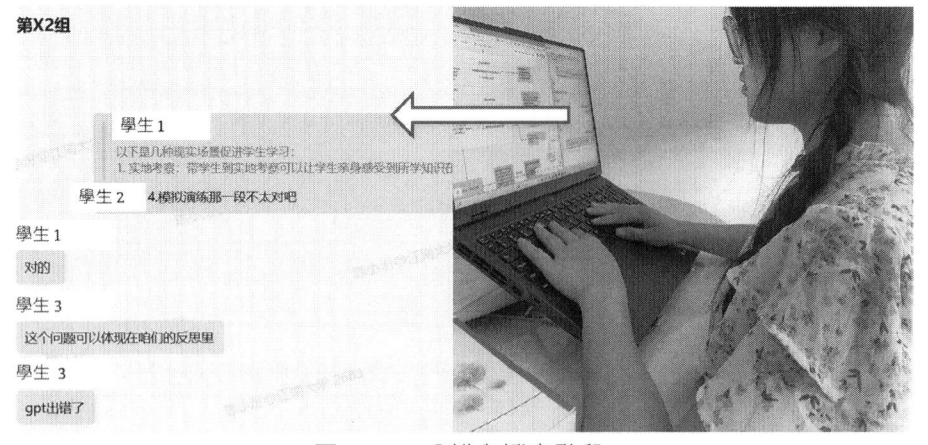

圖 14-4　分辨與證實階段

第十四章　整合生成式對話代理的協同論證：不同代理定制策略的作用效果　　313

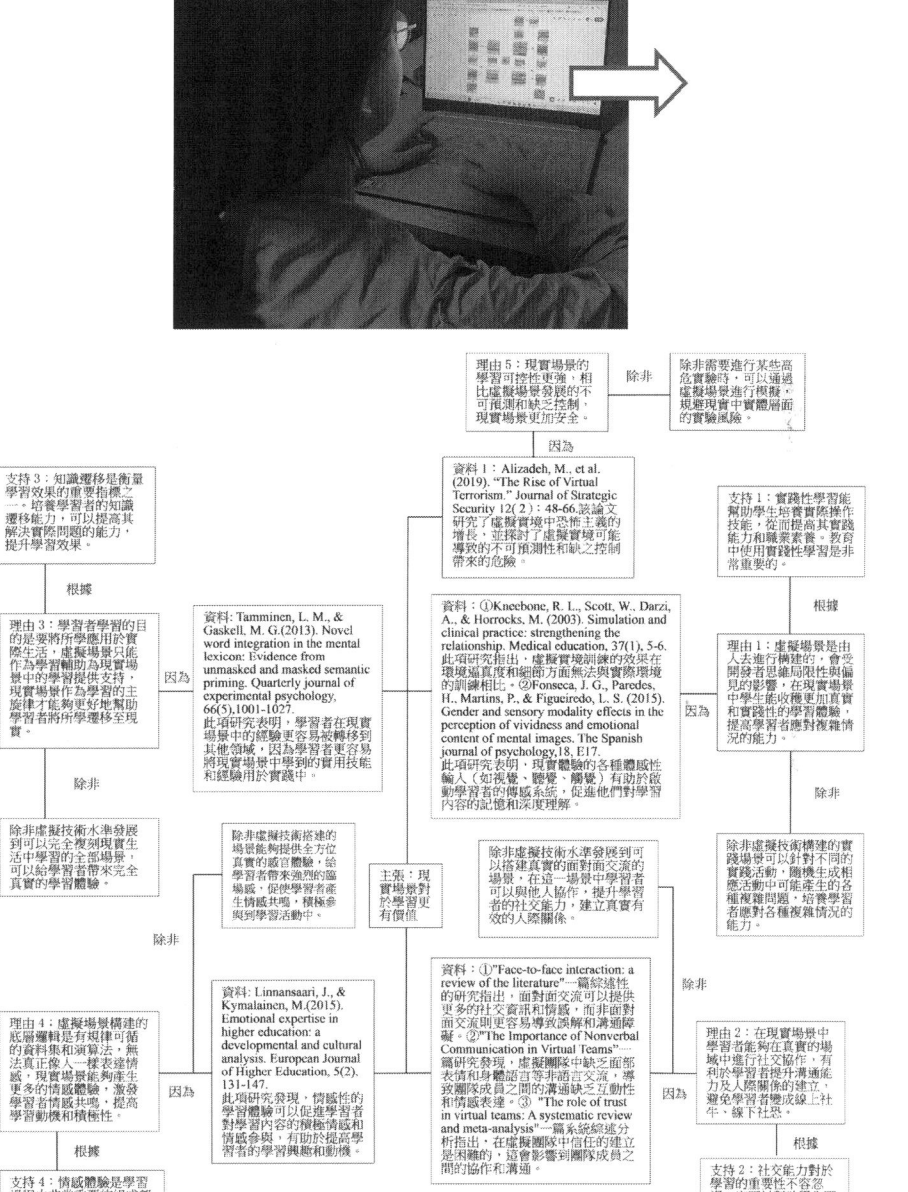

圖 14-5　整合與反思階段

二、代理定制策略設計

圖 14-6 為三種代理定制策略下學生與 ChatGPT 3.5 的對話內容。本研究以整合 GCA 的協同論證框架為基礎，設計了三種代理定制策略：RACS、DACS、結合 RACS 與 DACS 的混合策略。RACS 指把 GCA 的功能定制為在論證時運用完整的邏輯結構與表達技巧說服學生，設計依據為修辭性論證、社會建構主義理論及提示工程框架。在修辭性論證視角下，論證主體的社會身分（如職業與文化背景）會影響其論證話語的風格與表達，從而影響聽眾的理解和接受程度（Matsuda, 2015）。社會建構主義認為，面對同一議題，與具有不同背景的利益相關者交流，可以構建全面與多元的論證，促進知識共用和創新（Hardy et al., 2005）。在提示工程框架中，角色扮演是核心組

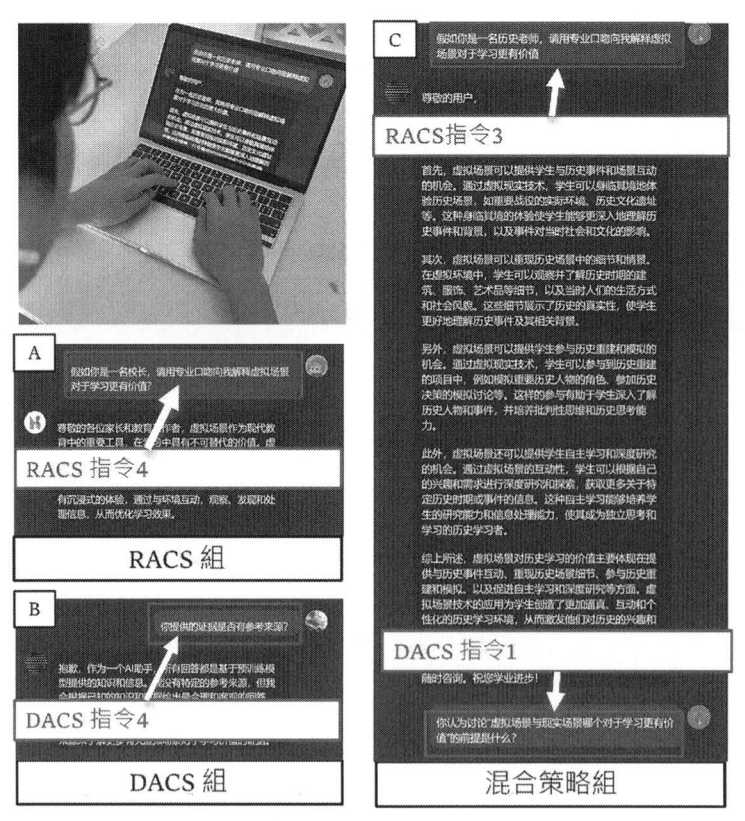

圖 14-6　三種代理定制策略下學生與 ChatGPT 3.5 的對話。
(A) RACS 組；(B) DACS 組；(C) 混合策略組

成部分。ChatGPT可以類比不同的對話角色，其回應具有完整連貫的邏輯，並且與該特定角色對問題的典型反應保持一致（Hwang & Chen, 2023）。針對論證話題：「虛擬場景與現實場景哪個更有利於學習？」（見圖14-6(A)）。本研究考慮了六類利益相關者，指令集詳細內容見表14-1。

DACS是指把GCA的功能定制為分析爭議性話題的兩面性，提出與學生立場相反的論點，並回應學生的質疑。設計依據基於批判性問題模型（Nussbaum & Edwards, 2011），包含支持有效論證的關鍵問題，能夠幫

表14-1　RACS指令集

序號	指令
1	假如你是一名學生，請用專業口吻向我解釋**虛擬場景更有利於學習**（粗體文字可以替換你的觀點，如：現實場景更有利於學習，或者其他你能想到的觀點）。
2	假如你是一名體育老師，請用專業口吻向我解釋……
3	假如你是一名歷史老師，請用專業口吻向我解釋……
4	假如你是一名校長，請用專業口吻向我解釋……
5	假如你是一名虛擬實境技術開發者，請用專業口吻向我解釋……
6	假如你是一名環境保護組織的工作人員，請用專業口吻向我解釋……
7	假如你是一名學習科學領域的研究者，請用專業口吻向我解釋……
8	假如你是一名虛擬實境領域的專業學者，請用專業口吻向我解釋……
9	假如你是一名（其他你能想到的想要AI扮演的角色），請用專業口吻向我解釋……

表14-2　DACS指令集

序號	指令
1	你認為討論「虛擬場景與現實場景哪個對於學習更有價值」的前提是什麼？
2	是什麼造成了「虛擬場景與現實場景哪個對於學習更有價值」這樣的爭論？
3	我認為**虛擬場景更有利於學習**（粗體文字可以替換你的觀點）有哪些證據可以支援這一觀點？
4	你提供的證據是否有參考來源？
5	請用具體例子來解釋你的證據如何支持你的觀點。
6	從以上證據到論點的推論過程是否正確？
7	該論點是否與公認的科學原理有關？
8	我認為**虛擬場景更有利於學習**（粗體文字可以替換你的觀點），請反駁我的觀點。
9	我認為**虛擬場景更有利於學習**（粗體文字可以替換你的觀點），請解釋這一觀點成立的限制條件是什麼？

助其從不同角度批判他人的論點（見表 14-2）。例如論點是否有證據支持、證據是否可靠、推理是否連貫等，從而使學生能深入分析 GCA 論證的強度和說服力，進而決定是否接受 GCA 的論證內容（見圖 14-6(B)）。

有研究建議，論證時應同時使用修辭性與辯證性論證方法（Malogianni et al., 2021）。因此在綜合策略的實現上，將 RACS 指令集與 DACS 指令集一起依次輸入至 GCA 聊天視窗中，以實現代理定制（見圖 14-6(C)）。

肆、實驗設計

一、研究參與者

本研究招募 121 名來自中國某大學教育學專業的一年級研究生。學生被隨機分成 4–5 人的小組，參與不同代理定制策略下的協同論證活動。其中，控制組 33 名，RACS 組 33 名，DACS 組 27 名，混合策略組 28 名。所有學生由同一名經驗豐富的教師授課。

二、實驗流程

圖 14-7 為本研究的八週實驗流程，採用准實驗設計。實驗分為三個階段。實驗前，所有學生參加課程培訓，學習 GCA 整合的協同論證流程和線上協作白板工具的操作。在實驗階段，四組學生接受不同干預：實驗組一使用 RACS 定制代理，實驗組二使用 DACS 定制代理，實驗組三結合 RACS 和 DACS 定制代理，控制組不對 GCA 進行定制，學生自由與代理對話。每輪活動持續約 7 小時，共進行三輪，討論話題包括：

（一）AI 繪畫是否屬於藝術？
（二）虛擬場景與現實場景哪個更有利於學習？
（三）在中小學使用個性化學習推薦系統的利弊。

實驗結束後，從各組隨機選取 1 名學生，共 27 名學生參與訪談，以瞭解其學習體驗和收穫。

三、研究工具

第十四章　整合生成式對話代理的協同論證：不同代理定制策略的作用效果　317

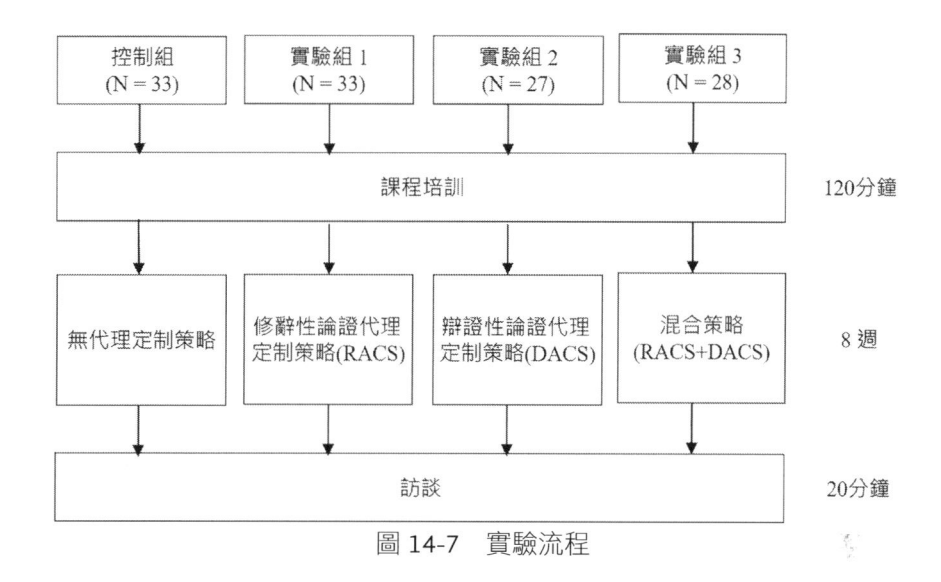

圖 14-7　實驗流程

　　為回答研究問題一，本研究使用論證地圖評分規準量化四個條件組的論證地圖品質，並採用單因子變異數分析（One-Way Analysis of variance, One-Way ANOVA）比較四組論證地圖品質的差異。論證地圖評分規準改編自 Cho 與 Jonassen（2002）的論證品質評分規準，以評估論證地圖中主張、資料、理由、支援和反駁五種論證要素的複雜度。每種論證要素的複雜度被分為四個等級，相應得分為 0 分、2 分、4 分和 6 分。研究共收集 63 份論證地圖，由兩名研究者編碼，Cohen's Kappa 值為 .840。

　　為回答研究問題二，本研究首先使用論證話語編碼框架對四個條件組的論證話語進行編碼，並運用 ONA 對這些話語的結構性與社會性特徵進行建模與比較。編碼框架基於先前研究（Darmawansah et al., 2022; Su et al., 2021）進行適應性改編，具體內容見表 14-3。本研究共收集 2,509 條話語，總字元數為 199,053，平均每條話語約 80 個字元。這些數據顯示，每條話語可能包含多個論證要素，使得分析要素的共現和時序關係成為可能。因此，每條對話方塊被視為一個單獨的話語單元。分析過程包括五個步驟：首先，兩位研究者共同學習編碼框架；其次，抽取 30% 的數據（880 條話語）進行獨立編碼，評估話語的結構與社會特徵；接著，使用 Cohen's Kappa 檢驗編碼一致性，結構維度的 Kappa 值為 .788，社會維度為 .740，均達到滿意標準；隨後，研究者分工對剩餘數據進行獨立編碼，並對有爭議部分協商

解決;最後,使用 ONA 工具(https://app.epistemicnetwork.org/)進行網絡分析,在 ONA 圖中,節點代表行為的結構或社會屬性,大小反映頻率,彩色圓圈和亮度表示自連接強度,有向連線表示行為間的回應關係,連線粗細則代表回應頻率。此分析有助於深入理解行為間的相互作用(Tan et al., 2022)。

伍、研究結果

一、論證地圖品質分析

結果顯示,四個條件組在資料($F(3, 23) = 3.47, p = .033 < .05, \eta^2 = .31$)與理由($F(3, 23) = 7.245, p = .001 < .01, \eta^2 = .49$)上存在顯著差異,其他論證要素無顯著差異(見表 14-4)。Schrieffer's HSD(Honest Significant Difference)事後檢驗發現,在資料方面,DACS 組與控制組($p = .027 < .05$)、DACS 組與 RACS 組($p = .019 < .05$)、混合策略組與控制組($p =$

表 14-3　論證話語編碼框架

維度	要素	層級	編碼	解釋
結構性	主張	低	CE	複述原材料、其他論證主體的主張,或簡單提出自己的論點
		高	CD	深入分析理由去支持自己的主張或在新證據的基礎上對該主張進行改編
	證據	低	ED	對證據的一般性描述,並缺乏引用
		高	EE	細緻描述正確引用的證據
	推理	低	RI	簡單識別證據與主張之間的直接連繫
		高	RE	有力地從證據推論到結論
	反駁	低	CAR	簡單提出反論點或說明主張不成立的條件
		高	CAE	運用詳細的證據支持反論點
社會性	提出		P	提出自己的論點
	解釋		E	解釋、拓展論點
	支持		SP	支持他人的觀點
	挑戰		C	指出他人論點的不足
	檢查		CK	檢查證據的有效性與可信度
	辯護		D	說服他人接受自己的論點
	整合		I	將不同的論點整合為新的論點

.050）、混合策略組與 RACS 組（$p = .040 < .05$）差異顯著，說明 DACS 組、混合策略組論證地圖中的資料要素複雜度都顯著高於控制組與 RACS 組；在理由方面，DACS 組與控制組（$p = .038 < .05$）、DACS 組與 RACS 組（$p = .013 < .05$）、混合策略組與控制組（$p = .017 < .05$）、混合策略組與 RACS 組（$p = .006 < .01$）差異顯著，說明 DACS 組、混合策略組論證地圖中的理由要素複雜度都顯著高於控制組與 RACS 組。

二、論證話語模式分析

（一）結構性特徵

圖 14-8 顯示，在控制組中，CD 與 RI 節點較大，形成了 CD → RI 的

表 14-4　四個條件組論證地圖品質之 ANOVA 分析結果

要素	組別	Mean	SD	F	η^2	Post-hoc
主張	控制組	3.25	1.58	0.19	.02	
	RACS組	2.86	0.69			
	DACS組	2.83	1.60			
	混合策略組	3.17	0.98			
資料	控制組	1.50	1.77	3.47*	.31	DACS組 > 控制組*
	RACS組	1.29	1.89			DACS組 > RACS組*
	DACS組	3.67	0.82			混合策略組 > 控制組*
	混合策略組	3.33	1.97			混合策略組 > RACS組*
理由	控制組	4.00	0.93	7.25**	.49	DACS組 > 控制組*
	RACS組	3.29	0.76			DACS組 > RACS組*
	DACS組	5.00	0.89			混合策略組 > 控制組*
	混合策略組	5.17	0.75			混合策略組 > RACS組**
支持	控制組	2.88	2.23	0.38	.05	
	RACS組	2.86	2.12			
	DACS組	3.67	0.82			
	混合策略組	2.50	2.17			
反駁	控制組	2.25	3.11	0.50	.06	
	RACS組	3.00	2.89			
	DACS組	3.83	2.99			
	混合策略組	4.00	3.10			

*$p < .05$, **$p < .01$.

連接，說明成員在簡單提出論點後進行低層次推理。在 RACS 組中，CD、RI 與 RE 節點較大，回應頻繁，形成了 CD → RI → RE → CD 的迴圈，即在成員在提出主張後，透過由淺入深的推理繼續完善主張。在 DACS 組中，CD、ED 節點較大，出現了 ED → CD 的回應，說明成員注重透過引用證據論證主張。在混合策略組中，CD、CAR 與 CAE 節點較大，回應更多，形成了 CD → CAR → CAE → CD 的迴圈，表示成員形成了以反駁為中心的論證模式，即在提出主張後，能進行由淺入深的反駁，最終形成高階觀點主張。

運用 Mann-Whitney U 檢驗對四組網路圖的質心進行兩兩比較，結果顯示 DACS 組與控制組（$U = 39, p = .01, r = .86$）、混合策略組與控制組（$U = 38, p = .01, r = .81$）、DACS 組與 RACS 組（$U = 44, p = .01, r = .83$）、混合策略組與 RACS 組（$U = 43, p = .01, r = .79$）的質心在 X 軸上差異顯著。分別對有差異的兩組網路圖進行疊減。圖 14-9 顯示，控制組從低水準主張到低水準推理再到高水準推理之間的連繫更強（CE → RI → RE）。DACS 組在主張、證據、推理、反駁之間都有更多連繫，且從證據到高水準主張的連繫更強（ED → CD）。這表明與控制組相比，DACS 組更擅長運用證據去

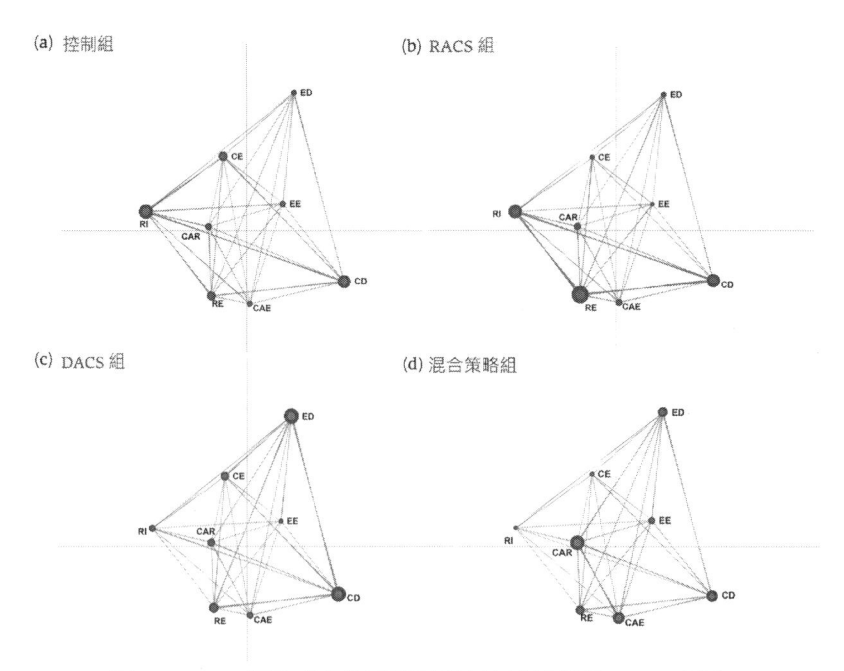

圖 14-8　四個條件組論證對話的結構性特徵 ONA 網路

第十四章　整合生成式對話代理的協同論證：不同代理定制策略的作用效果　321

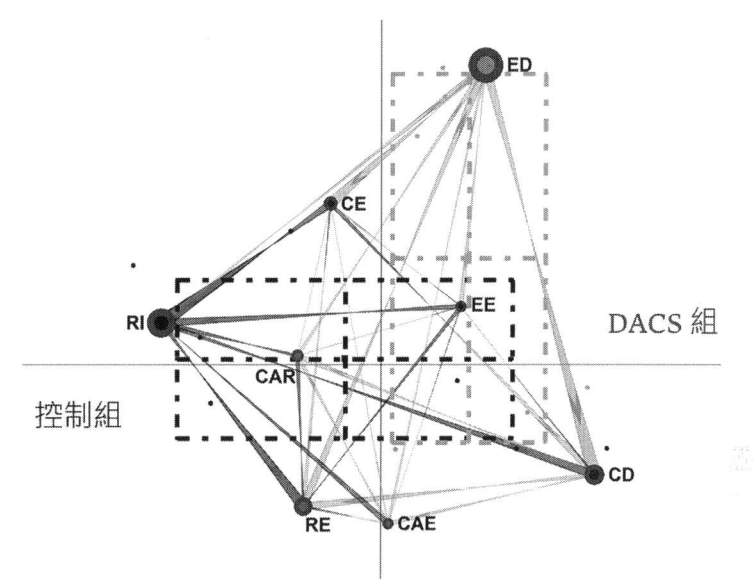

圖 14-9　DACS 組與控制組的 ONA 網路
註：DACS 組節點連接強度高於控制組。

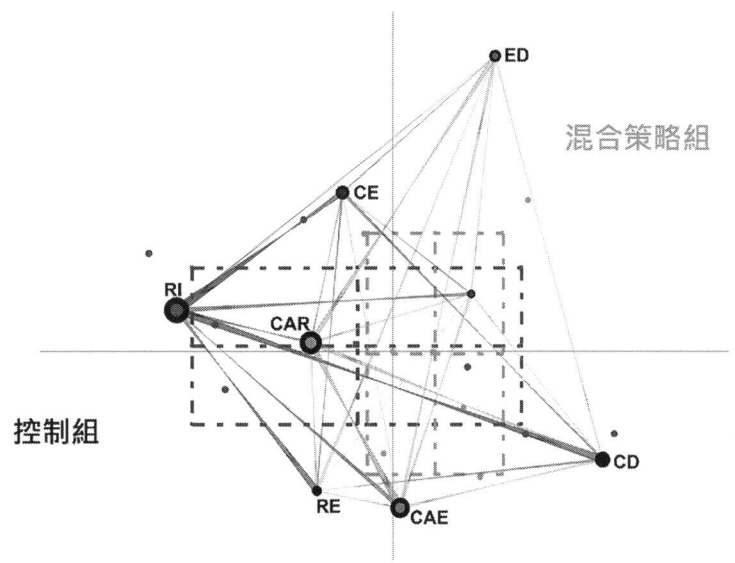

圖 14-10　混合策略組與控制組的 ONA 網路
註：混合策略組節點連接強度高於控制組。

支持高階主張（ED → CD）。

　　圖 14-10 顯示，控制組從低水準主張到低水準推理再到高水準推理的連繫更頻繁（CE → RI → RE），並且從低水準推理到高水準主張之間的連繫更強（RI → CD）。混合策略組的連接更多出現在證據與反駁要素中，特別是出現了從證據到低水準反駁再到高水準反駁的迴圈（ED → CAR → CAE → ED）。這說明與控制組相比，混合策略組出現了更多以證據為中心的反駁對話。

　　圖 14-11 顯示，RACS 組從低水準推理到高水準推理到高水準主張的連繫更頻繁（RI → RE → CD），以及從低水準推理到高水準主張的連繫更多（RI → CD）。而 DACS 組在證據與主張之間的連繫更頻繁（ED → CE → CD, ED → EE, ED → CD），說明 DACS 組學生更擅長選擇與描述不同程度的證據使主張不斷深入。

　　圖 14-12 顯示，RACS 組出現了從主張到推理的迴圈（CD → RI → RE），這說明 RACS 組學生更擅長在提出主張後，論證證據與主張的連繫。混合策略組在反駁與證據要素之間的連繫更頻繁，尤其是出現了從證據到低

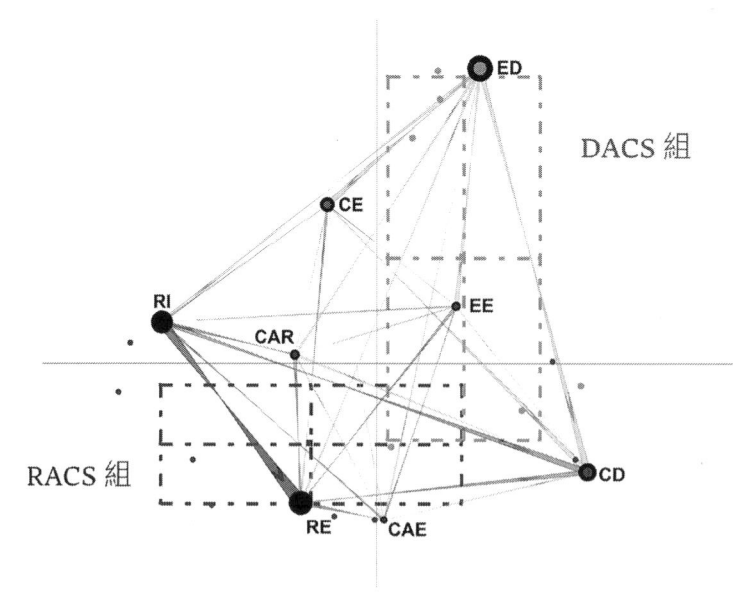

圖 14-11　DACS 組與 RACS 組的 ONA 網路
註：DACS 組節點連接強度高於 RACS 組。

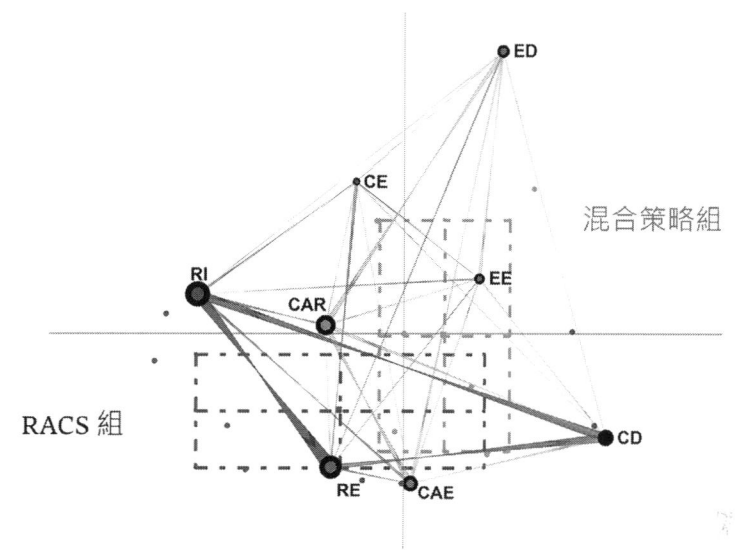

圖 14-12　混合策略組與 RACS 組的 ONA 網路
註：混合策略組節點連接強度高於 RACS 組。

水準反駁再到高水準反駁之間的連繫（ED → CAR → CAE）。這說明，與擅長推理的 RACS 組相比，混合策略組更傾向於在論證對話中運用證據說明主張不成立的情況，並在資料與資料的基礎上提出反論點。

（二）社會性特徵

圖 14-13 顯示，控制組以 P → E 模式為主，即小組成員在提出論點後解釋、拓展自己的論點，以個人論證為主。RACS 組形成了 P → E → D 模式，即除了提出論點、解釋論點外，還出現了成員之間的互動，透過解釋論點說服他人。DACS 組出現了 P → E → I 模式，表明小組成員在各自提出論點、解釋論點後，整合不同成員的論點。混合策略組中，E、D、C 節點之間的回應頻繁，形成了 D → E → C 模式，說明小組成員傾向指出他人論點的不足，再進一步解釋自己的論點，從而說服他人接受自己的觀點。

運用 Mann-Whitney U 檢驗對四組社會性特徵 ONA 網路質心進行兩兩比較，發現 DACS 組與 RACS 組（$U = 42, p = .02 < .05, r = .75$）、混合策略組與 DACS 組（$U = 2, p = .01, r = .89$）之間的質心在 X 軸上存在顯著差異。進一步對存在顯著差異的兩組網路進行疊減，圖 14-14 顯示，RACS 組更傾

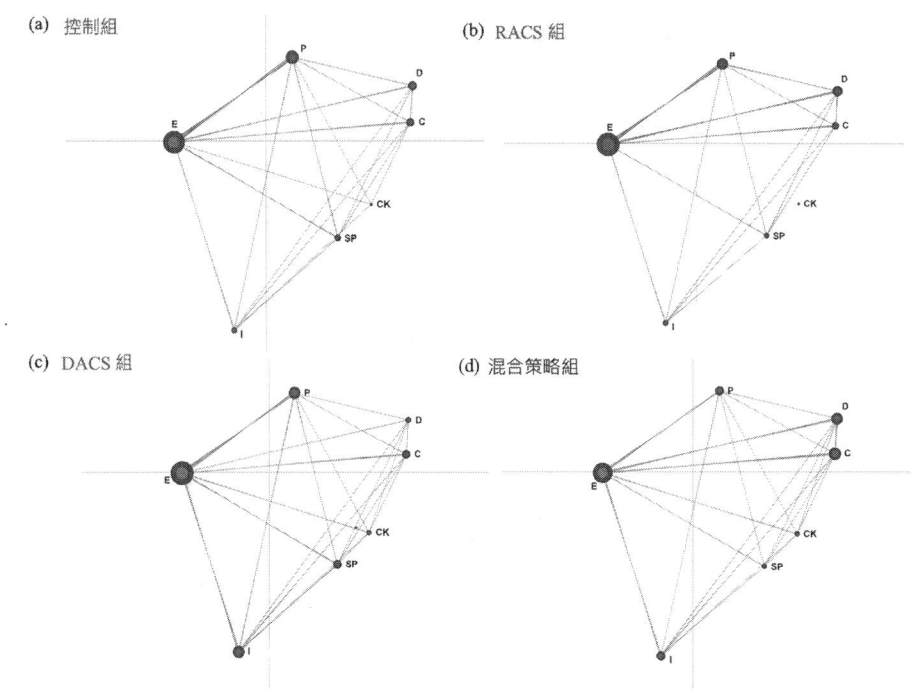

圖 14-13　四個條件組論證對話的社會性特徵 ONA 網路

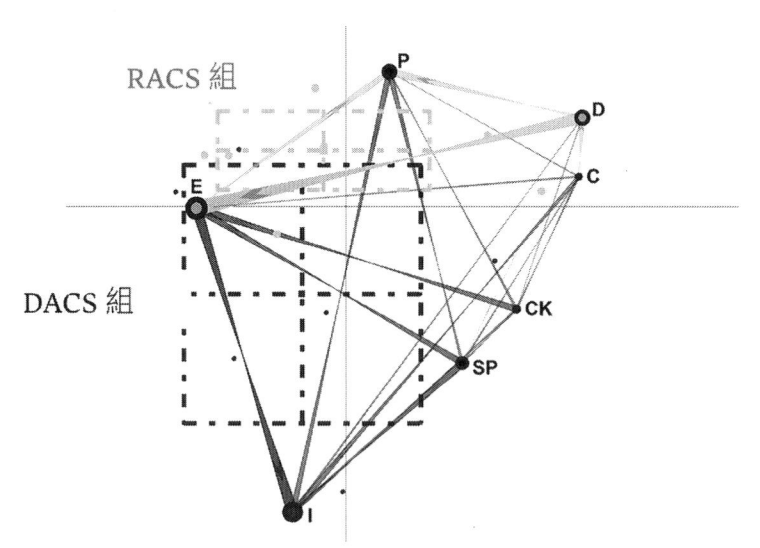

圖 14-14　RACS 組與 DACS 組的 ONA 網路
註：DACS 組節點連接強度高於 RACS 組。

向透過詳細解釋自己的論點,或從新角度提出論點說服他人(D → E, D → P)。DACS 組的論證對話出現了更複雜的社會性特徵,即成員在對證據進行檢查的基礎上,拓展、整合出新論點(CK → E → I → P)或支持與擁護整合出新論點,並進一步解釋與拓展論點(E → I → SP → E)。

圖 14-15 顯示,DACS 組在提出、解釋、支持、整合節點之間的連繫更頻繁,尤其是從提出到解釋的連繫更明顯(P → E)。而混合策略組從挑戰到辯護再到解釋的連接更頻繁(C → D → E)。這說明與傾向整合的 DACS 組相比,混合策略組學生更傾向批判對方的觀點,深入解釋自己的觀點以說服他人。

陸、討論與結論

一、不同代理定制策略對論證地圖品質的影響

研究發現,DACS 與混合策略條件下的小組所繪製的論證地圖中,資料要素與理由要素複雜度顯著高於控制組,且比單獨使用 RACS 效果更佳。這說明 DACS 的主要作用體現在兩個方面,一是使 GCA 幫助學生在論證時判斷與篩選與主張相關的資料與資料,並將其整合到論證地圖中。具體來說,學生能夠運用 DACS 中的指令集進一步追問 GCA 所提供證據的真實性與準

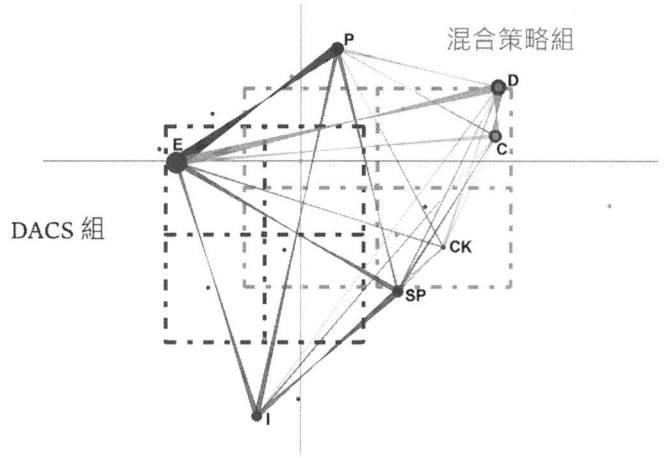

圖 14-15　混合策略組與 DACS 組的 ONA 網路
註:DACS 組節點連接強度高於混合策略組。

確性，當發現 GCA 提供前後矛盾的回答，或者不能提供證據來源時，學生會搜索更加權威與真實的研究文獻作為有力論據添加到論證地圖中，並標註引用來源。例如 DACS 組學生提到：「GCA 能夠幫助我進行論證，為我提供了多種材料和資料來輔助支撐我的論點想法，也使我的思路更加清晰開闊。但是它提供的資料和材料有時沒辦法提供來源，準確性和科學性有待考究。我的解決辦法是再透過各類資訊管道自行去考察，比如知網等」。

DACS 的作用之二是使 GCA 幫助學生學習從證據推理到主張的邏輯與技巧，並將其外顯到論證地圖中。研究表明，大語言模型的語料庫中似乎包含對一般話題的論證與批判性思考方法（Herbold et al., 2023）。這一特點使得 GCA 在回應「你的證據如何支援觀點」等指令時，能生成高品質的推論過程。學生在查看 GCA 的回應後，能學習到 GCA 的推理邏輯與結構，並在繪製論證地圖時將其體現在理由要素中。DACS 組學生的反思也體現了這一點。例如「ChatGPT 自身好像有一套語言體系，在回答時會先給出論點，再展開說明；這是一種有效的論證技巧，可以幫助我將觀點和論據進行組織和結構化，更有邏輯地整理思路和材料」。

二、不同代理定制策略對論證話語模式的影響

在結構性特徵方面，RACS 組傾向透過由淺入深的推理生成複雜主張，但與控制組相比無顯著差異。這表明，運用 RACS 定制 GCA，可以使其模擬不同利益相關者的角色從不同立場進行有邏輯的論證，為學生提供了高階推理的範例。但這種範例的作用是有限的，這與 Latifi 等（2023）的研究結果一致。該研究發現，透過學習高品質的論證範例，學生能夠將範例當中的論證結構與技巧應用到自己的文章當中，但範例的作用小於腳本的作用。這意味著需要向學生提供詳細的推理腳本，論證對話中才可能出現更顯著的推理模式。

DACS 組更擅長運用證據形成高階的主張，且這種對話模式與控制組、RACS 組差異顯著。這說明 DACS 能幫助學生運用 GCA 更高效地搜索與篩選論據，並在小組內分享。有研究發現，與基於檢索模型的對話代理對話時，能激發學生提出更明確的論點（Tegos et al., 2016）。而運用 DACS 定制後的 GCA 可以為學生提供與立場相關的證據，學生再發揮能動性將證據整合

在自己的主張中，從而在論證對話中提升主張的複雜性。

混合策略組中出現了更多的以證據為中心的反駁對話，且該模式與控制組、RACS組差異顯著。這說明，混合策略能使GCA幫助學生在小組內運用證據有力地反駁他人的論點，促進不同觀點之間的碰撞。研究發現，基於檢索模型的對話代理在鼓勵學生提出反駁上的作用是有限的（Guo et al., 2023）。而GCA在混合策略的定制下，能幫助學生在短時間內從多個視角提供反駁思路。例如混合策略組學生提到：「我們組只有我持有不同意見，我非常需要能反駁別人的論據。當我自己短時間內無法想到如何回應對方的問題或質疑對方的論點時，透過與ChatGPT的對話為自己提供思路」。

在社會性特徵方面，四個條件組無顯著差異。雖然DACS組更傾向拓展與整合新論點，但該對話模式與控制組相比無顯著差異。同樣，儘管混合策略組更傾向於批判對方的觀點，深入解釋自己的觀點以說服他人，但該對話模式與控制組相比也無顯著差異。原因可能是本研究設計的協同論證活動只支持學生與GCA的一對一交互，未能將GCA嵌入到小組成員的群聊空間中，實現多對一的交互，從而難以顯著影響小組成員之間的社會性交互特徵。

三、研究局限與未來展望

本研究存在一些局限。第一，在定制代理時，三輪論證活動重複使用相似指令集，使得在活動後期學生認為GCA的回復難以滿足個性化需求。第二，本研究運用ChatGPT作為GCA，雖然探索了ChatGPT在協同論證這一微觀領域的應用，並嘗試以設計指令集來定制ChatGPT支援學生論證，但並沒有對ChatGPT的大語言模型進行微調，因此對協同論證的促進作用可能有限。針對以上局限，本研究提出幾個建議：

（一）將GCA整合到小組協同論證中時，需要探索學生與GCA的互動模式，從而實現指令集的個性化推薦。
（二）除了以指令集的形式定制GCA，還需要對GCA的大語言模型進行微調（Latif & Zhai, 2024），從而開發適用於協同論證情境的專用對話代理。

（三）深入探究如何更好地編排協同論證活動以實現人機協同創生知識。例如比較GCA與小組成員的一對一交互以及GCA嵌入到小組協作空間中進行一對多交互的活動效果。

參考文獻

Chan, C. K. Y., & Hu, W. (2023). Students' voices on generative AI: Perceptions, benefits, and challenges in higher education. *International Journal of Educational Technology in Higher Education*, *20*(1), Article 43. https://doi.org/10.1186/s41239-023-00411-8

Cho, K. L., & Jonassen, D. H. (2002). The effects of argumentation scaffolds on argumentation and problem solving. *Educational Technology Research and Development*, *50*(3), 5-22. https://doi.org/10.1007/bf02505022

Cress, U., & Kimmerle, J. (2023). Co-constructing knowledge with generative AI tools: Reflections from a CSCL perspective. *International Journal of Computer-Supported Collaborative Learning*, *18*(4), 607-614. https://doi.org/10.1007/s11412-023-09409-w

Dai, L., Jung, M. M., Postma, M., & Louwerse, M. M. (2022). A systematic review of pedagogical agent research: Similarities, differences and unexplored aspects. *Computers & Education*, *190*, Article 104607. https://doi.org/10.1016/j.compedu.2022.104607

Darmawansah, D., Lin, C. J., & Hwang, G. J. (2022). Empowering the collective reflection-based argumentation mapping strategy to enhance students' argumentative speaking. *Computers & Education*, *184*, Article 104516. https://doi.org/10.1016/j.compedu.2022.104516

Guo, K., Zhong, Y., Li, D., & Chu, S. K. W. (2023). Effects of chatbot-assisted in-class debates on students' argumentation skills and task motivation. *Computers & Education*, *203*, Article 104862. https://doi.org/10.1016/j.compedu.2023.104862

Hardy, C., Lawrence, T. B., & Grant, D. (2005). Discourse and collaboration: The role of conversations and collective identity. *Academy of Management Review*, *30*(1), 58-77. https://doi.org/10.5465/amr.2005.15281426

Herbold, S., Hautli-Janisz, A., Heuer, U., Kikteva, Z., & Trautsch, A. (2023). A large-scale comparison of human-written versus ChatGPT-generated essays. *Scientific Reports*, *13*(1), Article 18617. https://doi.org/10.1038/s41598-023-45644-9

Hwang, G. J., & Chen, N. S. (2023). Editorial position paper: Exploring the potential of generative artificial intelligence in education: Applications, challenges, and future research directions. *Educational Technology & Society*, *26*(2), i-xviii. https://doi.org/10.30191/ETS.202304_26(2).0014

Latif, E., & Zhai, X. (2024). Fine-tuning ChatGPT for automatic scoring. *Computers and Education: Artificial Intelligence*, *6*, Article 100210. https://doi.org/10.1016/j.caeai.2024.100210

Latifi, S., Noroozi, O., & Talaee, E. (2023). Worked example or scripting? Fostering students' online argumentative peer feedback, essay writing and learning. *Interactive Learning Environments*, *31*(2), 655-669. https://doi.org/10.1080/10494820.2020.1799032

Lee, U., Jeong, Y., Koh, J., Byun, G., Lee, Y., Hwang, Y., Kim, H., & Lim, C. (2024). Can ChatGPT be a debate partner? Developing ChatGPT-based application "DEBO" for debate education, findings and limitations. *Educational Technology & Society*, *27*(2), 321-346. https://www.jstor.org/stable/48766178

Linn, M. C., & Eylon, B. S. (2011). *Science learning and instruction: Taking advantage of technology to promote knowledge integration*. Routledge.

Ma, Z. Q., Kong, L. Y., Tu, Y. F., Hwang, G. J., & Lyu, Z. Y. (2024). Strengthening collaborative argumentation with interactive guidance: A dialogic peer feedback approach based on the six thinking hats strategy. *Interactive Learning Environments*. https://doi.org/10.1080/10494820.2024.2344051

Malogianni, C., Luo, T., Stefaniak, J., & Eckhoff, A. (2021). An exploration of the relationship between argumentative prompts and depth to elicit alternative positions in ill-structured problem solving. *Educational Technology Research and Development*, *69*(5), 2353-2375. https://doi.org/10.1007/s11423-021-10019-2

Matsuda, P. K. (2015). Identity in written discourse. *Annual Review of Applied Linguistics*, *35*, 140-159. https://doi.org/10.1017/S0267190514000178

McTear, M., Callejas, Z., & Griol, D. (2016). *The conversational interface: Talking to smart devices*. Springer.

Noroozi, O., Weinberger, A., Biemans, H. J. A., Mulder, M., & Chizari, M. (2012). Argumentation-based computer supported collaborative learning (ABCSCL): A synthesis of 15 years of research. *Educational Research Review*, *7*(2), 79-106. https://doi.org/10.1016/j.edurev.2011.11.006

Nussbaum, E. M., & Edwards, O. V. (2011). Critical questions and argument stratagems: A framework for enhancing and analyzing students' reasoning practices. *Journal of the Learning Sciences*, *20*(3), 443-488. https://doi.org/10.1080/10508406.2011.564567

Su, Y., Liu, K., Lai, C., & Jin, T. (2021). The progression of collaborative argumentation among English learners: A qualitative study. *System*, *98*, Article 102471. https://doi.org/10.1016/j.system.2021.102471

Tan, Y., Ruis, A. R., Marquart C., Cai, Z., Knowles, M., & Shaffer, D. W. (2022). Ordered network analysis. In C. Damşa & A. Barany (Eds.), *Advances in Quantitative Ethnography: 4th International Conference, ICQE 2022* (pp. 101-116). Springer. https://doi.org/10.1007/978-3-031-31726-2_8

Tegos, S., Demetriadis, S., Papadopoulos, P. M., & Weinberger, A. (2016). Conversational agents for academically productive talk: A comparison of directed and undirected agent interventions. *International Journal of Computer-Supported Collaborative Learning*, *11*(4), 417-440. https://doi.org/10.1007/s11412-016-9246-2

Toulmin, S. (1958). *The uses of argument*. Cambridge University Press.

Tsai, P. S., & Tsai, C. C. (2013). College students' experience of online argumentation: Conceptions, approaches and the conditions of using question prompts. *The Internet and Higher Education*, *17*, 38-47. https://doi.org/10.1016/j.iheduc.2012.10.001

Tseng, W., & Warschauer, M. (2023). AI-writing tools in education: If you can't beat them, join them. *Journal of China Computer-Assisted Language Learning*, *3*(2), 258-262. https://doi.org/10.1515/jccall-2023-0008

Walton, D., Toniolo, A., & Norman, T. J. (2016). Towards a richer model of deliberation dialogue: Closure problem and change of circumstances. *Argument & Computation*, *7*(2-3), 155-173. https://doi.org/10.3233/aac-160009

Wang, L., Chen, X., Wang, C., Xu, L., Shadiev, R., & Li, Y. (2024). ChatGPT's capabilities in providing feedback on undergraduate students' argumentation: A case study. *Thinking Skills and Creativity*, *51*, Article 101440. https://doi.org/10.1016/j.tsc.2023.101440

Zheng, X. L., Huang, J., Xia, X. H., Hwang, G. J., Tu, Y. F., Huang, Y. P., & Wang, F. (2023). Effects of online whiteboard-based collaborative argumentation scaffolds on group-level cognitive regulations, written argument skills and regulation patterns. *Computers & Education*, *207*, Article 104920. https://doi.org/10.1016/j.compedu.2023.104920

第十五章
基於 ChatGPT 的專業培訓模式對臨床教師學習成就、自我價值和自信心之影響
Effects of ChatGPT-Supported Professional Training on Clinical Teachers' Achievement, Self-Worth, and Self-Confidence

張純純
長庚科技大學護理系 助理教授

摘要

　　本章要介紹一個 ChatGPT 應用在醫院臨床教師培訓的研究設計。臨床教師在協助新進護理人員調適職場工作中扮演重要角色；在醫院的工作環境中，臨床教師的教學能力及態度，對新進護理人員能否適應環境，並且面對各種病人的問題，具有重大的影響。臨床教師的教學表現，除了與他們的知識與技能相關，對於職場工作的自我價值感及自信心亦是重要的因素。一般醫院師資培訓課程，是以講授方式進行；在一對多的師資培訓模式中，針對案例的演練不易提供個人化的指導與回饋，因而可能導致受訓者的學習成效不佳。為了因應這個問題，本研究提出基於 ChatGPT 的臨床教師培訓模式。針對醫院臨床教師師資培訓課程中，進行「案例教學」課程進行實驗，比較使用 ChatGPT 與一般的臨床教師培訓學習方法，臨床教師在案例教學訓練的學習成就、自我價值感、自信心，以及臨床教師對學習方式的看法。由教學實務的角度來看，本研究展示引導臨床教師使用 ChatGPT 進行教學設計的步驟。由研究設計的角度來看，除了說明研究設計的背景、動機及流程外，本章也提供了研究中用到的問卷及測驗方式，以作為教育科技學者未來設計生成式人工智慧（Generative Artificial Intelligence，簡稱生成式 AI）在醫

護教育應用及教師培訓相關研究的參考。

關鍵字：ChatGPT、生成式 AI、專業訓練、自我價值、自信心

Abstract

This chapter introduces a research design for applying ChatGPT to clinical teacher training in hospitals. Clinical teachers play an important role in assisting new nursing staff to adapt to the workplace. In the hospital work environment, the teaching ability and attitude of clinical teachers have a significant impact on new nursing staff's ability to adapt to the environment and face various patient problems. The teaching performance of clinical teachers is not only related to their knowledge and skills, but is also an important factor in their sense of self-worth and self-confidence in the workplace. However, most training programs in hospitals are conducted in lecture mode; moreover, in the one-to-many mode of teacher training, it is difficult to provide personalized guidance and feedback in case-based exercises, which could result in poor training outcomes. To address this issue, this study proposed a ChatGPT-based clinical teacher training mode. An experiment was conducted to compare the learning achievement, self-worth, self-confidence, and clinical teachers' perceptions of learning modes in a case-based training program using ChatGPT with those in a conventional clinical teacher training program. From the perspective of teaching practice, this study demonstrates the detailed steps that guide clinical teachers to work with ChatGPT for instructional design. From the perspective of research design, in addition to describing the background, motivation, and process of the research design, this chapter also provides the questionnaires and tests used in the study, which could serve as a reference for educational technology scholars to design future research on the use of generative artificial intelligence (AI) in healthcare education and teacher training.

Keywords: ChatGPT, generative artificial intelligence, professional training, self-worth, self-confidence

壹、前言

在臨床教師的培訓過程，除了知識與技能外，建立其自我價值感及自信心是重要的培訓目標（Bırni & Eryılmaz, 2024; Maclellan, 2014）。以醫院培訓為例，臨床教師的教學能力對新進人員在醫院工作的表現有很大的影響（Wolff et al., 2023）。然而，除了專業能力外，臨床教師教學的表現可能受到其他因素的影響，例如對於教學的自信程度及自我價值（Hsu et al., 2014; Shao et al., 2024）。自我價值是一種對自己是否接納、讚許與否的感受，分為兩個方面。首先是個人對自我內在能力、表現和成就的評價，這包括個人如何看待自己的技能、努力和成功。其次是個體體驗到重要他人的觀點或回饋所形成的評價，這些重要他人的看法和反應會影響個人的自我感受和自我價值。這兩方面共同作用，塑造了一個人對自我價值的整體認知和感受（Lawrence & Gonzales, 2023）。在以學習者為中心的學習背景下，自信心被視為一個重要的學習指標，因為它與學習動機和成果密切相關。自信心是一個穩定的心理健康結構，能夠幫助學習者面對挑戰和壓力。教師可以透過支持和引導學習者的知識發展，以及鼓勵他們積極參與學習活動來提升學習者的自信心。這種支持不僅能增強學習者的學習動力，還有助於他們在學習過程中建立持久的自信心（Bırni & Eryılmaz, 2024; Maclellan, 2014）。Holzberger 等（2013）及 Shao 等（2024）進一步提到教師的自我價值和教學品質是相互影響的。Moore 與 Cagle（2012）及 Wolff 等（2023）也指出，如果臨床教師的教學能力得到認可，他們的自我價值感和教學自信心也會提升。

為了提升新進護理人員在臨床病患照護中的表現，臨床教師採用臨床案例，讓新進護理人員先自行找到答案，然後引導他們分析問題，並參考文獻共同討論照護病患的方法。這種教學方法有助於提高新進人員的判斷和解決問題的能力，並且能夠增強他們的學習成就感。然而，這一過程對於新進護理人員來說具有一定的挑戰性和重要性，因為它要求他們不僅要具備扎實的理論知識，還要能夠靈活運用這些知識於實際情境中（Ryan et al., 2023）。研究人員指出，將臨床案例討論與文獻知識結合，能讓新進護理人員運用知識、技能和高層次的思維來解決問題，從而提升他們的綜合能力和

臨床判斷力（de Vries, 2020; Hsu et al., 2014）。案例教學法可以讓學生在開放的環境中獲取資訊、提出觀點、進行互動、批判性思考、總結和反思，從而幫助他們提高高階思維能力和自我價值，這種教學方法鼓勵學生主動參與，增強學習效果（García-Montoya & Mahoney, 2023）。Gravett 等（2017）指出，案例教學法可以提高臨床教師和學習者對問題解決、分析和決策的敏感度，增強他們的整合和反思能力，提升自我價值。透過在實際案例中應用所學知識，學習者能夠更有效地理解和掌握複雜概念，進而增強其專業自信和成就感。Cheung（2023）在一門英語作為第二語言（English as a Second Language, ESL）課程中採用案例教學法，發現該教學法透過學習他人的案例經驗來增強學生的表現，從而提高他們學習的自信心和自我價值。這意味著使用真實案例作為教材對於提高學習者的自信心和自我價值具有巨大的潛力。

然而，這些臨床教師的訓練模式大多以課堂講授為主，強調醫學專業內容和技能的訓練。在這樣的培訓模式下，臨床教師很少有機會從不同角度探討臨床案例，深入思考問題解決的方式，更不用說運用科技處理臨床案例（Boltz et al., 2019）。Martin 等（2012）及 Shao 等（2024）提醒，缺乏科技的知識和確認資料正確性的能力，會導致學員在面對問題時，缺乏處理案例的信心。學者指出，臨床教學是一件嚴肅的事情，學習者的自我價值和自信心的建立不僅要依賴所學的知識，還需要有經驗豐富的教師來提供指導。經驗豐富的教師能夠引導學習者如何應用所學知識，並提供實際的臨床經驗，從而幫助他們建立自信。然而，在培訓過程中，如何提高臨床教師在教學現場的表現，並確保他們能夠正確使用科技工具，引導學習者在臨床教學場景中進行深入且多元的思考，是一個重要的問題。因此，在臨床教學中，除了知識和經驗的傳授，還需要提供針對科技工具的培訓，以確保教師能夠充分發揮這些工具的優勢，從而提升整體教學效果和學員的自信心。

ChatGPT 的解答問題、處理資料及生成文章等方面的能力，已受到廣泛的重視（Eysenbach, 2023）。Hwang 與 Chen（2023）提到 ChatGPT 在教育上的角色，有教師、學生、學習夥伴、專家、管理者和學習工具；它可以像教師一樣總結學習內容；它能從學生提供的知識，以及從網路收集到知識來學習；它可以是學習活動中的隊友，共同完成主題或是活動；它會以專

家的角度，提供解決方案或是有價值的建議；它可以分析大量的數據並進行預測；它是可以協助學習者學習的工具。另一方面，研究人員也指出，在使用 ChatGPT 提供的建議或資訊時，使用者仍需透過採納內容進行反思或得出結論，從而檢驗內容的準確性（Ausat et al., 2023）。Tian 等（2024）指出 ChatGPT 可根據學習者個人的要求提供資訊或建議，從而促進個人化學習模式，因此在提高學習成就方面有巨大潛力。Lee 等（2024）進一步強調，在 ChatGPT 的臨床教師培訓模式中，引導學生在尋求 ChatGPT 協助解決問題，可以提升他們的自我價值和高階思維。Gordijn 與 Have（2023）提出在醫學教育中使用 ChatGPT 可能會引發倫理道德問題，如生成的內容可能不正確；因此，在培訓過程中參考文獻資料是非常重要的。Hwang 與 Chen（2023）指出，輸入 ChatGPT 的提示詞應具體明確，因為籠統的術語或模棱兩可的詞語，可能導致不正確的結果。Loos 等（2023）指出，ChatGPT 仍然需要人類專家來檢查生成範例的正確性。Ausat 等（2023）提到了將 ChatGPT 與適當的教學方法整合到學習中的重要性。Baidoo-Anu 與 Anṣah（2023）也指出 ChatGPT 可以為教師和學習者提供有價值的訊息，促進個人化和互動式學習，從而增強他們的自信心。這意味著鼓勵學習者使用 ChatGPT 完成學習任務時，需要提供指導。

　　為了解決臨床教師培訓中，不易提供個人化指導及回饋的問題，本研究提出了基於 ChatGPT 的臨床教師培訓模式；為了驗證這個培訓模式的效果，本研究在護理臨床教師師資培訓課程中「案例教學」單元進行實驗，來回答以下的研究問題：

一、一般的臨床教師培訓模式相比，ChatGPT 的臨床教師培訓模式能否提升護理臨床教師案例教學訓練的學習成就？

二、與一般的臨床教師培訓模式相比，ChatGPT 的臨床教師培訓模式能否提升護理臨床教師於案例教學訓練的自我價值感？

三、與一般的臨床教師培訓模式相比，ChatGPT 的臨床教師培訓模式能否提升護理臨床教師案例教學訓練的自信心？

四、護理臨床教師對於案例教學訓練的學習方式有何看法？

貳、應用 ChatGPT 的臨床教師培訓模式之學習環境

這個研究提出應用 ChatGPT 於臨床教師培訓的有效引導模式。首先，教學者使用案例學習單提出臨床案例情境問題。臨床教師根據個案情境問題給予 ChatGPT 提示詞。然後，臨床教師反思 ChatGPT 產生的回應是否與臨床情境一致。最後，臨床教師使用參考資料來驗證 ChatGPT 產生的答案是否正確。圖 15-1 顯示基於 ChatGPT 的臨床教師培訓模式。

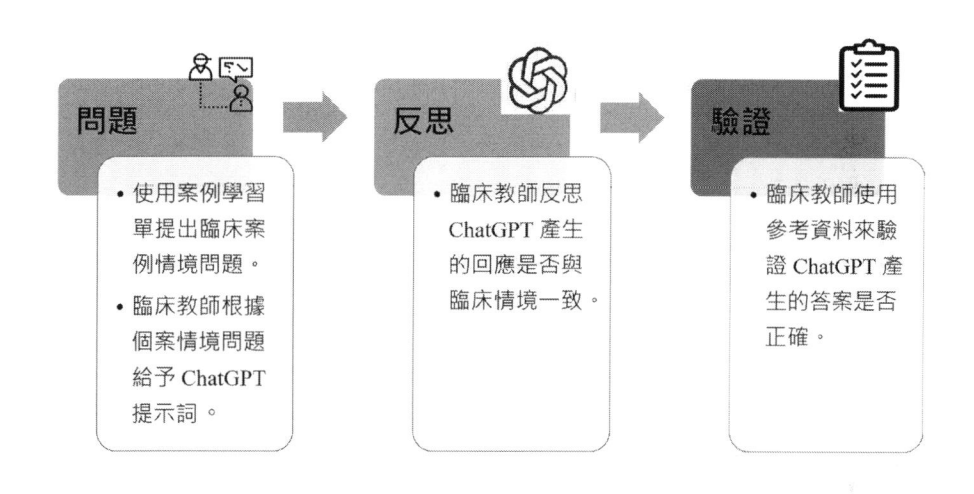

圖 15-1　基於 ChatGPT 的臨床教師培訓模式

圖 15-2 顯示，臨床教師根據案例情境問題進行了 ChatGPT 提示詞。此案例是新進人員在學習過程中經常遇到的臨床案例情況：「護理師黃小蓉正在護理一位 70 歲的氣喘合併心衰患者。病人必須每天進行 4 次胸腔物理治療（Chest Physical Therapy, CPT），並服用毛地黃藥物」。

圖 15-3 顯示臨床教師反思胸腔物理治療注意事項與 ChatGPT 產生的差異。針對 ChatGPT 產生的結果，教學者指導臨床教師確認 ChatGPT 的建議，是否與他們的學理知識或過去處理臨床案例的經驗一致。經過反思，臨床教師標記差異的部分如圖 15-3「確保正確姿勢」及「執行時間和頻率」，教學者請臨床教師查閱文獻，驗證 ChatGPT 的建議是否正確。

使用案例學習單詢問臨床案例實際的問題

案例學習單

案例 1

黃小蓉護理師正在照顧一位 70 歲氣喘病人，病人每天要執行胸腔物理治療(CPT)，你是黃小蓉的臨床教師。護理師黃小蓉正在護理一位 70 歲的氣喘合併心衰患者。病人必須每天進行 4 次胸部物理治療（CPT），並服用毛地黃藥物，請問黃小蓉執行胸腔物理治療的護理指導及注意事項？毛地黃藥物的護理指導及注意事項？

臨床教師根據個案情境問題給予 ChatGPT 提示詞

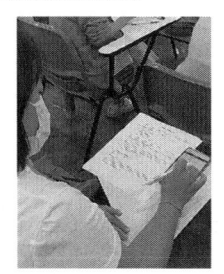

圖 15-2　臨床教師根據個案情境問題給予 ChatGPT 提示詞

> 執行 Chest physical therapy 治療注意事項是甚麼？
>
> 執行 Chest physical therapy 治療時應注意以下事項：
> 1. 確保正確的姿勢：確保病人採取正確的姿勢，以便最大程度地清除肺部的黏液和分泌物。常見的姿勢包括坐直或半坐姿，配合特定的呼吸和手法。
> 2. 適當的呼吸技巧：指導病人採取正確的呼吸模式，如深呼吸或腹式呼吸，這有助於改善肺部通氣和氣流，並促進黏液排出。
> 3. 避免用力過度：確保病人在執行 Chest physical therapy 時不用過度用力，以免導致疲勞或呼吸困難。治療應該是舒適的，適應病人的能力。
> 4. 配合咳嗽和排痰：在執行治療期間，鼓勵病人根據需要咳嗽和排痰，以幫助清除肺部分泌物。教勵他們使用正確的咳嗽和排痰技巧，以減少不適或刺激。
> 5. 監測症狀變化：病人應該監測自身的症狀變化，如呼吸困難、胸悶、咳嗽加劇或喘息等。如果症狀惡化或出現異常，應立即告知醫生或治療師。
> 6. 配合藥物治療：Chest physical therapy 通常作為輔助治療，配合藥物治療更為有效。確保病人按時使用吸入器、吸入藥物或其他指定的藥物治療方式。
> 7. **執行時間和頻率：按照醫生或治療師的建議，執行 Chest physical therapy 的時間和頻率，確保每天執行治療並保持一致性。**
> 8. 定期追蹤和評估：建議病人與醫生或治療師定期追蹤和評估治療的效果。根據評估結果，調整治療計劃和技巧。
>
> 以上注意事項應該與醫生、治療師或呼吸治療師

臨床教師反思 ChatGPT 產生的回應是否符合臨床情境

臨床教師反思，胸腔物理治療確保正確姿勢應為側臥

執行時間和頻率：忌拍打胸骨、脊椎等骨骼突起部位，以及腹部、肝、胃、腎、乳房等部位。需在飯前或飯後 1 小時進行，以免引起嘔吐、嗆咳等併發症。拍痰後，休息 20-30 分鐘再進食。

圖 15-3　臨床教師反思胸腔物理治療注意事項與 ChatGPT 產生的差異

圖 15-4 顯示臨床教師反思毛地黃藥物的注意事項與臨床情境之間的差異。針對 ChatGPT 產生的結果，教學者指導臨床教師確認 ChatGPT 的建議，是否與他們的學理知識或過去處理臨床案例的經驗一致。經過反思，臨床教師標記差異的部分如圖 15-4 標記「用藥方式」和「定期監測」。教學者請臨床教師查閱相關文獻，評估 ChatGPT 建議的有效性。

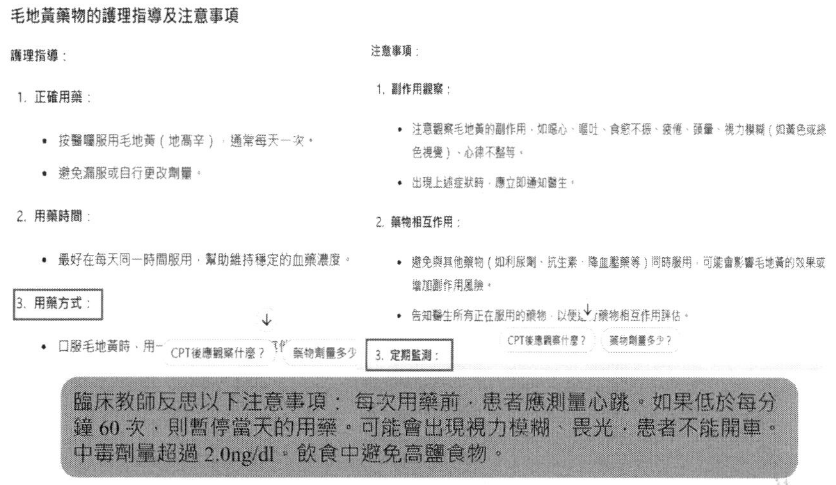

第十五章　基於 ChatGPT 的專業培訓模式對臨床教師　339
　　　　　學習成就、自我價值和自信心之影響

毛地黃藥物的護理指導及注意事項

護理指導：

1. 正確用藥：
   - 按醫囑服用毛地黃（地高辛），通常每天一次。
   - 避免漏服或自行更改劑量。

2. 用藥時間：
   - 最好在每天同一時間服用，幫助維持穩定的血藥濃度。

3. 用藥方式：
   - 口服毛地黃時，用… CPT後應觀察什麼？ 藥物劑量多少？

注意事項：

1. 副作用觀察：
   - 注意觀察毛地黃的副作用，如噁心、嘔吐、食慾不振、疲倦、頭暈、視力模糊（如黃色或綠色視覺）、心律不整等。
   - 出現上述症狀時，應立即通知醫生。

2. 藥物相互作用：
   - 避免與其他藥物（如利尿劑、抗生素、降血壓藥等）同時服用，可能會影響毛地黃的效果或增加副作用風險。
   - 告知醫生所有正在服用的藥物，以便進行藥物相互作用評估。

3. 定期監測： CPT後應觀察什麼？ 藥物劑量多少？

臨床教師反思以下注意事項：每次用藥前，患者應測量心跳。如果低於每分鐘 60 次，則暫停當天的用藥。可能會出現視力模糊、畏光，患者不能開車。中毒劑量超過 2.0ng/dl。飲食中避免高鹽食物。

圖 15-4　臨床教師反思毛地黃藥物的注意事項與臨床情境之間的差異

接著，在培訓過程中，教學者指導臨床教師參考文獻來驗證 ChatGPT 產生的答案的正確性。如圖 15-5。範例中，淺色字代表 ChatGPT 產生的內容與參考文獻之間的差異。

圖 15-6 顯示臨床教師使用參考資料驗證 ChatGPT 產生毛地黃用藥注意事項的正確性。範例中，淺色字代表 ChatGPT 產生的內容與參考文獻之間的差異。

臨床教師使用參考資料驗證 ChatGPT 產生的胸腔物理治療和護理指導的正確性

- **Kubo et al. (2021)** 提到進行胸部物理治療的注意事項是：在飯前或飯後一小時進行，以避免嘔吐和嗆咳，以免引起併發症。**拍痰後在能忍受的情況下保持排痰姿勢 5-10 分鐘**，以利於痰液排出。**遵醫囑用藥，如化痰藥**。拍痰後休息 20-30 分鐘再進食。
- **Sereearuno et al. (2020)** 提到進行胸部理療，護理指導如下：將手拱成杯狀，手指併攏作氣墊，以減少對胸壁的刺激，手臂做快速屈伸運動，手腕保持放鬆，以疏通支氣管壁的痰液。拍打的方向是從背部下方拍打到上方，每個部位拍打 3-5 分鐘。不要拍打胸骨、脊椎等骨骼突出部位，也不要拍打腹部、肝臟、胃、腎臟、乳房等部位。

・Kubo, T., Osuka, A., Kabata, D., Kimura, M., Tabira, K., & Ogura, H. (2021). Chest physical therapy reduces pneumonia following inhalation injury. *Burns, 47*(1), 198-205.
・Sereearuno, T., Rittayamai, N., Lawansil, S., & Thirapatarapong, W. (2020). Effectiveness of a chest physiotherapy care map in hospitalized patients. *Heart & Lung, 49*(5), 616-621.

參考文獻　　淺色字代表ChatGPT產生的內容與參考文獻之間的差異

圖 15-5　臨床教師使用參考資料驗證 ChatGPT 產生的胸腔物理治療注意事項的正確性

> **臨床教師利用參考資料驗證 ChatGPT 產生的毛地黃藥物護理指導的正確性**
>
> ● **Andrews et al. (2023)** 提到避免食用含鹽量高的食物和甘草，這些食物會導致鹽分和水分殘留在體內，造成其他併發症。高血鈣、低鎂血症和低血鉀會增加洋地黃類藥物毒性的發生，尤其是合併使用排鉀利尿劑時。應注意監測血鉀濃度，補充含鉀食物。
>
> ● **Patocka et al. (2020)** 提到服藥前應測量脈搏，只有當脈搏大於 60 次/分時才能服藥。服藥時應安排在飯前一小時或飯後兩小時。出現以下情況時，應立即返回醫院接受檢查，連續兩次以上忘記服藥。不小心用藥超過劑量。出現噁心、嘔吐、食慾不振等症狀。脈搏低於每分鐘 60 次。
>
> ・Andrews, P., Anseeuw, K., Kotecha, D., Lapostolle, F., & Thanacoody, R. (2023). Diagnosis and practical *management of digoxin toxicity: a narrative review and consensus. European Journal of Emergency Medicine, 30*(6), 395-401.
>
> ・Patocka, J., Nepovimova, E., Wu, W., & Kuca, K. (2020). Digoxin: Pharmacology and toxicology—A review. *Environmental Toxicology and Pharmacology, 79*, 103400.
>
> [參考文獻] [淺色字代表ChatGPT產生的內容與參考文獻之間的差異]

圖 15-6　臨床教師使用參考資料驗證 ChatGPT 產生毛地黃用藥注意事項的正確性

參、實驗設計

一、研究對象

　　這個研究是規劃以準實驗設計的方式進行；這是因為在醫院培訓臨床教師時，通常會規劃幾個梯次，所以配合這個培訓活動的規劃，把一個梯次的學員作為實驗組，另一個梯次的學員作為控制組。一般這類的實驗會以實驗組及控制組各 30 人為目標；在本研究中，實驗組及控制組各有 35 名臨床教師。實驗組採用所提出的 ChatGPT 臨床教師培訓模式，控制組則以一般的臨床教師培訓模式進行學習。兩組皆由同一位超過 20 年教學經驗資深臨床教師授課。

二、實驗流程

　　在學習活動之前，兩組的臨床教師均接受了案例教學訓練課程。課程前先系統介紹及任務說明，實驗組及控制組針對案例教學訓練，進行了前測，完成學習成就、自我價值感、自信心問卷調查。實驗組以 ChatGPT 的臨床教師培訓模式教學，以 ChatGPT 搭配案例學習單並搜尋文獻的方式教學；

控制組以一般的臨床教師培訓模式教學，以課堂講述搭配案例學習單並以 Google 搜尋文獻的方式教學。完成後進行後測，並完成對學習成就、自我價值感、自信心問卷調查。實驗過程如圖 15-7。另外，研究小組以焦點團體訪談方式，收集實驗組及控制組各 10 名學習者對學習方式的看法和意見。學習者不會因未填寫問卷而影響其任何權利。問卷及焦點訪談內容以編碼方式，以保護受試者隱私。

三、實驗工具

本本研究的實驗工具包括學習成就、自我價值感、自信心問卷調查。

學習成就測驗，著重於案例教學的學理知識，依據課程主題設計知識測驗的前測及後測。由兩位超過 20 年教學經驗資深臨床教師共同出題。題型為選擇題 20 題，滿分為 100 分。前測和後測包括不同的測驗題目。例如前測題目之一是「以真實的教學情境為教材，幫助教學者分析教育問題和實際行動，進而得出適當的教學方案。這種教學反思的方法或過程稱為：(A) 行動研究；(B) 個案教學；(C) 情境教學；(D) 行動反思。後測題目之一是「案例教學法利用有價值的案例，引導學習者進入探索和反思的學習過程。關於

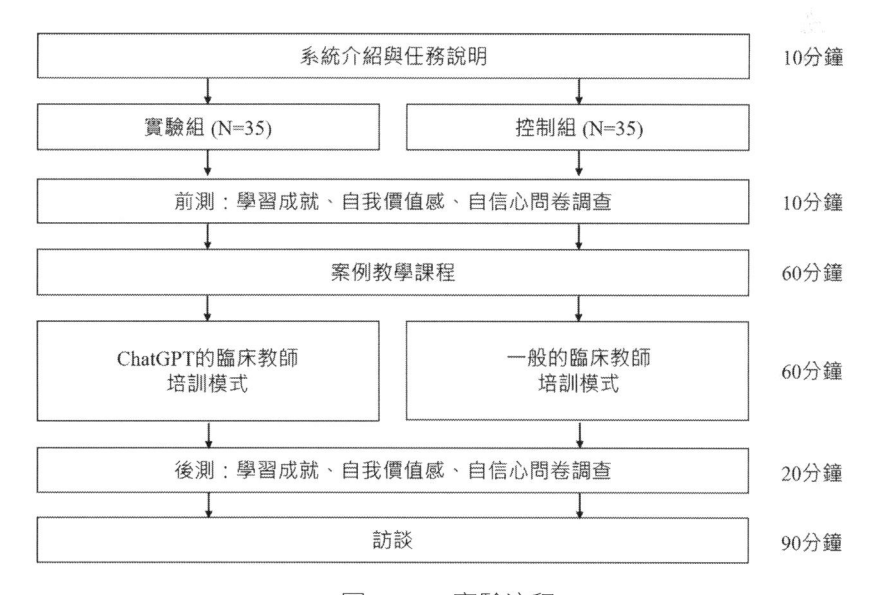

圖 15-7　實驗流程

實施個案教學法，下列哪一項描述是正確的？(A) 每個案例最後都應提供標準答案；(B) 學習者不需要積極參與探索過程；(C) 教師應在一開始就提供價值判斷的標準；(D) 案例內容應呈現真實情況下面臨的困境和決策。」為了驗證每個測驗題目的一致性，本研究以 Feldt（1965）的 R-20 係數檢驗信度。在本研究中，前測和後測的 Kuder-Richardson 20（KR20）值分別為 0.83 和 0.89。

自我價值感問卷調查表是改編自 Chang 等（2018）的問卷；該問卷有 5 個項目，採用李克特（Likert）5 點量表，從 1 至 5 依序為：非常不同意、不同意、普通、同意、非常同意。Cronbach's α 值為 0.85，顯示內部一致性。分數越高代表臨床教師在課程中的自我價值感越高。所有問題皆以正面敘述，例如表 15-1。

自信心問卷調查表，改編自 Chang 等（2018）的問卷；該問卷有 5 個項目，採用李克特（Likert）5 點量表，從 1 至 5 依序為：非常不同意、不同意、普通、同意、非常同意。Cronbach's α 值為 0.85，顯示內部一致性。分數越高代表臨床教師在課程中的自信心越高。所有問題皆以正面敘述，例如表 15-2。

表 15-1　自我價值感問卷調查表

編號	題目
1	我覺得在課程中，我是一個有價值的人。
2	我覺得在課程中，我有一些好的個人特質。
3	我覺得在課程中，我能夠做好大部分的人可以做到的事情。
4	我覺得在課程中，我對自己的能力及表現持有正面的態度。
5	整體來說，我覺得在課程中，我對自己感到滿意。

表 15-2　自信心問卷調查表

編號	題目
1	我有自信可以處理課程中的緊急狀況。
2	我有能力處理課程中無預期發生的事情。
3	我能冷靜地處理課程中的問題，因為相信自己解決問題的能力。
4	我覺得在課程中遇到麻煩時，我能想出處理的方法。
5	整體來說，我覺得在課程中，不管發生什麼事，我都有能力處理。

本研究的訪談問題是改編自 Hwang 等（2009）開發的訪談大綱。依照本研究導入的學習策略微調用詞。教學課程實施後，以個人為單位，進行半結構式的訪談，訪談題目共計 7 題，其中一個題目是：「整體來說，你覺得這樣的學習模式有什麼優點」。詳細訪談大綱內容如表 15-3。

表 15-3　訪談問題

編號	題目
1	這種方式上課與你以前經歷的方式有何不同？
2	整體來說，你覺得這種學習方式有什麼優點？
3	利用這種方式你覺得你獲得最多的是哪部分？學到最多的是哪部分？請舉具體的例子。
4	這種方式有何需要改進之處？請舉具體例子。
5	使你希望以後有機會再用這樣的方式學習嗎？是什麼樣的課程？為什麼？這些課程為什麼適合？
6	你會推薦其他人使用這樣的方式進行學習嗎？你覺得為什麼他們需要這樣的方式學習？或是他們會喜歡用這樣的方式學習？
7	你會推薦老師使用這樣的方式進行教學嗎？你覺得為什麼他們需要這樣的方式教學？或是他們會喜歡用這樣的方式教學？

四、分析方法

為探討不同學習模式對學員的學習成就、自我價值感、自信心所產生的影響，本研究將收集兩組學員在學習活動前後的案例教學測驗成績及問卷資料，並藉由 SPSS for Windows 20 進行量化資料的分析。此外，本研究也將收集與實驗對象的質性訪談內容，以瞭解學員對不同學習模式之感受與建議。

（一）信度分析：針對本研究之研究工具之前後測驗使用 KR20 係數檢驗信度。

（二）單因子共變數分析（One-Way Analysis of Covariance, One-Way ANCOVA）：為了排除案例教學課程的先備知識對學習成就測驗分數的影響，以及學員學習前的案例教學課程自我價值感、自信心對學習後的案例教學課程自我價值感、自信心的分數影響，會進行單因子共變數分析，來探討 ChatGPT 的臨床教師培訓模式教學，加入學員

案例教學課程學習成就、自我價值感、自信心差異。

（三）質性內容分析：本研究依據所擬定之訪談綱要對實驗對象進行訪談。並將訪談過程以錄音方式進行，將訪談過程逐字轉為文字檔，並以內容分析法分析內容，最後統整歸納成表格，以瞭解實驗組及控制組對不同學習模式之想法及感受。

肆、實驗結果

一、學習成就

根據運用 ChatGPT 於案例教學課程的前測和後測分數，自 Levene 變異數同質性檢定結果，$F = 0.06$（$p = .87 > .05$），顯示兩組臨床教師運用 ChatGPT 於案例教學課程前測的先備知識，並無顯著差異。為瞭解共變項與自變項有無交互作用，根據組內迴歸係數同質性檢定結果得知，前測與後測無交互作用 $F = 2.55$（$p = .11 > .05$），表示組內迴歸係數，未達顯著水準為同質，故實驗組與控制組符合共變數之基本假設，可進行共變數分析。

共變數的結果顯示，實驗組學習成就測驗明顯優於控制組（$F = 11.29$，$p = .001 < .001$）。導入 ChatGPT 的臨床教師培訓模式教學，學習成就調整後分數為 91.42，調整後標準差為 2.63；一般的臨床教師培訓模式教學，學習成就調整後分數為 78.86，調整後標準差為 2.63。$\eta^2 = .12$ 呈現大的效果量，由此可知，ChatGPT 的臨床教師培訓模式教學，與一般的臨床教師培訓模式教學相比，可有效地提升臨床教師運用 ChatGPT 於案例教學的學習成就。

二、自我價值感

為瞭解共變項與自變項有無交互作用，根據組內迴歸係數同質性檢定結果得知，前測與後測無交互作用（$F = 0.90$，$p = .34 > .05$），表示組內迴歸係數，未達顯著水準為同質。故實驗組與控制組符合共變數之基本假設，可進行共變數分析。

共變數的結果顯示，實驗組自我價值感測驗明顯優於控制組（$F = 10.95$，$p = .002 < .01$）。導入 ChatGPT 的臨床教師培訓模式教學，自我價

值感調整後分數為 4.46，調整後標準差為 0.08；一般的臨床教師培訓模式教學，自我價值感調整後分數為 4.06，調整後標準差為 0.08。$\eta^2 = .11$ 呈現大的效果量，由此可知，ChatGPT 的臨床教師培訓模式教學，與一般的臨床教師培訓模式教學相比，可有效地提升臨床教師運用 ChatGPT 於案例教學的自我價值感。

三、自信心

為瞭解共變項與自變項有無交互作用，根據組內迴歸係數同質性檢定結果得知，前測與後測無交互作用（$F = 2.60$，$p = .11 > .05$），表示組內迴歸係數，未達顯著水準為同質，故實驗組與控制組符合共變數之基本假設，可進行共變數分析。

共變數的結果顯示，實驗組自信心測驗明顯優於控制組（$F = 11.12$，$p = .001 < .01$）。導入 ChatGPT 的臨床教師培訓模式教學，自信心調整後分數為 4.67，調整後標準差為 0.06；一般的臨床教師培訓模式教學，自信心調整後分數為 4.34，調整後標準差為 0.06。$\eta^2 = .18$ 呈現大的效果量，由此可知，ChatGPT 的臨床教師培訓模式教學，與一般的臨床教師培訓模式教學相比，可有效地提升臨床教師運用 ChatGPT 於案例教學的自信心。

四、訪談結果

教學實驗結束後，對每組的 10 名學員進行了訪談，以進一步收集他們對學習活動的看法。

（一）實驗組訪談結果分析

由實驗組的訪談結果發現，透過 ChatGPT 的臨床教師培訓模式教學，學員有幾個主要的感受，包括「促進學習成效」、「增加自我價值感」與「提高學習自信心」。

1. 促進學習成效

多數實驗組的學員表示，在 ChatGPT 的臨床教師培訓模式中，由於要使用 ChatGPT 完成案例學習單，還要搜尋文獻，驗證答案，提高學習反思

能力，增加搜尋文獻的能力，瞭解課程的重點。例如以下學員表示：E01：「在課堂中老師設計案例學習單，讓我們使用 ChatGPT 輸入提示詞，答案出來發現 ChatGPT 真的厲害，幸好要搜尋文獻做驗證，讓我瞭解課程的重點，提高我的反思能力。」E09：「以前上課，從來沒有老師實際讓我們搜尋文獻，剛開始有點害怕，因為第一次用 ChatGPT，老師會協助我們輸入提示詞並搜尋文獻，比起一般的 Google 搜尋，有更集中重點的資訊，不用盲目的點閱網頁找，讓我知道課程的重點，因為有案例學習單，提高我的學習反思能力」。

2. 增加自我價值感

多位學員表示，在課堂中使用 ChatGPT 及實證文獻確認自我價值，瞭解臨床教師教學的意義，瞭解專業知識的價值。例如以下學員表示：E05：「運用 ChatGPT 於案例教學訓練課程，因為要使用 ChatGPT 確認案例學習單的答案，還要搜尋文獻做驗證，原本以為自己快被 AI 取代，有了這次學習，我覺得具有學習效果，能提高自我價值，瞭解臨床教師教學的意義。」E08：「老師透過案例學習單，使用 ChatGPT 確認案例學習單的答案，搭配實證文獻的方式，我本來不確定 ChatGPT 是否正確，經過實證文獻，提出適合臨床的建議，讓我瞭解專業知識的價值」。

3. 提高學習自信心

由訪談中得知在 ChatGPT 的臨床教師培訓模式，學員課堂中的學習活動，提高專業能力的自信心，有獨立思考的能力，幫助組織能力。例如以下學員表示：E04：「我覺得老師的教學很認真，用案例學習單輸入提示詞，使用 ChatGPT 來增加我們思考，案例答案出來，乍看好像正確，實際搜尋文獻之後，發現 ChatGPT 回應沒辦法回答醫學專業問題，因此，覺得自己學的專業，還是很好的，有增加我的組織能力及專業能力的自信心。」E07：「這樣的學習對我有幫助，藉由使用 ChatGPT 及搜尋文獻的過程，幫助我組織文獻及統整文獻的能力，讓我知道自己案例學習單的答案是否正確，經過文獻驗證答案，提高我的專業自信心」。

（二）控制組訪談結果分析

由控制組的訪談結果發現，透過一般的臨床教師培訓模式，學員有幾個主要的感受，包括「促進批判性思考」、「增加學習互動」與「提高參與感」。

1. 促進批判性思考

多位學員表示，在課堂中能促進多元思考，思考答案正確性，判斷資訊來源可靠性。例如以下學員表示：C04：「用實證文獻的方式，可以提供學員搜尋答案，協助思考，統整學習結果，促進多元思考，是多元管道學習，能促進批判性思考，課程中會針對 Google 的答案，反思答案的正確性，覺得這樣很棒，因為資訊來源的可靠性還是要經過判斷。」C06：「Google 能快速得到重點和答案，是多元學習方式，但是答案專業性要再確認，並自己思考正確性，幸好課程有每個答案反思的活動，讓我們可以知道答案的正確性，增加我的批判性思考」。

2. 增加學習互動

多位學員表示，能獲得即時互動，增加互動感，教師在課堂中能立即澄清學員的疑惑。例如以下學員表示：C03：「Google 互動方式比較容易可以增加學習力，老師很好，設計案例學習單，因為學習單上有臨床上常見的案例，過去我也曾經懷疑自己的教學方法不知道對不對，經過課程一致性的解說，知道應該如何幫助新人，能澄清我的疑惑。」C07：「第一次上課用 Google，能獲得即時互動，老師事先把案例寫在學習單，節省我們的時間，讓老師有時間幫大家做反思的活動，澄清大家的疑惑與回答問題」。

3. 提高參與感

學員表示在課堂上跳脫學習框架，體驗新的學習方式，可以增加學習的參與度。例如以下學員表示：C02：「藉由 Google 做案例教學訓練，跳脫學習框架，比傳統在教室坐著聽老師上課的方式，更能增加學習的參與度，因為課程很緊湊充實，要先自己判斷 Google 答案正確性，再做反思的活動，會讓我們專心參與。」C10：「過去上案例教學訓練的課程，老師上課都是用唸出來或是給我們看影片，不會讓我們使用手機，這次用 Google，還好

老師有設計案例學習單，除了讓我們看到臨床上常見的案例問題，並且知道應該如何幫助新人，課程有每個答案反思的活動，讓我們可以知道答案的正確性，增加我的參與感，讓我體驗新的學習方式」。

伍、結論

本研究提出基於 ChatGPT 的臨床教師培訓模式，已在 2024 年發表於 *Interactive Learning Environments* 期刊（Chang & Hwang, 2024）。實驗結果發現，透過 ChatGPT 學習的學員，相較於採用一般的臨床教師培訓模式之學員，能顯著提升臨床教師於案例教學訓練的學習成就、自我價值感及自信心。

在研究過程中面臨一些挑戰。首先，學習者需要對 ChatGPT 提供的答案進行思考，並尋找參考資料來驗證其準確性，這需要足夠的課堂時間。由於 ChatGPT 的回應可能包含錯誤資訊或不完整的答案，學習者必須具備批判性思維能力，能夠辨別和篩選出正確的資訊。

其次，ChatGPT 提供的資訊或建議並非總是完全正確，部分教師可能缺乏在課堂上使用 ChatGPT 的經驗。Hwang 與 Chen（2023）指出，輸入 ChatGPT 的提示詞應具體且明確，因為籠統的術語或模糊的詞語會影響結果。因此，教師需要學習如何設計有效的提示詞，這本身也需要投入時間和精力。此外，教師還需培養學生提出有效問題的能力，為此，應預先設計提示詞或有效策略供教師參考，以達到教學意義。

第三，ChatGPT 產生的回應通常適用於簡單的案例問題，但對於複雜的案例問題，可能需要參考文獻或諮詢專家後才能採用相關資訊或建議。這意味著在面對複雜問題時，僅依賴 ChatGPT 並不足夠，學習者需要具備更廣泛的知識背景和資源來做出正確的判斷。如同 Gordijn 與 Have（2023）所提出的，在醫學教育中使用 ChatGPT 可能會引發倫理道德問題，例如生成的內容可能不正確。因此，在培訓過程中參考文獻資料是非常重要的，這不僅可以增加答案的準確性，還可以幫助學生形成全面的理解。

第四，本研究採用 ChatGPT 3.5 的免費版本，是否與新版本生成式人工智慧（Generative Artificial Intelligence，簡稱生成式 AI）應用程式（如

Bing、Claude 或 Bard）存在差異，可能需要更多的研究來驗證其有效性。不同版本的人工智慧應用程式可能在回答問題的準確性、反應速度和使用便利性上存在差異。因此，有必要對這些不同工具進行比較研究，以確定最適合用於教學的工具。此外，這些新工具可能會提供更多的功能和更高的準確性，從而進一步提升學習效果。

第五，參與者與 ChatGPT 互動的熟練程度可能影響其案例處理結果。正如 Hwang 與 Chen（2023）以及 Baidoo-Anu 與 Ansah（2023）所指出的，ChatGPT 使用者需要根據 ChatGPT 的回應，運用相關知識和經驗做出最終的判斷和解釋。因此，學員在使用 ChatGPT 處理案例之前，可能需要提供教學設計指導。這包括如何提出有效問題、如何評估 ChatGPT 回應的可靠性以及如何將回應應用於實際問題中，這些技能的培養對於提高學習效果至關重要。

除了上述挑戰外，還有一些潛在的問題需要考慮。例如 ChatGPT 生成的內容有時可能過於詳盡或過於簡略，這取決於提示詞的具體性和學習者的需求。因此，學習者需要具備調整提示詞和篩選訊息的能力。此外，ChatGPT 的回應有時可能帶有偏見，這可能會影響學習者的判斷。因此，在使用 ChatGPT 進行學習時，需要保持批判性思維，並參考相關文獻。

這些挑戰表明，在教學中有效使用 ChatGPT 需要謹慎規劃和充分準備，以確保其能夠真正提升學習效果。教師需要具備足夠的知識和經驗來設計和引導學生使用 ChatGPT，並且學生也需要培養相應的技能來充分利用這一工具。透過不斷地反思，可以逐步克服這些挑戰，將 ChatGPT 更好地融入教學過程中，從而提升整體的學習效果。

本研究希望能透過讓臨床教師使用 ChatGPT，促進臨床教師的反思，進而搜尋文獻，整合理論與實務，給予臨床教師適合的建議，提高他們的學習成就。使用 ChatGPT 的過程將促使教師對所教內容進行更深入的思考，反思自己的教學方法和臨床經驗。當教師在使用 ChatGPT 的過程中遇到不確定或模糊的回應時，他們應搜尋相關文獻，驗證訊息的準確性，並補充自己知識的不足。這種文獻搜尋和訊息整合的過程，不僅可以幫助教師更好地掌握理論知識，還能將這些理論應用到實際的臨床教學中，從而提高教學品

質。透過這樣的方式，臨床教師能提高他們的學習成就感，也有助於他們更好地理解和掌握教學內容，進一步增強他們的教學能力。這種知識的提升和應用能力的增強，有助於臨床教師更加自信地執行教學任務。此外，本研究使臨床教師更加瞭解自己的自我價值。當他們看到自己在反思和學習過程中的進步，以及在實際教學中的應用效果時，將會更深刻地認識到自己的專業價值和教學能力。這種自我價值的認同，將進一步增強他們的專業自信心。

參考文獻

Ausat, A. M. A., Massang, B., Efendi, M., Nofirman, N., & Riady, Y. (2023). Can chat GPT replace the role of the teacher in the classroom: A fundamental analysis. *Journal on Education*, *5*(4), 16100-16106. https://doi.org/10.31004/joe.v5i4.2745

Baidoo-Anu, D., & Ansah, L. O. (2023). Education in the era of generative artificial intelligence (AI): Understanding the potential benefits of ChatGPT in promoting teaching and learning. *Journal of AI*, *7*(1), 52-62. https://doi.org/10.61969/jai.1337500

Bırni, G., & Eryılmaz, A. (2024). Conceptual and theoretical review of self-worth. *Psikiyatride Güncel Yaklaşımlar*, *16*(2), 327-346. https://doi.org/10.18863/pgy.1336880

Boltz, M., Cuellar, N. G., Cole, C., & Pistorese, B. (2019). Comparing an on-site nurse practitioner with telemedicine physician support hospitalist programmer with a traditional physician hospitalist programmer. *Journal of Telemedicine and Telecare*, *25*(4), 213-220. https://doi.org/10.1177/1357633X18758744

Chang, C. C., & Hwang, G. J. (2024). ChatGPT-facilitated professional development: Evidence from professional trainers' learning achievements, self-worth, and self-confidence. *Interactive Learning Environments*. https://doi.org/10.1080/10494820.2024.2362798

Chang, C. W., Yuan, R., & Chen. J. K. (2018). Social support and depression among Chinese adolescents: The mediating roles of self-esteem and self-efficacy. *Children and Youth Services Review*, *88*, 128-134. https://doi.org/10.1016/j.childyouth.2018.03.001

Cheung, A. (2023). Language teaching during a pandemic: A case study of zoom use by a secondary ESL teacher in Hong Kong. *RELC Journal*, *54*(1), 55-70. https://doi.org/10.1177/0033688220981784

de Vries, K. (2020). Case study methodology. In K. Aranda (Ed.), *Critical qualitative health research* (pp. 41-52). Routledge. https://doi.org/10.4324/9780429432774-2

Eysenbach, G. (2023). The Role of ChatGPT, generative language models, and artificial intelligence in medical education: A conversation with ChatGPT and a call for papers. *JMIR Medical Education*, *9*(1), Article e46885. https://doi.org/10.2196/46885

Feldt, L. S. (1965). The approximate sampling distribution of Kuder Richardson reliability coefficient twenty. *Psychometrika*, *30*(3), 357-370. https://doi.org/10.1007/BF02289499

García-Montoya, L., & Mahoney, J. (2023). Critical event analysis in case study research. *Sociological Methods & Research*, *52*(1), 480-524. https://doi.org/10.1177/0049124120926201

Gordijn, B., & Have, H. T. (2023). ChatGPT: Evolution or revolution? *Medicine, Health Care and Philosophy*, *26*(1), 1-2. https://doi.org/10.1007/s11019-023-10136-0

Gravett, S., de Beer, J., Odendaal-Kroon, R., & Merseth, K. K. (2017). The affordances of case-based teaching for the professional learning of student teachers. *Journal of Curriculum Studies*, *49*(3), 369-390. https://doi.org/10.1080/00220272.2016.1149224

Holzberger, D., Philipp, A., & Kunter, M. (2013). How teachers' self-efficacy is related to instructional quality: A longitudinal analysis. *Journal of Educational Psychology*, *105*(3), 774-786. https://doi.org/10.1037/a0032198

Hsu, L. L., Hsieh, S. I., Chiu, H. W., & Chen, Y. L. (2014). Clinical teaching competence inventory for nursing preceptors: Instrument development and testing. *Contemporary Nurse*, *46*(2), 214-224. https://doi.org/10.5172/conu.2014.46.2.214

Hwang, G. J., & Chen, N. S. (2023). Editorial position paper: Exploring the potential of generative artificial intelligence in education: Applications, challenges, and future research directions. *Educational Technology & Society*, *26*(2). https://doi.org/10.30191/ETS.202304_26(2).0014

Hwang, G. J., Yang, T. C., Tsai, C. C., & Yang, Stephen J. H. (2009). A context-aware ubiquitous learning environment for conducting complex science experiments. *Computers & Education*, *53*(2), 402-413. https://doi.org/10.1016/j.compedu.2009.02.016

Lawrence, J. S., & Gonzales, J. E. (2023). Academically contingent self-worth:

Different dimensions differentially predict future vulnerability. *Current Psychology, 42*(28), 24947-24961. https://doi.org/10.1007/s12144-022-03516-x

Lee, H. Y., Chen, P. H., Wang, W. S., Huang, Y. M., & Wu, T. T. (2024). Empowering ChatGPT with guidance mechanism in blended learning: Effect of self-regulated learning, higher-order thinking skills, and knowledge construction. *International Journal of Educational Technology in Higher Education, 21*(1), 1-28. https://doi.org/10.1186/s41239-024-00447-4

Loos, E., Gröpler, J., & Goudeau, M. L. S. (2023). Using ChatGPT in education: Human reflection on ChatGPT's self-reflection. *Societies, 13*(8), Article 196. https://doi.org/10.3390/soc13080196

Maclellan, E. (2014). How might teachers enable learner self-confidence? A review study. *Eduational Review, 66*(1), 59-74. https://doi.org/10.1080/00131911.2013.768601

Martin, B. A., Kraus, C. K., & Kim, S. Y. (2012). Longitudinal teaching of evidence-based decision making. *American Journal of Pharmaceutical Education, 76*, 1-7. https://doi.org/10.5688/ajpe7610197

Moore, P., & Cagle, C. S. (2012). The lived experience of new nurses: Importance of the clinical preceptor. *The Journal of Continuing Education in Nursing, 43*(12), 555-565. https://doi.org/10.3928/00220124-20120904-29

Ryan, C., McAllister, M., Vanderburg, R., & Batty, C. (2023). A creative intervention focusing on transformative learning in the professional development of clinical teachers. *Science Talks, 5*, Article 100131. https://doi.org/10.1016/j.sctalk.2023.100131

Shao, Y., Liu, Q., Dong, Y., & Liu, J. (2024). Perceived formative assessment practices in homework and creativity competence: The mediating effects of self-confidence in learning and intrinsic motivation. *Studies in Educational Evaluation, 83*, Article 101376. https://doi.org/10.1016/j.stueduc.2024.101376

Tian, S., Jin, Q., Yeganova, L., Lai, P.T., Zhu, Q., Chen, X., Yang, Y., Chen, Q., Kim, W., Comeau, D. C., Islamaj, R., Kapoor, A., Gao, X., & Lu, Z. (2024). Opportunities and challenges for ChatGPT and large language models in biomedicine and health. *Briefings in Bioinformatics, 25*(1), Article bbad493. https://doi.org/10.1093/bib/bbad493

Wolff, M., Hammoud, M., & Carney, M. (2023). Developing master adaptive learners: Implementation of a coaching program in graduate medical education. *Western Journal of Emergency Medicine: Integrating Emergency Care with Population Health, 24*(1), 71-75. https://doi.org/10.5811/westjem.2022.12.57636

第十六章
生成式 AI 應用於醫學生職涯規劃的質性研究設計
A Qualitative Research Design of Applying Generative AI to Medical Students' Career Planning

黃馨
臺北護理健康大學護理系 助理教授

摘要

在醫學教育中,專業認同發展(Professional Identity Formation, PIF),被認為是醫師養成教育中的關鍵過程。PIF 關係到醫學生如何定位自己,並透過社會互動中逐步形成自己的專業角色認同。透過以學生為中心的多模態專題課程設計包含多元思考、尋求建議、建構、組織和分享以及反思。本章的研究對象為醫學院的低年級醫學生,基於生成式人工智慧(Generative Artificial Intelligence,簡稱生成式 AI)技術,提出生成式 AI 輔助職場專業認同發展的自我調節學習模型,作為引導的教學策略。規劃一個學期的課程安排,包括使用 Gemini 引導式提問框架 PARD(提示〔Prompt〕、回答〔Answer〕、反思〔Reflect〕和決定〔Decide〕)的學習單、人工智慧技術創建的數位說故事、家庭圖譜、反思回饋單等課程工具。使用質性內容分析法進行資料轉錄和分析。分析結果顯示以 Gemini 作為職場專業認同發展的自我調節學習模型在醫學教育應用中,提供初步證據,顯示透過積極引導和支持性學習,給予具體的建議和幫助,能對學生職涯專業認同產生正向影響,這也為未來及早進行職場專業認同提供了參考依據。

關鍵字:專業認同發展、醫學生、Gemini、數位說故事、家庭圖譜

Abstract

In medical education, Professional Identity Formation (PIF) is considered a critical process in the development of physicians. PIF involves how medical students position themselves and gradually form their professional role identity through social interactions. This study focused on early-year medical students and introduced a self-regulated learning model assisted by generative artificial intelligence (AI) to facilitate PIF as a guiding instructional strategy. The course design, centered around a student-focused multimodal project, included diverse thinking, seeking advice, constructing, organizing, sharing, and reflecting. A semester-long course plan was proposed, incorporating the use of the Gemini guided questioning framework PARD (Prompt, Answer, Reflect, and Decide), AI-generated digital storytelling, family genograms, reflective feedback forms, and other course tools. Qualitative content analysis was employed to transcribe and analyze the data. The results indicate that using Gemini as a self-regulated learning model for PIF in medical education provides preliminary evidence that active guidance and supportive learning, offering specific advice and assistance, can positively impact students' professional identity formation. This also offers a reference for future efforts to promote early professional identity formation in the workplace.

Keywords: professional identity formation, medical students, Gemini, digital storytelling, FamilySearch

壹、前言

　　面對快速變化的資訊科技環境，醫學教育也面臨著前所未有的挑戰。隨著醫療環境的日益複雜，醫學生不僅需要掌握醫學知識和臨床技能，更需要在社會互動中逐步形成專業角色。專業認同發展（Professional Identity Formation, PIF）源自 Merton（1957）提出的「專業認同」概念，強調的專業社會化過程；即醫學生在訓練過程中逐漸學會如何「像醫生一樣思考、行為和感受」。強調「專業認同」是一個動態過程，整合了認知、社會和情感能力；此一概念對後續關於醫師專業認同發展的研究產生深遠影響。另一方面，Kegan（1982）的「發展性理論」指出，心智的複雜性隨著個人成長和經驗的增加而逐步提升，這對於形成穩定的專業認同是重要的過程；亦即醫學生在醫學教育中的課堂學習、臨床實習和專業互動中的各個階段，逐步內化醫學專業的核心價值和行為規範，進而形成專業醫師的過程。因此，結合「專業認同」與「發展性理論」的「專業認同發展」已成為醫學教育中的核心要素之一。

　　Kegan 與 Lahey（2009），指出成人心智複雜性結構的發展和身分的形成。隨著個人的成長和經驗而逐步提升，此一過程通常在 30 歲左右完成；這與多數醫師完成住院醫師訓練之時期相同。特別是在醫學這樣高度複雜且重視精準度的領域，培養其專業認同需要經歷逐步增強心智複雜性的過程；在這一過程中，提供適當的支持和指導，有助於學生在面對複雜的倫理和專業挑戰時，做出自主且符合道德原則的決策能力（Cruess et al., 2019）。因此，如何在學校教育中促使醫學生在自我轉變過程中形成新的思考方式，並建立穩固的知識結構，則是相當重要（Bleakley et al., 2011）。專業認同感不僅是專業人員持續投入工作、形成專業形象與發展專業知識能力的重要因素之一，也是在整合專業自我和個人自我（包括價值觀、理論與技術）的過程中所必需的。這不僅是知識的獲取，還包括技能和感知的發展能力，以及對責任的承擔與倫理的實踐（Mount et al., 2022）。

　　根據 Zimmerman 與 Moylan（2009）的自我調節學習理論，學習是一個多面向的過程，涉及個人的認知、動機、行為以及所處情境之間的相互影響。設定學習目標和採取積極的學習策略，是實現最佳學習表現的關鍵，這

些策略建構了自我調節學習的重要組成部分。對醫學生而言，自我調節能力至關重要，能使他們適應快速變化的醫療環境，並具備高度的心智調節能力，進而持續學習專業知識與技能，這對職業生涯的規劃和長期發展具有重大影響。

然而，傳統的醫學教育多半側重於知識的傳授和技能的訓練，往往缺乏個別化、即時性和動態回饋，而職場專業認同的發展，又因個人特質和專業背景的不同而具有高度差異性，這使得教師難以制定出符合每位學生需求的教學目標與策略。此外，在系統性支持學生的專業認同發展方面仍顯不足。隨著生成式人工智慧（Generative Artificial Intelligence，簡稱生成式 AI）技術在輔助教學中的重要性日益增加，透過學習支持與即時反饋，我們看到了促進學生自我調節學習的新契機。基於此，本研究提出了一個生成式 AI 輔助職場專業認同發展的自我調節學習模型，旨在促進醫學生的專業認同發展。透過多模態專題課程設計，為學生制定個別化的職業生涯規劃，幫助他們在學習過程中主動反思和調整自我，進而促進更深層次的專業認同發展。本研究透過質性分析，探討以下研究問題：

一、生成式 AI 輔助職場專業認同發展的自我調節學習模型，對於醫學生在職場生涯規劃中的助益？

二、生成式 AI 輔助職場專業認同發展的自我調節學習模型，對於醫學生在職場生涯規劃中面臨哪些挑戰？

貳、基於生成式 AI 輔助職場專業認同發展的自我調節學習模型

一、學習模型

本研究設計以生成式 AI 輔助職場專業認同發展的自我調節學習模型，針對尚未從事臨床見習之低年級醫學生，透過以學生為中心的多模態專題課程設計進行專業認同發展規劃活動。本教學理論依據 Winne（2022）以及 Zimmerman（1998）提出的自我調節學習的三階段模型，包括事前準備階段（Forethought Stage）、執行階段（Performance Stage）和自我反思階

段（Self-reflection Stage）。課程設計包含：多元思考、尋求建議、建構、組織和分享以及反思。設計以生成式 AI 輔助、適性化學習的教學模式。

二、學習引導步驟

　　一學期課程中，教師設定學習目標，運用多模態學習工具搭配教學設計。基於生成式 AI 輔助職場專業認同發展的自我調節學習模型，根據評估個別學習計畫的有效性，逐步調整學習目標。學習任務包括規劃成為專業醫師的具體步驟，依據美國畢業後醫學教育評鑑委員會（Accreditation Council for Graduate Medical Education, ACGME）的六大核心能力，定義專業認同發展的目標，奠定專業角色形成的基礎。利用 Google AI 開發的大型語言模型（Large Language Model, LLM）技術的 Gemini 系統，提供引導指令策略作為學生的學習夥伴，透過互動式提問鼓勵學生與 Gemini 進行問答，增強對其功能的理解和應用。並設計多模態專題課程整合文本、語音與圖像，製作人工智慧虛擬數字人創建數位說故事；促進家庭交流與自我探索，應用家庭圖譜（FamilySearch）啟動尋根之旅。安排病友分享就醫經驗與資深師長進行典範講座，運用同理心地圖以提升洞察力等。啟動自主學習、引發學習動機和個別化的學習支持，以增強專業素養與人文關懷能力，激發成為專業醫師的使命感與認同感。以下為透過基於生成式 AI 輔助職場專業認同發展的自我調節學習模型，如圖 16-1。

（一）多元思考：安排資深師長進行典範講座，以獲得更具體與實用的觀點和建議。也邀請資深罕見疾病病友現身說法，以病友為師，分享自己的就醫經驗與生命歷程，搭配同理心地圖以提升洞察力，能讓醫學生深切感受，並啟動多元化的視角與思考過程，幫助學生於學習醫療專業知識的同時，也應從不同角度理解專業角色的期望、需求、責任與價值。

（二）尋求建議：教師提供與生成式 AI 的共學紀錄單（學習單），作為引導指令，鼓勵學生與生成式 AI 進行互動式問答。根據學習者的具體需求、背景與喜好，以及藉由臨床實踐、醫學倫理與職業發展等方面，透過 Gemini 互動諮詢，提供個別化的回饋中，強調分析與查證的重要性。

（三）建構：透過生成式 AI 提供個別化的學習體驗、反饋與建議，學習者需進行不同觀點的比較，以建構內化自我認同，並發展專業認同規劃。應用一款結合了人工智慧技術（D-ID 軟體），使靜態照片能夠生動地講話，以創建 30 歲自己的數位說故事。此外，運用一個免費的家庭圖譜網站（FamilySearch），鼓勵學生透過與父母交流、記錄、回顧家族故事中自我探索，組織家譜並開展各自的尋根之旅。不僅能提升多元表達能力，並增強他們的數位創作能力。

（四）組織和分享：基於前階段建構的數位說故事與家庭圖譜，學習者可更有效地組織學習素材，藉由同儕共學中分享學習成果與尋根之旅，促進知識與經驗交流。

（五）反思：藉由生成式 AI 的共學紀錄單（學習單），引導於學習過程中進行反思、自我調整與決定，將有助於未來的自我調節學習，並將能更明確奠定自我評價與專業價值。

本研究提出基於生成式 AI 輔助職場專業認同發展的自我調節學習模型，透過多模態課程設計，以及個別化學習夥伴的支持，提高學生的自主學習動機，幫助他們從不同角度理解和掌握專業知能，深化對專業認同發展的認識。

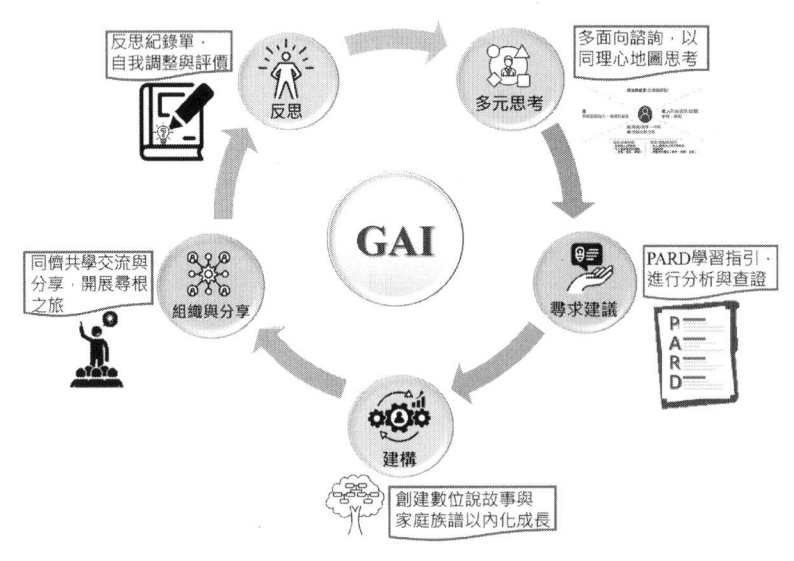

圖 16-1　基於生成式 AI 輔助職場專業認同發展的自我調節學習模型

基於生成式 AI 輔助職場專業認同發展的自我調節學習活動引導步驟如下。

（一）事前準備階段

教師提供本學期的學習任務，學生分析達成目標的程度。舉例：學生需要設計個人專業角色規劃，包括在 30 歲實踐成為專業醫師的具體步驟，依據個人特性和美國畢業後醫學教育評鑑委員會（ACGME）的六大核心能力來定義其專業身分目標：病人照護、醫學知識、從工作中學習及成長、人際關係及溝通技巧、專業素養、制度下的臨床工作，以逐漸發展對醫師的專業角色認同（Sawatsky et al., 2020）。教師先教授基礎 AI 倫理與基礎知識，再教導學生利用 AI 工具，例如將 Gemini 系統作為 AI 學習夥伴。首先引導學生將本課程與 AI 學習夥伴提問，都設定為同一個資料夾。便於組織管理和查找、將同主題進行歸納與總結以釐清異同、形成個人知識庫以提高對該主題的理解能力、有助於提升系統性能訓練出個別化與精準地反饋，透過提供個人資料夾連結，也有助於教師察看學習者與 Gemini 對主題相關的提問，以促進課堂協作，也有助於理解學習者不同的學習風格。在學習之初，教師鼓勵學習者自由表達意見，並多與 Gemini 進行對話互動練習，以熟悉互動模式。透過自然語言處理技術以提供個別化、即時性的討論，以及多元化的學習支持，並啟發學習動機。

（二）執行階段

1. 多元思考：安排經驗超過 30 年的資深師長與剛升任的主治醫師進行典範講座，以獲得不同世代與層級的經驗分享，提供具體實用的觀點和建議。此外，藉由以病友為師，邀請資深罕見疾病紫質症病友（罹病超過 20 年），除了也須面對一般人可能會有的病痛外，每月仍須定期住院施以藥物治療，才得以控制身體不適的症狀。透過病友分享頻繁的就醫與住院經驗，運用同理心地圖以提升洞察力，如圖 16-2 與圖 16-3。透過腦海裡產生的想法和感受，與外觀可觀察到現象間的差異，藉此瞭解並推測病人之身心影響與需求。應用有組織的觀察、分析，能更貼近我們關注的病人或家屬的生理與心理狀況，體驗病人經歷罹病與醫療團隊的照護，找出未來目標（我們可以從自身去體會與感受）的過程就是所謂的洞察，以體現醫病關

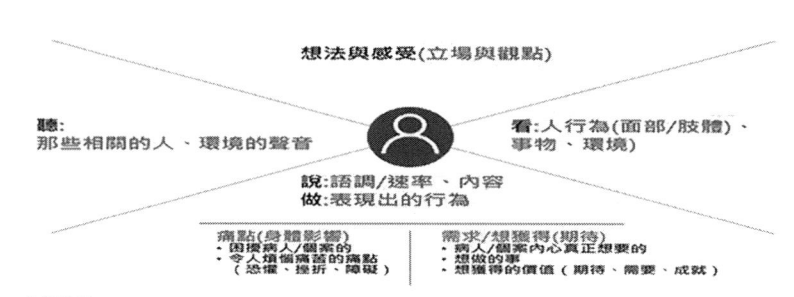

```
                想法與感受（立場與觀點）

聽：                                         看：人行為（面部/肢體）、
那些相關的人、環境的聲音                          事物、環境

                 說：語調/速率、內容
                 做：表現出的行為

        痛點（身體影響）         需求/想獲得（期待）
        ‧困擾病人/個案的         ‧病人/個案內心真正想要的
        ‧令人煩惱痛苦的落點       ‧想做的事
          （恐懼、挫折、障礙）     ‧想獲得的價值（期待、需要、成就）
```

一、感官獲得
1. 看見
在寧靜獨立的會客室裡，我們圍坐在一起的距離能讓師生與病人都可以感到舒適，也有安全感。感受到 OO 的身體很瘦，脖子上有個切口連著管線，整個人的臉色偏蠟黃，但她的眼神裡有光，舉手投足間充滿幽默跟樂觀。
2. 聽見
她的聲音清亮，環境很安靜，氣氛感覺很輕快。從她的聲音中可以感受到她是一個很寵愛自己的人，也能感受到她透露出來的溫柔與堅定。
3. 表情/動作
她的表情大多都是笑著的，還有點俏皮，感覺是長期以來學著用輕鬆的心情面對病情所培養的。肢體動作落落大方，坐姿從容，藉此可以理解她感到這個空間是讓她自在的。
4. 想法/感受
其實我原本對 OO 的想像是再更豐潤一點的，雖然身患罕病，遇到很多困難還是能樂觀面對，也把自己照顧的很好，身邊有很有愛的親友相伴，終究是理想太美滿（？）我想我會有這樣的想像是因為，一個可以跟病魔對抗 20 幾年的人，我會不自覺的代入她可能本身就擁有很多支持的力量。但在跟她聊天的過程中，我看到了更多現實的無奈，也因此更加敬佩她，並沒有因為罹患罕見疾病而成為一個溫室中的花朵。OO 的經驗讓我覺得不管我們在人生中遇到什麼樣的問題，生活並不能讓我們拋下一切奮不顧身的只解決眼前的問題，也有許多是生活中會出現其他絆住你腳步的事情，在蠟燭多頭燒的時候要學會怎麼取得平衡，從中獲得一些可以邁出下一步的力量。印象最深刻的是她表達前陣子很憂鬱找不到出口，她直接跟醫生說「你要救我，我很想死，我很想跳樓。」其實我們都知道最後能救自己的只有自己，但在很多時候，單靠自己的力量是很難把自己拉出那個泥淖，所以我們要學會求助。OO 的直白讓我感到驚訝，在我的過往中，我很難把我的問題攤開來讓別人知道，也敬佩她有勇氣直接求助，也感受到她在那樣窒息的絕望中，能有向外求援、救贖自己的想法。

圖 16-2　同理心地圖以提升洞察力範例

二、歸納出病人
1. 痛苦（恐懼、挫折、障礙）對身體/心理/社會影響
痛苦從疾病所帶來的病痛，除了折磨病人的身體，也摧殘著心靈。再來是對於未知的恐懼，因為疾病罕見，雖說病人跟疾病已達成平衡，但還是有新的治療方案在研發中，對於是否嘗試尚在開發中的藥物，對病人來說需要衡量許多。另一方面，身體的病痛，不時出現也會對病人的心理產生未知的恐懼。在病痛纏身中，仍需維持生活、工作與家庭，對於病人來說是每天的挑戰。還有整個社會，諸如政府對於罕病的關注程度，在在都影響罕病病人在社會中的權益。
2. 獲得（期待、需要、成就）期待/需求/想獲得的價值
感覺 OO 會想達成的是讓自己每天都快樂，越活越好的生活下去。這也許不是大眾眼中特別厲害的價值，但卻是最真跟貼近生活的期望。另外，OO 也許會想達成的是紫質症能夠得到更多人的關注，讓這個疾病有更多的機會與治療，除了病人間相互關懷跟扶持，也讓病人們可以得到有效的治療與期盼。
三、是否有讓你更好體認病人說故事中角色的視角？病人觀點？醫療團隊的觀點為什麼？
站在病人的觀點，醫療環境是否友善對於病人住院的那段時間是影響很大的，醫師的支持對病人來說至關重要，而醫病之間需要絕對的信任，才能讓治療與關係更加順利。站在醫療團隊的觀點，我們應將對方當作獨立個體，給予病人適當的支持與尊重（如 OO 醫師拿出一疊資料讓 OO 完整了解目前已知的紫質症治療），這不僅賦權讓病人有機會參與，也有助於配合治療，能安定病人的心靈。

圖 16-3　同理心地圖以提升洞察力範例

係與不凡的生命歷程，啟動多元化的視角與思考過程，幫助學生於學習醫療專業知識的同時，也應從不同角度理解專業角色的期望、需求、責任與價值。

2. 尋求建議：教師提供與生成式 AI 的共學紀錄單（學習單），作為引導指令，鼓勵學生與生成式 AI 進行互動式問答（見圖 16-4 至圖 16-7）。從臨床實踐、醫學倫理與職業發展三方面獲取建議，並整合到個人學習計畫中。基於生成式 AI 提供了個別化互動學習機會，促進學習者思考並探索醫學領域和專業發展方向。以 PARD 作為引導學習者如何有效地與 Gemini 互動，以下分別代表：提示（Prompt）、回答（Answer）、反思（Reflect）和決定（Decide），逐步聚焦在每個階段的任務要點，幫助學習者理解和掌握其功能，探索不同的個別化需求，以符合個人發展計畫。結合學習單完成學習任務。舉例（見圖 16-4）：提示（P）：「請扮演一位資深專業的醫師，提供給一位低年級醫學生。請以 ACGME 的六大核心，作為專業角色形成的主題規劃："我是女性 30 歲，已婚，在醫學中心工作的急診醫師，我的嗜好是唱歌和做瑜珈"。請引導我，如何成為一位好醫師的步驟與具體的學習計畫方向」。於提示詞下方有底線處，則加入學習者個別的需求與期望值，以探索個人專業認同發展。此一過程有助於學習者構思和調整個人專業價值，培養批判性思考，並增強學習過程中的互動性。藉由 Gemini 的提問和回應過程，進行反思並做出適當的決策，將有助於他們形塑自己的專業身分和價值。回答（A）：「依據指令提示與 Gemini 提供的回答。在本階段，學習者應該仔細閱讀並理解以自己的話作答」。反思（R）：「學習者進行反思，考慮回答中的關鍵點，並評估對自己的學習和專業發展的意義」。決定（D）：「根據反思結果，學習者做出具體的決策，以面對未來的學習和實踐」。

3. 建構：透過生成式 AI 提供個別化的學習體驗、反饋與建議，學習者需進行不同觀點的比較，以建構並內化自我認同，並發展職場專業認同規劃。本階段應用一款結合了人工智慧技術（D-ID 軟體），鼓勵學生發展個人觀點，撰寫個人 10 年內實踐成為專業醫師的職涯規劃文稿（800 字內），搭配個人照片，運用人工智慧技術製作個人專屬虛擬人，能夠生動地講述，以創建 30 歲自己的數位說故事。此外，運用一個免費的家庭圖譜網站

提供連結處：請設定於同一資料夾 https://g.co/gemini/share/XXOO	
提示（P）	請扮演一位資深專業的醫師，提供給一位低年級醫學生。請以 ACGME 的六大核心，作為以專業角色形成的主題規劃："我是女性 30 歲，已婚，在醫學中心工作的急診醫師，我的嗜好是唱歌和做瑜珈"。請引導我，如何成為一位好醫師的步驟與具體的學習計畫方向。
學生操作畫面	請扮演一位資深專業的醫師，提供給一位低年級醫學生。請以ACGME的6大核心，作為以專業角色形成的主題規劃:"我是女性30歲，已婚，在醫學中心工作的急診醫師，我的嗜好是唱歌和做瑜珈"。請引導我，如何成為一位好醫師的步驟與具體的學習計畫方向。 **資深醫師的建議：兼顧家庭、工作與自我成長的優秀急診醫師** 親愛的同學： 很開心能和你分享我的經驗，並協助你規劃未來的醫學生涯。身為一名女性急診醫師，我深知工作與家庭的平衡對我們來說是多麼重要。同時，我們也希望能在專業領域不斷精進，成為一名受人尊敬的好醫師。 **結合ACGME六大核心能力與個人特質的發展規劃** 針對妳目前的身份與興趣，我建議妳可以從以下幾個方面著手： **1. 患者照護：** - **同理心**：除了專業知識，更要具備同理心，了解患者的感受，提供溫暖的關懷。 - **溝通技巧**：學習與不同背景的患者溝通，尤其是在緊急情況下，能迅速掌握關鍵資訊。 - **危機處理**：加強急救技能的訓練，能在緊急情況下做出正確的判斷和決策。 **2. 醫學知識：** - **持續學習**：訂閱醫學期刊，參加學術研討會，保持對醫學知識的更新。 - **專精領域**：考量個人興趣與醫院資源，選擇一個專精領域深入鑽研。 - **實證醫學**：學習如何查找和評估醫學文獻，將實證醫學融入臨床實踐。 **3. 溝通技巧** - **團隊合作**：與其他醫療人員建立良好的合作關係，共同為患者提供最佳的醫療服務。 - **衝突處理**：學習如何有效地處理與同事、患者或家屬之間的衝突。 - **表達能力**：提升口頭和書面表達能力，能清晰地向患者和家屬解釋病情。

圖 16-4　AI 學習夥伴（Gemini）共學紀錄單以 PARD 作為互動式引導之提示（Prompt）範例

（FamilySearch）（https://www.familysearch.org/zh/），FamilySearch 是一個提供家譜紀錄，教育和軟體應用的非營利組織及網站，隨著技術的發展，已成長為一個全球性的組織。運用該網站，鼓勵學生與父母交流、

回答（A）	依據指令提示與 Gemini 提供的回答。在本階段，學習者應該仔細閱讀並理解以自己的話作答。
學生作答	首先應具備的醫學知識基礎： 除了課堂學習，也要善用各種醫學資源，如教科書、線上課程與多樣化的學習資源等。由於正處於低年級的我們，相關專業科目尚未學習，也期望自己能對各項專業學科保持開放性的態度，以期對未來感興趣的科別進入深入瞭解。而目前我是初步對急診的節奏很感興趣，也是 AI 學伴（Gemini）提供的內容，讓我得知未來可能還有醫學會議與論文發表的過程，這也是成長與專業交流的機會。 培養臨床技術操作能力： 除了課堂中的專業知識獲得外，技術能力更須同步提升，尤其未來可能朝向急診的科別，但目前也還未確認以內科、外科或其他科別為主，也包含課程成績與許多外在因素。雖如此，我覺得技巧熟練、動作明快，應該是未來急診醫師必備的特質。而技能操作也有賴自己主動爭取，才能快速累積自己的經驗與能力。 提升溝通技巧： 由本學期中，無論是資深師長與罕見疾病病友，能獲老師邀請，都覺得是一項難得的體驗。也能從病人口中娓娓道來，這 20 年間一路走來的醫病溝通感受與小故事，這也令我感到很新奇與衝突的過程。我想，這也是我未來會面臨的各種不同病人、家屬，處於疾病初期、中期到末期，可能也都有不同的心情轉折，也期望未來的自己能有更多耐心與同理心，去面對這些未來的挑戰。此外，還有團隊合作溝通與訊息傳達，也是我從 AI 學伴（Gemini）所獲得未來須建立的溝通合作關係。 培養專業態度： 所謂的好醫師或有醫德的醫師，對我來說還很模糊，雖然目前的課業繁重，但也由於目前低年級，專業科目接觸很有限，所以還不清楚該如何培養。但由於 ACGME 中的六大核心能力，與病人的現身說法，還有 AI 學伴的即時回饋與建議，也讓我從沒有思考過，到目前逐漸有些清晰的輪廓，原來要當一位醫師有這麼多專業知識、技能與職業道德都需要兼顧。也真的啟發我，對於未來作為醫師的角色，應有更多責任與承擔。 壓力管理：在課業壓力與生活中，希望能取得平衡與有效紓解壓力。而未來的職涯發展與科別，雖對於急診有興趣，但也不會畫地自限。等到經歷各專業學科的學習，也由學長姐口中提到臨床見習與實習的經歷，也相信都會是我未來多方嘗試與探索的機會。

圖 16-5　AI 學習夥伴（Gemini）共學紀錄單以 PARD 作為互動式引導之回答（Answer）範例

記錄、回顧家族故事，透過傳承進行自我探索，組織家譜並開展各自的尋根之旅，以內化成長經驗並形成個人專業角色。

（三）自我反思階段

1. 組織和分享：透過人工智慧生動地創建數位說故事，以及建立家庭圖譜追本溯源（如圖 16-8），對學生來說，能瞭解自身的背景和文化根源，進而增強自我認識與提升專業素養也饒富意義。不僅提供多元表達，也由同儕共學中分享學習成果和職場專業認同發展規劃，並增強他們的數位創作技能。

反思（R）	學習者進行反思，考慮回答中的關鍵點，並評估對自己的學習和專業發展的意義。
學生作答	有許多專業知識和技能在未來都需要進一步加強，才能符合好醫師的標準。下列是我應該規劃和提升的部分。 接受自己：我發現我還不夠接受自己，因為還沒認清內心，我可能還要再更接受自己，這樣才能讓我過得更自在。 自我療癒的重要： 自癒的部分我真的覺得很重要，雖然我也還只是個初學者，最近藉由瑜珈紓壓，來達到放空大腦及各種頓悟？？說起來很玄，但這是一個可以覺察自我一個很好的過程。很開心能夠在這堂課遇到她（罕見疾病病友），在這裡聽到她的故事讓我再次感受到生命既脆弱又堅韌。脆弱的是，其實我們只能被動接受會發生在自己身上的事，但我們又很能堅韌的解決一件件問題，讓自己的生活可以一步一步走下去。很認同她說的，唯一能拯救自己的只有自己，所以只要我們不放棄自己，任何困難好像都沒有那麼難熬過去。能夠想像過去的她需要承受多麼龐大的壓力，但在她輕鬆的語氣中，一切彷彿都只是一件件的小事。雖然我好像沒什麼資格這麼說，但還是想給她一個大大的擁抱跟說一聲「辛苦了」。 專業角色的困惑與成長： 是第一次開始對病人有這麼深刻的體認，人生中有時會從別人的軟弱中，看見自己的價值，這也是人有韌性，也有軟弱，我們可以從失敗、脆弱中，迎向陽光再出發。也從病人罹病後的生命經驗，更感受到醫療的局限，但也珍惜許多恩惠與擁有。如同醫師的專業角色與形象，在現在的我們面對這未知的身分時，一定會產生困惑或恐懼，加上課業的繁重、身心的壓力也常會讓我們一時無法消化，但很開心她已經找到了屬於自己的救贖方式。也從這堂課程中，看到病人在遭遇各種磨難中，不僅可以正常上班獨立生活，也還能體貼照顧失智的母親。她並沒有勉強自己積極樂觀，也能跟我們分享許多軟弱的時刻，在我看來她成就許多了不起的事。希望未來能夠成為一個好醫生，多去瞭解、體貼病人，讓他們感受到更多的愛！她的出現對我來說就是最大的收穫，也是一份深刻的體會。

圖 16-6　AI 學習夥伴（Gemini）共學紀錄單以 PARD 作為互動式引導之反思（Reflect）範例

2. 反思：藉由生成式 AI 的共學紀錄單（學習單），引導於學習過程中進行反思、自我調整與決定。透過多模態課程設計，不僅結合講座、以 PARD 作為生成式 AI 的共學引導、視聽素材（如文本、圖像和影片等）、實踐活動（如互動、模擬和展示），以及同儕互評等，創造豐富的學習資源，不僅能提供學生多樣化的學習需求，也能滿足不同學習風格和個別化需求與展現，提升學生多元表達溝通與批判性思維能力。有助於未來的自我調整學習，並將能更明確奠定專業價值。

決定（D）	根據反思結果，學習者做出具體的決策，以面對未來的學習和實踐。
學生作答	我決定在接下來的學習中，除了精進專業知識外，也會主動參加專業研討會議與技能培訓課程，以利未來持續展現熟練技能與精準判斷的能力。 也是經歷這個課程後才開始同理也思考到，面對困境的勇氣與身心調適，不僅需同理病人與家屬的感受，也須隨時關注我們自己未來作為醫療照顧者的心理健康，這些也將是推動我們成長與維持工作熱誠的原動力。 過去總認為醫生，是醫治生命，是生命的守護者。但在醫療困境中，仍面臨許多艱難的抉擇，與醫學倫理的相關考量。因此，溝通、合作和同理心，也是我們未來須培養的能力與多加關注的議題。 由於資訊科技的快速發展，若能結合運用 AI 工具作為輔助醫療照護，也將是我個人未來可以培養的技術能力。

圖 16-7　AI 學習夥伴（Gemini）共學紀錄單以 PARD 作為互動式引導之決定（Decide）範例

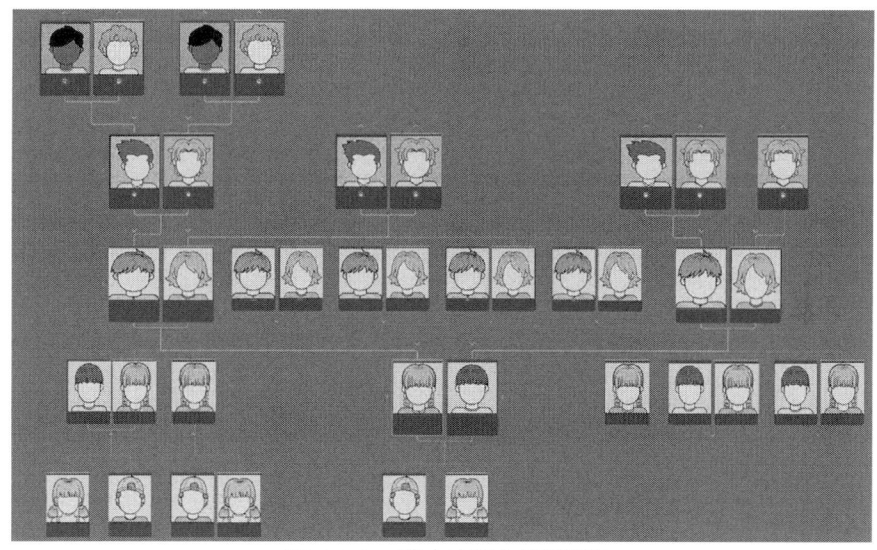

圖 16-8　線上家庭圖譜範例

參、研究設計

一、研究設計

　　本研究的對象為一所醫學院的一年級醫學生，共有 6 位醫學生同意參加訪談，包含 4 位男性與 2 位女性，平均年齡為 19 歲。於醫學人文素養中，

應用生成式 AI 技術進行職場專業認同發展的專題製作課程，在為期一學期課程中，教師設定學習目標，運用多模態學習工具搭配教學設計。在本研究開始前，學生皆未曾使用過生成式 AI 導入進行學習的經驗；同時，由於本課程學生為低年級，因此尚未深入瞭解醫學專業領域之課程。蒐集的資料與訪談紀錄，均以代碼採匿名方式呈現，以保護隱私性。納入多模態課程設計，促進深度思考、多元學習與自我修正，藉以探索職場專業認同發展規劃與自我調節。

二、研究流程

（一）事前準備階段：教師設置學習任務，學生分析達目標的程度。學生須依據 ACGME 六大核心能力，設計個人專業角色規劃。教導學生使用 Gemini 系統，引導學生進行提問與互動。

（二）執行階段：安排多元學習活動，如資深師長講座、病友分享等，以同理心地圖，啟動多元視角與思考過程。尋求建議部分，透過生成式 AI 共學紀錄（學習單），以 PARD 引導鼓勵進行互動式問答，促進學習者思考並探索職涯發展。建構部分，結合生成式 AI（D-ID 軟體）製作個人專屬虛擬人，創建 30 歲的自己進行數位說故事。此外，運用家庭圖譜網站，鼓勵與親友交流，組織家譜並開展尋根之旅，鼓勵學生進行數位創作，以內化成長經驗並形成專業角色。

（三）自我反思階段：組織並分享學習成果，如數位說故事與家庭圖譜。進行學習反思和自我調整，提升學生多元表達、自我認識並奠定專業價值。

三、研究工具

生成式 AI 進行數位說故事的同儕互評規準，改編自 Mokhtar 與 Othman（2022）的數位說故事評分規準，包括五個面向（內容、組織、創新、表達、互動），各面向評分範圍為 1–5 分。AI 共學紀錄單改編自 Bain 的五個層次反思架構（Bain et al., 1999），請學生將自己的學習歷程記錄下來，逐步進行描述事件、情感和評估的分析，並發展議題，進行多觀點分析，提

出行動方案。以引導學生反思能力，以促進成長。本研究者擔任授課教師，透過學習單引導、觀察、分享與回饋的課堂活動中，瞭解學習者的學習經驗與意義。透過質性內容分析法將資料進行數據分析。

肆、分析結果

專業認同感是能否使專業人員持續投入工作、形成專業形象與發展專業知識能力的重要因素之一。透過基於生成式 AI 輔助職場專業認同發展的自我調節學習模型的多模態專題課程設計，結合 ACGME 的六大核心內容，引導學生思考未來專業角色發展。歸納出的三項主題，分別為人工智慧輔助職場專業認同發展的自我調節學習對學生能「有助於提升專業認同發展」、「有助於培養專業認同發展的成長性思維」與「開拓專業認同發展的視野」，以下是各主題摘要的內容。

一、有助於提升專業認同發展

前幾年COVID-19的疫情，令我意識到，永遠無法預測我們將會發生什麼事，我們只能盡最大的努力去完成它。可能也像是未來面對人生或疾病，儘管有時不如我們預期，儘管有時很困難，我們還是要盡力做。

我沒有想過，這個目前在討論且很流行的人工智慧工具，可以成為課堂上的學習活動，還有線上家譜的尋根之旅，及數位說故事，這些都很新奇又有趣，而ACGME的六大核心能力，雖然我還不清楚這些對我未來的幫助，但應該要逐步開始瞭解自己，也要開始思考成為專業醫師所需備的各項能力與責任。

我自己開始讀醫學系之後其實變得更迷惘，一方面是因為有太多以前沒有接觸過的知識要學習，另一方面想著以後有一天真的會成為要承擔責任的醫師時，自己的能力會不會不足以應付。但透過課堂中的介紹與討論過程中，除了意識到專業知識固然重要，但更重要的是，若能用真誠關懷病人的心意對待他人的話，一定

可以讓彼此都感受到溫暖，也會降低困難的溝通，並讓醫治的過程不那麼辛苦。看到老師在臨床待了那麼久卻還是保持著熱情也讓我有很大的啟發，希望我也能像老師一樣能夠長久喜歡這份工作！

目前還是一年級，功課很多，考試也很多，已經聽說過到二年級以後，課業會更重。因為，當醫師要懂得很多知識，所以我瞭解要累積這些專業知識是必要的過程，而我們現在只是在打基礎，也是需要終身學習的一份工作與使命。

從學長姐的口中，瞭解到專業形象和病人的互動中，能言行一致，不僅作為學弟妹的榜樣，更是一個理想的學習模範。這也讓我開始思考到，我未來的專業角色形象。

二、有助於培養專業認同發展的成長性思維

過去我的功課很好，課業上沒有什麼大問題，但針對醫師專業形象這部分，對我來說很抽象，感覺必須具備許多責任與能力。透過老師指引與生成式AI回饋，讓我沒有壓力的可以隨時透過生成式AI就能進一步瞭解未知的範疇，讓原本模糊的專業形象，透過角色模擬方式呈現，逐漸清晰許多。

我們還沒正式踏入醫院，我原本以為當醫生，只需專注於診斷與治療疾病，但生成式AI的回答讓我發現自己預設與實際有很大的差距，有機會先體認醫療體系內醫師的角色、責任、病人溝通與團隊合作等，對我來說是很好的開始，這也讓我們在未來正式進入臨床前能夠有更多不同面向的思考、想法與準備。

在還沒開始上課前，我還沒真正思考過，醫師的角色與責任，但知道是負有使命要救助病人。透過教師指導的提示詞，生成式AI可以提供除了文字外，具有組織與結構的內容，也引導我們去思考各項能力。而這些，是過去我還沒想過，原來要成為醫師有這麼多能力需要具備。

生成式AI是不限時地可以詢問的學習夥伴，讓我能更自在地不用避諱別人眼光進行提問與學習。它的即時反饋也幫助我隨時調整提問方式，以發掘出許多有趣的互動模式，讓我更想去使用它。

生成式AI雖然有問必答，但它仍有許多限制，舉例：必須要進行查證，才能發現錯誤，也有需多是缺乏根據的回應，這些也是我們在使用時，必須也要有的判斷能力。尤其是面對專業醫療，更須謹慎參考，並提出專業客觀的判斷。

三、開拓專業認同發展的視野

透過課堂中許多自我探索活動，也由同儕互動觀點中，我才意識到，專業角色的發展正在逐漸形成，並思考自己理想中的醫師形象。

我喜歡課堂中和大家學習和分享，也聽到同學間有趣的觀點，並相互支持，一同對未來醫師專業發展中有更多期許與責任，讓彼此變得更好。

從生成式AI的引導與大家分享的數位說故事中，也發現未來要能累積專業知識與技術外，更需要關注個人的壓力與情緒調適過程，若未能掌控好，不僅影響自己，也會讓病人感受不安，也會直接影響未來的職涯發展與醫病關係。

一位好醫生應該能夠管理自己的生活，並能將工作、生活與家庭兼顧，並能擁有自己的嗜好與生活品味。

現在的我，覺得離那個專業醫師角色的目標還很遠，我相信我們還要學習更多，而這也是醫學能成為一個獨特的職業，是需要不斷的學習與進步。

不僅從講座中汲取資深師長的人生經驗，還有罕見疾病病人的現身說法，慢慢感受到人與人間的交流與互動中傳達的善意，以及

同理心的重要性。期盼在未來，能做好醫病溝通，也期許自己，能成為病人的那道光，帶領並與病人同行。

伍、討論與結論

本研究提出生成式 AI 輔助職場專業認同發展的自我調節學習模型，透過多模態之專題活動，引導醫學生制定個人化的職場專業認同規劃。而藉由多維度的分析，則有助於學生將學習內化為專業角色的過程。本研究藉由 PARD（提示、回答、反思和決定），作為引導學習者與生成式 AI 進行有效互動的框架，幫助學習者聚焦於每個學習階段的任務要點，理解並掌握生成式 AI 的功能，進而實現適性化與差異化的學習支持。促進他們進行多元思考、尋求建議、建構、組織和分享，以及反思。以利學習者提升其專業認同發展、有助於培養成長性思維，並開拓專業視野。而生成式 AI 透過與學習者的對話互動，形成其個別學習風格的問答模式，以符合差異化學習。在這一學期的多模態專題活動中，設計多樣化且更貼近學習者生活的教學活動與素材，促進善用人工智慧教學互動與學習支持。而在整學期的課程設計與互動中，教師體會到能善用生成式 AI 刺激學生多元思考的同時，更需要透過引導策略，藉由 PARD（提示、回答、反思和決定），學會與生成式 AI 對話過程中，以強化學生的知識建構。加上多模態之課程活動不僅能培養學生的專業認同感，同時也促進教師個人的身心成長、反思能力，並喚起對醫療專業的共同認同感。然而，在觀察學生的互動與回饋中，也發現學生的韌性（復原力）、反思與成長性思維培養的重要性。透過引導、典範學習、以病友為師、啟發同理心、反思與建設性回饋，學習者能夠在應對複雜且不斷變化的醫療環境中，保持成長性思維，並開啟終身學習。要將學生培養為終身學習者，最好的典範學習，就是從教師自身開始，透過不斷地嘗試和精進教學設計，並將 AI 輔助視為數位工具融入課堂的契機。相信這既是挑戰，也是一個開端，並創造更多的教學實踐與學習支持的機會。

我們需要注意的是，生成式 AI 的使用應適度且需要適當引導，避免過度依賴，以免導致學生的自我調節能力降低，尤其是當移除生成式 AI

輔助支持下，可能表現出學習困難（Darvishi et al., 2024; Hwang et al., 2020）。此外，AI不能完全替代真實的人際互動與情感聯繫。因此，仍需鼓勵學生與醫療團隊成員和病人互動，以獲得更豐富的感受力與學習經驗，這些對於專業認同發展尤為重要（Al Kuwaiti et al., 2023; van der Niet & Bleakley, 2021）。

本研究設計基於生成式AI輔助職場專業認同發展的自我調節學習模型，透過此多模態之專題活動，不僅促進了課堂上的師生互動與交流，也啟發了學生對於未來職場生涯、專業角色的規劃和反思。本研究仍存在許多挑戰。由於生成式AI極有可能大幅度地改變醫療實踐、研究和教育。也是一項快速發展且高度複雜的技術，仍需要進一步改進才能在醫學專業領域中廣泛使用。由於本研究仍存在一些問題與局限性，建議未來可以延長課程活動時間，甚至觀察和分析不同年級，或持續觀察進入臨床實習階段的學生，在專業認同發展中的轉變，以瞭解不同階段在特定情境中的概念、特殊性與行為歷程，並驗證此學習模式的普遍性與有效性。也可考慮將此模型應用於不同課程或其他職類的專業素養課程，以助引發各職類人員，對專業認同的理解和實踐。此外，作為人工智慧輔助教學工具時，在對話過程中，應根據上下文訊息調整輸出，並透過與學習者互動中，逐漸瞭解其學習風格，以進行深入分析與探討，以促進未來多元學習效果和教學成效的提升。

參考文獻

Al Kuwaiti, A., Nazer, K., Al-Reedy, A., Al-Shehri, S., Al-Muhanna, A., Subbarayalu, A. V., Muhanna, D. A. & Al-Muhanna, F. A. (2023). A review of the role of artificial intelligence in healthcare. *Journal of Personalized Medicine, 13*(6), Article 951. https://doi.org/10.3390/jpm13060951

Bain, J. D., Ballantyne, R., Packer, J., & Mills, C. (1999). Using journal writing to enhance student teachers' reflectivity during field experience placements. *Teachers and Teaching, 5*(1), 51-73. https://doi.org/10.1080/1354060990050104

Bleakley, A., Bligh, J., & Browne, J. (2011). *Medical education for the future: Identity, power and location*. Springer Science & Business Media.

Cruess, S. R., Cruess, R. L., & Steinert, Y. (2019). Supporting the development of a professional identity: General principles. *Medical Teacher, 41*(6), 641-649.

https://doi.org/10.1080/0142159X.2018.1536260

Darvishi, A., Khosravi, H., Sadiq, S., Gašević, D., & Siemens, G. (2024). Impact of AI assistance on student agency. *Computers & Education, 210*, Article 104967. https://doi.org/10.1016/j.compedu.2023.104967

Hwang, G. J., Xie, H., Wah, B. W., & Gašević, D. (2020). Vision, challenges, roles and research issues of Artificial Intelligence in Education. *Computers and Education: Artificial Intelligence, 1*, Article 100001. https://doi.org/10.1016/j.caeai.2020.100001

Kegan, R. (1982). *The evolving self: Problem and process in human development.* Harvard University Press.

Kegan, R., & Lahey, L. L. (2009). *Immunity to change: How to overcome it and unlock the potential in yourself and your organization.* Harvard Business Press.

Merton, R. K. (1957). Some preliminaries to a sociology of medical education. In R. K. Merton, G. G. Reader, & P. L. Kendall (Eds.), *The student-physician: Introductory studies in the sociology of medical education* (pp. 3-80). Harvard University Press. https://doi.org/10.4159/harvard.9780674366831.c2

Mokhtar, N. H., & Othman, Z. (2022). Communicative skills through corporate storytelling video: Students' perception. *Journal of Language Teaching and Research, 13*(2), 253-260. https://doi.org/10.17507/jltr.1302.04

Mount, G. R., Kahlke, R., Melton, J., & Varpio, L. (2022). A critical review of professional identity formation interventions in medical education. *Academic Medicine, 97*(11S), S96-S106. https://doi.org/10.1097/ACM.0000000000004904

Sawatsky, A. P., Huffman, B. M., & Hafferty, F. W. (2020). Coaching versus competency to facilitate Professional identity formation. *Academic Medicine, 95*(10), 1511-1514. https://doi.org/10.1097/ACM.0000000000003144

van der Niet, A. G., & Bleakley, A. (2021). Where medical education meets artificial intelligence: 'Does technology care?' *Medical Education, 55*(1), 30-36. https://doi.org/10.1111/medu.14131

Winne, P. H. (2022). Modeling self-regulated learning as learners doing learning science: How trace data and learning analytics help develop skills for self-regulated learning. *Metacognition and Learning, 17*(3), 773-791. https://doi.org/10.1007/s11409-022-09305-y

Zimmerman, B. J. (1998). Academic studing and the development of personal skill: A self-regulatory perspective. *Educational Psychologist, 33*(2-3), 73-86.

https://doi.org/10.1080/00461520.1998.9653292

Zimmerman, B. J., & Moylan, A. R. (2009). Self-regulation: Where metacognition and motivation intersect. In D. J. Hacker, J. Dunlosky, & A. C. Graesser (Eds.), *Handbook of metacognition in education* (pp. 299-315). Routledge.

國家圖書館出版品預行編目（CIP）資料

生成式 AI 融入教育的理論、策略與研究設計 / 马志强, 方建文, 王希哲, 王俊傑, 朱蕙君, 呂一淳, 邱敏棋, 陈禹辰, 钟益华, 涂芸芳, 崔鑫, 張純純, 張韶宸, 許佳穎, 郭晓戈, 陳志鴻, 黃昌勤, 黃國禎, 黃歆涵, 黃馨, 賴秋琳作 ; 黃國禎, 涂芸芳主編. -- 新北市 : 華藝數位股份有限公司學術出版部出版 : 華藝數位股份有限公司發行, 2024.12

面 ；公分

ISBN 978-986-437-217-1(平裝)

1.CST: 電腦輔助教學 2.CST: 人工智慧 3.CST: 教學理論 4.CST: 教學研究

521.57　　　　　　　　　　　　　　113018532

生成式 AI 融入教育的理論、策略與研究設計

主　　　編／黃國禎、涂芸芳
作　　　者／马志强、方建文、王希哲、王俊傑、朱蕙君、呂一淳、邱敏棋、陈禹辰、钟益华、涂芸芳、崔鑫、張純純、張韶宸、許佳穎、郭晓戈、陳志鴻、黃昌勤、黃國禎、黃歆涵、黃馨、賴秋琳（依姓氏筆畫排序）
責任編輯／吳若昕、彭文顯
封面設計／張大業、黃歆涵
版面編排／詹智堯

發　行　人／常效宇
總　編　輯／張慧銖
業　　　務／蕭杰如
出　　　版／華藝數位股份有限公司　學術出版部（Ainosco Press）
　　　　　　地址：234 新北市永和區成功路一段 80 號 18 樓
　　　　　　電話：(02)2926-6006　　傳真：(02)2923-5151
　　　　　　服務信箱：press@airiti.com
發　　　行／華藝數位股份有限公司
　　　　　　戶名（郵局／銀行）：華藝數位股份有限公司
　　　　　　郵政劃撥帳號：50027465
　　　　　　銀行匯款帳號：0174440019696（玉山商業銀行　埔墘分行）
　　ISBN ／ 978-986-437-217-1
　　　DOI ／ 10.978.986437/2171
出版日期／2024 年 12 月
定　　　價／新台幣 800 元

版權所有・翻印必究
（如有缺頁或破損，請寄回本社更換，謝謝）